中央编译局文库编辑委员会

主　　任：贾高建
副 主 任：魏海生　柴方国　季正聚　崔友平
委　　员（按姓氏笔画排序）：
　　　　　冯　雷　牟建君　杨雪冬　沈红文　张凤宝
　　　　　陈家刚　胡长栓　郄卫东　葛海彦

马克思主义经典著作研究读本
主　编　杨金海　李惠斌

马克思"《莱茵报》政论文章"研究读本

王代月

中央编译出版社
Central Compilation & Translation Press

《马克思主义经典著作研究读本》顾问委员会

贾高建　俞可平　柴方国　庄福龄　陈先达　赵家祥　詹汝琮
李洙泗　张钟朴　冯文光　安启念　韩庆祥　李小兵　张曙光

《马克思主义经典著作研究读本》编委会

主　编　杨金海　李惠斌
副主编　薛晓源　林进平
编　委（按姓氏拼音排序）
　　　　　曹典顺　冯　章　韩立新　江　洋　姜海波
　　　　　李百玲　吕梁山　苗永姝　聂锦芳　闫月梅
　　　　　杨学功　姚　颖　张　盾　张云飞　郑　锦

总　序

　　呈献给读者的这套"马克思主义经典著作研究读本"丛书，旨在立足于21世纪中国和世界发展的现实，对马克思、恩格斯、列宁重要著作以及有关专题思想重新进行较为深入的研究和解读，供广大读者特别是致力于深入研究马克思主义经典作家原著的读者阅读使用。计划出版40种，三年内陆续完成编写和出版工作。

　　马克思主义经典著作是学习和研究马克思主义理论的基础文本，历来为人们所重视。在我国学术史上，曾编写和出版过不少关于经典著作的读本，包括各种注释性读本和导读性读本，对学习和研究马克思主义理论发挥过重要作用。然而，随着时代的发展，这些读本也越来越显出历史局限性。比如，以往对经典著作的解读视角较旧，对马克思主义理解不够全面；解读的经典著作范围较小，视野有限；解读所依据的文献不足，深度不够等。进入新世纪以来，特别是自2004年中央实施马克思主义理论研究和建设工程以来，马克思主义经典著作的教学、研究以及普及工作不断加强，这就迫切要求对经典著作重新进行解读。

　　同时，这些年我国学界有关经典著作的翻译和研究成果不断推出，为更好地解读经典著作提供了可能。改革开放以来，特别是进入新世纪以来，随着我国社会主义现代化建设以及人类文明的深入推进，我们对马克思主义的理解以及对经典著作的研究不断深化，解读视角发生重大转变，对马克思主义的理解更加全面。例如，以往由于受革命实践的影响，我们较多地从社会主义"革命"视角去解读，而较少从社会主义"建设"视角去解读，因此，较多地注重研究其中的阶级斗争、无产阶级革命和无产阶级专政等理论，而较少研究社会和谐发展、人的全面发展等思想。革命胜利后,仍然沿袭了这种解读模式。这就造成了对马克思主义理解的片面性。实际上,马克思主义经典著作中有丰富的新社会建设思想,恰恰是这些长期被忽视的思想对我们今天的社会主义建设实践来说更有意义。近些年来,我国学者自觉地从"建设"视角研究经典著作基本观点,取得了一系列可喜成就。又如,过去对经典著作的解读主要限于对若干重要经典著作的解读,如对《共产党宣言》等五六部名著有较为详细的解读,对其他著作的解读不多。即使有收文较多的导读性读本,但常常由于篇幅所限,也只能对这些著作进行简要介绍,不可能对每一部著作展开研究。近些年来,这种情况在逐步发生变化。研究经典著作的专题成果越来越多。再如,近年来新的经典著作编译成果和相关研究成果不断推出,大大拓宽了人们对经典著作基本观点的理解。加之这些年我国学界一大批优秀的中青年学者成长起来,他们的外语水平较高,知识储备较多,研究方法较新等,对经典著作的研究和理解也更有新意。这些都为更好地解读经典著作提供了新的时代条件。

为了继承前人研究的成果,弥补以往研究的不足,总结这些年我国学界编译、研究经典著作的成果和经验,比较全面系统地解读和阐释经典著作的基本观点,中央编译局专门成立了"马克思主义经典著作及其重大理论问题研究"课题组,并对该项研究提供了基金资助。课题组不仅在局内组织力量进行研究,而且向社会公开招标,争取到社会力量的支持,一批有造诣的中青年专家参与到课题研究中来。经过课题组同仁两年多努力,已经形成一批研究成果,并将继续补充、完善并陆续推出。这套"马克思主义经典著作研究读本"丛书就是这些成果的集中体现。

本丛书力求体现如下特点,这也是丛书编著工作所力求遵循的原则:第一,体现全面性和系统性。本丛书不仅对经典作家的名著进行解读,也对其他重要著作进行解读,还要对经典作家的一些重要思想,如马克思的人类学思想、列宁的新经济政策理论等,进行专题梳理和解读。不仅从"革命"视角,而且从"建设"视角,全面、系统地梳理经典作家的思想观点。力求使这套丛书成为收文最全面、解读最系统、最能够反映经典作家著作全貌的学术成果。第二，突出文献性和考证性。每一研究读本的写作，力求充分反映国内外有关研究成果，特别是要充分反映我国新时期在经典著作翻译和研究方面所发现的新文献、取得的新成果。在此基础上，要对经典著作形成的历史背景、国内外传播、原著重要思想观点及其流变，以及后人对这些观点的理解等，进行考证研究。如果说过去的解读主要是"注"的话，那么，这套读本则要进一步体现"疏"的特点。通过这种"注疏"性考据研究，不仅使读者知其然，也知其所以然。这样，也能够为学界进一步研究提供尽可能丰富的文献资料。第三，力求权威性和准确性。一方面，研究读本所依据的经典著作文本力求具有权威性和准确性。主要依据中央编译局所编译的最新译本，如《马克思恩格斯全集》第二版、《马克思恩格斯文集》、《列宁全集》第二版、《列宁专题文集》等。对还没有新译文的文本，可以采用旧译文。同时，适当参照外文版本，进行比较研究。另一方面，所依据的其他文献资料，也力求具有权威性和准确性。要选择国内外在该研究领域最具权威性的专家学者的最具代表性的观点和最有影响力的文章。

基于上述考虑，本丛书采取大致统一的研究和写作框架。除导论外，各个读本均有五个部分组成。一是历史考证部分，其中包括写作背景、国内外主要版本和传播考证等；二是研究状况部分，包括对国内外已有的研究情况进行梳理；三是当代解读部分，包括对经典著作的内容简介，对已有研究观点的疏正，对重要理论观点及其当代意义的阐述；四是原著选编部分，根据经典著作的不同情况，或采取全选的形式，或采取节选的形式，均采用中央编译局的最新译本，个别读本同时选编原著的旧文本，以方便比较研读；五是附录部分，包括3到5篇关于本著作的国内外有一定权威性的研究文章，以及进一步研究需要参考和阅读的文献资料。

需要说明的是，对于经典著作的研究，往往会有仁者见仁、智者见智的情况。所以，尽管我们在组织编写工作中努力体现上述原则，但这些读本的观点不一定都具有代表性，更不可能与每一位读者的观点完全一致。加之作者研究角度不同，水平各异，每一读本的结构、篇章、内容、观点都不尽相同，其权威性程度也不尽一致。其中很可能有疏漏和错误之处，谨请读者批评指正。

　　该丛书在编写和出版过程中，得到了各个方面的大力支持。中央编译局对此项工作高度重视，始终给予鼎力支持。国家出版基金将该丛书列入2012年资助项目。中央编译出版社为该丛书申报国家出版基金项目并最终立项，以及为丛书出版做了大量工作。本丛书中收入的译著和文章的译者、作者和出版者同意我们使用相关的著作版权。该项目顾问委员会的专家对丛书的编写工作给予热情指导，编委会成员和课题组同仁为丛书的编写付出了辛勤劳动。在此一并致以衷心的谢意！

《马克思经典著作研究读本》
编辑委员会
2013年6月16日

目　录

导　论 ………………………………………………………………… 1

第一部分　历史考证 ……………………………………………… 7

第一章　写作背景及其问题意识 ………………………………… 9
一　19世纪初的德国社会 ………………………………………… 9
二　黑格尔哲学的解体与青年黑格尔派运动 …………………… 14
三　共产主义思想在德国的传播 ………………………………… 25

第二章　国内外主要版本和传播情况 …………………………… 39
一　马克思《莱茵报》政论文章在德国的出版与传播 ………… 39
二　马克思《莱茵报》政论文章在苏联的出版与传播 ………… 47
三　马克思《莱茵报》政论文章在西方国家的出版与传播 …… 50
四　马克思《莱茵报》政论文章在国内的出版与传播 ………… 53

第二部分　研究状况 ……………………………………………… 57

第三章　国外研究状况概述 ……………………………………… 59
一　第二国际与苏俄东欧研究概述 ……………………………… 59
二　当代国外学者对马克思《莱茵报》政论文章的研究 ……… 65

第四章　国内研究状况概述 ·· 84
  一　国内研究回顾 ··· 84
  二　有关马克思《莱茵报》政论文章的争论 ··················· 96

第三部分　当代解读 ·· 113

第五章　马克思《莱茵报》政论文章的结构、框架及内容 ······ 115
  一　《第六届莱茵省议会的辩论（第一篇论文）关于新闻出版自由和公布省等级会议辩论情况的辩论》 ········· 115
  二　《〈科隆日报〉第179号社论》 ···························· 131
  三　《历史法学派的哲学宣言》 ································· 136
  四　《第六届莱茵省议会的辩论（第三篇论文）关于林木盗窃法的辩论》 ······································· 139
  五　摩泽尔记者的辩护 ·· 150
  六　《共产主义和奥格斯堡〈总汇报〉》 ··················· 157
  七　《评奥格斯堡〈总汇报〉第335号和第336号论普鲁士等级委员会的文章》 ·························· 159

第六章　重要理论观点阐述 ··· 163
  一　古典共和主义对马克思早期思想的影响 ················ 163
  二　公共权力与利益的博弈 ······································ 176
  三　在苦难中孕育希望的穷人 ··································· 188

第四部分　经典著作选编 ·· 201

马克思　第六届莱茵省议会的辩论（节选）（第一篇论文） ······ 203
马克思　《科隆日报》第179号的社论 ···························· 221
马克思　历史法学派的哲学宣言 ···································· 241

马克思	第六届莱茵省议会的辩论（第三篇论文）	250
马克思	共产主义和奥格斯堡《总汇报》	292
马克思	集权问题（节选）	297
马克思	《莱茵报》编辑部为《论新婚姻法草案》一文所加的按语（节选）	298
马克思	评奥格斯堡《总汇报》第335号和第336号论普鲁士等级委员会的文章（节选）	300
马克思	论离婚法草案	308
马克思	摩泽尔记者的辩护	312

第五部分 附录 341

附录Ⅰ 研究文献精选 343

一 梅林：《莱茵报》 343

二 列宁：《卡尔·马克思》（节选） 359

三 阿尔都塞：《论青年马克思（理论问题）》 369

四 吴晓明：《"理性的法"和"私人利益"——马克思〈莱茵报〉时期所面临的物质利益难题》 390

五 段忠桥：《〈莱茵报〉时期使马克思苦恼的"疑问"是什么》 402

附录Ⅱ 延伸阅读书目 409

导 论

20世纪90年代之后，西方一大批马克思主义学者纷纷转向马克思主义理论的政治哲学研究，探寻马克思主义理论中的规范性内容。而在我国，随着经济总量跃升为世界第二，全面深化改革的推进，公平正义的呼声越来越高。这是传统马克思主义阐释模式始料未及的。仅仅用历史发展铁的规律解释社会主义，已经远远不够。当今世界，社会主义在摸索中前进，公平正义成为社会主义的内在要求。生活世界的变化，为马克思主义理论工作者提出了一个重要课题，即马克思主义理论是否能够满足实践的需要，具有规范性的致思路向和理论资源？

答案是肯定的。在1883年3月17日，恩格斯发表了《在马克思墓前的讲话》，将马克思定位为科学家和革命家，作为科学家的马克思，发现了人类历史的发展规律，作为革命家的马克思，"他毕生的真正使命，就是以这种或那种方式参加推翻资本主义社会及其所建立的国家设施的事业，参加现代无产阶级的解放事业，正是他第一次使现代无产阶级意识到自身的地位和需要，意识到自身解放的条件"。马克思主义理论巨大的魅力源于科学性与革命性的辩证统一。规范性内容是马克思主义理论的内在灵魂。正是对越劳动越贫穷的无产阶级的关怀，对人类摆脱物象奴役，实现自由人联合体的追求，使马克思能够忍受贫穷的煎熬，穷经皓首地研究。然而究竟是什么因素造就了马克思的这种信仰与追求，这是值得探究的问题。《莱茵报》政论文章作为马克思刚步出书斋、初步接触火热的现实生活的理论尝试，为我们提供了解答上述问题的重要理论线索。

启蒙精神塑造了马克思该时期的话语体系。启蒙提倡理性，批判宗教蒙昧，宣扬人的解放。康德强调人本身的价值，旗帜鲜明地提出"你的行动，要把你自己人身中的人性，和其他人身中的人性，在任何时候都同样看作是目的，永远不能只看作是手段"，否定统治西方千百年的基督教神学最高权威，将评判一切的标准由上帝让位于人类，使人们的思想观念由"神学目的论"的禁锢状态中觉醒起来，确立了"人是目的而不是手段"的人文价值理念。在专制制度压迫和践踏个人的条件下，康德关于人是目的本身的论题，在一定程度上是对人的解放的号召。《莱茵报》时期，马克思不仅区分了物象与人格，高扬人性的高贵与尊严，反对为了死木头而牺牲人类，使人类陷入贫穷和犯罪的深渊；而且接受了康德有关道德的观点，例如，承认道德所具有的独立性和普遍性，它适用于每一个人，我们都是普遍目的王国的立法者，强调对于道德原则的选择必须以意志自由的理性反思为基础，而不应该从属于任何外在的权威。

黑格尔本人对以启蒙运动为代表的弘扬人的理性和自由的近代哲学给予了高度评价，通过创立承认的辩证法，将启蒙哲学原子式的个人改造为居于关系之中的人，因此，人的解放就不再是从神的束缚中解脱出来，对自然的征服中确立起来，而是人通过逐渐摆脱原子式的孤立状态，进入到普遍性与特殊性和谐统一的共同体中。对于黑格尔，理性国家就是这种共同体。马克思该时期接受了黑格尔的一些基本观点，如将国家视为理性自由的实现，是自由人的联合体。由此出发，他提出思想自由、出版自由，要求国家一视同仁地对待它所有的成员，摆脱特殊利益的腐化，回复到国家的本质。

青年黑格尔派激进的批判精神影响着马克思。这个流派看到了黑格尔哲学的革命性力量，强调黑格尔哲学的辩证法，力图克服黑格尔哲学在体系和方法上的矛盾。从批判重心与指向看，青年黑格尔派分为三种趋向：施特劳斯、鲍威尔、费尔巴哈的宗教批判；切什考夫斯基、赫斯的黑格尔历史哲学批判以及社会批判；由卢格开启，而与马克思相关联的黑格尔法哲学批判以及政治批判。《莱茵报》时期，在威廉四世的虚伪与反动政策的刺激下，青年黑格尔派在坚持宗教批判的同时，在政治方面展开了更加激进的批判，将政治批判逐渐推向高潮。他们不再站在普鲁士专制统治的立场上，而是对普鲁士国家的种种缺陷进行了尖锐的批判，主张在普鲁士国家实施政治改良，推行立宪运动。特别是卢格，率先在青年黑格尔派中提出民主主义，使青年黑格尔派模糊不清的激进主义具有了明确的方向。马克思《莱茵报》时期的理论主题不是宗教批判和哲学批判，而是政治批判。他将批判矛头指向了普鲁士的专制统治，在政治立场上转向革命民主主义，并提倡以人民民主取代等级委员会的民主。

此外，犹太教对公平正义的关注，形形色色空想社会主义在德国的传播，对无产者不幸的同情，都构成了马克思该时期的理论背景。对人性尊严的遵从，对穷人的关注，对人民民主的呼吁，使马克思此时期以不成熟的形式播下了他后来追求人类解放的种子。为了实现这种理想，他几十年如一日地展开对现实社会的科学分析，解释人类历史发展规律以及资本主义发展规律，实现规范性批判和现实性描述的统一，使他成为马克思主义者，与形形色色的青年黑格尔派区别开来。

处于马克思理论的发酵期与孕育期，马克思《莱茵报》政论文章所存在的不成熟性难以避免。很长一段时间，马克思这个时期的著作不被重视，根据列宁"两个转变"的论述，它只是马克思思想转变的开端，既然结果已定，开端就显得不重要。尤为让人担忧的是，《莱茵报》政论文章所存在的规范性内容似乎削弱了马克思主义的科学性，因此在政治上是有害的。在文献上，《莱茵报》政论文章在19世纪后期就已经被人遗忘，人们全靠梅林的著作才能对马克思《莱茵报》时期有着一鳞半爪的了解。各个版本的马克思早期著作集将马克思的早期从《黑格尔法哲学批判》算起，马克思《莱茵报》政论文章被忽略。在研究上,方兴未艾的青年马克思研究,甚至青年马克思政治思想研究,长期以《1844年经济学哲学手稿》为重心,最多向前推到《黑格尔法哲学批判》。

然而《莱茵报》是马克思理论的一座思想富源,是马克思理论的重要出生地,马克思本人对这些政论文章给予高度重视。1851年,在他为贝克尔编辑出版《卡尔·马克思文集》所选的文献中,《莱茵报》政论文章是重要内容。马克思此时期的自由观、人民主体思想、对官僚政治的批判、现实观、哲学观等等都是值得研究的。其中,有几个问题尤其值得重视。其一,如何判定马克思此时期的理论来源。包括康德此时期对马克思究竟构成怎样的影响,马克思所接受的黑格尔主义与黑格尔本人的理论具有何种异同,青年黑格尔派内部分歧对马克思理论具有何种意义。其二,马克思此时期的思想倾向如何定位,究竟是自由主义的,还是公民人文主义的,如何评价列宁对马克思《莱茵报》时期的定位。其三,马克思《莱茵报》政论文章是否铁板一块,他的思想倾向前后一致吗?例如,他对民主的看法是否存在变化。其四,马克思《莱茵报》政论文章中对公共权力与利益关系的探讨,对新闻出版的观点在今天具有怎样的价值。

基于马克思《莱茵报》政论文章的重要性与被忽略的现实,笔者以内在和外在两条线索对马克思《莱茵报》政论文章进行解读。外在的线索主要是马克思《莱茵报》政论文章的出版、传播以及研究状况的考证;内在的线索是马克思《莱茵报》政论文章的结构、逻辑以及主要思想。在篇章结构安排上,一共包括五部分。第一部分为"历史考证",分别在第一章和第二章交代了马克思《莱茵报》写作的时代背景以及理论背景,考证了国内外主要版本和传播情况。第二部分为"研究状况",概述了国内外研究的总体情况,以及所存在的主要理论争论。第三章考证了国外对马克思《莱茵报》政论文章的研究情况,第四章考证了国内对马克思《莱茵报》政论文章的研究情况。第三部分为

"当代解读",立足于我们时代的问题意识,对马克思《莱茵报》政论文章中具有时代价值的内容进行了解读。第五章中,挑选了马克思《莱茵报》政论文章中具有时代价值以及理论价值的重点文献七篇,对其结构、框架及内容进行了介绍。第六章中,则从马克思《莱茵报》政论文章中被忽略的理论来源、公共权力与利益的博弈以及穷人概念分析马克思《莱茵报》政论文章所具有的时代价值。第四部分挑选了十篇马克思《莱茵报》政论文章。第五部分为"附录",挑选了五篇马克思《莱茵报》研究典型的文献作为进一步研究的参考。

第一部分　历史考证

第一章 写作背景及其问题意识

一 19世纪初的德国社会

在《〈黑格尔法哲学批判〉导言》中,马克思描述了19世纪初德国的世界方位:"在法国和英国行将完结的事物,在德国现在才刚刚开始。这些国家在理论上激烈反对的、然而却又像带着锁链一样不得不忍受的陈旧腐朽的制度,在德国却被当作美好未来的初生朝霞而受到欢迎"。① 所谓"行将完结的事物",指的是资本主义的发展。马克思此处揭示了德国资本主义发展的相对落后。

英国资本主义在17世纪,法国资本主义在18世纪得到迅速发展。法国资产阶级在1830年的革命中取得胜利,英国资产阶级在1832年的选举改革中获得了参加政权的机会。然而德国在"神圣罗马帝国"的旗号下,国内四分五裂,几百个邦国林立,为了争夺领土,内战频仍。容克地主享有政治统治权,实施蛮横的家长制封建统治。在经济上,德国到了19世纪初,还基本是一个农业社会,没有先进的大工业生产,没有统一的国内市场,并被大西洋沿岸诸国排挤在国际贸易之外。

根据科尔纽的描述,1815年的德国,在经济、政治和社会上存在着多样性和多层次性。在德国东北部的奥尔登堡和麦克伦堡,农业占主导地位,实施着封建专制统治。在普鲁士,由于施泰因—哈登堡改革,

---

① 《马克思恩格斯文集》第1卷,北京:人民出版社2009年版,第8页。

资本主义得到一定发展。在受法国影响强烈的中部和南部各邦,如巴登、符腾堡、黑森、汉诺威等地,盛行着温和的自由主义。在莱茵省和威斯特伐利亚,由于法国长期统治,资本主义得到了迅速的发展,自由主义有着较为巩固的根基。①

从 1794 年到 1815 年,莱茵省处在拿破仑法国的统治下。占领者在这里摧毁了原来的等级封建社会体制,"清扫了德国的奥吉亚斯的牛圈,修筑了文明的交通大道"②,推行民主改革,实施拿破仑的民法典,保障资产阶级的经济利益,使现代意义上的工商业开始发展起来。1815年,拿破仑惨败于英、荷、日耳曼联军,莱茵省被普鲁士收回。

莱茵省回归普鲁士之后,因为失去了法国这个销售市场,在英国强势贸易竞争下,引起了工业危机,以及由于葡萄歉收引起的农业危机,然而这种困境很快随着普鲁士一系列经济政策的推行被克服:国内废除关税,为莱茵省工农业产品提供了普鲁士市场;保护关税政策的实施使莱茵省工业获得与外国工业竞争的能力。莱茵省工商业迅速发展,从1815 年到 1830 年,纱锭数目由十万增加到十五万,鲁尔的煤产量成倍增长到五百五十万公担。商品流通额总量达到了二亿塔勒。公路长度到1830 年已有四千六百公里。③

与经济获得发展形成鲜明对比的是政治上的反动。弗里德里希·威廉三世在莱茵省不仅恢复了贵族的势力和影响,而且还重新将居民分为贵族、僧侣、市民和农民,并试图将城乡重新分离开来,使农民重新陷入被奴役之中,强行征收数倍于德国其他地区的税款,严重损害了莱茵工商业者和自由农民的利益。

莱茵省的状况,突出地反映了 19 世纪初德国的社会状况。1834 年关税同盟的建立,将普鲁士和它的临近各邦联合成一个统一的大经济地

---

① 参见奥古斯特·科尔纽:《马克思恩格斯传》第 1 卷,刘磊译,北京:生活·读书·新知三联书店 1963 年版,第 6 页。
② 马克思、恩格斯:《德意志意识形态》,北京:人民出版社 2003 年版,第 112 页。
③ 参见奥古斯特·科尔纽:《马克思恩格斯传》第 1 卷,刘磊译,北京:生活·读书·新知三联书店 1963 年版,第 14 页。

区的关税同盟，推动了资本主义工商业的迅速发展，改变了普鲁士的社会结构，使普鲁士逐渐由一个农业国变为工业国，资产阶级意识到他们日益扩大的经济影响力，这使他们开始要求政治上的权利，与封建专制统治势力之间产生了紧张冲突。在这种背景下，自由主义运动在德国兴起。

首先是由几个知识分子领导的，旨在建立统一自由德国的民族自由民主运动。这个运动的支柱是"大学生协会"。然而由于这个协会既没有得到资产阶级的强大支持，也没有自由主义政党的有力领导，采取的是暗杀等个人恐怖手段，没有能够将1813—1815年的解放战争变成争取自由的战争，只是激起模糊地表现出了民族主义和自由主义的倾向。[①]

1830年法国自由主义革命对德国自由民主倾向产生了巨大的影响，在亚亨、科伦、杜塞尔多夫、爱北斐特、杜易斯堡和科布伦茨等地，商会纷纷向国王提出表达资产阶级利益要求的陈情书。他们在陈情书中要求实现自由政体，对封建专制制度进行批判，主张实行君主立宪制度，实施有资格限制的选举，建立关税同盟。

各种温和的反对派如雨后春笋般涌现。他们组织俱乐部，举行各种政治性集会，提出自由主义性质的政治主张，比如取消国内的关税壁垒，实现贸易自由，建立议会制度，保障言论自由、出版自由等等。特别是在1830年法国革命的影响下，反专制、争自由成为整个莱茵省的普遍呼声，在南德意志、巴伐利亚、符腾堡和巴登，产生强大的民主运动，在1832年普法尔茨召开的汉巴赫大会达到顶点。

汉巴赫大会失败后，德国产生了"青年德意志"文学政治运动，其支柱是随着工商业发展而发展起来的资产阶级，以海涅、白尔尼等人为代表，不仅从事文学美学批评，也从事社会政治批评，推动了自由民主思想在德国报刊上的传播。然而到了1835年，在反动政府的镇压下，"青年德意志"运动走向失败。

---

① 参见奥古斯特·科尔纽：《马克思恩格斯传》第1卷，刘磊译，北京：生活·读书·新知三联书店1963年版，第9—10页。

在 19 世纪 30—40 年代，德国资本主义获得较快的发展，然而封建专制统治势力稳固，农民生活困苦，无产阶级人数不断增长，并处于社会边缘。在诸多矛盾中，特别是在广泛存在的人民大众与专制统治者的矛盾基础上，资产阶级与封建统治者之间的矛盾构成当时社会的主要矛盾。

德国资产阶级争取自己权利的方式不同于英法资产阶级。英国资产阶级发明并改进了蒸汽机、纺纱机，率先发生工业革命，以到处林立的烟囱与源源不断地销往世界各地的商品控制了整个世界，就如马克思恩格斯在《共产党宣言》中所写的："它的商品的低廉价格，是它用来摧毁一切万里长城、征服野蛮人最顽强的仇外心理的重炮。它迫使一切民族——如果它们不想灭亡的话——采用资产阶级的生产方式；它迫使它们在自己那里推行所谓的文明，即变成资产者。一句话，它按照自己的面貌为自己创造出一个世界。"① 法国资产阶级则打着主权在民的革命旗号，以笔和剑进行坚忍不拔的战斗，通过暴力割去封建统治者的头颅，跃居统治地位，并征服了欧洲大陆，以英雄业绩挣得属于资产阶级的统治权力。然而德国资产阶级，虽然他们羡慕英法资产阶级，却又为英法资本主义生产方式所存在的矛盾所吓倒，害怕无产阶级力量的壮大。虽然他们在自由主义的旗号下，反对封建专制统治，然而他们缺乏革命的彻底性，不能和人民团结起来，彻底地推翻封建专制的统治，他们甚至宁愿放弃自己的政治权利，而将对自由、民主的渴望局限在思想王国。在《德意志意识形态》中，马克思恩格斯将康德描写为德国资产阶级的典型形象。"软弱无力的德国市民只产生了'善良意志'。康德以单纯的'善良意志'自慰，哪怕这种善良意志毫无效果也心安理得，他把这种善良意志的实现、它与个人的需要和欲望之间的协调都推到彼岸。"② 在《反革命在维也纳的胜利》（1848 年）中，马克思再次尖锐地批判了德国资产阶级的软弱性："而在德国，资产阶级甚至连自

---

① 《马克思恩格斯文集》第 2 卷，北京：人民出版社 2009 年版，第 35—36 页。
② 马克思、恩格斯：《德意志意识形态》，北京：人民出版社 2003 年版，第 110 页。

己的公民自由和自己的统治所必需的起码的生存条件都没有来得及取得就卑贱地作了君主专制制度和封建制度的尾巴。"① 德国资产阶级以奴婢的身份出现,并为自己暴君的利益而实行反革命。"而在德国,资产阶级为了不让人民胜利而自己甘愿受人摆布。历史上没有比德国资产阶级更可耻更下贱的角色了"。②

  马克思上述论述不仅指出了德国资产阶级对封建专制统治妥协退让的现状,而且还分析了德国资产阶级软弱无力的重要原因之一,即德国资产阶级还刚刚处于争取发展权利的同时,无产阶级已经作为他们的掘墓人不仅已经产生出来,而且影响颇大。19世纪30年代,德国工业生产方式由手工业发展到工场手工业阶段,特别是关税同盟成立之后,大机器工业发展,德国雇佣工人人数增加迅速。在19世纪初,无产阶级人数不足9万人,然而到了19世纪40年代,他们的人数达到了200万。1820年,图宾根爆发工人起义,在1826年、1828年和1830年,莱茵、萨克森等地区先后发生了自发的工人起义,在19世纪40年代,工人罢工运动此起彼伏。1834年,侨居巴黎的德国政治流亡者建立秘密组织"流亡者同盟",当时将推翻德国封建统治、实现资产阶级共和制度作为组织奋斗目标,成员发展到几百人。1836年,左翼从"流亡者同盟"中分裂出来,建立正义者同盟。宗旨是以少数人的密谋活动建立财产公有的新社会。同盟参加了布朗基主义组织四季社发动的1839年5月12日巴黎起义。到了40年代,"正义者同盟"在法国、瑞士、德国恢复或是建立分部,成为一个国际性的工人组织,在手工业者中具有领导作用。1847年6月2—9日在伦敦举行同盟第一次代表大会,改名为共产主义者同盟。在《共产党宣言》中,马克思恩格斯对无产阶级的产生发展以及历史使命进行了公开的说明,指出"随着大工业的发展,资产阶级赖以生产和占有产品的基础本身也就从它的脚下被挖掉了。它首先生产的是它自身的掘墓人。资产阶级的灭亡和无产阶级的胜

---

① 《马克思恩格斯全集》第5卷,北京:人民出版社1958年版,第541页。
② 同上。

利是同样不可避免的。"① 不断发展壮大的无产阶级成为德国资产阶级害怕的对象。这使他们宁愿误将封建统治者当成他们的保护伞。

二 黑格尔哲学的解体与青年黑格尔派运动

任何哲学都是时代的产物,黑格尔在《法哲学原理》中指出:"每个人都是他那时代的产儿。哲学也是这样,它是被把握在思想中的它的时代。妄想一种哲学可以超出它那个时代,这与妄想个人可以跳出他的时代,跳出罗陀斯岛,是同样愚蠢的。"② 黑格尔哲学以及青年黑格尔派运动,反映了德国现实社会的变化,构成了马克思重要的理论来源。

黑格尔哲学是西方形而上学哲学发展的顶峰,被推崇为普鲁士的国家哲学,几乎控制了德国的思想领域。恩格斯在《路德维希·费尔巴哈和德国古典哲学的终结》中,描述了黑格尔哲学的巨大影响:"黑格尔的体系在德国的富有哲学味道的气氛中曾发生了多么巨大的影响。这是一次胜利进军,它延续了几十年,而且绝没有随着黑格尔的逝世而停止。相反,正是从1830年到1840年,'黑格尔主义'取得了独占的统治,它甚至或多或少地感染了自己的敌手;正是在这个时期,黑格尔的观点自觉地或不自觉地大量渗入了各种科学,也渗透了通俗读物和日报,而普通的'有教养的意识'就是从这些通俗读物和日报中汲取自己的思想材料的。"③

黑格尔以绝对精神既是实体又是主体为原则,以抽象上升到具体的逻辑,将自然、人类社会和精神领域规定为绝对精神自我展开,并不断获得丰富内容的过程。他揭示了概念之间的辩证关系,将辩证法提升为思维和客观世界的普遍规律,批判了形而上学非此即彼的抽象思维方式,清算了康德的二元论和费希特的主观主义,将谢林的哲学

---

① 《马克思恩格斯文集》第2卷,北京:人民出版社2009年版,第43页。
② 黑格尔:《法哲学原理》,范扬、张企泰译,北京:商务印书馆1982年版,第12页。
③ 《马克思恩格斯文集》第4卷,北京:人民出版社2009年版,第273页。

称为黑夜的黑牛,克服了他的同一哲学的非理性主义逻辑矛盾,以绝对精神自我异化,克服异化回到自身的辩证发展过程,在哲学领域中解决了思维与存在的同一性问题。恩格斯对此评价道:"它彻底否定了关于人的思维和行动的一切结果具有最终性质的看法。哲学所应当认识的真理,在黑格尔看来,不再是一堆现成的、一经发现就只要熟读死记的教条了;现在,真理是在认识过程本身中,在科学的长期的历史发展中,而科学从认识的较低阶段向越来越高的阶段上升,但是永远不能通过所谓绝对真理的发现而达到这样一点,在这一点上它再也不能前进一步,除了袖手一旁惊愕地望着这个已经获得的绝对真理,就再也无事可做了。"①

然而黑格尔哲学在影响极盛的年代,随着黑格尔的去世,却逐渐走向了解体,并最终沦为"死狗"。黑格尔哲学的解体,"不是这位伟大的思想家个人的悲剧,而是德国资产阶级演出的一出革命喜剧。它不是偶然的失误,而是时代的必然"②。

辩证法是黑格尔哲学体系的合理内核,是他哲学体系的一大特色,体现了黑格尔哲学所具有的批判精神,然而它却被黑格尔哲学体系的唯心主义形式过分茂密的枝叶所窒息,为了体系的需要,方法不得不背叛自己。"辩证法在对现存事物的肯定的理解中同时包含对现存事物的否定的理解,即对现存事物的必然灭亡的理解;辩证法对每一种既成的形式都是从不断的运动中,因而也是从它的暂时性方面去理解;辩证法不崇拜任何东西,按其本质来说,它是批判的和革命的。"③ 根据辩证法绝对否定的原则,发展没有终点,然而黑格尔却将普鲁士的专制统治当成客观精神的体现,认为自由的太阳在日耳曼世界就达到了顶点,不再继续高升,历史由此终结,错把普鲁士专制统治这只山鸡当成凤凰,在政治上陷入辩护论。辩证法是世界普遍的发展规律,然而黑格尔却将它局限于人类社会与精神领域,认为自然界

---

① 《马克思恩格斯文集》第4卷,北京:人民出版社2009年版,第269—270页。
② 陈先达、靳辉明:《马克思早期思想研究》,北京:北京出版社1983年版,第22页。
③ 《马克思恩格斯文集》第5卷,北京:人民出版社2009年版,第22页。

不存在发展,太阳底下没有新事物,自然界中的变化仅仅是绝对精神自我发展的映现和反射。①

黑格尔以绝对精神既是实体又是主体为原则,解决了近代哲学所存在的思维与存在的关系问题,然而这种解决,并非是真正的解决,而只是在思维领域中重复同一性原则。在黑格尔看来,现实的人、现实的自然界只不过是非现实的自然界和非现实的人的谓语和象征,主谓的关系由此颠倒。马克思指出"这就是神秘的主体—客体,或笼罩在客体上的主体性,作为过程的绝对主体,作为使自身外化并且从这种外化返回到自身的、但同时又把外化收回到自身的主体,以及作为这一过程的主体;这就是在自身内部的纯粹的、不停息的圆圈"。② 作为黑格尔辩证法体系的对象化、异化就只是思维在自身中的运动,黑格尔的贡献在于将这种运动规定出一定的顺序,将它们连贯起来。"例如,扬弃了的存在是本质,扬弃了的本质是概念,扬弃了的概念……是绝对观念。……"③ 就像康德所谓的头脑中的一百塔勒,不等同于口袋的一百塔勒,黑格尔在思维领域中,通过逻辑概念的自我运动所实现思维与存在的统一并不等同于思维与存在现实的统一,因此是虚假的统一。

黑格尔哲学体系中所存在的体系与方法,前提与结论之间的矛盾,源于德国资产阶级本身的软弱和妥协性,他们倾向于在开明君主制下实现德国政治和经济上的统一,为资本主义发展开辟道路。德国思想家缺乏法国思想家为新兴资产阶级利益奔走呼号的理论自觉性以及坚定的革命性,他们以晦涩枯燥的语言,将资产阶级的革命要求表述为理论原则,满足于以思想领域中的活动取代现实中的革命行动。对此,恩格斯不无讽刺地说,德国哲学家是在"睡帽中爆发革命"。

---

① 参见陈先达、靳辉明:《马克思早期思想研究》,北京:北京出版社1983年版,第22页。辩证法是否存在于自然界,这是一个有着争议的话题。卢卡奇认为恩格斯的失误就在于将辩证法引入到自然界。然而对于马克思而言,他所谓的自然界主要不是先于人类社会所存在的自然,脱离人的自然是抽象的无,而是被人类打上烙印,进入到人类实践活动,与人类产生关系的自然。这个层面上的自然由于人类实践活动的介入,具有了历史,因此是辩证的。

② 马克思:《1844年经济学哲学手稿》,北京:人民出版社2000年版,第114页。

③ 同上。

黑格尔哲学体系的这种特点，使他获得资产阶级和封建地主贵族阶级的认同。黑格尔哲学体系的保守方面被普鲁士封建贵族所重视，黑格尔哲学因此被推崇为普鲁士的官方哲学。"现实的都是合理的"，普鲁士政府从静态的视角，将它当成政权合法性的论证。特别是黑格尔的国家学说，他将国家尊崇为伦理观念的化身，尊崇为绝对合乎理性的东西和绝对的目的本身。个人的最高义务则是成为国家的一员。这迎合了封建统治者的利益要求。因此文教大臣阿尔施泰因给予黑格尔哲学特别保护。

然而资产阶级却从黑格尔哲学中发现了革命的要素。德国诗人海涅在指出黑格尔及其先辈们的历史性弱点之后，坚定地主张，德国的哲学教授们同样也是革命的斗士，并且是比法国革命者更为彻底、激进的革命者。因此，法国的革命者，至多才杀死了一个国王，而德国的哲学教授们则改变了一代人的观念。黑格尔完成了德国资产阶级的哲学革命。"我们的哲学革命结束了。黑格尔完成了它的巨大的圆运动。"① 海涅对黑格尔哲学革命性的强调，得到了马克思恩格斯的认同。

在《〈黑格尔法哲学批判〉导言》中，马克思对黑格尔哲学高度评价，认为"德国的法哲学和国家哲学是唯一与正式的当代现实保持在同等水平上［al Pari］的德国历史"②。恩格斯得出了同样的观点，认为黑格尔哲学体现了德国资产阶级革命的方面，"在19世纪的德国，哲学革命也作了政治变革的前导"③。"德国人是一些教授，一些由国家任命的青年的导师，他们的著作是公认的教科书，而全部发展的最终体系，即黑格尔的体系，甚至在某种程度上已经被推崇为普鲁士王国的国家哲学！"④ 在黑格尔晦涩的语言背后，竟然隐藏着革命。资产阶级从动态的角度来把握"现实的都是合理的"，并非现存的都是合理的，然而合

---

① 亨利希·海涅：《论德国宗教和哲学的历史》，海安译，北京：商务印书馆1974年版，第146页。
② 《马克思恩格斯文集》第1卷，北京：人民出版社2009年版，第9页。
③ 《马克思恩格斯文集》第4卷，北京：人民出版社2009年版，第267页。
④ 同上。

理的必然变成现实的，因此接受他的哲学，强调黑格尔哲学体系中革命的方面。

两个相互反对的利益集团，在他们的利益矛盾并不尖锐时，都能从黑格尔体系中找到能为他们所用的东西。然而随着资本主义在德国的发展，这一切都被颠倒过来。在法国 1830 年革命的影响下，德国资产阶级要求拥有更多的经济和政治权利，呼吁实现他们的利益要求，他们开始批判黑格尔哲学体系中所存在的辩护论成分，以及停留于哲学思辨领域的意识形态性质，要求哲学要与实践相结合，变革不合理的现实社会。德国封建统治者则害怕黑格尔辩证法所具有的革命性，新任文教大臣艾施霍恩试图从根本上铲除黑格尔哲学的影响。

资产阶级的不断发展壮大，使它与封建贵族矛盾越来越激化，黑格尔哲学体系走向解体，分裂为不同的派别。施特劳斯在《论说文集》中，借用法国议会的说法，将存在分歧的黑格尔门徒分为左、中、右。"关于福音史是否和在多大程度上作为历史保护在神性与人性之统一的观念中的问题，可能有三种回答：即从这个概念，或者能推引出全部福音书，或者只能推引出它的一部分，或者既不能推引出全部福音书也不能推引出它的一部分。如果这三种回答或倾向分别由黑格尔学派的一个分支来代表的话，那么按照传统的比喻，人们就可以称第一种，即最接近旧体系的一派为右派，第三种为左派，第二种为中间派。"[①] 1840 年，基督教正统派分子亨利希·莱奥将左派称为"青年黑格尔派党徒"，从而赋予黑格尔分子党派的性质。由此形成了老年黑格尔派和青年黑格尔派的称号。

老年黑格尔派和青年黑格尔派最初的分歧体现在对黑格尔体系与方法矛盾的观点上。恩格斯在《路德维希·费尔巴哈和德国古典哲学的终结》中指出："黑格尔的整个学说，如我们所看到的，为容纳各种极不相同的实践的党派观点留下了广阔场所；而在当时的理论的德国，有实

---

① 转引自麦克莱伦：《青年黑格尔派与马克思》，夏威仪等译，北京：商务印书馆 1982 年版，第 5 页。

践意义的首先是两种东西：宗教和政治。特别重视黑格尔的体系的人，在两个领域中都可能是相当保守的；认为辩证方法是主要的东西的人，在政治上和宗教上都可能属于最极端的反对派。"①

正统教派即老年黑格尔派，主要代表有加布勒尔、辛里克斯、罗森克兰兹、甘斯等。他们从黑格尔的名言"凡是现实的都是合乎理性的，凡是合乎理性的都是现实的"中看到现实制度的正当性，为现实的合理性进行辩护。他们虔诚地将黑格尔哲学视为人类哲学发展的巅峰，是最后的哲学，他的哲学体系最完善，就如甘斯在一份讣告中所写的："哲学现在已经达到圆满的境界，人们认为它的发展只是根据它的题材按以往已经这样明确表示过的方式进行有创见的工作而已"②，他们将自己视为黑格尔这座宏伟哲学大厦的守护人，主要职责在于将黑格尔哲学已经论及，但没有展开论述的意义发挥出来。为此，他们撰写哲学史，宣传黑格尔学说，并准备出版一部包括黑格尔全部讲演录在内的全集。

左翼，即青年黑格尔派，他们则从"凡是现实的都是合乎理性的，凡是合乎理性的都是现实的"看到了黑格尔哲学的革命性力量，强调黑格尔哲学的辩证法，力图克服黑格尔哲学在体系和方法上的矛盾。恩格斯曾经将青年黑格尔派称为"哲学的党"，属于这个派别的代表人物有施特劳斯、布鲁诺·鲍威尔、卢格、费尔巴哈、马克思、赫斯、恩格斯、埃德加·鲍威尔、施蒂纳、科本、鲁腾堡等人。

青年黑格尔派虽然被政敌冠以党派的称号，然而他们并非是铁板一块，围绕着类与个体的关系，施特劳斯、鲍威尔、费尔巴哈、施蒂纳相互展开争论。在政治立场上，虽然他们大部分代表着资产阶级的利益，反映资产阶级自由主义的思想和要求，然而它的内部，"既有资产阶级的自由主义者，也有民主主义者；既有始终代表人民立场的革命民主主义者，也有倾向于改良封建秩序的中庸派"③。在思想重心与理论趋向

---

① 《马克思恩格斯文集》第4卷，北京：人民出版社2009年版，第273页。
② 转引自麦克莱伦：《青年黑格尔派与马克思》，夏威仪等译，北京：商务印书馆1982年版，第2页。
③ 李兆和：《马克思与青年黑格尔派》，武汉：武汉出版社1993年版，第22页。

上，青年黑格尔派内部存在三个潮流："第一种潮流是由施特劳斯、鲍威尔、费尔巴哈的宗教批判的系列（进而通过中期鲍威尔及其一派而继续）；第二种潮流是由切什考夫斯基、赫斯的黑格尔历史哲学批判的谱系；第三种潮流是经由卢格而与马克思相关联的黑格尔法哲学批判的谱系。"① 从批判的重心与逻辑发展看，青年黑格尔派内部的这三股潮流一定意义上是前后相继的关系，首先是宗教批判，然后是政治批判，第三期是社会批判。当然这并非是后者取代前者，前者不再存在的关系。例如，赫斯的社会批判，在政治批判时期就存在，宗教批判贯彻在这三个阶段。

《莱茵报》处于青年黑格尔派由宗教批判转向政治批判的重要时期，宗教批判依然具有重要影响，但政治批判越来越具有突出地位。这与德国当时的政治形势紧密相关。1840年春，弗里德里希·威廉三世和对黑格尔主义有好感的阿尔腾施坦二人相继去世，威廉四世即位，对于青年黑格尔派转向政治批判具有重要影响。

威廉四世上台之初，为了缓和社会矛盾，他曾一度带上自由主义的面具，作出了有利于反对派的许诺，虽然这些许诺最终证明都是虚伪的，客观上却有利于进步势力的发展。他不仅释放了卡尔斯巴德决议的受害者，恢复了他们的职务，而且在1841年12月24日颁发旨谕，批评检查机关过分地限制了写作活动②，准许公布地方议会的会议记录，联合所有地方议会的委员会每两年在柏林举行一次会议，这一切似乎显示出，新国王将使普鲁士变为自由国家。

在这种背景下，青年黑格尔派变得欢欣鼓舞。布鲁诺·鲍威尔在《1842年以来德国激进主义的兴衰》中写道："现在，春天回到每个人的心上，被埋葬的愿望重新苏醒了，麻痹了的希望重新燃起。人们显得更自由、更生气了，他们昂起了低垂的头，彼此相视着，意识到自己的

---

① 莫泽斯·赫斯：《赫斯精粹》，邓习议编译，南京：南京大学出版社2010年版，第207页。

② 李兆和：《马克思与青年黑格尔派》，武汉：武汉出版社1993年版，第42页。

力量。所有的人都变了样。"① 科本则在《弗里德里希大帝和他的敌人》这本小册子中，将弗里德里希二世极度理想化，把他描述成哺育了普鲁士启蒙原则的哲学家国王，"安放在阿特拉斯肩上的天穹，还不如奠基在弗里德里希大帝原则适应当代需要的进一步发展之上的普鲁士那样牢固"。②

新国王上台后所营造出的自由主义假象，极大地解放了青年黑格尔派，推动了他们从宗教批判转向荆棘丛生的政治批判领域。然而他们当时都没有摆脱黑格尔法哲学的影响。根据黑格尔，国家是客观理性在人类社会的实现，它是神在地上的行走，能够解决社会所存在的冲突和任性，为公民提供存在根据。

鲍威尔赞成黑格尔的国家观，认为国家的本质是理性的，但在他所处的时代，国家已经被教会败坏，因此要使国家解放出来就是哲学的任务。1840年4月5日，鲍威尔在写给马克思的信中写道："如果说反对派在法国获得了胜利，如果说在那里它那样猖狂的反动之后得到了承认，那末，在这个只须对愚蠢的护教派进行斗争的国家里，胜利会来的更加不可避免，更加迅速。"③ 在《基督教国家》中，他认为既然国家是客观的道德，教会就不应该擅自控制它。根据麦克莱伦考证，迟至1841年9月，鲍威尔在为自由派政治理论家威尔凯尔进行的宴会上，"还高度赞扬黑格尔的政治哲学，认为黑格尔的政治哲学在自由主义和勇敢大胆方面都超过了南德流行观点"。④

对黑格尔哲学持激烈批判态度的费尔巴哈，并没有质疑黑格尔的理性国家观。在1842年写作的《哲学改造的必要性》一文中，费尔巴哈

---

① 转引自奥古斯特·科尔纽：《马克思恩格斯传》第1卷，刘磊译，生活·读书·新知三联书店1963年版，第176页。
② 转引自麦克莱伦：《青年黑格尔派与马克思》，夏威仪等译，北京：商务印书馆1982年版，第17页。
③ 转引自奥古斯特·科尔纽：《马克思恩格斯传》第1卷，刘磊译，北京：生活·读书·新知三联书店1963年版，第181页。
④ 参见麦克莱伦：《青年黑格尔派与马克思》，夏威仪等译，北京：商务印书馆1982年版，第25页。

对国家赋予高度的价值。"国家是各种现实的集中表现,国家是人的天意……［真正的］国家是无限的、没有止境的、真实的、完全的、神化的人。""国家是现实"①。在《关于哲学改造的临时纲要》(1842年)中,费尔巴哈再次高度评价国家。"国家是人的实在化了的、经过发挥的、明确化了的总体。"②

赫斯此时同样信奉黑格尔的国家观,麦克莱伦评价"他甚至比别的青年黑格尔分子走得更远,他认为国家是人的整个解放的机构,尤其是普鲁士国家是德国精神自由的缔造者和促进者"③。

对于现实的普鲁士,他们一方面发现它与黑格尔的理性国家相去甚远,另一方面,又没有想到要彻底推翻它。因此,当时他们将矛头指向基督教对普鲁士国家的影响,鲍威尔认为普鲁士是基督教国家,宗教的罪恶体现了国家异化的本质,希望普鲁士国家能够摆脱宗教的控制,以理性和自由为原则。

新国王的真实面目很快暴露。他仇视法国革命和启蒙运动。在他给东普鲁士省长冯·雪恩的信中,他表达了他的真实想法:"父权制的制度是德意志的统治方法。我的统治权就是我的世袭财产,就是我的世袭领地。正因为这个缘故,所以我热心地对待我的人民,我能够而且愿意领导未成年的孩童,惩罚那些被宠坏了的孩童,让那些可敬的有理性的人民参与治理我的领地,把我自己的领地赏赐给他们,并且保护他们在那里不受仆人的无理冒犯。"④ 在这种思想的指导下,他采取了一系列倒行逆施,迫害自由主义。若干的黑格尔主义者被开除出大学,自由主义作家被迫害,进步报刊受到检查。

---

① 《费尔巴哈哲学著作选集》上卷,荣震华等译,北京:商务印书馆1984年版,第58页。
② 同上书,第119页。
③ 参见麦克莱伦:《青年黑格尔派与马克思》,夏威仪等译,北京:商务印书馆1982年版,第24页。
④ 参见奥古斯特·科尔纽:《马克思恩格斯传》第1卷,刘磊译,北京:生活·读书·新知三联书店1963年版,第179页。

这些反动措施没有吓倒青年黑格尔派，相反激发了他们斗争的勇气，这使他们不仅在宗教，而且在政治方面展开更加激进的批判，将政治批判逐渐推向高潮。他们不再站在普鲁士专制统治的立场上，而是对普鲁士国家的种种缺陷进行了尖锐地批判，主张在普鲁士国家实施政治改良，推行立宪运动。卢格不仅开启了青年黑格尔派的政治批判潮流，而且以较为先进的民主主义引领了当时的政治批判潮流。早在《哈雷年鉴》上发表的文章中，卢格就将自由倾向与反动倾向的冲突理解为立宪主义和专制主义的冲突。在他看来，根本问题是：处在反动的大国同自由的大国之间，即处于俄国、奥地利同英国、法国之间的普鲁士，究竟是要归入哪一类国家，是应该让专制主义获得决定性胜利，还是应该使自由主义获得决定性胜利。① 在 1841 年发表的《莱比锡报和社会舆论》中，卢格号召采取反对立场："昔日的未成年状态恢复了；自由的设施——民兵和对城市机构的关心——在一个人民不参与治理的制度中成了反常现象。这样的时代精神和国家精神无疑是缺乏任何社会精神的表现，因而也是对国家精神本身的最坚决的否定——绝不能把这样的时代精神和国家精神保持下去。必须对它提出抗议。"② 人民民主问题越来越受到卢格政治批判的关注，普鲁士专制政治的合法性被质疑。1841 年 6 月，卢格主编的《哈雷年鉴》受到指责，要求接受普鲁士书报检查机关的检查。1841 年 7 月，卢格将《哈雷年鉴》签到萨克森的德累斯顿，将刊物改名为《德国年鉴》。借助于《德国年鉴》，青年黑格尔派的政治批判比任何时候都要激进，公开宣称要实现共和主义和民主政治，德国要与法国结盟。在 1842 年 8 月，卢格发表了《黑格尔法哲学和现代政治》，分析了黑格尔法哲学所具有的内在缺陷，提出哲学要面对现实，敢于批判现实，而不是与现实调和，在青年黑格尔派中开启了对黑格尔法哲学批判的潮流。

---

① 奥古斯特·科尔纽：《马克思恩格斯传》第 1 卷，刘磊译，北京：生活·读书·新知三联书店 1963 年版，第 181 页。
② 同上书，第 183 页。

马克思"《莱茵报》政论文章"研究读本

　　《莱茵报》就在这种背景下产生。《莱茵报》得到了具有自由主义思想的商人们的支持，同时也得到了政府的同意。

《莱茵政治、商业和工业日报》（简称《莱茵报》）

赫斯最初是该报的主要负责人，李斯特门徒赫夫悭是副手。董事们对报纸出版工作的干涉，促使赫夫悭辞职，鲁腾堡接替他的职位。1842年4月，马克思为该报撰稿。为该报撰稿的青年黑格尔分子还有恩格斯、鲍威尔兄弟、赫斯、科本等人。1842年10月，马克思担任该报主编，1843年3月17日，他声明退出该报编辑部。《莱茵报》上刊载了马克思若干重要文章。

三 共产主义思想在德国的传播

19世纪的德国，处于新旧交替的转折时期。黑格尔在《精神现象学》"序言"中就写道："我们这个时代是一个新时期的降生和过渡的时代。人的精神已经跟他旧日的生活和观念世界决裂，正使旧日的一切葬入于过去而着手进行他的自我改造。"① 德国知识分子在思考，时代向何处去。在这种背景下，各种社会思潮风行于德国思想界，其中不仅包括自由主义、民主主义、共和主义，还包含共产主义思想。

19世纪三四十年代，德国资本主义处于较为迅速的发展阶段，然而悖论的是，他们的产生发展，同时也是他们的掘墓者产生发展的过程。随着资本主义工业的兴起，在城市中占统治地位的手工业逐渐衰落，同时由于机器改进所带来的激烈竞争，又使产业工人的生存处境日益恶化。社会转型，不仅造成了大量传统的穷人，而且还出现了大批由于社会财富增长而产生的穷人，即现代产业工人，阶级矛盾日益加剧，工人和手工业者不时暴动，在这种背景下，产生了共产主义思想宣传的土壤。

19世纪20年代和30年代初，圣西门主义曾在德国，特别是知识分子中流行。圣西门主义抨击资本主义制度，谴责它是充满罪恶的"是非颠倒的世界"，主张代之以"实业制度"，对未来社会提出了若干有价

---

① 黑格尔：《精神现象学》上卷，贺麟、王玖兴译，北京：商务印书馆1979年版，第6—7页。

值的设想。如，人人劳动、按劳计酬、计划经济、国家消亡等。德国知识分子将圣西门主义当作一种新学说进行宣传。1832年2月6日，皮羽克列尔侯爵写给拉埃尔的信中就表述了这种思想："这的确是一种新学说和对一个正开始的新时代的明确认识，虽然这个新时代在几个世纪中发展很慢"。① 例如，马克思的岳父路德维希·冯·威斯特华伦就是一个圣西门主义的信徒。马克思的老师甘斯钟情于圣西门主义。1836年，甘斯在出版的著作中写道："圣西门主义正确地观察到，奴隶制还没有消失，它只是在形式上已不复存在，而实际上它却实实在在地存在下来。正如一度是奴隶和奴隶主的相互对立，接着是贵族阶级和平民、国王与臣仆的对立一样，今天则是游手好闲的人同劳动者的对立。人们只需到工厂去一趟，就会看到那数以百计的形容憔悴、痛苦不堪的男人们和女人们，他们牺牲了健康去为一个人提供服务和利润，为了一点点微薄的收入放弃了生活的全部乐趣。当被剥削的人像动物一样只有饿死的自由时，这难道不是真正纯粹的奴隶制剥削吗？难道没有必要在这些无产者身上唤醒公民意识，引导他们积极地参加他们现在自发地干着的这些工作吗？国家应向为数最多的最贫穷阶级提供必需品，这一观点乃是我们这个时代最有深远意义的观点……未来的历史将不只一次地要求无产阶级起来进行反对资产阶级的斗争。"② 在柏林大学的第一学期，马克思就听了甘斯的讲座。在他才华横溢的讲座中，甘斯阐述了黑格尔历史发展的理性思想，提倡英国君主政体，关注穷人问题，渴望找到一种办法来解决"无产阶级和资产阶级的冲突"③。

除了圣西门主义外，傅立叶主义以及形形色色的社会主义、共产主义思想在德国不断地被传播。梅林在《德国社会民主党史》中，特别提到一个下级官员。"他的美名值得在德国社会主义史上提一提。噶尔

---

① 梅林：《德国社会民主党史》第1卷，青载繁译，北京：生活·读书·新知三联书店1963年版，第255页。
② http://bbs.tianya.cn/post-news-127517-1.shtml。
③ 戴维·麦克莱伦：《马克思传》，王珍译，北京：中国人民大学出版社2008年版，第20页。

作为20年代和30年代的一个德国人，特别是一个普鲁士的地方政府的秘书，他所做的事情是值得敬佩的。"① 特里尔市议会秘书路德维希·噶尔以傅立叶的理论为基础，揭示了现实社会所存在的种种不合理现象：富裕中的贫乏，关于资本、劳动和才能的必要联合，关于分散劳动则生产力枯竭，集体劳动则生产力增长，阶级分裂越来越厉害，在此基础上，他还提出建立合作社，曾试图在美国建立一个傅立叶主义的法伦斯泰尔。

在形形色色国外的社会主义、共产主义思想传入德国的过程中，洛伦兹·冯·施泰因在无意地扮演着重要的角色。1840年，施泰因接受普鲁士政府的奖学金，到巴黎研究社会主义和共产主义的理论，为德国警察提供德国手工业者在法国的相关情报。1842年9月，施泰因在莱比锡出版《现代法国的社会主义和共产主义》一书。在书中，施泰因从劳动与资本的对抗关系入手，分析了现代社会问题的根源，描述了各种社会主义和共产主义的学说。

施泰因在黑格尔《法哲学原理》"市民社会"篇的影响下，从分工、劳动和私有财产三个层面来把握现实社会的构成，认为"所谓社会，就是通过将一般财货分配至个人而成立的人类共同体的秩序"②。然而通过对英法社会主义思想的研究，施泰因发现基于生产资料无偿地占有他人劳动具有决定性意义，它使基于自己劳动的私有财产转变为了无偿地占有他人劳动的私有财产。"本世纪普遍的经济现状，即资本对于劳动的胜利，以及随之而来的所有者对于非所有者的支配"③ 是根本性的问题。资本具有内在的扩张趋势，它必然不断扩大自身，"生产的法则将人类划分为两大阶级——所有者阶级与劳动者阶级，可以说其阶级间的流动并非依靠自我人格的努力，而是单纯地被命运所支配。"

---

① 梅林：《德国社会民主党史》第1卷，青崶繁译，北京：生活·读书·新知三联书店1963年版，第256—257页。

② L.V.Stein, *Der Socialismus und Communismus der heutigen Frankreichs. Ein Beitrag zur Zeitgeschichte*, Leipzig, Verlag von Otto Wigand, 1848, S.25.

③ L.V.Stein, *Der Socialismus und Communismus der heutigen Frankreichs. Ein Beitrag zur Zeitgeschichte*, Leipzig, Verlag von Otto Wigand, 1848, S.40.

"我们可以得出这样的结论，今日社会所面临的斗争就是资本与劳动力之间的斗争。"① 社会进步和资本扩张带来贫富两极分化、日益尖锐的劳资矛盾。这表明西欧社会正在陷入严重的危机中。施泰因非常正确地把握到无产阶级的实质，它不是传统的穷人，而是由于社会制度所造成的。"将今天的无产阶级等同于旧时代的无所有阶级后裔的人们，就相当于将机器视为手工业的后裔。"② 无产阶级是进行机器劳动的劳动者群体。他们具有三个基本特点。一是他们对人格所有（persönliche Besitz）的反抗。二是他们只能靠出卖人格劳动（persönliche Arbeit）获得生活资料。三是无产阶级区别于过去的穷人③，他们被剥夺、一无所有的存在状况，必然会随着他们阶级意识的觉醒，提出实现社会平等的要求。

　　施泰因还区分了社会主义和共产主义。他认为共产主义要以理想的社会取代现存的社会，因此具有否定的性质。然而社会主义则是力图更好地组织劳动，以此来改良资本主义社会，因此社会主义具有肯定的性质。他认为法国社会主义所具有的作用与法哲学在德国所起的作用相同。

　　在主观上，他作为普鲁士政府的间谍，对各种社会主义和共产主义学说持一种批判和否定的态度。然而在客观上，他却清晰地介绍了这些学说的基本思想："社会问题是现代生活的基本问题；以解决这个问题为目的社会主义和共产主义从历史本身来看有其存在的理由，因为它们是从资产阶级社会的发展中产生的，而资产阶级社会使越来越广大的人民阶层变得一无所有；最后，不是国家，而是社会，乃是历史发展的决定因素。"④ 因此他要求普鲁士政府认真研究社会问题，改革不能停留

---

① L. V. Stein, *Der Socialismus und Communismus der heutigen Frankreichs. Ein Beitrag zur Zeitgeschichte*, Leipzig, Verlag von Otto Wigand, 1848, S.38-39.

② L. V. Stein, *Der Socialismus und Communismus der heutigen Frankreichs. Ein Beitrag zur Zeitgeschichte*, Leipzig, Verlag von Otto Wigand, 1848, S.40.

③ 渡边雅男：《马克思的阶级概念》，李晓魁译，北京：社会科学文献出版社2015年版，第131—132页。

④ 奥古斯特·科尔纽：《马克思恩格斯传》第1卷，刘磊译，北京：生活·读书·新知三联书店1963年版，第481页。

在政治水平上，还必须涉及通过重新分配财富，解决社会中所存在的两极分化。否则将会爆发无产阶级的革命。

虽然目的在于压制社会主义和共产主义学说在德国的传播，然而实际上，施泰因的《现代法国的社会主义和共产主义》却促进了这些学说在德国的传播。梅林对此幽默地评述到："总的说来这本书还是一个相当轻率的作品，有浓厚的通俗文学的笔调，过分详细地叙述空想社会主义的奇异的外形，傅立叶关于地球过去的发展的空想，安凡丹团体的教会式的组织以及类似的东西。但是它也揭露了法国社会主义和共产主义的经济—社会基础，资产阶级同无产阶级之间的阶级斗争，尽管其中有许多理解错误或根本不了解的地方。这是一个没有成熟的酸苹果，但也是一个认识的苹果。"① 这部书在某种意义上说是一块界石，"从此德国社会主义结束了童年时代的，或者说是幼稚的游戏，开始了严肃的生活。"②

赫斯被称为德国社会主义之父，他是德国第一个推进德国哲学与法国社会主义理论内在联结的人，赫斯的思想深刻影响了青年黑格尔派，推进了社会主义和共产主义思想在德国的传播。

1837年，赫斯出版他的处女作《人类的圣史》，该著作是德国最早的社会主义著作。它的主题是人类怎样才能恢复与上帝的一致性。全书被分成两部分："过去是将来的基础"，"将来是过去的结果"，由这两部分可以看出，赫斯未来的共产主义是从过去推论出来的。第一部分由三节组成：第一节是公元前时期，这是人类的童年，与上帝无意识统一，当时占主导地位的财产形式是财产共有。公元后这种和谐时断时续，在出现了私有制和继承权的中世纪，不和谐达到极点。第三个时期为恢复到原始的社会统一开辟了道路。这个时期以斯宾诺莎这个第一次指出达到这种恢复之路者为起点，而在法国大革命达到顶峰。在第二部分，赫斯叙述了未来共产主义社会如何通过自由和平等来医治人们之间

---

① 梅林：《德国社会民主党史》第1卷，青载繁译，北京：生活·读书·新知三联书店1963年版，第258页。

② 同上书，第257页。

所形成的裂隙。赫斯在《人类的圣史》中勾勒出了一个以财产共有为基础的和谐阶段——公元后以私有权和继承权导致贫富悬殊的不和谐阶段——实现财产共有为基础的共产主义新和谐这样一个三段论式的人类发展史。

这本书具有神秘性，是漫谈式的，麦克莱伦对这本书的评价是"虽然写得并不漂亮，但颇为重要"①。赫斯写作这本书时，大量使用了法国的资料。如勒鲁和卡塞的激进主义，弗兰茨·冯·巴德等的浪漫主义，卢梭的平等思想，圣西门的超自由宗教思想。财产共有是实现社会平等的保障，是共产主义的目的。不平等是由财产权和继承权引起的，这导致贫民和金钱贵族之间的差距越来越大。赫斯并没有主张退回到原始共产主义社会，相反，他认为贸易和工业的发展是最终能够达到社会和谐的手段。②

赫斯出版的第二本著作是他在科隆写的《欧洲三头政治》，在这部著作中，他进一步阐述了他的社会解放思想，具体内容包括行动实践哲学思想，人通过行动的概念恢复了他的自主性，社会主义的观点以及德国精神财富与法国实际经验结合起来实现由思想向行动的转变。③ 这部著作对黑格尔哲学进行了辩证分析，既肯定黑格尔哲学是精神哲学的顶峰，同时又指出黑格尔哲学的两个缺陷，即缺乏实践精神，仅仅是一种精神哲学，而不包括行动，其次是仅仅指向过去和现在，却忽略了将来的哲学。此外，赫斯还深入分析了经济因素在人类社会中的影响。"不仅群众的普遍的贫穷与金钱贵族制的对立还存续着，仍未被克服，而且不拘这种对立已经充分感觉得到，甚至只是还没有达到革命的高潮。在一方面是贪图暴利的财富，另一方面是还没有走出血与汗中的困惫的贫

---

① 麦克莱伦：《青年黑格尔派与马克思》，夏威仪等译，北京：商务印书馆1982年版，第146页。
② 同上书，第147页。
③ 陈东英：《赫斯与马克思早期思想关系研究》，北京：人民出版社2011年版，第17页。

困的这种世道中，怎么能够谈关于客观的和解等？"① 要改变这种状况，赫斯认为就需要废除私有制，使个人、家庭等之间不再有财产的划分，消除组成社会的各个集团具有的不同利益，才有可能组成一个统一的社会。

《欧洲三头政治》出版后，获得了巨大成功，拥有广大的读者，赫斯因此而一举成名。麦克莱伦认为这本书对青年黑格尔（包括马克思）的影响是深远的。"它的主要成就在于给知识界传播了共产主义知识，而且继切什考夫斯基提出的相当笼统的社会主义观念之后，对社会主义作了第一次明白的表达，赫斯进一步发展了切什考夫斯基的那种能够包括将来并导致行动的哲学观念。"②

赫斯对社会主义的宣传不仅仅停留于撰写著作，从 1841 年开始，他积极参加许多共产主义团体，组织社会主义俱乐部，通过定期召开讨论会等形式，使社会主义和共产主义思想在德国成为一种时髦。③

赫斯 1842 年 1 月开始创办并担任《莱茵报》主编，积极利用一切有利机会，促进和加强德国哲学与法国社会主义的联盟，对英国阶级对立日益加深的社会现实进行批判，在德国展开共产主义宣传。赫斯在《莱茵报》时期发表的论文深化了《欧洲三头政治》中所讨论的课题，提出了英国面临危机，以及政治改革的不够。"对于归根到底不是政治的，而是社会的罪恶，一切政治改革都只是一种治标的办法。这种罪恶不是任何统治形式所造成的，也不是任何统治形式所能治愈的……当人们面对着在英国几乎达到顶点的恶劣的社会状况，说什么在任何时代，任何国家和任何政府下面都有穷人和富人，我只能说，这并没有什么可以令人宽慰的地方，而只是说明，即使最激进的政治改革，也不可能改变这种状况……在英国引起巨大灾难的客观原因根本不是政治上的原

---

① 莫泽斯·赫斯：《赫斯精粹》，邓习议编译，南京：南京大学出版社 2010 年版，第 39 页。
② 麦克莱伦：《青年黑格尔派与马克思》，夏威仪等译，北京：商务印书馆 1982 年版，第 150 页。
③ 陈东英：《赫斯与马克思早期思想关系研究》，北京：人民出版社 2011 年版，第 20 页。

因。工业从人民手中转到资本家之手,商业先前由小商人小规模经营,目前已日益由少数大资本家或投机分子所操纵,地产根据继承法集中于少数贵族之家——所有这一切状况都不是政治性的,而是社会性的,这些状况到处都有,但在英国则特别显著,它们是当前巨大灾难的根源,即使不是独一无二的根源,至少也是主要的和基本的根源。"① 赫斯这段冗长论述表明,在《莱茵报》时期赫斯已经成为青年黑格尔派中最先进的分子,当其他青年黑格尔派还停留于宗教批判和政治批判时,赫斯已经走向了社会批判。

在《莱茵报》上,赫斯对施泰因的《现代法国的社会主义和共产主义》一书进行了评论和赞扬,详细介绍了魏特林有关未来共产主义社会制度的思想,甚至还发表一个法国共产主义者的宣言。在赫斯的影响下,《莱茵报》当时刊登了很多暗中宣传共产主义的文章。

1841年,赫斯与马克思见面。在《马克思传》中有这么一段记载:"卡尔在科伦结识了一些崇尚自由主义的年轻商人和工业家,由于对《科伦报》(该报十分保守,且鼓吹教皇拥有绝对权力)心怀不满,他们成立了一家合伙公司以此筹备资金来成立另一家报社《莱茵报》。在这些人中间,有一位名叫莫泽斯·赫斯的28岁犹太青年,他是一位自称'共产主义者'的作家和社会学家,实际上受到无政府主义理想的鼓舞"。② 虽然赫斯对马克思当时给予了高度评价:"马克思博士将要给中世纪的宗教和政治致命的打击。他把最深刻的哲学严肃性和辛辣的诙谐结合在一切,似乎卢梭、伏尔泰、霍尔巴赫、莱辛、海涅和黑格尔溶合成了一个人,我说溶合,就是说不是一个个地堆在一起,而是体现在一个人身上,你会发现这个人就是马克思博士。"③ 然而马克思当时并没有完全理解赫斯,他认为赫斯太抽象、太空想。

---

① 转引自麦克莱伦:《青年黑格尔派与马克思》,北京:商务印书馆1982年版,第153页。

② 阿塔利:《卡尔·马克思》,刘成富等译,上海:上海人民出版社2010年版,第38页。

③ 麦克莱伦:《青年黑格尔派与马克思》,夏威仪等译,北京:商务印书馆1982年版,第154页。

1842年10月，马克思由波恩前往科隆，与赫斯的接触变得很频繁。马克思就曾参加过由赫斯作主席的社会主义俱乐部的定期讨论。当奥格斯堡《总汇报》批判《莱茵报》发表赫斯有关共产主义的文章，攻击《莱茵报》充当共产主义宣传的工具，马克思以编辑的身份回应了这种攻击，认为奥格斯堡《总汇报》是幻想、虚伪的，不敢面对充满矛盾和危机的现实，想用污言秽语迷惑和扰乱现实，并迷惑读者的思想，"《莱茵报》甚至不承认现有形式的共产主义思想具有理论上的现实性，因此，更不会期望在实际上去实现它，甚至根本不认为这种实现是可能的事情。《莱茵报》将对这种思想进行认真的批判。但是，对于像勒鲁、孔西得朗的著作，特别是对于蒲鲁东的机智的著作，绝不能根据肤浅的、片刻的想象去批判，只有在长期持续的、深入研究之后才能加以批判"。① 从马克思这段论述可以看出，他此时虽然对共产主义并没有接受，但他提到了勒鲁、孔西得朗、蒲鲁东等人的著作，表明《莱茵报》时期的马克思并非对共产主义一无所知，并持全盘拒斥的态度。

在法国的各种社会主义、共产主义学说传播到德国的过程中，德国产生了他自己的第一个空想社会主义思想家：威廉·魏特林，恩格斯认为他是德国共产主义的创始人。1835年10月，魏特林来到法国首都巴黎。此时的巴黎是欧洲革命的中心。梅林说，巴黎空气中含有社会主义思想的种子，每个人随时都在吸入。巴黎之行成为魏特林革命活动的真正起点。巴黎丰富多彩的社会生活开阔了魏特林的视野，通过参加了半公开、半密谋的团体——"正义者同盟"的活动，魏特林成为与卡尔·沙佩尔和亨利希·鲍威尔齐名的领导人。1838年，他完成《现实的人类和理想的人类》（*Die Menschheit, wie sie ist und wie sie sein sollte*）一书，向无产阶级指出"通向社会新秩序之路"，宣传了正义者同盟的纲领。1841年，他迁居瑞士，出版《德国青年的呼吁》（次年改名为《青年一代》）。期刊的口号是"反对个人利益，如果它损害到全体的

---

① 《马克思恩格斯全集》第1卷，北京：人民出版社1995年版，第295页。

利益；争取全体的利益，而不把任何一个人除外"①。这个刊物刊登了魏特林许多有关批判资本主义的社论。1842年，他出版了《和谐与自由的保证》，以通俗易懂的语言，阐述了他的社会政治观点和关于未来社会的理想方案，在知识界引起了强烈反响，受到瑞士、法国和德国工人的热烈欢迎，争相传诵。费尔巴哈看到此书后颇有感慨地说："这个裁缝帮工的思想和精神使我多么惊奇啊！真的，他是他那个阶级的一位预言家。这个手工业工人的热忱、态度、求知欲多么使我惊异！同这个手艺人相比，我们的那些大学生算得上什么呢？"1843年，他写成《贫困罪人的福音》，1844年，他开始与马克思通信，次年和马克思恩格斯见面。此后，他与马克思恩格斯分道扬镳，陷入德国"真正的"社会主义和其他小资产阶级社会主义的泥潭，1847年6月被正义者同盟除名。

魏特林运用唯心主义历史观，对资本主义社会进行了全面而深刻的批判。首先，他指出"私有财产是一切罪恶的根源"②，它造成了资本主义社会关系的扭曲和变形。他将以私有制为基础的资本主义制度称之为现代奴隶制，虽然带上了契约与法律的面具，却与古代奴隶制并没有本质的区别。在资本主义私有制下，社会被分成劳动者和不劳而获者这样两个阶级，工人的命运甚至比古代奴隶更悲惨。他们每天要为资本家工作十四至十八小时，被折磨得形容枯槁，"人们为了吸取利益，不惜尽量榨取奴隶，以致吸干他们的血，一旦奴隶病了、老朽了，就把他们从车间、工厂和住所里赶出去，免得还要给他们饭吃"。③ 在资本主义制度下，机器被发明和广泛使用，推动生产效率极大的提高，然而这并没有减轻工人们所受到的严酷剥削，相反，机器使儿童也走进资本家的工厂，成为他们剥削的对象，在资本家鞭子的强迫下不得不进行长达十九个小时的劳动。资本家利用机器无情地压榨着工人。资本主义社会是

---

① 威廉·魏特林：《和谐与自由的保证》，孙则明译，北京：商务印书馆1960年版，第13页。
② 同上书，第74页。
③ 同上书，第95页。

穷人的地狱,却是富人的天堂,"凡是他们喜欢的,一切都是他们的!剩下的残余才是我们的。"①

资本主义私有制不仅造成资本主义社会的劳动者与资本家之间的对抗,而且还导致了拜金主义,腐蚀着资本主义社会中的每个人。在金钱的诱惑下,人们自私自利,道德败坏,商人们为了钱,进行商业投机,获取巨额利润,商业是盗窃和掠夺。"把富裕手工业者的儿子变成商人,把商人变成骗子,把骗子变成游手好闲的懒汉,把懒汉变成自私、狠心的吝啬鬼,只要对他有利,甚至把劳动者的皮剥下来换钱他都能干出来的。试问造成所有这一切的,除了对金钱的贪欲以外还有什么呢?"②为了金钱,工人们自愿出卖他自己、他的健康、他的青春、他的血液,"妇女们自行出卖给有钱的人,拿美貌和娇媚,良心和贞操与浪荡子的万恶的黄金交换"③。在资本主义社会,虽然每个人都为了金钱奔波繁忙,然而所造成的后果并不相同。拥有金钱的资产阶级无所不能,缺乏金钱的穷人孩子无以聊生,成群在饥寒交迫中死去。金钱制度维护着社会严重的不平等。因此,要消除资本主义社会的不合理现象,就需要废除金钱。将所有的矛盾都指向货币,从而提出废除货币流通,这表明魏特林尚未揭露资本主义的基本矛盾,不了解资本主义社会阶级对立的根本原因。

魏特林不仅从物质生活领域批判了资本主义,还对资本主义上层建筑进行了批判。在资本主义金钱制度下,所谓的民主和选举自由是虚伪的。"如果我们有权写一个人的名字投到票箱里去,这又有什么用处;选举一过去,我们立刻可以看到,富人总是有理的,我们总是不对的。有钱能使鬼推磨,并且能使人们的意见像他们的情绪一样随时变化。"④

---

① 威廉·魏特林:《和谐与自由的保证》,孙则明译,北京:商务印书馆1960年版,第113页。
② 同上书,第99页。
③ 同上书,第97页。
④ 同上书,第255页。

魏特林以法国大革命中穷人参加政府的例子说明，拥有民主权利，并不能改变劳动者贫困的处境，他们的民主权利被局限于投票，不再具有更多的意义。富人拥有真正的民主自由。法律维护着资产阶级的利益，公开保护着富人对穷人的掠夺，并通过巧立各种名目，如贡赋、捐税、私有私产、盈余、利息、典押、诉讼费、工资扣除、高利贷，使这些公开的惊夺合法化，并得以"名正言顺地进行。反之，如果穷人剥夺资产者就要加上骗子手、窃盗等种种罪名加以处罚"①。

对于出版自由，魏特林认为这仅仅对于富人有效。富人能够收买下流作家，用沉甸甸的钱袋子给文学方针规定方向，让下流作家为了他们的利益来进行写作。穷人没有真正的出版自由，他没有能力支付昂贵的出版费，同时由于他替穷人利益辩护，这使他面临着警察的盘问和被投入监狱的可能，即使他写给穷人的书出版了，穷人忙于生计，也没有时间买书看书，因此卖不出去。"如果说在不平等的制度里言论自由都不可能，怎么还会有出版自由！你且去和一些开明的、结过婚的、有固定职业的瑞士人谈一谈，他们会告诉你，他们怎么样必须小心翼翼、不要高声说出他们的政治和社会信仰，为了恐怕失去雇主、工作和面包。"②通过对资产阶级社会上层建筑的批判，魏特林在空想社会主义史上第一次宣布无产阶级没有祖国的宝贵思想。

魏特林通过对资本主义制度的尖锐批判，论证了资本主义要被自由和谐的社会所取代的道义合理性。对于未来的理想社会，魏特林提出了许多天才般的思想。未来社会以财产共享为基础，实行交易小时制度，一切有劳动能力的人都参加劳动，并有选择工作的自由。社会所推行的产品分配方案是平均分配和按照劳动分配相结合。社会成员一律平等，全体成员的能力和欲望都达到充分的和谐与自由。整个社

---

① 赵树海：《空想社会主义到科学社会主义之间的纽带》，载《北京师范大学学报》1987年第2期，第71页。

② 威廉·魏特林：《和谐与自由的保证》，孙则明译，北京：商务印书馆1960年版，第113页。

会生产和社会生活的运行不是靠暴力和强制，而是靠知识领导的管理。对于这样的社会，魏特林将其称为"和谐与自由的社会制度"，或是"民主共产主义家庭联盟"。革命是通过新社会的唯一途径，从推翻旧制度开始到建成新社会，必须经历一个过渡时期，在这个时期，必须实行专政。①

魏特林的空想社会主义思想中，虽然包含有非常幼稚的空想，但也蕴含着很多有价值的意见，例如，通过无产阶级的暴力革命建立政权，剥夺富人财产。对私有财产的批判。在这种意义上，魏特林是"德国共产主义的创始人"。魏特林的著作语言生动，表述通俗，特别是《和谐与自由的保证》一书，曾经被翻译为英文、法文、挪威文，后来又翻译为匈牙利文。在思想上，他广泛借鉴了卡贝、勃郎、蒲鲁东、傅立叶等人的思想，此外他还出版宣传社会主义和共产主义思想的定期刊物，推动了社会主义思想和共产主义思想在工人中的传播和普及。他所提出的"工人没有祖国"等思想在《共产党宣言》中都得到了回应。海涅虽然与魏特林后来划清了界限，然而也不得不佩服他是一个"有天分的人"，在《自白》一书中，海涅写道："他绝不缺乏思想，他那题名为《社会的保证》的书长时期以来曾是德国共产党人的问答教科书。"② 虽然马克思是否曾经在《莱茵报》时期阅读过魏特林的书，不太确定，然而他在 1844 年对魏特林和这本书给予了高度的评价。马克思把魏特林的《和谐与自由的保证》一书称之为德国工人的"史无前例、光辉灿烂的处女作"。他写道："只要把无产阶级巨大的童鞋同德国资产阶级极小的政治烂鞋比较一下，我们就能够预言德国的灰姑娘将来必然长成一个大力士的体型。"③

---

① 庄福龄：《马克思主义史》第 1 卷，北京：人民出版社 1996 年版，第 138—139 页。
② 转引自威廉·魏特林：《和谐与自由的保证》，"序言"，北京：商务印书馆 1960 年版，第 15 页。
③ 《马克思恩格斯全集》第 3 卷，北京：人民出版社 2002 年版，第 390 页。

19世纪上半叶，英法资本主义迅速发展，德国资本主义也逐渐发展起来，这造成了当时德国社会复杂的社会形势与多重的社会矛盾，既有当时一定意义上占据着主导地位的封建主义与资产阶级的矛盾、封建主义与人民大众的矛盾，也有逐渐涌现的资产阶级与无产阶级的矛盾。社会关系的复杂造成了思想领域多种思想并存。《莱茵报》就在这种复杂的背景下被创办，这也构成了马克思当时走出书斋所面对的社会现实。

第二章 国内外主要版本和传播情况

一 马克思《莱茵报》政论文章在德国的出版与传播

马克思生前并没有出版他的全集,他的大多数早期著作,甚至连他最亲密的朋友和继承者也毫无所知。随着《莱茵报》本身成为罕见的珍本藏书,马克思在《莱茵报》上发表的文章,人们仅仅根据传闻了解一点。1907 年,梅林写道:"马克思所走过的从《共产党宣言》到《资本论》的这一段路程,对我们说来是非常清楚的,但是,他的一生的最初那很长一段时期,即他从黑格尔的忠实学生变为《共产党宣言》的作者的那段时间,长期以来却无人知道,直到现在也还很不容易搞清楚。"①

《莱茵报》时期政论文章的第一次发现,是出版于 1851 年的《卡尔·马克思文集》。1850 年底,马克思与《西德日报》(Westdeutsche Zeitung)的编辑、"共产主义同盟"盟员海尔曼·贝克尔通信商谈出版马克思文集的事宜。在 1850 年 12 月 2 日致贝克尔的信中,马克思写道:"我拟了一个计划,准备给读者提供一套由若干篇幅不大的小册子组成的现代社会主义文献。在三月份以前,还不能开始这样做。如果你愿意承担这件事,那么现在就可以做些准备工作。我以为,德国的读者在最近从高级政治中获得令人快慰的经验以后,将逐渐地不得不转而关

---

① 转引自拉宾:《论西方对青年马克思思想的研究》,马哲译,北京:人民出版社 1981 年版,第 12 页。

注现代斗争的真正内容。"① 马克思在与贝克尔讨论出版计划时,最初准备让贝克尔帮忙出版《哲学的贫困》,后来他希望贝克尔能够出版他的文集。在一封写于1850年12月13日,但并未流传下来给贝克尔的信中,马克思委托他出版自己的"所有文章"。② 这套文集最初设想出版两卷,每卷篇幅为25个印张,收录马克思发表在《德国现代哲学和政论界轶闻集》、《莱茵报》、《德法年鉴》、《威斯特伐利亚汽船》、《社会明镜》、《新莱茵报》等刊物上的文章,以及在三月革命之前发表的论文。③

《莱茵报》构成了马克思文集的重要内容。1851年2月,马克思在收到贝克尔寄来的老《莱茵报》后,对文章进行了挑选和修改工作。当时马克思选中和准备修改的文章有:《〈科隆日报〉第179号的社论》、《第六届莱茵省议会的辩论》第三篇文章《关于林木盗窃法的辩论》、《共产主义和奥格斯堡〈总汇报〉》、《区乡制度改革和〈科隆日报〉》、《论离婚法草案》、《〈科隆日报〉的一个通讯员和〈莱茵报〉》、《奥格斯堡报的论战术》、《评奥格斯堡〈总汇报〉第335号和第336号论普鲁士等级委员会的文章》、《摩泽尔记者的辩护。A和B》、《答一家"中庸"报纸的攻击》、《答"邻"报的告密》、《〈科隆日报〉的告密和〈莱茵—摩泽尔日报〉的论争》、《莱茵—摩泽尔日报》。④

普鲁士反动的统治,对进步报刊进行查封、停印,1851年5月,政府对科隆共产党人进行迫害,贝克尔被捕。《卡尔·马克思文集》没有按照原计划进行,仅仅出版了第1卷的《卡尔·马克思文集》(Gesammelte Werke von Karl Marx),篇幅也被压缩为5个印张。收入这个文集

---

① 《马克思恩格斯全集》第27卷,北京:人民出版社1972年版,第565页。
② *Marx-Engels-Gesamtausgabe*, Band III/3, Berlin: Dietz Verlag, 1981, S. 1414. 转引自赵玉兰:《从 MEGA¹ 到 MEGA² 的历程》,北京:中国社会科学出版社2013年版,第2页。
③ 赵玉兰:《从 MEGA¹ 到 MEGA² 的历程》,北京:中国社会科学出版社2013年版,第2页。
④ 同上书,第3页。

的文章主要是 1842 年发表在《轶文集》和《莱茵报》上的文章①，其中有《评普鲁士最近的书报检查令》和《第六届莱茵省议会的辩论》第一篇论文《关于新闻出版自由和公布省等级会议辩论情况的辩论》的部分内容。德国反动统治没能使书籍顺利进入到市场，"大部分在装订工手中就被没收了，落到书籍市场上的几乎没有。"而且"由于资金困难以及后来出版者的被捕，文集未继续出版。马克思打算另找一位出版商继续出版的计划也未实现"②。

后来恩格斯打算把马克思在《莱茵报》上发表的那些文章编成单行本出版。在 1895 年 4 月 15 日写给社会民主党《前进报》出版社领导人理·费舍的信中，恩格斯拟定了出版这个单行本的计划："《卡尔·马克思的处女作。1842 年（第一个）〈莱茵报〉上的三篇文章。I.莱茵省议会关于出版自由的辩论。II.莱茵省议会关于林木盗窃法的辩论。III.摩塞尔河地区酿造葡萄酒农民的处境。弗·恩格斯编并序》"③ 遗憾的是，恩格斯身患重病，没有来得及实现这个计划。

恩格斯虽然没有完成亡友的夙愿，然而却编写了马克思的书目索引。根据这些书目索引，读者可以非常容易了解马克思著作的出版、发表和翻译的情况。在 1892 年刊登在《国家知识手册》第 4 册上的《马克思·亨利希·卡尔》这篇文章的附录中，恩格斯刊登了马克思已经出版的著作较为完全的目录。在这份目录中，恩格斯列举了马克思在《莱茵报》上发表的下列文章："关于莱茵省议会的辩论、关于摩塞尔流域

---

① 列·阿·列文：《马克思恩格斯著作的发表和出版》，周维译，北京：生活·读书·新知三联书店 1963 年版，第 31 页。

② 同上书，第 31—32 页。梅林在《马克思传》中提出了不同的观点，认为第一卷出版后，书价定为一塔勒十五银格申，很快就卖完了，对于具体的数字，他不同意魏德迈说卖了一万五千册，认为这个说法是错误的，在当时的条件下，"能够卖掉这个数目的十分之一，就是极大的成功了。"（梅林：《马克思传》上卷，樊集译，北京：人民出版社 1973 年版，第 271 页。）根据马克思 1851 年 8 月写给魏格曼的信件，我们不难推断，文集第一卷没有使马克思摆脱经济困境，否则就不会有马克思说的"我正处在非常可悲的境地"，"我的妻子就要完了。经常的操心，为日常琐事的奔忙，使她精疲力竭"，"我的妻子正在生病，她从早到晚为极无乐趣的日常生活操劳，神经系统遭受折磨"。（《马克思恩格斯全集》第 27 卷，北京：人民出版社 1972 年版，第 588 页。）

③ 《马克思恩格斯全集》第 39 卷，北京：人民出版社 1972 年版，第 445 页。

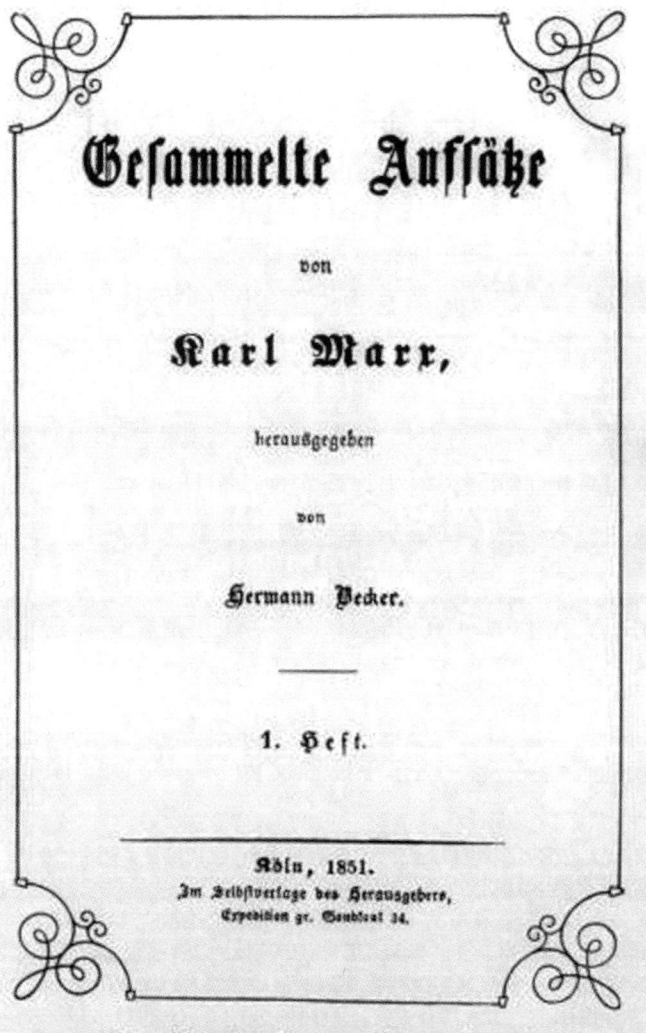

贝克尔出版的《卡尔·马克思文集》

酿酒农民的状况、关于盗窃林木的文章；该报 1842 年 10 月至 12 月的社论。"① 这成为后来研究马克思《莱茵报》上政论文章的重要参考文献。

另外，恩格斯提出了编辑马克思著作全集工作的必要性，并对这个工作进行了部署。在他收集马克思《莱茵报》时期文章的时候，他就曾委托梅林将那些不能完全收录出版的文章，进行进一步的节选，将其中最为重要的段落收录到要出版的书中。梅林没有辜负恩格斯的信任与委托，在恩格斯逝世后，他立即就去完成恩格斯要出版马克思早期著作的遗愿。首先是在《德国社会民主党史》中，梅林在第一部第八章专门列出《莱茵报》，他不仅高度评价马克思《莱茵报》政论文章的价值，认为他的文章是《莱茵报》发表文章中最好的，"他的这些杰作的特点是：构思广阔而深刻；文笔有力而漂亮；辩证的论据具有尖锐的对立性；思想敏锐，在分析问题的时候，总是深入到德国的混乱状态之中，一直把问题彻底搞清为止。"② 而且对马克思在《莱茵报》上的文章做了大量的引证，详尽地叙述了这些文章的内容。首先是发表在卢格编辑的《轶文集》中的《评普鲁士最近的书报检查令》。梅林用 1600 多字详尽地介绍了这篇文章的内容。其次是马克思写的有关对莱茵省等级议会辩论的批判文章，梅林评价"在这几篇论文中，马克思还完全站在黑格尔主义者的立场上。诚然，他已经是一个极想从虚幻世界走向现实世界的激进黑格尔主义者，但毕竟还是一个从纯粹唯心主义的前提引出结论的黑格尔主义者"③。此外，梅林还简要地介绍了马克思对《科伦日报》的编辑海尔梅斯的批判、对历史法学派的批判，以及有关《林木盗窃法的辩论》、与奥格斯堡《总汇报》的辩论、摩泽尔地区酒农贫困问题的辩论和对《莱茵报》指责的回应。由梅林当时所涉及的篇目看，他基本上对马克思《莱茵报》时期重要的政论文章向读者全

---

① 《马克思恩格斯全集》第 22 卷，北京：人民出版社 1965 年版，第 400 页。
② 梅林：《德国社会民主党史》第 1 卷，青载繁译，北京：生活·读书·新知三联书店 1963 年版，第 139 页。
③ 同上书，第 145—146 页。

面地介绍了一遍。这使梅林的著作变成了研究马克思早期思想发展最重要的参考资料。

1902年,梅林出版了三卷本的《马克思恩格斯和拉萨尔遗著》(以下简称《遗著》)。为了揭穿当时所谓马克思主义已经"过时"的说法毫无根据,梅林非常详细地将马克思恩格斯追求实现崇高使命的自我认识过程展现出来,《莱茵报》成为非常重要的发展时期。《遗著》第一卷收集了《评普鲁士最近的书报检查令》以及发表在《莱茵报》上的一系列重要文章,具体包括:《第六届莱茵省议会的辩论》这组论文的第一篇和第三篇、《第179号〈科伦日报〉社论》(书中的标题是《〈科隆日报〉第179号的社论》)、《法的历史学派的哲学宣言》、《共产主义和奥格斯堡〈总汇报〉》(书中用的标题是《论共产主义》)。①

梅林的《遗著》在当时具有重要的价值,拉宾指出正是借助于它,"马克思的研究进入了一个新的阶段"。② 这首先在于它提供了大量的有关马克思著作的新文献材料。这使《遗著》成为当时研究青年马克思的重要参考文献。当然这并不意味着梅林这部著作是完美无缺的,为了改变普遍存在的对马克思早期著作是不成熟和不重要的这种观点,并在出版人狄茨要求只收录"好读易懂的"材料压力下,梅林对马克思的著作进行了严格挑选,将论战性的文章全部剔除,并对所收录的文章做了大量的删除,在史料鉴别方面也存在一些失误,如,将《摩塞尔记者的辩护》这一组文章误判为不是马克思写的。然而正如拉宾所指出的,虽然《遗著》存在上述问题,使它所具有的意义减色,然而"梅林原来预期的直接实际目的——'更清楚地揭示马克思主义的历史根源'——是达到了。"③《遗著》推动了马克思《莱茵报》时期政论文章的传播。

---

① 尼·伊·拉宾:《论西方对青年马克思思想的研究》,马哲译,北京:人民出版社1981年版,第29—30页。
② 同上书,第28页。
③ 同上书,第30页。

在《马克思传》中,梅林充分利用《德国社会民主党史》以及《遗著》中所收集的材料,并对这些材料再三斟酌之后,使《莱茵报》时期的材料变得更加准确。梅林在《马克思传》中全面介绍了《莱茵报》创刊的政治和意识形态背景,刊物的编辑变更情况,以及在德国所造成的影响。对于马克思发表在《莱茵报》上的政论文章,他着重介绍了马克思有关第六届莱茵省议会的辩论所写的五篇长文中的三篇:第一篇论文分六次连载,"分析了省议会关于出版自由和公布会议记录问题的辩论"(《关于新闻出版自由和公布省等级会议辩论情况的辩论》),"第二篇评莱茵省议会的文章是关于'大主教事件的'"(《〈科隆日报〉第179号的社论》),"第三篇论文分成五个大的段落在报上连载,是评论省议会关于林木盗窃法的辩论的"①(《第六届莱茵省议会关于林木盗窃法辩论的辩论》),以及与奥格斯堡《总汇报》、柏林自由人的争论。

在借鉴俄文《马克思恩格斯全集》第2版的基础上,德国柏林的马克思恩格斯列宁斯大林研究院出版《马克思恩格斯全集》(MEW)。柏林马克思恩格斯列宁斯大林研究院缺乏资料,需要莫斯科马克思恩格斯列宁研究院给予资料的帮助,伯恩哈德·道姆1950年8月30日的一封信就反映了这种情况:"但是完成这一任务[指出版马克思恩格斯的著作]的前提条件,只有在你们的帮助下才能具备,因为我们既没有马克思恩格斯手稿的原件,也没有影印件。……因此,我们请求你们给予我们全面的支持,尽可能为我们提供影印件……(如果有可能,也提供文本的抄件),因为没有这些就根本谈不上用德文出版马克思恩格斯的著作。"② 莫斯科出于政治的考虑,并没有给他们提供编辑所需要的全部材料,特别是有关青年马克思的文献。而且俄文版的前言写道:"本版不是完备的、学术性的版本,因此'一些从唯心主义的、左派黑格尔主义立场出发撰写的早期著作……没有收进来:马克思的博士论文,恩

---

① 梅林:《马克思传》上卷,樊集译,北京:人民出版社1973年版,第54—58页。
② 徐洋:《德国学者谈〈马克思恩格斯全集〉德文版的现状和历史》,载《国外理论动态》2010年第5期。

格斯反对谢林的论战文章和一些政论文章,马克思未完成的《经济学哲学手稿》等等。这些早期著作,只有范围很小的专业人员感兴趣,将在专门的文集中出版"。① 在这种情况下,德文版的《马克思恩格斯全集》(MEW)第一卷出版时,收录的马克思《莱茵报》政论文章与俄文第2版《马克思恩格斯全集》所收录的文章完全一样。

《马克思恩格斯全集》历史考证版新版(MEGA²)于1975年出版第Ⅰ部分第1卷,收录了马克思到1843年3月的著作、文章和文学诗作,全面完整地收录了《莱茵报》时期发表的政论文章,中文第二版《马克思恩格斯全集》第一卷将这些内容翻译了过来,一共33篇,《摩泽尔记者的辩护。C 摩泽尔河沿岸地区的种种主要弊端》、《〈莱茵报〉编辑部关于停止发表〈摩泽尔记者的辩护〉续篇的声明》为新增加的。②

除此之外,与《莱茵报》有关的德文文献还有:1919年由约瑟夫·汉森(Joseph Hansen)在贝迪科(G. D. Baedeker)出版的第一卷《有关1830—1850年政治运动的莱茵信件和文件》(1830—1845),1927年赫尔曼·科尼施(Hermann König)出版的《〈莱茵报〉对普鲁士政治文化的观点》,1932年汉斯·施泰(Hans Stein)发表在《科隆历史协会年鉴》第14卷上的《马克思和魏玛莱茵时期的贫困化——对1842/43年〈莱茵报〉社会政治的研究》,卡尔·布赫海姆(Karl Buchheim)1942年发表的《1842年的〈莱茵报〉——百年诞辰》,1966年维尔海姆·克卢滕特雷特(Wilhelm Klutentreter)出版了两卷本的《魏玛政治和精神运动中的〈莱茵报〉(1842/3)》,海因里希·比尔施泰因(Heinrich Billstein)在1983年出版的《马克思在科隆》,曼弗雷德·修科尔(Manfred Schöncke)在发表于2002年的《马克思恩格斯研究论集》(新版)的《马克思1841—1842年第二次逗留波恩时的一篇未知文献》中发现了马克思发表在《莱茵报》上的新文献。

---

① 徐洋:《德国学者谈〈马克思恩格斯全集〉德文版的现状和历史》,载《国外理论动态》2010年第5期。

② 《马克思恩格斯全集》第1卷,北京:人民出版社1995年版,"前言"第12页。

二 马克思《莱茵报》政论文章在苏联的出版与传播

俄国1905年革命的失败，使俄国各界在思想生活中发生了急剧变换，为了认清不断抬头的反动势力的真相，当时社会民主党大量出版马克思恩格斯的著作。马克思早期的一些著作在此时得以传播。例如，《关于出版自由的辩论》以单行本出版，梅林编的《遗著》两个俄文版被出版。列宁在1914年写的《卡尔·马克思》一文的附录"书目"中，列举了马克思《莱茵报》时期的几篇政论文章："1842年，马克思在《莱茵报》（科隆）上发表了一些文章，其中特别应当提到的是对第六届莱茵省议会关于出版自由的辩论，关于林木盗窃法的辩论的评论，以及维护政教分离的文章等等（部分编入《遗著》）。"① 此外，列宁还特意提出"恩格斯还曾提到论摩泽尔河谷酿造葡萄酒的农民的状况一文"②，这意味着马克思不赞同梅林把《摩泽尔葡萄酒农贫困问题》排除出《莱茵报》时期的做法。

莫斯科马克思恩格斯研究院于1923—1924年编辑出版了四卷《马克思恩格斯全集》，其中第1卷收录了1837—1844年间马克思还没有与恩格斯形成合作关系之前所写的论文和书信。但由于这套全集编辑的方案是"在伟大的社会变革时期，宣传科学共产主义、无产阶级政党的方案和策略、马克思恩格斯重要著作的研究和发表的任务被提到首位，而马克思主义形成及其思想起源问题要被推至第二位"③，因此当时对马克思《莱茵报》政论文章的收录内容不全，翻译上歪曲原意和不确切，时间排序不科学，特别是新的文献材料的不断被发现，它的不完善性变得更加明显。

---

① 《列宁全集》第26卷，北京：人民出版社1998年版，第83页。
② 同上书，第49页。
③ 转引自姚颖：《〈马克思恩格斯全集〉俄文第1版出版始末及其历史意义》，载《教学与研究》2013年第3期。

在梁赞洛夫的主持下,《马克思恩格斯全集》历史考证版第 1 版第 1 部分第 1 卷的上册于 1927 年出版。马克思在《莱茵报》上发表的 26 篇政论文章被收录到该卷的第四部分。按照收录顺序,具体包括:《第六届莱茵省议会的辩论》第一篇文章《关于新闻出版自由和公布省等级会议辩论情况的辩论》、《集权问题》、《〈科隆日报〉第 179 号的社论》、《历史法学派的哲学宣言》、《共产主义和奥格斯堡〈总汇报〉》、《第六届莱茵省议会的辩论》第三篇文章《关于林木盗窃法的辩论》、《〈莱茵报〉编辑部为〈汉诺威自由主义反对派的失误〉一文所加的按语》(MEGA¹ 原文标题是 Die liberale Opposition in Hannover)、《关于报刊的内阁指令》、《关于保护关税》、《海尔维格与卢格对"自由人"的态度》、《奥格斯堡报的论战术》、《〈莱茵报〉编辑部为〈论新婚姻法草案〉一文所加的按语》(原文标题是《论离婚法草案——批判的批判》Der Ehescheidungsgesetzentwurf Kritik der Kritik)、《论离婚法草案》、《评奥格斯堡〈总汇报〉第 335 号和第 336 号论普鲁士等级委员会的文章》、《〈莱比锡总汇报〉在普鲁士邦境内的查禁》、《科隆日报和莱比锡总汇报的被查封》、《好报刊和坏报刊》、《答一家"中庸"报纸的攻击》、《答"邻"报的告密》、《〈科隆日报〉的告密和〈莱茵—摩泽尔日报〉的论争》、《莱茵—摩泽尔日报》、《摩泽尔记者的辩护》(A 和 B)、《本地省议会议员选举》、《〈莱茵—摩泽尔日报〉的修辞练习》、《〈莱茵—摩泽尔日报〉是宗教法庭的大法官》、《声明》。①《马克思恩格斯全集》历史考证版第 1 版第 1 部分第 1 卷上册在收录文献的数量上,远远超过梅林的《遗著》,并忠实于马克思原文文献,没有做任意的删节和改动。这使它取代了梅林的《遗著》,成为当时马克思《莱茵报》政论文章研究的参考文献。梁赞洛夫的《马克思恩格斯的生平和作品导论》写于 1927 年,出版于 1937 年,对马克思《莱茵报》时期的政论文章进行了介绍,提及马克思当时所写作的《摩泽尔记者的辩护》、《〈奥格斯

---

① 赵玉兰:《从 MEGA¹ 到 MEGA² 的历程》,北京:中国社会科学出版社 2013 年版,第 78 页。

堡报〉和共产主义》。

1928年,马克思恩格斯研究院出版《马克思恩格斯全集》第一卷。在这一卷中,马克思《莱茵报》时期的部分政论文章被收录,与梅林的《遗著》相比,俄文第一版《马克思恩格斯全集》第一卷具有这样几个优点:第一,它对马克思的著作没有做任何的删节和改动,忠实于原文;第二,马克思《莱茵报》时期的几篇政论文章首次全文收录,如,《论离婚法草案》、《〈莱比锡总汇报〉的查封》、《摩塞尔记者的辩护》和《第179号〈科伦日报〉社论》;第三,加入了一些确切地说明青年马克思思想发展环节的简短注释;第四,明确地解决了为摩塞尔记者辩护那一组文章的作者问题,肯定这篇文章出自马克思之手。①

1955年到1966年,俄文《马克思恩格斯全集》第2版出完,它纠正了第1版的一些错误,在第1卷中所收录的马克思《莱茵报》政论文章一共只有9篇。具体包括:《第六届莱茵省议会的辩论(第一篇论文)关于出版自由和公布等级会议记录情况的辩论》、《法的历史学派的哲学宣言》、《第179号〈科伦日报〉的社论》、《共产主义和奥格斯堡〈总汇报〉》、《第六届莱茵省议会的辩论(第三篇论文)关于林木盗窃法的辩论》、《论离婚法草案》、《〈莱比锡总汇报〉的查封》、《摩塞尔记者的辩护》、《声明(1843年3月17日)》。

1968年出版俄文版《马克思恩格斯全集》第2版补卷第40卷,收录一些新发现的马克思《莱茵报》时期的政论文章19篇,具体包括:《集权问题本身以及有关1842年5月17日星期二〈莱茵报〉第137号附刊》、《再谈谈奥·弗·格鲁培博士的小册子〈布鲁诺·鲍威尔和学院的教学自由〉。1842年柏林版》、《编辑部对〈共产主义和奥格斯堡《总汇报》〉一文的声明》、《汉诺威自由主义反对派的失败》和《莱茵通讯》两文的编辑部按语、《市政改革和〈科伦日报〉》、《〈论离婚法草案〉一文的编辑部按语》、《关于定期报刊的内阁法令》、《〈科伦日

---

① 参见尼·伊·拉宾:《论西方对青年马克思思想的研究》,马哲译,北京:人民出版社1981年版,第50—51页。

报〉记者和〈莱茵报〉的立场》、《雷纳德致总督冯·沙培尔的信》、《〈汉诺威的企业家和保护关税〉一文的编辑部按语》、《海尔维格和卢格对"自由人"的态度》、《奥格斯堡报的论战术》、《论普鲁士等级委员会。奥格斯堡〈总汇报〉第335号和第336号附刊上登载的论普鲁士等级委员会的问题》、《〈莱茵报〉编辑部关于即将对冯·沙培尔总督作出答复的通告》、《〈总汇报〉简评》、《评内阁训令的指控》、《本地省议会代表选举》、《〈莱茵—摩塞尔日报〉是宗教法庭的大法官》、《〈莱茵—摩塞尔日报〉的修辞练习》。

三 马克思《莱茵报》政论文章在西方国家的出版与传播

在《1844年经济学哲学手稿》被发表之前,马克思早期思想长期以来没有受到欧美国家的重视。拉宾在《论西方对青年马克思思想的研究》中写道:"资产阶级的历史学家和哲学家大多数在长时间内,直到二十年代,都没有把马克思的早期著作当作一项专门的研究课题。他们仅限于对科学共产主义创始人的初期活动做粗略的、主要是经验的、非常肤浅的评述,而且总是要歪曲这一时期的实质。"①

虽然欧美学者在研究马克思与康德、黑格尔以及青年黑格尔派关系中,涉及马克思《莱茵报》政论文章,例如悉尼·胡克在《从黑格尔到马克思》中分析了卢格对马克思《莱茵报》政论文章的影响,他所使用的材料基本都是源于梁赞洛夫主持的《马克思恩格斯历史考证版》第1版(MEGA¹)第1部分第1卷。《马克思主义的祛神秘化》(*Demythologizing Marxism*)"导言"对此进行了介绍,在出版这本书之前,"马克思《莱茵报》时期二十多篇文章却仅仅只有一篇被翻译为英文"。② 这里所指的那篇文章是由尤金·卡门卡(Eugene Kamenka)翻

---

① 尼·伊·拉宾:《论西方对青年马克思思想的研究》,马哲译,北京:人民出版社1981年版,第65页。

② Frederick J. Adelmann (ed.), *Demythologizing Marxism*, Boston: Boston College, 1969, p.XVII.

译的《论离婚法草案》。① 麦戈文(F.McGovern)的说法反映了当时欧美国家对《莱茵报》的相对不重视情况。在1968年进步出版社出版的《马克思恩格斯著作选集》(Marx Engels Selected Works)、1971年出版的由麦克莱伦所编辑的《马克思早期文本》(Karl Marx: Early texts)、企鹅书店和新左派评论在1973年出版的《马克思早期著作》(Karl Marx: Early Writings)等著作中,对马克思早期著作的收录都没有考虑《莱茵报》时期。

当然这并不意味着西方国家完全缺乏对马克思《莱茵报》政论文章的翻译。1958年科尔纽出版的三卷本《马克思恩格斯传》对马克思《莱茵报》政论文章有着大量引用,这使马克思《莱茵报》政论文章被翻译为法语。1967年由劳埃德·D.伊思顿(Loyd D.Easton)和库尔特·H.古达特(Kurt H.Guddat)编辑出版的《青年马克思哲学和社会方面的著作》,收录了马克思《莱茵报》时期的著作。具体包括:《历史法学派的哲学宣言》、《集权问题》、《〈科隆日报〉第179号社论》、《共产主义和奥格斯堡〈总汇报〉》、《论离婚法草案》、《摩泽尔记者的辩护:经济不幸与出版自由》。这是当时较为全面的马克思《莱茵报》英文版本。尤金·卡门卡(Eugene Kamenka)在1962年出版的《马克思主义的伦理基础》中也涉及了《莱茵报》的内容。

1975年,由国际出版社(International Publishers)出版的英文版《马克思恩格斯全集》第1卷,收录马克思发表在《莱茵报》上的政论文章27篇,以及《声明》。在篇目上,与中文版第1版《马克思恩格斯全集》一致。

19世纪40年代,马克思恩格斯的思想开始在丹麦传播,具体途径有两种,一种是通过马克思恩格斯的著作,另外一种是直接与外国共产主义者接触。其中《哥本哈根邮报》扮演着重要角色。在国外旅行的工匠约·彼·格律奈(1805—1878)曾经接触到了类似于空想社

---

① Alice Tay Erh Soon and Eugene Kamenka, "Karl Marx on the Law of Marriage and Divorce-A Text and a Commentary", *Quadrant*, no.15 (Winter, 1960), pp.17-29.

会主义和共产主义的基督教平均主义思想。1839 年，他担任《哥本哈根邮报》的主编，并使这家报纸由自由主义转向左翼。1844 年 3 月 28 日、29 日、4 月 9 日、10 日《哥本哈根邮报》刊文介绍了马克思。格律奈的文章是根据亚·魏尔 1843 年 12 月 25 日发表在《独立评论》上的一篇概述德国政党的文章而写成的。在这篇文章中，格律奈高度评价在科隆出版的由莫·赫斯、马克思和阿·弗·鲁滕堡主编的《莱茵报》（1843），认为"没有一家报纸比它更有勇气"。虽然它被查禁了，然而人们将会看到"德国人和法国人［团结在］同一旗帜下，这将是在……所有人民和……民族的自由与平等基础上的新的国际政策的开端"①。

20 世纪 80 年代以来，马克思《莱茵报》政论文章在西方受到了一定关注，形成了一些成果。如：盖瑞·特普尔（Gary Teeple）在 1984 年出版的《马克思 1842—1847 年的政治批判》（*Marx's Critique of Politics 1842—1847*），卡罗尔·约翰逊（Carol Johnson）于 1983 年出版的《青年马克思的革命和哲学思想》（*Karl Marx on Freedom of the Press and Censorship*），撒乌耳·K.帕多弗（Saul K. Padover）在 1986 年写作的《马克思论出版自由和书报检查》（*Karl Marx on Freedom of the Press and Censorship*）。法国也非常重视马克思《莱茵报》时期作品的研究。2007 年，皮埃尔·拉斯库姆出版了专著《马克思从"林木盗窃"到法的批判——〈莱茵报〉时期的马克思：一种方法的诞生》。丹尼尔·本萨义德则撰文剖析马克思《莱茵报》时期的人道主义及民主主义思想，寻求这些思想与马克思后来思想的关联性。②

---

① 《1843—1895 年马克思恩格斯著作在丹麦的传播》，载《马克思恩格斯列宁斯大林研究》2000 年第 3 期，第 218 页。

② 参见邹诗鹏：《国外马克思主义研究状况及前沿》，载《社会科学报》2008 年 1 月 9 日。

四　马克思《莱茵报》政论文章在国内的出版与传播

在我国，翻译与传播马克思的经典著作有着久远的历史。然而由于在影响力上，马克思《莱茵报》时期的政论文章没有《〈黑格尔法哲学批判〉导言》、《共产党宣言》等著作那么大，这使得早期马克思《莱茵报》政论文章仅仅有部分被译为中文。

1930 年前后，现代著名诗人、文艺理论家诺扬（即冯雪峰）将他的注意力集中到马克思主义经典作家关于文艺问题的论述上，先后翻译了马克思一系列经典著作，其中有一篇是《马克思论出版底自由与检阅》，它选译自马克思《评普鲁士最近的书报检查令》以及《第六届莱茵省议会的辩论》第一篇论文《关于新闻出版自由和公布省议会辩论情况的辩论》。诺扬将他翻译的《马克思论出版底自由与检阅》发表在上海的《萌芽》月刊 1930 年 5 月 1 日第 1 卷第 5 期上。然而此次发表并非是全文，而仅仅是《评普鲁士最近的书报检查令》中发表的马克思关于追究思想的法律时一个党派对付另一个党派的反动法律那段话以及马克思关于新闻出版自由也是一种美，没有她我的生活就不可能充实美满那段。①

对于马克思《莱茵报》政论文章的翻译与传播，主要集中体现在两个版本的《马克思恩格斯全集》上。在第一版《马克思恩格斯全集》第 1 卷和第 40 卷，收录了部分马克思《莱茵报》上的政论文章共 27 篇。在第二版的《马克思恩格斯全集》第 1 卷，则收录了 33 篇文章。

在篇目上，两个版本所收录的马克思《莱茵报》政论文章既有相同的，也有不同的。相同的有 23 篇，具体为：《第六届莱茵省议会的辩论》第一篇论文《关于新闻出版自由和公布省等级会议辩论情况的辩论》和第三篇论文《关于林木盗窃法的辩论》、《集权问题（从问题本

---

① 参见陈力丹：《更深刻地理解马克思的新闻思想》，载《新闻与传播研究》1996 年第 2 期。

身和1842年5月17日星期二〈莱茵报〉第137号附刊谈起）》（第一版《马克思恩格斯全集》第40卷的标题为《集权问题本身以及有关1842年5月17日星期二〈莱茵报〉第137号附刊》）、《历史法哲学的哲学宣言》（第一版《马克思恩格斯全集》第1卷标题为《法的历史学派的哲学宣言》）、《〈科隆日报〉第179号社论》（第一版《马克思恩格斯全集》第1卷标题为《第179号"科伦日报"社论》）、《共产主义和奥格斯堡〈总汇报〉》、《〈莱茵报〉编辑部就有关共产主义的论争所作的说明》（第一版《马克思恩格斯全集》第40卷的标题为《编辑部对〈共产主义和奥格斯堡〈总汇报〉〉一文的声明》）、《论离婚法草案》、《〈莱比锡总汇报〉在普鲁士邻邦内的查禁》和《〈莱比锡总汇报〉的查禁和〈科隆日报〉》（第一版《马克思恩格斯全集》第1卷标题为《"莱比锡总汇报"的查封》，囊括上述两个标题）、《摩泽尔记者的辩护》（第一版没有收录《摩泽尔记者的辩护 C 摩泽尔河沿岸地区的种种主要弊端（片断）》）、《再谈谈奥·弗·格鲁培博士的小册子〈布鲁诺·鲍威尔和学院的教学自由〉》、《〈莱茵报〉编辑部为［评〈汉诺威自由主义反对派的失误〉一文所加的按语］》、《区乡制度改革和〈科隆日报〉》（第一版《马克思恩格斯全集》第40卷的标题为《市政改革和〈科伦日报〉》）、《关于奥格斯堡〈总汇报〉的论争》和《驳奥格斯堡〈总汇报〉编后记》（第一版《马克思恩格斯全集》第40卷的标题为《〈总汇报〉简评》）、《〈莱茵报〉编辑部为〈论新婚姻法草案〉一文所加的按语》、《关于报刊的内阁指令》（第一版《马克思恩格斯全集》第40卷的标题为《关于定期报刊的内阁法令》）、《〈科隆日报〉的一个通讯员和〈莱茵报〉》（第一版《马克思恩格斯全集》第40卷的标题为《〈科伦日报〉记者和〈莱茵报〉的立场》）、《奥格斯堡报的论战术》、《评奥格斯堡〈总汇报〉第335号和第336号论普鲁士等级委员会的文章》（第一版《马克思恩格斯全集》第40卷的标题为《评普鲁士等级委员会。奥格斯堡〈总汇报〉第335号和第336号附刊上登载的论普鲁士等级委员会的问题》）、《论离婚法草案》、《本地省议会议员的选举》（第一版《马克思恩格斯全集》第40卷的标题为《本地省议会代表选举》)、《〈莱茵报〉编辑部关于即将对冯·沙培尔总督作出答复的通告》、《〈莱茵—摩泽尔日报〉是宗教法庭的大法官》、《〈莱茵—摩泽尔日报〉的修辞练习》、《评部颁指令的指控》(第一版《马克思恩格斯全集》第 40 卷的标题为《评内阁训令的指控》)。

第二版《马克思恩格斯全集》第 1 卷新收录了 5 篇文章:《好报刊和坏报刊》、《答一家"中庸"报纸的攻击》、《答"邻"报的告密》、《〈科隆日报〉的告密和〈莱茵—摩泽尔日报〉的论争》、《〈莱茵报〉编辑部关于停止发表〈摩泽尔记者的辩护〉续篇的声明》。第一版《马克思恩格斯全集》第 40 卷收录的《雷纳德致总督冯·沙培尔的信》、《〈汉诺威的企业家和保护关税〉一文的编辑部按语》、《海尔维格和卢格对"自由人"的态度》没有被第二版全集收录。

第二部分　研究状况

第三章 国外研究状况概述

《莱茵报》政论文章清楚地展现了马克思步出书斋,首次接触到火热的现实生活时所进行的理论探索,它成为研究马克思世界观转变历程中不可忽略的一个重要环节,一定程度上受到了国内外马克思主义理论研究的重视,形成了较为丰富的研究成果。

一 第二国际与苏俄东欧研究概述

根据威·桑巴特的统计,马克思主义创始人的著作在1883年以前,仅仅发表了20篇,1883年之后,马克思恩格斯的著作受到重视,发表数量激增,1883年至1904年,发表了280篇,其中1895年至1904年期间,发表的著作数量为214篇。[①] 马克思本人虽然曾经委托贝克尔编辑出版《莱茵报》政论文章,然而在普鲁士反动政治统治下,出版物一出版就被没收。因此在19世纪末,除了马克思恩格斯本人的论述,人们对马克思《莱茵报》政论文章知之不多。

在1859年的《政治经济学批判》"序言"中,马克思在回溯他的理论探索史时,论及《莱茵报》政论文章。"1842—1843年间,我作为《莱茵报》的编辑,第一次遇到要对所谓物质利益发表意见的难事"。"为了解决使我苦恼的疑问,我写的第一部著作是对黑格尔法哲学的批判性的分析"。[②] 1877年恩格斯在《卡尔·马克思》一文中,分析了青

---

① 尼·伊·拉宾:《论西方对青年马克思思想的研究》,马哲译,北京:人民出版社1981年版,第8页。

② 《马克思恩格斯全集》第31卷,北京:人民出版社1998年版,第411—412页。

年马克思投身政治斗争时的普鲁士客观政治环境。后来在1892年写的第二篇马克思传记文章《马克思·亨利希·卡尔》中,恩格斯详尽地列举了马克思已经发表的著作目录,特别提到马克思《莱茵报》上发表的"关于莱茵省议会的辩论"、"关于摩泽尔流域酒农的状况"、"关于林木盗窃的文章"。

第二国际时期,德国社会民主党主要关注和研究了马克思主义的经济学方面以及政治学说,通过《资本论》学习《共产党宣言》,"将马克思主义本身发展的终点(就当时来说)成了他们自己发展的起点"①,客观造成对青年马克思研究的忽略,以及对青年马克思思想发展的无知。恩格斯在《马克思·亨利希·卡尔》中指出"过去出版的马克思传记大多数都是错误满篇。唯一可靠的传记是发表于白拉克在不伦瑞克出版的1878年'人民历书'中的那篇传记(作者恩格斯)。"② 拉宾以考茨基的例子证明了这点。考茨基在1906年3月17日的一次讲话中,认为马克思在大学时期就越来越成为革命战士了,似乎马克思生来就是马克思主义者,因此不必经历思想的发展和完善。

普列汉诺夫是最先认识到要对青年马克思开展研究的马克思主义者之一,他认为"不了解马克思主义的理论前提,首先是黑格尔哲学和唯物主义史,这是不理解当代唯物主义即马克思主义哲学的实质的主要理论根源。"③ 因此普列汉诺夫高度重视青年马克思的思想研究,根据恩格斯著作的一系列论述,他从哲学思想史的角度探讨了马克思与他的理论先驱之间的联系,同时证明马克思主义哲学解决了哲学的基本问题,因此是哲学史上一个新突破。对于马克思《莱茵报》政论文章,他的评价前后观点并不一致。在某一阶段,他强调《莱茵报》政论文章具有的革命性价值,"在那个时候,他(指马克思)还不是一个社会主义

---

① 尼·伊·拉宾:《论西方对青年马克思思想的研究》,马哲译,北京:人民出版社1981年版,第10页。
② 《马克思恩格斯全集》第22卷,北京:人民出版社1965年版,第400页。
③ 尼·伊·拉宾:《论西方对青年马克思思想的研究》,马哲译,北京:人民出版社1981年版,第22页。

者，但是，当时他已经开始坚决反对政府，因此他主编的这家报纸只出版了几个月就停办了"，认为马克思此时通过哲学批判来批判专制主义，因此是一位满腔热血的革命者和满怀激情的政论家。然而从1903年起，他对马克思《莱茵报》政论文章价值的评价发生了变化，强调马克思此时思想的不成熟，还处于黑格尔唯心主义的襁褓中。

梅林对于推进青年马克思《莱茵报》政论文章研究，是一个关键人物。他作为马克思主义史专家，不仅遵照恩格斯的委托，在《德国社会民主党史》和《马克思传》中，大量引用马克思《莱茵报》时期的重要内容，详尽地叙述这些内容，而且还出版了三卷本的马克思恩格斯遗著，收录马克思发表在《莱茵报》中的五篇文章，即《第六届莱茵省议会的辩论》的第一篇和第三篇论文、《第179号〈科伦日报〉社论》、《法的历史学派的哲学宣言》和《论共产主义》，使青年马克思的研究进入到一个新的阶段。

梅林根据他所占有的材料，对马克思《莱茵报》政论文章中思想发展阶段及其规律性进行了研究。首先，他反驳了对青年马克思思想发展的一种错误认识，即认为马克思在报社工作时，是胡思乱想杜撰成了社会的经济结构决定它的观念的上层建筑的思想。梅林指出，虽然马克思最初同其他青年黑格尔派一样缺乏对物质现实的了解和研究，然而在《莱茵报》时期，马克思投入到实际的政治斗争之中，"一向狂妄自大的反动势力把这位天生的斗士推入斗争之中"。[①] 在实际的斗争之中，马克思一步一步地前进，突破种种观念和幻想的疑惑，日益深入到火热的现实生活之中。其结果是马克思逐渐从黑格尔的思辨哲学蛛网中解放出来，并用历史唯物主义的范畴来取代黑格尔的思辨哲学范畴。《莱茵报》时期的政论文章是马克思认识前进的重要一步，在《莱茵报》发表的有关出版自由的几篇文章中，马克思当时还完全处于黑格尔主义者的立场上，然而梅林客观地指出马克思已经是一个"热烈渴望从虚幻世

[①] 梅林：《德国社会主义民主党史》第1卷，北京：生活·读书·新知三联书店1963年版，第216页。

界走向现实世界的激进黑格尔主义者"①。马克思在写作《林木盗窃法的辩论》时,对现实物质利益关系的认识,已经把握到唯心主义社会观和国家观的缺陷。在《马克思传》中,梅林分析了马克思与黑格尔派的异同。一方面,马克思此时仍然遵循着黑格尔的法哲学和国家学说。"他的黑格尔主义观点是在于:他用从黑格尔的哲学前提中引申出来的理想国家来衡量普鲁士国家"②。但同时,马克思并不像黑格尔的正统派门徒那样颂扬普鲁士国家,把它奉为理想。不仅如此,梅林指出马克思在《莱茵报》时期,思想并非始终一贯的。在讨论"省议会关于林木盗窃法的辩论。讨论反盗猎法的第四篇文章"③时,马克思所使用的是黑格尔主义的国家观,将国家视为一个伟大的有机体,它体现着法律的、政治和精神的自由,公民对国家法律的遵守,仅仅是对人自身理性的遵守,然而在讨论地产分析这个问题时,马克思已经不再用这样的观点分析现实问题。

列宁对于青年马克思《莱茵报》政论文章的研究具有重要推动作用。根据中文版第2卷《列宁全集》检索,列宁论述《莱茵报》时期的文献并不多,分别为《列宁全集》第4卷中收录的《书评卡尔·考茨基〈伯恩施坦与社会民主党的纲领。反批判〉(11月下半月)》、《列宁全集》第26卷的《卡尔·马克思》及"书目"、《列宁全集》第55卷收录的《帝国主义笔记片段》中对约翰·普伦格博士的《马克思和黑格尔》所作的摘抄。在《书评卡尔·考茨基〈伯恩施坦与社会民主党的纲领。反批判〉(11月下半月)》中,列宁分析了马克思当时退出《莱茵报》时所遇到的思想疑惑是两方面的,即"马克思既怀疑自己关于物质利益的见解是否正确,也怀疑当时在这问题上的流行的观点是否正确"④。

---

① 梅林:《德国社会主义民主党史》第1卷,北京:生活·读书·新知三联书店1963年版,第146页。
② 梅林:《马克思传》上卷,樊集译,北京:人民出版社1973年版,第59页。
③ 同上。
④ 《列宁全集》第4卷,北京:人民出版社1984年版,第177页。

《卡尔·马克思》是列宁研究马克思思想的重要文献，其中囊括了他对《莱茵报》时期马克思思想的重要见解。在文献上，他列举了马克思《莱茵报》时期的几篇重要著作，而且指出《摩泽尔酒农贫困问题》曾被恩格斯列为《莱茵报》时期重要文章，但却被梅林忽略。在《卡尔·马克思》"书目"中，列宁从马克思思想发展史的角度将青年马克思思想的发展界定为"两个转变"，即从唯心主义转向唯物主义，从革命民主主义转向共产主义。这个转变的起点是《莱茵报》时期，完成点是1844年《德法年鉴》上马克思两篇文章的发表。列宁此处对马克思的评价不同于那种将马克思《莱茵报》时期还完全归结为黑格尔主义的观点。相反，他认为在博士论文时期，马克思还完全处于黑格尔的唯心主义观点中，然而从马克思发表在《莱茵报》上的文章上，"马克思开始从唯心主义转向唯物主义，从革命民主主义转向共产主义。"① 拉宾认为列宁不仅解决了马克思思想从什么地方出发的问题，而且也解决了马克思思想发展的远景和方向问题，揭示了马克思《莱茵报》时向唯物主义和共产主义转变的辩证法，将马克思思想转变中不易觉察的萌芽找出来，使对马克思思想发展史的历史溯源具有极大的精确性。②

与列宁认为马克思在《莱茵报》时期就逐渐地克服黑格尔主义影响，开始实现由唯心主义向唯物主义，从革命民主主义向共产主义的转变的观点不同，在苏联20世纪二三十年代还存在着其他的一些观点。例如：尤·斯切克洛夫认为马克思是在1843年底、1844年初逐渐开始从左派黑格尔主义者和极端的资产阶级民主主义者转变为热烈的社会主义者或"共产主义者"的。③ 一篇1924年发表的《马克思的哲学演

---

① 《列宁全集》第26卷，北京：人民出版社1988年版，第83页。
② 尼·伊·拉宾：《论西方对青年马克思思想的研究》，马哲译，北京：人民出版社1981年版，第44页。
③ 同上书，第53页。

变》①将马克思的思想划为三个阶段,在第一个阶段,马克思处于抽象的黑格尔的自我意识理论;在第二个阶段,马克思经历费尔巴哈既具体又抽象的人;在第三个阶段,马克思则提出了生活在特定经济形态中的现实的,具有阶级性的人。然而拉宾认为这种观点夸大了马克思与黑格尔、费尔巴哈的内在联系,没有看到马克思即使在受着黑格尔和费尔巴哈影响的阶段,他的思想与黑格尔、费尔巴哈也存在重要分歧。O.扎戈鲁利科在《论卡尔·马克思的哲学演变》(1930)中,首创性地提出马克思的理论一开始就是在新兴无产阶级的决定性影响下形成的。② 利片金赞同这种观点,并认为因为马克思一开始就受到了无产阶级运动的影响,代表着无产阶级的利益,因此这成为他与黑格尔观点分歧的原因。这种观点受到了 B.斯维特诺夫、E.锡特科夫斯基等人的批判。他们认为这种将《莱茵报》时期的马克思视为已经是唯物主义和辨证论者,因此是无产阶级革命领袖的观点,否定了马克思思想发展完善的过程,其结果就是否定了科学的辩证唯物主义和历史唯物主义。

上述分歧产生的重要原因是将《莱茵报》以及马克思《莱茵报》政论文章视为一个整体。然而实际上,《莱茵报》自创立,不仅几次更换主编,而且在政治倾向上也发表了变化。对于马克思而言,此时期他初次步出书斋,其身份经历投稿者、编辑以及主编的变化,与这种变化相应的是他思想的变化。在对现实的遭遇中,马克思最初用头脑中已有的理论框架分析,这使他最初怀疑是现实出了问题,然而在对现实的逐步深入过程中,他面临着疑惑:究竟是现实存在问题,还是他既有的理论框架存在问题。

Л.Ф.沃尔夫松在改变传统将《莱茵报》以及马克思此时期政论文章视为一个整体的观点上迈出了重要一步。在他的学位论文《马克思和

---

① 这篇文章被列·捷伊奇宣称是普列汉诺夫所写,然而后来的研究发现这个宣称没有充分的根据。(拉宾:《论西方对青年马克思思想的研究》,马哲译,北京:人民出版社1981年版,第57页。)

② 尼·伊·拉宾:《论西方对青年马克思思想的研究》,马哲译,北京:人民出版社1981年版,第59页。

〈莱茵报〉》①中,他将《莱茵报》划分为三个历史阶段,即报纸由赫夫铿博士领导,主要论述经济问题的阶段(1842年1月);青年黑格尔分子鲁腾堡担任主编,报纸开始关注政治问题的阶段(1842年2月—10月),以及马克思担任该报主编,并使《莱茵报》成为革命民主派机关报的阶段(1842年10月)。②然而他的研究并没有进一步整理和比较马克思《莱茵报》时期政论文章内部的发展,而且没有深入论述《莱茵报》这三个阶段的发展,如何构成了对马克思思想的影响。后来A.B.卢卡谢夫在这方面做了尝试。他在《马克思参加社会政治活动的开端(1842年—1843年)》中分析了鲁腾堡作为主编时,《莱茵报》所反映的政治倾向的复杂性,既有自由主义的,也有冒险主义的。马克思对这些政治倾向都很反感,因此在他担任编辑之后,他对这些思想进行了批判。泰·伊·奥伊捷尔曼认为马克思在《莱茵报》时已经提出了使哲学与革命政党结合的问题。K.T.库兹涅佐夫在《论马克思在其活动早期的政治和哲学观点(1842—1843年)》中进一步分析了马克思此时期所从事的政治活动对于他的哲学思想发展的影响。他认为马克思所从事的政治斗争使他保持了与人民的联系,逐渐促使他摆脱抽象的唯心主义哲学,转向对物质利益的关注,因此"加速了马克思向唯物主义和共产主义的转变"③。

二 当代国外学者对马克思《莱茵报》政论文章的研究

青年马克思思想,在当代西方逐渐受到关注,其研究在争论中不断被推向深入,取得了较为丰硕的理论成果,不仅明确了第一阶段研究中存在的,但并没有清晰地给予解决的问题,而且对研究的方法和立场问

---

① 这篇学位论文的一部分后来以《〈莱茵报〉反对普鲁士反动派的斗争》为题发表在国立莫斯科大学出版社1948年出版的《纪念1848年革命一百年》。

② 参见尼·伊·拉宾:《论西方对青年马克思思想的研究》,马哲译,北京:人民出版社1981年版,第96页。

③ 同上书,第97页。

题提出了理性的反思。在研究的具体观点上，当代国外学者的研究成果并没有形成一致的意见，而是存在着诸多的争论。除了延续对青年马克思思想发展阶段的不同意见外，还存在着青年马克思思想来源的分歧，青年马克思与老年马克思的关系问题，即"马克思问题"，以及青年马克思研究的方法论等问题。

（一）有关青年马克思思想来源的分歧

阿尔都塞在《保卫马克思》一书中，认为青年马克思还处于意识形态阶段，他此时期的思想发展分为两个小的发展阶段，即为《莱茵报》撰文的理性自由主义的阶段（1842年前）；以及1842至1845年间的理性共产主义阶段。马克思"第一阶段的著作意味着存在一个康德和费希特类型的总问题。青年马克思实际上（学生时代的博士论文不算在内）从来不是黑格尔派，而首先是康德和费希特派，然后是费尔巴哈派。因为，广为流传的所谓青年马克思是黑格尔派的说法是一种神话"[①]。无独有偶，英国学者卡弗用后现代主义的视角否定了马克思与黑格尔存在内在关联的观点。他认为对马克思思想构成影响的因素是多样的，黑格尔并非是其中必然的因素。马克思论述中某些看似来自黑格尔的东西，实际在其他人思想中也存在，例如在亚里士多德的思想中，而且马克思并没有与黑格尔真正碰面，这就使马克思与黑格尔的关系存在很多偶然因素。由此他认为强调黑格尔对马克思的影响，并没有足够的证据。

有关马克思《莱茵报》与费尔巴哈关系的争论。部分学者将费尔巴哈对马克思的影响置于1843年马克思《黑格尔法哲学批判》的写作。例如，麦克莱伦不仅一般性地强调《莱茵报》时期马克思与其他青年黑格尔派的不同，"马克思所关心的是比较实际的问题，他要求，如果批判宗教是必须的话，应该在政治制度的范围内来批判，而不是在宗教

[①] 阿尔都赛：《保卫马克思》，顾良译，北京：商务印书馆2006年版，第18页。

的范围内来批判政治制度。"① 而且通过专门的篇幅分析鲍威尔、费尔巴哈等人对马克思当时的影响,他认为在 1842 年马克思《莱茵报》的文章中看不出费尔巴哈影响的任何痕迹,只是到了 1843 年马克思写的《黑格尔法哲学批判》中,才受到费尔巴哈的启示。西德鲁尔大学 H.M. 扎斯是最先考证出《路德是施特劳斯和费尔巴哈的仲裁人》的作者是费尔巴哈的学者,他认为马克思在 1842 年就克服了费尔巴哈的立场,"凭马克思在书信中对费尔巴哈的看法就已证实,马克思对费尔巴哈的批判早在 1842 年就基本上按照""马克思《关于费尔巴哈的提纲》中所表述的方向进行了"。② 随着黑格尔与马克思关系研究的深入,有越来越多的学者否认费尔巴哈对马克思早期思想曾经产生影响,不承认马克思曾经有一个"费尔巴哈阶段"。

然而与此相反,也有部分学者认为马克思甚至在《莱茵报》之前就已经阅读过费尔巴哈的哲学史著作以及对黑格尔哲学批判的文章,因此费尔巴哈影响了马克思,使他开始关注现实问题。

科尔纽是后一种观点的典型代表。在《马克思恩格斯传》第 1 卷中,他认为《莱茵报》时期的马克思已经接近于费尔巴哈和卢格的观点。费尔巴哈以他的唯物主义帮助马克思从批判哲学转向直接的政治斗争。马克思把费尔巴哈的理论用到关于精神与周围世界之间关系的观点上来,使得这个理论有了更加现实的社会基础。"在费尔巴哈的影响下,马克思离思辨哲学越来越远了。"③ 为了证明他的观点,他追溯了马克思《莱茵报》时期的思想发展历程。在关于林木盗窃法那篇文章中,马克思还不能从经济的和社会的观点来解决经济问题和社会问题,因此他只能从法学的和伦理的角度来论述这些问题。然而在《摩泽尔酒农贫困问题》中,马克思向唯物主义接近了一步,指出国家的结构和组织的

---

① 麦克莱伦:《青年黑格尔派与马克思》,夏威仪等译,北京:商务印书馆 1982 年版,第 32 页。
② 《马列著作编译资料》第 2 辑,北京:人民出版社 1979 年版,第 59—60、80 页。
③ 奥古斯特·科尔纽:《马克思恩格斯传》第 1 卷,刘磊译,北京:生活·读书·新知三联书店 1963 年版,第 312 页。

基础应当到现存的关系和具体的条件中去寻找。而《论科伦省议会的选举》证明马克思对于经济问题的兴趣日益浓厚,开始认识到政治斗争是社会经济斗争的特别表现形式。①

巴加图利亚在《马克思唯物史观的形成》中提出了与科尔纽接近的观点。从1841年起,费尔巴哈的著作对马克思产生了重大的影响,加速了马克思向唯物主义世界观的转变,因此对于青年马克思的理论发展具有一种催化剂的作用,它们使马克思克服黑格尔唯心主义的过程变得比较容易了。②

悉尼·胡克则在《从黑格尔到马克思:马克思思想发展论文集》一书中分析了卢格所编辑的《哈雷年鉴》和《法国年鉴》对《莱茵报》时期马克思的影响。他认为这两个杂志作为青年黑格尔派的理论刊物,包含了马克思成长时期德国知识史中最重要的资源。"这两本杂志以半吊子的自由主义开始,以理论激进主义结束,从中我们能够发现马克思早期立场形成的意识形态线索,以及后来被马克思所强化的重要文化教条"。③卢格对天主教和新教的批判,对黑格尔法哲学的批判,以及对浪漫主义和历史法学派的批判,不仅造成了马克思成长的理论环境,而且设定了马克思进入现实政治生活时所关注的主题。

兹维·罗森则在《布鲁诺·鲍威尔和卡尔·马克思——鲍威尔对马克思思想的影响》中分析了鲍威尔对马克思《莱茵报》时期宗教思想的影响。首先表现在马克思追随鲍威尔,认为宗教的本质与动物的本质一致,都反映了人类的各种疏忽、缺陷和不足,人类所存在的非人特性体现在人对动物的崇拜之中。"马克思在《关于出版自由的辩论》[即《第六届莱茵省议会的辩论》(第一篇论文)]一文中就写道:'说到党派的动物性名称时,我们也应当注意到,宗教本身就把动物奉为神灵的象

---

① 奥古斯特·科尔纽:《马克思恩格斯传》第1卷,刘磊译,北京:生活·读书·新知三联书店1963年版,第419—429页。

② 巴加图利亚:《马克思唯物史观的形成》,见沈真编译:《马克思恩格斯早期哲学思想研究》,北京:中国社会科学出版社1982年版,第280页。

③ Sidney Hook, *From Hegel to Marx*, New York: Humanities Press, 1950, pp.126-127.

征.'在另一篇文章中,马克思又写道:'封建制度不发达的国家,即等级制度占统治地位的国家里,……我们也发现动物崇拜,即原始的动物教,因为人总是把构成其真正本质的东西当作最高贵的存在物.'"① 兹维·罗森认为马克思将宗教视为拜物教,体现了宗教的本质以及对人本身的否定。

兹维·罗森还具体分析了马克思在《科伦日报社论》中的若干思想,认为这些思想也完全受到鲍威尔的影响。例如,基督教国家不是实现自由的原则而是传播和实施交易;宗教与世俗政权之间的勾结;宗教将所有权利的来源都归结为上帝以及书报检查和警察措施对教会宗教制度的保护等等,"都可以归入上述鲍威尔思想的范畴。"②

马克思有关宗教与哲学对立的观点,用自我意识与客观超越原则的一致性对宗教的批判,与鲍威尔关于个体意识及其适用于普遍自我意识概念的观点之间存在着惊人的相似之处。与鲍威尔一样,马克思践行宗教和政治意识的结合必然导致与批判宗教紧密相联的政治解放斗争。

通过对上述观点相似性的分析,兹维·罗森得出结论,"直到1842年底,马克思无疑仍完全追随着鲍威尔。"③ 他引用马克思给卢格信中的一段话,即"宗教本身是没有内容的,它的根源不在天上,而是在人间,随着以宗教为理论的被歪曲的现实的消灭,宗教也将自行消亡"④。对于这段话,兹维·罗森认为它的全部思想显然是来自于鲍威尔。因为这种说法在鲍威尔著作中随处可见。

兹维·罗森的观点在一定程度上弥补了早期马克思理论研究中被忽视的一些问题,长期以来,我们强调费尔巴哈宗教批判思想对马克思的影响,给予鲍威尔的重视相对不够。然而兹维·罗森的分析指出了鲍威尔对于马克思早期宗教批判思想的重要影响。当然这并不意味着兹维·

---

① 兹维·罗森:《布鲁诺·鲍威尔和卡尔·马克思——鲍威尔对马克思思想的影响》,王谨等译,北京:中国人民大学出版社1984年版,第161页。
② 同上书,第162页。
③ 同上书,第164页。
④ 《马克思恩格斯全集》第27卷,北京:人民出版社1972年版,第436页。

罗森的观点就毫无瑕疵。首先，在复杂的意识形态环境中，宗教批判是青年黑格尔派重要的理论活动主题，他们之间通过《哈雷年鉴》、《德国年鉴》等刊物发表他们有关宗教批判的观点。这些观点虽然具有出生证，然而一旦被阐述出来，就难以避免相互之间的影响。这种情况最终结果是形成一些具有共识性的结论。马克思在这种背景下开展宗教批判，接受这些共识性思想的影响，很难直接说明他受到了某个特定思想家的影响。另外一方面，《莱茵报》时期的主题虽然包括有宗教批判，然而此时期的政治批判更加重要。马克思此时期所论述的主题也更多的是政治方面的问题，因此我们不能夸大鲍威尔对此时期马克思的影响。

日本学者城塚登在《青年马克思的思想——社会主义思想的创立》一书中认为马克思在《莱茵报》时期，受到了黑格尔、青年黑格尔派自我意识的立场以及 18 世纪启蒙思想的影响。然而这三种要素是以一种自发的形式起作用，马克思本人对此并没有清晰认识，这导致上述三种要素的一种非平衡性，即"在某种场合，第一种要素正面表现出来，在另一些场合，第二种要素又突出出来，他的立场往往摇摆不定"①，具体体现在对共产主义的态度以及由林木盗窃法辩论所提出来的物质利益问题。对于共产主义问题，马克思当时虽然意识到它的重要性，然而由于他当时还停留于黑格尔思想的轨道上，没有将上述三种立场真正统一起来，对法国社会主义和共产主义追根溯源，而且马克思当时没有实现对现实的彻底分析和具体把握，这导致他不能真正对当时流行的各种共产主义提出根本的批判。在省议会关于林木盗窃法辩论中所涌现的物质利益问题，马克思虽然发现了它的强大影响力和破坏性，但他的立场是暧昧的，进退维谷，这使马克思意识到要对他所持的立场进行彻底批判，从而促使了马克思后来对经济学的研究。

日本学者广松涉在《早期马克思像的批判的再构成》中，批判了学界一种错误的研究倾向，即将青年黑格尔派视为铁板一块，忽略他们

---

① 城塚登：《青年马克思的思想——社会主义思想的创立》，尚晶、李成鼎等译，北京：求实出版社 1988 年版，第 42 页。

内在的分歧与差异。青年黑格尔派是由三股潮流组成的，"第一种潮流是由施特劳斯、鲍威尔、费尔巴哈组成的宗教批判的系列（进而通过中期鲍威尔及其一派而继续）；第二种潮流是由切什考夫斯基、赫斯组成的黑格尔历史哲学批判的谱系；第三种潮流是经由卢格而与马克思相关联的黑格尔法哲学批判的谱系。"① 在《莱茵报》之前，这三股潮流并没有公开分裂。后来卢格与柏林自由人发生争论，与鲍威尔产生矛盾，马克思也与鲍威尔产生矛盾，青年黑格尔派内部的三种分化公然成为对立的形态。这对马克思当时产生了重要影响。在青年黑格尔派内部三派没有公开形成时期，马克思的议论相当稳健，他追随黑格尔，将国家视为理性的实现，认为法是事物本质的真正表达。然而即便如此，马克思此时与黑格尔以及青年黑格尔也具有不同。与黑格尔的不同主要体现在他对穷人的关注，为穷人要求习惯权利，以及对共产主义态度的变化。与青年黑格尔派的不同在于，"不是将事实还原为'宗教'的问题，而是始终从政治＝法律层次上进行论述；即使是在体制的框架内，所做的也是'有实现的可能'的现实的批判；因此在拒斥过激发言的同时，对中庸派的自由主义的一面基本上给予支持。"②

然而随着鲍威尔越来越激进，他与当时较为稳健的马克思的矛盾越来越大，鲍威尔责备马克思"保守主义"，马克思认为鲍威尔囿于原则的批判空洞无力，没有现实性。卢格此时与鲍威尔也产生了矛盾，对柏林自由人进行了批判。在这种情况下，马克思与鲍威尔决裂，与卢格建立联系。在《莱茵报》被查封后，马克思带着三个问题回到书斋。第一个问题是，理性的国家与行政当局日益反动的政策之间的矛盾。第二个问题是，虽然鲍威尔基于原则，批判的批判空洞无物，然而马克思基于现实的批判进行改良也是无效的，这样就提出了理想国家究竟如何实现的问题。第三个问题是，通过摩泽尔酒农贫困问题的调查，以及与赫斯的接触，使马克思意识到要研究社会经济问题。

---

① 广松涉：《早期马克思像的批判的再构成》，见邓习议编译：《赫斯精粹》，南京：南京大学出版社 2010 年版，第 207 页。

② 同上书，第 211 页。

美国学者沃伦·布雷克曼则从19世纪30—40年代德国的宗教文化入手，分析了青年黑格尔派基督教人格主义的批判对《莱茵报》时期马克思的影响。人格是德国19世纪30—40年代宗教、社会和政治研究的交叉点，也是当时德国政治讨论的中心问题。人格与人的个体本身相联系。人格主义是自我观念的群集，在青年黑格尔派看来，它在一定意义上是与个人主义、利己主义等同。"与保守主义者同样，左派黑格尔主义者在个体的神、社会以及政治之间建立起直接的关联。结果，人格的观念成为他们批判的对象，因为这一观念在他们看来是支持复辟政治神学的，而复辟政治神学等同于独裁政治、利己主义、政治冷漠以及原子个人主义。"① 借助于人格主义批评，布雷克曼认为当时的青年黑格尔派并非如通常所认为的，经历了宗教批判、哲学批判以及政治批判的转折，相反，在19世纪30年代，他们就已经将宗教、政治以及社会等方面的问题作为一个统一体进行了讨论。

布雷克曼在《废黜自我：马克思、青年黑格尔派及激进社会理论的起源》中，逐一分析了费尔巴哈、斯特劳斯、卢格等青年黑格尔派通过对基督教市民社会人格主义的批判，以及所形成的政治批判传统。特别是对于被马克思明确指出过少关注政治的费尔巴哈，布雷克曼强调指出，虽然在1943年之前，费尔巴哈并没有直接对马克思的政治批判构成影响，然而费尔巴哈却是青年黑格尔派激进政治批判潮流形成的重要成员。"费尔巴哈长期研究基督教人格主义，不仅深深影响到他对基督教和黑格尔本人的批判，而且随之而来的是，他对人格主义的批判，实际上成为了他19世纪30年代的著作中政治和社会激进主义的核心"。② 马克思就是在青年黑格尔派的这种批判传统中开始他的政治批判，而且他接受了当时青年黑格尔派所持有的共和主义倾向，"反社会的利己主

---

① 沃伦·布雷克曼：《废黜自我：马克思、青年黑格尔派及激进社会理论的起源》，李佃来译，北京：北京师范大学出版社2013年版，第16页。
② 同上书，第20页。

义和神学人格主义的联合"① 成为他思考个人和社会的问题，甚至在将人格化和人格主义确定为普鲁士社会政治结构这一点上，他比卢格走得更远，比青年黑格尔派有关基督教理念与现代社会所存在的原子化和利己主义联合的判断更为激进。

布雷克曼从宗教的视角展现了马克思《莱茵报》时期复杂的政治批判文化背景，对于丰富我们今天研究马克思《莱茵报》时期政治批判思想提供了新的视角。然而他的阐述，特别是对费尔巴哈的阐述，一定意义上存在着过度阐述的嫌疑。虽然费尔巴哈存在着有关政治方面的一些简短表述，然而他的观点并没有超出当时青年黑格尔派对黑格尔理性国家崇拜的水平。相对于他对自然和人的大量表述，马克思明确指出费尔巴哈对政治的关注不够。此外，将费尔巴哈定位于共和主义的，实际也是值得商榷的。虽然黑格尔主义的理性国家具有共和主义的倾向，然而费尔巴哈有关人的看法，是原子式孤立的个体，虽然他具有类特性，然而这只是个体的肉体出生所决定的一种族群特征。费尔巴哈由于缺乏科学的实践观，没有从现实社会关系出发把握个体。因此他对个体的表述，没有超出近代自由主义的原子式个人观点。马克思在《关于费尔巴哈的提纲》中对此有着明确的论述："旧唯物主义的立脚点是'市民'社会；新唯物主义的立脚点是人类社会或社会化的人类"。②

（二）关于《莱茵报》时期马克思思想的价值解读

对马克思《莱茵报》时期思想价值的评定，构成了青年马克思理论研究中的重要内容。评定标准有两个：一是用真正的马克思主义来判定《莱茵报》时期马克思的思想。二是根据列宁的"两个转变"，具体判定马克思《莱茵报》时期不同政论文章在实现这两个转变中具有怎样的作用。

---

① 沃伦·布雷克曼：《废黜自我：马克思、青年黑格尔派及激进社会理论的起源》，李佃来译，北京：北京师范大学出版社2013年版，第305页。

② 《马克思恩格斯文集》第1卷，北京：人民出版社2009年版，第506页。

西方学者倾向用第一种标准来判定马克思《莱茵报》的价值。1932年《1844年经济学哲学手稿》的发表，使部分西方学者发现了一个不同于《资本论》的马克思，由此提出了"马克思问题"，即是否存在两个马克思，青年马克思与老年马克思相互反对的问题。在这种争论中，部分存在主义哲学家将视角延伸到《莱茵报》时期，认为马克思此时期的思想受着费尔巴哈的影响，费尔巴哈是存在主义哲学重要开创者，因此马克思此时期的思想具有存在主义的因素，其言外之意是马克思《莱茵报》时期的思想就已经具有了一定的高度。然而拉宾指出这实际存在着断章取义的嫌疑，而且马克思此时是否受到费尔巴哈思想的影响也是存在疑问的。阿尔都塞则认为马克思《莱茵报》时期还受着康德—费希特意识形态的影响，他此时期的理论还没有从意识形态走向科学。广松涉将马克思的哲学视为一种社会关系本体论，根据从人到社会的逻辑，断定马克思此时期还处于单主体类的人阶段，没有形成从社会关系来把握人的理论逻辑，因此其理论还不成熟。

苏联以及受苏联影响的部分国外学者则倾向用列宁的"两个转变"来判定马克思《莱茵报》政论文章的价值。陶伯特在《马克思1841年3月至1843年3月间世界观的发展问题》一文中，分析了马克思《莱茵报》时期的活动对他思想发展的价值。在《莱茵报》时期，马克思开始政治新闻活动，直接参加政治论战，自觉地追求将实践的哲学和政治的结合，这使他的哲学取得了与青年黑格尔派不同的独特性。不仅如此，陶伯特还指出，马克思当时的政治批判推动了自由反对派和封建反对派之间的斗争走向高峰，这不仅是1848—1849年革命的直接前史，"而且构成了马克思世界观和政治发展中崭新因素的客观前提"。①巴加图利亚在《马克思唯物史观的形成》中强调了马克思当时的批判精神对于他的哲学观发展成熟所具有的价值。"在他的第一篇政论文章《评普鲁士最近的书报检查令》中，后来是在《莱茵报》的一篇文章（《第

---

① 陶伯特：《马克思1841年3月至1843年3月间世界观的发展问题》，见沈真编译：《马克思恩格斯早期哲学思想研究》，北京：中国社会科学出版社1982年版，第268页。

179号〈科伦日报〉社论》）中，最后是在1843年9月给卢格的信（发表在《德法年鉴》上）中，马克思都热情地主张科学家有对真理进行真正科学的批评探讨的权利和义务，并且归根结底直接地把这种权利和义务同争取对世界进行革命改造的斗争的必然性联系起来。"① 后来马克思所创造的新唯物主义被称为批判的和革命的唯物主义，因此《莱茵报》中马克思所展露出来的无情批判精神成为这种新唯物主义创立的重要前提条件。

巴加图利亚在《马克思的社会结构学说的形成》中指出，《莱茵报》时期可以被认为是唯物主义历史观、马克思主义政治经济学与科学共产主义形成的相互联系过程的开始。此时期，马克思不仅开始转向唯物主义和共产主义，而且还潜在地转向科学共产主义。"马克思的注意力就集中在同社会结构的第二环节，即生产关系有这样或那样联系的现象上，如阶级、私有制、物质利益、特别是个人利益。"② 马克思作为一名报刊的编辑，他接触到现实的物质生活状况，对劳动群众的真实生活进行了了解，感受到私有制对现实生活所起的破坏性影响，另外一方面，报刊上所存在的共产主义争论，以及共产主义思潮在现实的流行，也迫使马克思要了解私有制的问题。这两方面综合起来，使私有制成为马克思当时思想关注的重要对象。在《关于林木盗窃法的辩论》和《摩泽尔记者的辩护》等文章中，马克思就初步表述了他对国家和法取决于社会关系、私有制和个人利益的初步猜测。

奥·科尔纽在《一八四八年革命前马克思和恩格斯的思想发展》一文中提出，马克思《莱茵报》时期的民主革命派的政治立场对于他的思想发展起着很重要的作用，这使他更关心受压迫人民的利益，而不是自由资产阶级的利益，并将当时的主要矛盾不是归结为哲学与世界的

---

① 巴加图利亚：《马克思唯物史观的形成》，见沈真编译：《马克思恩格斯早期哲学思想研究》，北京：中国社会科学出版社1982年版，第283页。
② 巴加图利亚：《马克思的社会结构学说的形成》，见沈真编译：《马克思恩格斯早期哲学思想研究》，北京：中国社会科学出版社1982年版，第183—184页。

对立，而且民主政权与封建专制政权之间的对立。① 要解决这种对立，就需要实现黑格尔的理性国家观，实现人的共同体本质。

B.A.瓦久林在《马克思科学研究方法的形成》中分析了马克思对现实的关注，以及深入研究，使他对社会现实的把握经历了由现象到本质，从政治上层建筑到经济基础的深入过程。这一认识过程同时也是马克思从唯心主义转向唯物主义，从唯心辩证法转向唯物辩证法的过程。M.H.格列茨基等在《关于马克思主义辩证法的形成问题》中对瓦久林的观点进行了分析。瓦久林构想了马克思早期思想发展中所存在的内部矛盾，然而对现实的研究，并深入到经济之中，并不必然导致唯物主义，例如，蒲鲁东、黑格尔都关注经济现象，然而他们并不是唯物主义的。格列茨基等认为马克思思想立场的转变是他早期思想转变的重要原因。"并非以现实本身作为认识对象使马克思认识到必然转向唯物主义。思想的转变，即由于从革命民主主义立场转到无产阶级阶级立场而产生新的实践任务和利益，才促使他转向唯物主义。"② 这种观点强调由要解决的生活的和实践的问题来推动思想转变。

在《莱茵报》时期，马克思当时的哲学与要解决的实践和政治问题的关系是"理性辩证法"作为资产阶级民主改革纲领的理论基础。资产阶级的民主革命纲领是要消灭旧的封建生产关系残余，实现资产阶级的民主自由，建立资产阶级的上层建筑，适合资本主义经济的发展要求。M.H.格列茨基等分析指出，马克思此时对贫困人民的关注并不影响他当时所持有的资产阶级民主主义思想。因为资产阶级的民主主义思想从来不是打着维护资产阶级利益的旗号，而是打着超越阶级，作为人民普遍利益的代表。动员人民群众是民主主义的重要手段。在历史上，法国资产阶级革命派马拉、罗伯斯庇尔等人就是这样的思想家，他们同

---

① 参见奥·科尔纽：《一八四八年革命前马克思和恩格斯的思想发展》，见中国社会科学院哲学研究所马克思主义哲学史研究室、《哲学译丛》编辑部编译：《马克思哲学思想研究译文集》，北京：人民出版社1983年版，第252页。

② 格列茨基等：《关于马克思主义辩证法的形成问题》，见沈真编译：《马克思恩格斯早期哲学思想研究》，北京：中国社会科学出版社1982年版，第147页。

情人民群众，认为解决人民群众的疾苦就能使资本主义生产关系取代封建的生产关系。马克思在《莱茵报》时期与罗伯斯庇尔具有相似性。"他们的政治立场非常接近。但这种接近还不仅是在政治纲领上，而且也在其理论的、哲学的依据上。"①

这种哲学的相似体现在他们都以理性为依据，把现实当作非理性的东西谴责。理性所具有的特点是绝对的超越历史的抽象东西，与非理性的、不自由并现实地存在于特定历史阶段的利己私利形成对立。黑格尔的唯心辩证法就体现了理性与非理性内在发展的辩证法。理性与非理性是理性运动自身所产生的对立，非理性是理性的自我异化和二重化，理性运动经历否定之否定，会克服这种非理性的异化状态，回归到更高层次的理性。格列茨基等将黑格尔的这种辩证法称为"目的论的、唯心主义的辩证法"，马克思在《莱茵报》中没有超出黑格尔的这一辩证法。"1842 年马克思在《莱茵报》工作期间，他所直接遇到的是地主和农民之间阶级利益的矛盾，但他并没有把这些矛盾确定下来，因为这是两种具体历史的个别现象之间的矛盾，不在普遍和个别、绝对和历史的对立公式之内。马克思是从普遍的、国家的利益（农民的）同个人的、利己主义的私利（地主的）对立的角度来反复思考这些矛盾的。一旦发现利己主义的私利得逞，马克思就认为这是反常现象，是不合常规的。"② 可是这种反常、不合常规的现象并非是个别偶然的，马克思在《莱茵报》遭遇到了太多这些现象，这就使普遍利益最终得胜的可能性成为值得疑问的事情，究竟资产阶级共和制的实现对人民具有怎样的好处。对这些问题的思考，促使马克思意识到资产阶级民主制的内在矛盾，逐渐丧失对资产阶级民主制理想的信念。正是思想认识发生了变化，推动了马克思思想的变化。

奥·科尔纽在《一八四八年革命前马克思和恩格斯的思想发展》中，与 M.H.格列茨基等相似，强调了马克思在《莱茵报》时期作为民

---

① 格列茨基等：《关于马克思主义辩证法的形成问题》，见沈真编译：《马克思恩格斯早期哲学思想研究》，北京：中国社会科学出版社 1982 年版，第 149 页。

② 同上书，第 153 页。

主革命派立场的重要性。"影响当今历史发展进程的与其说是哲学同世界的对立，不如说是民主同反动政权之间的斗争。"① 然而他不赞同 M.H.格列茨基等的观点，即马克思此时受着作为资产阶级上层建筑的民主主义的影响。相反，他认为马克思此时已经不是持资产阶级的民主主义，而是更多地关注受压迫人民的利益。实际我们只需要弄清楚对于《莱茵报》时期的马克思，究竟谁是反动政权就能够澄清这种分歧。马克思《莱茵报》时期的批判对象，主要是封建专制统治，但也遭遇了德国资产阶级逐渐发展要求实现他们利己利益的现象。然而后一种现象被马克思斥为下流的唯物主义，却并非是反动的。因此马克思此时应该更多地受着资产阶级民主主义思想的影响，但又夹杂着对人民民主的向往。

与列宁给《莱茵报》时期马克思的思想定位不同，沃伦·布雷克曼在《废黜自我：马克思、青年黑格尔派及激进社会理论的起源》中，将《莱茵报》时期马克思的思想立场定位为通过对基督教人格主义的批判，走向共和主义，"马克思 1842 年写的关于出版检查制度、等级选举权结构和他的新闻工作中心话题的文章是如此详细具体，以至于很容易让人忽视那些神学政治论战对他以共和政体来抵抗普鲁士君主政体之行为的深远影响。"② 马克思对普鲁士君主政体的批判，首先体现在他将实证主义与超越宗教的联系。马克思对胡果的批判，并非是因为萨维尼当权，因此不便于对他进行批判。在布雷克曼看来，真正的原因是胡果所持有的一种纯粹的法律实证主义，这种实证主义为超验宗教提供了理论基础。胡果否认理性，接受实证，并证明实证是非理性的。哈勒、斯塔尔、列奥、萨维尼等人则将胡果的实证主义转向超越的政治神学，认为非理性的"动物式的法律"之所以合理，是因为它得到了基督教

---

① 奥·科尔纽：《一八四八年革命前马克思和恩格斯的思想发展》，见中国社会科学院哲学研究所马克思主义哲学史研究室、《哲学译丛》编辑部编译：《马克思哲学思想研究译文集》，北京：人民出版社 1983 年版，第 252 页。
② 沃伦·布雷克曼：《废黜自我：马克思、青年黑格尔派及激进社会理论的起源》，李佃来译，北京：北京师范大学出版社 2013 年版，第 299 页。

的认可，以超验的政治神学理论为婚姻、道德和法的制度进行辩护。法律之所以被冠以动物式的修饰语，是因为这些法律从非社会的孤立情境来把握人。它的合法性来源是宗教。马克思认为宗教实际是动物的神化，即一种非人类形式的人。

马克思通过将人格化和人格主义确定为普鲁士社会政治结构的关键，对普鲁士社会的个人主义进行了批判，"使马克思吃惊的不是普鲁士残留的封建主义的社团主义有机体拖拉的形式，而是基督教个人主义不合常规的形式。"① 马克思《莱茵报》时期，认为贪婪的自私利益控制了普鲁士贵族以及其他阶层，整个国家充斥着利己主义和关注私人利益的制度，公民被降低为"私有个体式的平民"，通过对这些问题的剖析，马克思揭示了市民社会和理性国家之间的分裂，现实的国家被宗教和利益所纠缠，处于虚假自治地位，并非真正的理性国家。

布雷克曼由此认为马克思《莱茵报》时期的政治批判实现了将基督教人格主义、利己主义以及专制主义的结合。他虽然发现了社会所存在的利己和个人主义，然而并没有深入分析个人主义的反社会影响。相反，他只是从现象层面揭示了代表着个人化趋势的代表人物，这些人物在当时的专制制度和神学的影响下，后来在基督教国家中占据统治地位。马克思对私人生活以及国家和社会分离的批判超越了自由主义。

（三）有关青年马克思思想研究的方法论问题

拉宾在《马克思的青年时代》一书中提出青年马克思研究的两个基本方法。一个是强调马克思主义的整体性，即马克思主义哲学与马克思主义其他组成部分存在内在有机的关系，不能将马克思主义哲学从马克思主义的其他组成部分中割裂出来。另外一个是过程研究方法，即弄清楚马克思思想发展的各个阶段在马克思主义内容本身的形成和发展中具有怎样的地位，因此强调《莱茵报》时期已经是马克思主义形成的

---

① 沃伦·布雷克曼：《废黜自我：马克思、青年黑格尔派及激进社会理论的起源》，李佃来译，北京：北京师范大学出版社2013年版，第301页。

重要开端。由此拉宾将马克思的思想划分为三个历史阶段:"对世界概念的最初探索(1837—1841年);在向唯物主义和共产主义转变的过程中马克思观点的各个方面的相互影响(1842—1843年);完整的科学世界观开始形成(1843年底—1844年8月)。"①

对于拉宾的第一个基本方法,阿尔都塞表示赞同。将马克思的思想分解为唯物主义的和唯心主义的,并不能使马克思的世界观作为一个整体体现出来。这实际是一种折衷主义。对此,阿尔都塞将拉宾的观点评价为非常正确的和诚实的。

然而对于拉宾的第二个方法,阿尔都塞持批判的态度。"拉宾认为,'在《莱茵报》的文章里,只是自发地出现了一些唯物主义的成分,而1843年手稿则不同,它证明了马克思自觉地在向唯物主义转变'。"② 阿尔都塞将这种方法称为分析目的论的方法。它具体包括三个理论前提。第一个前提是分析性前提,以成熟马克思主义为标准,将马克思思想体系分解还原为它的各个组成部分,例如,分析《莱茵报》时期马克思哪些论述是唯物主义的,哪些论述是唯心主义的,将这些组成部分与其他理论体系的组成部分进行比较,如与黑格尔、青年黑格尔派、费尔巴哈进行比较。第二个前提是目的论前提,即以成熟马克思主义为法庭,审判被分解出来的各个组成部分所蕴含的真理程度。第三个前提构成前两个前提的基础,即,使观念脱离现实,认为历史上发生的一切都是观念历史的产物,观念世界本身就是观念自己的认识原则。③ 这实际是黑格尔辩证法的应用。为了解决唯物主义的成分和唯心主义的成分是如何在青年马克思世界观中结合起来的问题,分析目的论者采取了两种手段。一种是以内容和形式的矛盾来解决,将形式归结为概念表述的问题,即将唯心主义的形式简单地归结为术语问题。马克思在理论内容上已经是唯物主义者了,然而他还借用费尔巴哈的一些概念和术语,因此

---

① 拉宾:《马克思的青年时代》,北京:生活·读书·新知三联书店1982年版,第18页。
② 阿尔都塞:《保卫马克思》,顾良译,北京:商务印书馆2006年版,第44页。
③ 同上书,第41页。

如何使唯物主义和唯心主义结合起来的问题就变成了用词的问题。还有一种手段是将唯物主义和唯心主义归结为意识和趋向的对立问题。例如拉宾不赞同将唯心主义仅仅归结为概念和术语的问题，而是用马克思的意识和实际趋向之间的不一致来解释。马克思的思想已经发展到了唯物主义的高度，然而他的自我意识对此没有形成清晰认识，还停留在旧意识之中，没有把握到自己思想发展的新趋向。所以造成了青年马克思思想中所存在的唯物主义和唯心主义成分的并存。阿尔都塞认为拉宾实际在玩弄黑格尔的自在论，即终点也是起点，其实质是自在和自为的矛盾。实际是"把对问题本身的抽象拿来当作问题的答案，"因此"拉宾的体系是黑格尔的体系"。①

对于分析目的论的方法，阿尔都塞举了大量的例子证明它的不合理。第一，它造成了我们对马克思思想发展史的不可把握。例如，将青年马克思的理论发展史还原为唯物主义的思想成分和唯心主义的思想成分，在《莱茵报》中，马克思的文章虽然还具有黑格尔思想的外在形式，然而它却包含着一些唯物主义的成分，如书报检查制度的政治本质，林木盗窃法的社会本质和阶级本质②，甚至将唯物主义思想推及到马克思给他父亲那封不愿将理想与现实分开的书信中。其结果造成难以把握和确定马克思思想的发展历程。"我们就很断定，究竟在什么时候马克思可以被认为是唯物主义者，或者究竟在什么时候他还不是唯物主义者！""马克思转向唯物主义的日期"③ 不能被确定。第二，它肢解了马克思思想的整体性。因为将唯物主义成分和唯心主义成分合成一篇文章，并不能把握这篇文章的整体意义和价值，从而回避了真正重要的问题。第三，它最终变为新的意识形态，即停留于理论自身内部，研究自己的内部发展，而不是真正形成对所研究对象的认识。

由此，阿尔都塞指出，要对青年马克思进行马克思主义的研究，就必须与分析目的论的研究方法一刀两断。以完全不同的原则为指导来研

---

① 阿尔都塞：《保卫马克思》，顾良译，北京：商务印书馆2006年版，第48页。
② 同上书，第42页。
③ 同上书，第44页。

究青年马克思。这些原则具体包括：第一，每种思想都是由一个总问题从内部统一起来的有机真实的整体，从其中抽取一个成分，就会改变整个整体的意义。第二，每个思想整体的价值不在于它与思想发展的起点和终点的关系，而是由它与现有的其他意识形态环境的变化，以及现实社会问题及社会关系的改变之间的关系来决定的。第三，推动思想发展的动力不在于思想自身，而在于思想所赖以存在现实历史的发展，以及这种发展对提出该思想的思想家所造成的影响。

阿尔都塞将上述三项原则称为"科学"，与分析目的论的意识形态原则区分开来。由此提出了如何准确定位青年马克思思想的问题，即马克思的思想是相对真理，不是绝对真理，承认青年马克思对其他思想的借鉴，以及他自身思想的不成熟，并不影响马克思思想本身的伟大。要真正弄懂青年马克思的思想，就需要把握马克思当时的总问题。"为了正确地提出马克思青年时期著作的问题，第一个必备的条件是要承认，即使哲学家也有自己的青年时代。哲学家总要先在某天某地诞生，然后才开始思考和写作。"①

对青年马克思理论出场时整体的意识形态环境以及与现实关系的强调，意味着并非所有的青年马克思的理论都源自马克思的原创。然而除了要强调马克思理论出场的意识形态环境外，还需要厘清马克思究竟受着何种意识形态思想环境的影响。沃伦·布雷克曼在《废黜自我：马克思、青年黑格尔派及激进社会理论的起源》中指出一个值得重视的事实，即马克思在19世纪30—40年代所接受的黑格尔并非是原本的黑格尔，马克思既没有听过黑格尔的课，没有见过黑格尔。影响马克思的黑格尔是已经被青年黑格尔派所研究和中介过的黑格尔，是已经青年黑格尔化的黑格尔。这意味着要研究《莱茵报》时期马克思究竟如何受黑格尔主义影响的，就需要深入研究青年黑格尔派的思想。

阿尔都塞对青年马克思研究方法的批判，具有一定的合理性。特别是他指出对青年马克思思想的研究，不能忽略马克思同时代的意识形态

---

① 阿尔都塞：《保卫马克思》，顾良译，北京：商务印书馆2006年版，第49页。

氛围，片面夸大马克思理论的原创性，并停留于思想的内部研究思想，而是要着眼于思想背后的社会现实。然而不可忽略的是，作为对一种思想体系的研究，分析的方法并非是完全不可取的。马克思早期理论探索历程是在各种因素的交织中进行的，这就不可避免地会使马克思的思想呈现出一种复杂性，作为理论研究者，利用思维的抽象，对其进行条分缕析的研究，有助于我们清晰把握青年马克思思想中的各种成分。此外，在《1857—1858年经济学手稿》中，马克思本人提出了有名的人体解剖是猴体解剖的钥匙，用成熟的理论反观马克思不成熟期的作品，并非是完全不合法，相反，它有助于我们更加准确地定位马克思早期的理论探索。而且阿尔都塞对理论总问题的强调，实际上同样是一种研究者的逻辑规定，实际上，在当时多种社会思潮相互交织的背景下，将马克思的思想片面地从某一个所谓的理论总问题出发来把握，即不符合马克思当时理论探索的实际，也是对阿尔都塞自己所批判的所谓意识形态方法的回归，即从一个思想结构出发，来衡量思想各个构成要素的价值。虽然阿尔都塞强调理论总问题是由当时的社会问题和社会结构所决定的意识形态所产生的，但理论总问题并不等同于现实社会问题，它本质是"一种理论的理论框架，把它的各种基本概念置于彼此的关系之中，并通过它在这种关系中的地位和功能决定着每个概念的本质，这样给予每个概念以特殊意义"[①]。

[①] 徐崇温：《结构主义与后结构主义》，沈阳：辽宁人民出版社1986年版，第89页。

第四章 国内研究状况概述

一 国内研究回顾

在国内，与对马克思其他时期思想研究相比较，对马克思《莱茵报》政论文章的研究并没有受到重视。学术的原因是《莱茵报》时期的马克思，还处于黑格尔主义的影响下，思想发展不成熟，因此研究价值不大。政治上的原因是忌讳"青年马克思"这个提法。原因之一是阿尔都塞所说的，将"青年马克思"问题上升到政治的高度，认为青年马克思思想假如被证明是不成熟的，那么就严重损害了马克思主义的科学性。原因之二是没有必要制造出"青年马克思"这样一个概念，这是"马克思学家"的专门术语，带有意识形态的色彩，以"青年马克思"、"成熟马克思"（晚年马克思）两个概念来肢解作为整体的马克思主义所具有的科学性。基于上述两个考虑，马克思《莱茵报》政论文章在我国学术界很长一段时间没有受到重视。然而随着政治哲学的复兴，一部分国外学者有关青年马克思研究成果的不断被引介到国内，当前我国学术理论界也形成了对马克思《莱茵报》政论文章的一定研究，形成了一批专著，若干研究论文。与马克思其他时期的思想研究不同，马克思《莱茵报》政论文章的研究并不局限于马克思主义理论学界。

部分学者从新闻出版的角度对马克思《莱茵报》政论文章进行了大量的研究。根据不完全统计，有这些代表性著作：吴廷俊著《马列新闻活动与新闻思想史》（华中理工大学出版社1992年版）；郑保卫编著的《马克思恩格斯报刊活动与新闻思想研究》（高等教育出版社2003

年版)、《马克思主义新闻经典论著导读》(中国人民大学出版社 2007 年版);中国社会科学院新闻与传播研究所马克思主义新闻学研究室编的《马克思主义新闻传播史论的研究历程》(中国社会科学出版社 2014 年版);朱杰编著的《空间的生产:马克思主义新闻思想简论》(中国社会科学出版社 2014 年版);吴飞主编的《马克思主义新闻传播思想经典文本导读》(浙江大学出版社 2005 年版);陈力丹著的《马克思主义新闻观思想体系》(中国人民大学出版社 2006 年版)等。这些著作虽然并非是马克思《莱茵报》政论文章研究的专著,然而它们条分缕析地对马克思《莱茵报》时期所发表的政论文章进行了文本的解读,并提炼和概括了马克思此时期的新闻出版思想。

在论文方面,中国社会科学院在 1985 年出版了中国社会科学院硕士学位论文选《马克思〈莱茵报〉时期的报刊思想及其历史地位》,此后不断有对马克思《莱茵报》时期新闻思想进行研究的学位论文出版。在学术论文方面,根据中国知网的检索,从 20 世纪 80 年代以来,有一定的成果。以"马克思"、"莱茵报"、"新闻"为题目检索,中国知网上收有 9 篇论文,以"马克思"、"出版自由"检索,中国知网收有 19 篇文章。

陈力丹在《更深刻地理解马克思的新闻思想——马克思〈莱茵报〉时期论著新旧译文对比和分析》中对新旧两个版本的《马克思恩格斯全集》中有关马克思《莱茵报》文章的翻译进行了比较。新版翻译对旧版进行了很多修改完善,例如:将"检察官是个别人,出版物却体现了整个人类(die Gattung)"中的"人类"改译为"类";"报纸的一般性质——经常的战斗准备、对于急需报道的耸人听闻的当前问题的热情关心"(die sie dem Schlagfertigen, tageslauten, nur in der Mitteilung sich geniessenden Charakter der Zeitungen)中的"耸人听闻"一词被去掉,因为原文没有这个词,而且这个词具有明显的贬义;将 die Presse 由"出版物"、"出版"、"出版自由"、"出版法"等改译为新闻出版。将"凡是不以行为本身而以当事人的思想方式作为主要标准的法律,无非是对非法行为的公开认可"中的"思想方式"(die Gesinnung)改译为"思想"。经过新版的重新翻译,旧版中一些让人迷惑的地方变得清晰。除了这些字词的变动外,新版《全集》对《莱茵报》时期马克思论著的编排和篇目也做了改动。例如:旧版将马克思评论《莱比锡总汇报》遭查禁的文章编为一篇,而新版尊重马克思原来发表的次序,恢复为 7 篇独立的文章;将《摩塞尔记者的变化》中的 Mosel 改译为摩泽尔,在内容上,增加了《摩泽尔记者的辩护》C 部分;马克思修改过的发表在《莱茵报》上的文章,以及马克思参加起草的《关于〈莱茵报〉遭到查封的备忘录》等 5 篇文献。① 陈力丹和冯雪珺在《新发表的马克思〈莱茵报〉活动历史文件考证研究——〈科隆市民关于继续出版《莱茵报》的请愿书〉》中分析了《科隆市民关于继续出版〈莱茵报〉的请愿书》的写作背景、主要观点与价值。这份只有 1000 字的请愿书包括三个主要内容:(1) 舆论与报刊、舆论与国家立法的关系。各种色彩和表现各种矛盾的舆论会找到相应的报刊表达自己;报刊会使舆论成为国家立法的最丰富、最可靠的生气勃勃的源泉。(2) 自由的社会言论的重要性。签名人认为,国家生活的真正主要的精神领域是政治信仰领域。自由的社会言论应当在国家生活的各个领域,特别是政治信仰领域通行无阻,表现出崇高的价值和内在尊严。(3) 报刊的独立性至关重要。请愿书的签名者有的并不同意甚至反对《莱茵报》表达的观点,但他们认为,仅仅对一家报纸的镇压就会使整个祖国的报刊丧失独立性,因为健康和自由的政治生活受到了威胁。报刊的独立性乃是一切精神关系的基础,要对国家大事进行讨论,没有这种独立性,任何天才都不会从事政治著述。②

郑保卫在《论马克思的人民报刊思想和党报思想》中对马克思《莱茵报》时期的人民报刊思想进行了梳理总结,将其内容归纳为:人

---

① 参见陈力丹:《更深刻地理解马克思的新闻思想》,载《新闻与传播研究》1996 年第 2 期,第 57—63 页。
② 参见陈力丹、冯雪珺:《新发表的马克思〈莱茵报〉活动历史文件考证研究——〈科隆市民关于继续出版《莱茵报》的请愿书〉》,载《新闻与传播研究》2012 年第 4 期,第 8—10 页。

民报刊是人民日常思想和感情的表达者，是人民精神的喉舌，它通过报告事实向人民揭示世界的真实景象，因此是治人者与治于人者之间的第三个因素；它的本质是真实的，品质是诚实的，是一个活的有机体，具有自己内在的规律性，人民的信任是人民报刊赖以存在的条件。在对马克思《莱茵报》时期人民报刊思想价值的评价中，郑保卫认为我们要实事求是地评价马克思早期的人民报刊思想，避免两种极端。一是忽略马克思此时的人民报刊思想还受着黑格尔主义抽象理性观的影响，仅仅从法律上享受政治权利，作为平等政治参与主体的角度来把握人民，缺乏对人民的阶级与阶层的分析这些缺陷，赋予这些思想过高的价值，错误地将它视为马克思整个革命报刊思想完全成熟的标志，甚至将其推崇为马克思报刊思想的高峰，并以此来贬低和否定马克思后来的报刊思想。另一种极端是因为马克思此时的理论还不够成熟，存在着一定的缺陷，就完全否认马克思人民报刊思想的价值。他认为正确的态度应该是："既实事求是地指出它的唯心主义的欠科学的成分，又肯定其中的一些至今仍具有生命力的精华部分。总之，要把它作为马克思报刊思想发展史上的一个必经的历史过程来看待，并且把它看作是马克思后来的党报思想的基础。"[1]

俞席文在《正确理解〈莱茵报〉时期马克思的新闻出版自由思想》中对种种误解马克思《莱茵报》时期的新闻思想进行了批判性的分析，提出我们要正确地把握马克思《莱茵报》时期新闻思想的价值。首先，必须正确理解马克思是怎样评价新闻出版自由对人类的价值，又是基于怎样的理由或根据，对官方限制新闻出版自由的规定加以诘难并提出自己的重要观点。其次，冷静对待对马克思《莱茵报》新闻思想的错误和歪曲理解。这种理解要么未能正确对待和理解《莱茵报》时期马克思的新闻出版自由思想，把社会内涵丰富的新闻出版自由抽空其内容，悬置其历史，从而把它同哲学意义上的自由混同起来；要么只强调实现

---

[1] 参见郑保卫：《论马克思的人民报刊思想与党报思想》，载《中国广播电视学科》1992年第3期，第9—14页。

自由的条件,而否定体现自由的形式,以此来削弱其新闻出版自由中对社会、政治的批判锋芒。上述歪曲和错误的理解有着政治上的原因,也有着对马克思《莱茵报》新闻思想理解的不当。第三,我们必须根据现时代我国社会主义新闻出版工作的实际,实事求是地对待马克思《莱茵报》时期新闻出版自由思想中的合理成分与局限性。①

从法哲学的视角对马克思《莱茵报》政论文章进行的研究。如吴晓明、刘日明著的《近代法哲学与马克思的社会存在理论》中提出马克思《莱茵报》时期持有一种新理性批判主义的法哲学观念。"马克思放弃的只是康德、费希特的法哲学中的二元论基础,而对他们有关人的自由权利和尊严、有关共和主义和启蒙主义的思想还是向往的。同样,马克思信奉的只是黑格尔思维与存在相统一,从现实事物的理性出发的理性主义法哲学原则,而不赞成在黑格尔身上所体现出来的保守主义和德国庸人的弱点"。② 马克思在《莱茵报》时期虽然从康德理性理想主义的法哲学转向了黑格尔理性现实主义的法哲学,然而马克思并不赞同黑格尔的保守主义,对历史法学派的批判受着康德的理性主义法哲学和启蒙主义的影响。因此马克思此时的法哲学融合了康德理性理想主义法哲学观和黑格尔理性现实主义法哲学观,是"新理性批判主义"的法哲学观。

新理性批判主义的具体内容包括:(1)具有理性批判精神,即崇尚理性和启蒙精神,崇尚人的自由和权利,反对专制压迫,主张从事物本身的理性出发,以理性尤其是法和国家的理性为尺度,对现实的君主专制和不合理的出版检查制度进行了批判。(2)将批判理性和现实理性结合、启蒙精神与自由精神结合、批判激情与理性态度结合的新理性。(3)是唯心主义的,没有摆脱法的二元论缺陷。马克思《莱茵报》中的新理性主义主要特征包括:站在法哲学的立场,公开为"政治上和

---

① 参见俞席文:《正确理解〈莱茵报〉时期马克思的新闻出版自由思想》,载《南昌大学学报》1999年第1期,第105—109页。

② 吴晓明、刘日明:《近代法哲学与马克思的社会存在理论》,上海:文汇出版社2004年版,第166页。

社会上备受压迫的贫困群众的利益"进行辩护,因而具有典型的革命民主主义精神;从事物本身的理性来定义法和诉诸于"人民的理性"、"人民的精神"或"国家的理性",批判了私人利益对国家法的践踏和书报检查制度的非法性,论证人的自由和权利;具有明显的矛盾和不稳定性质,遇到"物质利益",必然暴露出这种法哲学的内在矛盾。①

张乃根在《西方法哲学史纲》部分章节中对马克思《莱茵报》时期的法哲学进行了讨论,认为马克思此时期的法哲学观是带有黑格尔主义烙印的二元论自由法观念。黑格尔的"自在的法"(道德、伦理、抽象法)与市民社会中的"自为的法"(现实的法律)的二元划分,"归根结缔,法的本质是自由意志(客观精神阶段的理念,即法的理念)的体现,法律只是法的制度形式。这种二元论的自由法观是马克思早期法哲学的主要理论渊源。"②

张文喜在《论马克思对历史学派本质探问的视角》一文中,跳出对马克思的历史法学派批判的法哲学研究,从虚无主义来把握历史法学派的实质。历史法学派依据"纯属主观性的标准",来评判社会现实,试图通过论证实证法为民族所固有,欲使得人们在这个世界上有完完全全的家园感,但实际上却使得人们完完全全地无家可归了。另外,历史法学派把局限于特定时空的东西当作普遍物,其历史观只不过是一种地方主义。这意味着历史法学派根据种族、民族来解释历史与价值之后,势必摇身变成虚无主义。历史法学派故意歪曲了康德的认识论,将本质的东西不可认识置换成真实的事物不可认识,只要事物存在着,就是真实的,陷入毫无批判的实证主义,从而否定了普遍永恒正确原则的结论,难以抗拒虚无主义。历史法学派将理性视为历史的、可变的,引起理性变化的力量是那种盲目的非理性的力量,即动物的本性③,因此历

---

① 参见吴晓明、刘日明:《近代法哲学与马克思的社会存在理论》,上海:文汇出版社2004年版,第166—169页。
② 张乃根:《西方法哲学史纲》(增补本),北京:中国政法大学出版社2006年版,第261页。
③ 参见张文喜:《论马克思对历史学派本质探问的视角》,载《理论探讨》2009年第3期,第36—40页。

史法学派将动物性规定为他们的出发点和最高原则,解构掉人与兽的区别。

石伟则系统梳理了马克思早期论及历史法学派的四篇文献,其中有两篇①产生于《莱茵报》时期。《关于新闻出版自由和公布省级会议辩论情况的辩论》中,马克思在分析诸侯等级代表对出版自由的态度时,批判了该等级所持观点的论据来源——历史法学派。"这是一种用来反对任何改革的圆滑的论据,某个派别的经典理论把它表述得最为透彻。对自由的任何一点限制实际上都无可辩驳地证明当权人物曾一度坚信必须限制自由,而这种信念也就成为后来信念的准绳了。"②诸侯等级论证的逻辑是过去和现实都存在书报检查制度,否认人们改造制度的理性表达,其实质就是用过去历史证成现存制度,否认人类制度构建的理性。在《历史法学派的哲学宣言》中,马克思批判了历史法学派的怀疑论。胡果歪曲康德,虽然康德区分了认识可及的此岸世界以及认识不可及的彼岸世界,然而他并没有否认彼岸世界的真实和客观,认为在法的领域中存在一个先验的理性原则,尽管不容易把握,但人们也在为此努力。然而胡果却将康德的结论引申为,既然理性不可认识,那么理性的存在就是不真实的,只要存在的事物就是有效的,因此人们应该研究各种实在法所体现的实证制度,而非不真实的不易把握的理性。当胡果面临理性与实在法的矛盾时,胡果不是批判实在法的不合理,而是论证实在法的合理和有效,否认理性的存在。其结果是为不合理的旧制度进行辩护。③

对马克思《莱茵报》政论文章的伦理学解读。宋希仁在《马克思恩格斯道德哲学研究》以及多篇论文中,研究了马克思《莱茵报》政论文章中的伦理思想。具体内容包括:

从人民的权利出发批判书报检查制度。出版自由在当时德国是争取

---

① 另外两篇是 1837 年 11 月写给父亲的信以及《〈黑格尔法哲学批判〉导言》。
② 《马克思恩格斯全集》第 1 卷,北京:人民出版社 1995 年版,第 147 页。
③ 参见石伟:《青年马克思与历史法学派》,见张海燕主编:《山东大学法律评论》,济南:山东大学出版社 2012 年版,第 19—21 页。

一切自由的前提，反映了自由与专制的矛盾，是人民利益和社会伦理秩序善恶的表现。马克思在他所发表的《评普鲁士最近的书报检查令》和《关于新闻出版自由和公布省等级议会辩论情况的辩论》两篇文章中，表述了有关自由的重要思想：第一，"自由是全部精神存在的类本质"，然而书报检查令压制了人民的精神自由。第二，"出版自由是人民的天赋特权"，书报检查是侵害公民的最高利益、侵害人民基本权利和真理的制度。第三，"自由不仅是主体的权利，也是客体的权利"。这体现了马克思道德观的特性，即道德不仅仅是抽象的人的"类本性"，同时还有外部世界和社会关系的规定，是"定在中的自由"，即在客观关系和合理的伦理秩序中的自由。第四，"新闻出版自由是其他一切自由的前提"。第五，"整治书报检查制度的真正而根本办法就是废除书报检查制度"。①

与奥格斯堡《总汇报》主义之争所体现的道德良心。宋希仁认为马克思对奥格斯堡《总汇报》敌视《莱茵报》的批判，包含道德批判。奥格斯堡《总汇报》自身也曾发表过宣传共产主义的文章，然而却变脸指责《莱茵报》发表共产主义的文章，因此是虚伪、居心叵测、有违公共道德的。与奥格斯堡的争论，体现出了马克思与自由主义者自由观的不同。马克思认为自由的实现程度取决于社会发展的水平，实现自由并不阻碍历史发展，而是为了社会和谐的道德理想，个人自由与他人自由、私人自由与公共自由具有统一性。

从真正国家与人民的关系出发，对封建等级代表制进行批判。真正的国家实现了人民精神与国家的统一。普鲁士等级代表制的实质是封建贵族的特权，它不仅不符合德国的现实，而且恢复了封建等级制，破坏了人民的有机统一，破坏了国家的统一。现实的普鲁士国家的各个活动领域，是几个等级以多样形式活动所形成的统一体结构，而不是官方公文所划分登记的过时的封建专制的等级结构。构成国家环节的差别只是

---

① 参见宋希仁：《马克思恩格斯道德哲学研究》，北京：中国社会科学出版社2012年版，第35—36页。

发展的环节,而不是机械的组成部分,它们是一个发展中的"统一体"内部的差别,而不是具有差别的几个统一体。① 然而普鲁士国家的等级代表制破坏了这种内在的统一,否定了人民代表制。

马克思道德观的实质。由"道德的基础是人类精神的自律,而宗教的基础是人类精神的他律"这段话,宋希仁教授分析了马克思《莱茵报》时期所持的道德观。首先,马克思赞成理性主义的道德观。理性主义的道德观强调道德独立于宗教,道德以人类理性为基础,道德只服从于具有普遍性、必然性的绝对命令,理性对情欲具有主导作用。因此独立的、理性的道德贬损了宗教的上帝原则和信仰的道德,也侮辱了宗教道德的礼仪和习俗。在这种意义上,马克思支撑与宗教信仰主义相对立的理性主义道德观,并将它作为批判"书报检查令"的武器。然而马克思并非是毫无批判性地接受了康德的道德观。康德强调道德自律,认为道德是个体人的德,是意志的自我规定,它只服从于主体自身理性确立的"绝对命令",虽然他否定了宗教和封建专制主义,同时也否定了任何外在的道德价值根据,否定了道德的任何意义上的他律,使道德自律成为无源之水和无本之木,沦为空洞的形式。黑格尔推进了康德道德哲学,强调道德不能只是意志的主观性,也不能只是个体的德,在本质上它是社会的、国家的、历史的,是一种社会意识、国家精神和民族精神,因此实现了主观统一于客观,个人统一于社会和国家,乃至于历史的必然性,从本质上,道德是他律的。随着唯物史观的成熟,马克思实现了道德自律与他律的统一,强调道德植根于社会的经济基础和人们的现实生活实践,并被人们的经济生活和社会关系所制约。但对道德他律的强调,并没有否定个体道德的自律。②

马克思《莱茵报》道德观转折的重要标志是关于森林法的辩论,此时马克思第一次挺身捍卫人民群众的物质利益和社会权利,开始从社会精神领域转到物质利益领域。这表现出马克思"深刻的政治眼光和严

---

① 宋希仁:《马克思恩格斯道德哲学研究》,北京:中国社会科学出版社2012年版,第46页。

② 同上书,第49—58页。

谨的逻辑力量，而且进一步突破德国思辨伦理的空泛模式，为科学地解释社会伦理和道德现象找到了正确的方向，由此，马克思的道德哲学思考，从个体道德主体进入社会伦理，从精神现象转向社会经济领域"①。

在《马克思恩格斯伦理思想研究》一书中，安启念教授认为马克思所追求的理想是实现人类解放，因此人的发展和解放程度，就成为马克思认识和评价社会制度的基本出发点。封建专制制度中一部分人依赖另一部分人，造成人与人的极大不平等。马克思将自由、平等视为人的类特性，对封建等级社会进行了全方面的道德谴责。封建社会是"精神的动物王国"，属于自然史，人还不是真正的人，封建社会的法律是不人道的，遵循着动物世界弱肉强食原则，封建社会的不平等超过了动物世界，不劳而食的人折磨劳动者，直至将它们折磨而死。封建国家的建构以神学为依据，扼杀人的自由，成为高踞于人之上负有从上面教育国民责任的特殊存在。德国的书报检查令剥夺了人的自由和权利，导致道德败坏，在新闻和学术领域，人的地位高低决定着学术才能。②

虽然马克思对封建专制制度的批判，没有突破资产阶级思想的禁锢，然而安启念教授认为不能由此就否定他的批判所具有的价值：尽管上述论述"明显带有启蒙运动的痕迹，与当时流行的资产阶级思想家的论述有许多相似之处，而且唯物史观和马克思主义关于现实的人的思想还没有提出，但事实上这些论述中体现的人道主义及其基础——对人的本质的理解，已经与资产阶级思想家的人道主义有了根本的不同，已经是马克思主义理论的一个组成部分。"③

从政治哲学的视角研究马克思《莱茵报》政论文章。杨晓东在《马克思与欧洲近代政治哲学》中探讨了马克思《莱茵报》时期的理性国家观以及这种国家观破灭的过程。马克思用理性主义来审视国家，第

---

① 宋希仁：《马克思恩格斯道德哲学研究》，北京：中国社会科学出版社 2012 年版，第 59 页。

② 安启念：《马克思恩格斯伦理思想研究》，武汉：武汉大学出版社 2010 年版，第 136—143 页。

③ 同上书，第 150 页。

一次提出了自由人联合体的概念，对书报检查制度、基督教对国家的影响以及私人利益对国家的侵蚀进行了批判性分析。"由于物质利益问题与理性国家之间的矛盾，动摇了马克思对国家和法的理性主义幻想，由此他对国家和法有了更加深入的认识，这使他对于理性主义国家观念的信念发生了根本性的动摇。"[①] 李淑梅的《马克思〈莱茵报〉时期的政治哲学思想研究》从四个方面分析了马克思《莱茵报》时期的政治哲学思想：马克思对书报检查令的批判，阐明了建构公共舆论领域的重要意义，体现出他与黑格尔对待新闻自由的不同态度；发现国家理性与私人利益之间的逻辑断裂，提出只有废除等级制、祛除拜物教，国家理性才能战胜私人利益，才能保障理性立法；写作《摩泽尔记者的辩护》，分析广大种植葡萄的农民利益受到损害、陷入贫困状态的事实，揭露了政府管理机构的"官僚本质"；站在贫苦民众的立场上，无法前后一致地解释"物质利益"问题。最后，李淑梅总结了马克思《莱茵报》政治哲学思想的启示和价值。[②] 陶艳华在《马克思〈莱茵报〉时期的政治伦理思想》中分析了马克思《莱茵报》时期的政治伦理思想。她指出，虽然马克思在《莱茵报》政论文章中没有直接论及政治伦理问题，但在关于"人权"、"合乎人性的国家"、"自由"以及对宗教与政治的批判中，均内涵了伦理的诉求和价值的判断，这本身也体现出孕育其间的政治伦理思想。[③] 在具体内容上，对社会贫苦阶层的道德同情和道义支持是马克思《莱茵报》政治批判思想的原动力；通过哲学干预现实以实现社会政治生活的合理化是马克思当时政治伦理思想的理论基础；以自由作为人的类本质判断国家制度善恶的标准，并对国家、省等级会议（法律）、行政当局的应尽义务进行了规定。

---

① 杨晓东：《马克思与欧洲近代政治哲学》，北京：社会科学文献出版社 2008 年版，第 369 页。

② 李淑梅：《马克思〈莱茵报〉时期的政治哲学思想研究》，载《哲学研究》2009 年第 6 期，第 24 页。

③ 陶艳华：《马克思〈莱茵报〉时期的政治伦理思想》，载《河北学刊》2009 年第 1 期，第 31 页。

从哲学的视角研究马克思《莱茵报》政论文章，这是我国学界的研究主流。马泽民1994年出版的《马克思主义哲学前史》对马克思《莱茵报》及其之前的哲学思想进行了较为全面系统的研究，不仅探讨了当时马克思理论探讨的时代背景与理论渊源，而且还结合《莱茵报》政论文章对马克思当时的思想进行了深入的介绍。然而遗憾的是，由于马克思《莱茵报》政论文章自身的原因以及意识形态的影响，目前国内并没有形成有关马克思《莱茵报》政论文章的研究专著，像《马克思主义哲学前史》能够以三个章节来介绍马克思《莱茵报》政论文章的研究专著也不多。如，孙伯鍨所著的《探索者道路的探索》中，有关马克思《莱茵报》时期的研究位于该著作第二章的第二小节"《莱茵报》时期马克思哲学思想的发展"，篇幅上有11页。在陈先达的《走向历史的深处——马克思历史观研究》中，马克思《莱茵报》思想研究位于该著作第一章第四节"自由是精神存在物的类本质。自由的种与类"和第五节"私有者的利益同人道的对立"，篇幅为10页。在陈先达和靳辉明合著的《马克思早期思想研究》中，马克思《莱茵报》思想研究位于第一章第四节"青年马克思反对封建主义的斗争"（14页）以及第二章第一节"马克思开始向唯物主义和共产主义转变"（9页）。庄福龄主编的《马克思主义史》第一卷中，马克思《莱茵报》时期第一章第四节中仅仅具有一个三级目录"马克思向唯物主义和共产主义的转变"（3页）。在张一兵主编的《马克思哲学的历史原像》中，马克思《莱茵报》思想研究位于第二章的第一节"《莱茵报》时期青年马克思哲学思想的发展"（15页）。黄建都在2015年出版的《"苦恼的疑问"及其解决〈莱茵报〉——〈德法年鉴〉时期马克思文献及思想再研究》是近年来少有的专门以马克思1844年之前的思想为研究对象的专著，其中有关《莱茵报》的研究大约占了三个章节。

在论文方面，以"马克思"和"《莱茵报》"为关键词搜索，中国知网所收录的文章从1962年到目前，一共为77篇，其中2009年和2013年各有8篇，2014年和2012年有9篇，2011年和2008年有6篇。这说明对马克思《莱茵报》时期的研究在最近一些年开始受到一定的关注。此外，分别以"马克思"和"书报检查"为关键词，能够在中国知网上搜索到 12 篇论文，以"马克思"和"历史法学派"为关键词，能从中国知网上搜索到 4 篇论文。

通过列举上述书目中有关《莱茵报》研究情况，以及在中国知网的检索情况，我们不难看出，马克思《莱茵报》政论文章没有被研究者所重视，成为专门的研究对象；从时间上看，对马克思《莱茵报》政论文章展开研究是最近的事情。

二　有关马克思《莱茵报》政论文章的争论

马克思《莱茵报》政论文章是马克思理论探索时期的作品，在其中，他提出了一些非常具有天才性的思想，对于今天依然具有时代价值。然而作为思想不定型时期的作品，它呈现出多种思想倾向共存，理论与现实矛盾、科学性与革命性不统一等内在的紧张。这种紧张导致学者研究产生出多种多样的观点，这些观点都以马克思《莱茵报》政论文章的论述为依据，很难判定孰是孰非。

（一）马克思《莱茵报》理论来源的不同观点

《莱茵报》时期，马克思初次走出书斋，进入到火热的现实生活，遭遇现实社会各个等级与人群之间的利益冲突，以及这种利益冲突对国家和法的影响。马克思此时还没有形成科学的唯物史观，他使用着借用来的理论范式观察、分析和批判他所观察到的这些问题。对于他当时所使用的理论范式，在我国学界较为普遍的观点有下述几种。

黑格尔理性主义构成了马克思《莱茵报》时期的主要理论来源，这是我国学界占据主流的观点。孙伯鍨在《探索者道路的探索》一书中提出，马克思在《莱茵报》时期基本还是黑格尔主义的。这不仅体现在马克思对理性、自由和法律等的理解是黑格尔主义的，而且他当时所持的国家观也是黑格尔主义的理性国家观，"他从黑格尔观点出发，把国家看成道德理性的最高实现，是调节社会发展的决定力量。"① 马克思对省等级议会的批判也是从抽象理性主义观点出发的，他站在理性和法的立场上，对私人利益侵害国家与法的理性原则进行了强烈抗议和谴责。陈先达在《走向历史的深处》认为黑格尔理性主义对《莱茵报》时期的马克思的影响主要体现在两点。

一是自由观。黑格尔将自由规定为精神的本性，精神的一切属性都是凭借自由而得以成立，一切都是取得自由的手段，一切都在追求自由和产生自由。人类历史的发展是自由意识的进展，它经历了三个发展阶段：从只知道一个人，即专制君主是自由的东方，到知道一些人的自由，但不知道所有人自由的罗马人，再到人人都知道自由的日耳曼。黑格尔从世界历史的发展过程中来把握自由，将自由和社会的进步以及人类自由意识的进展联系起来。② 黑格尔的自由观影响了《莱茵报》时期马克思的自由观。马克思认为自由是"全部精神存在的类本质"③，将自由作为区分人与动物的标尺，人能自由地实现自由。出版自由是思想自由的体现，由于自由是人所固有的，因此出版自由的权利不能剥夺，书报检查制度作为不自由的体现，违背了人的本性，因此不合理。

另外一个影响是理性国家观。黑格尔认为国家是伦理理念的现实，是自由实现的社会形式，人唯有参与到国家中，才能实现自己的伦理本质，成为人。"马克思在《莱茵报》时对国家的看法，基本上属于黑格尔的唯心主义观点。"④ 由国家的理性本质出发，马克思在《莱茵报》提出国家与社会成员的关系是国家使他们成为国家的成员，把个人的目的变成大家的目的，使个人与整体打成一片，个人在国家中受到教化，国家成为自由人的联合体。国家与法密切联系，法是自由的肯定的存在。从真正的国家、真正的法律出发，马克思对普鲁士的等级委员会、私人利益对国家的影响进行了批判。

---

① 孙伯鍨:《探索者道路的探索》，合肥：安徽人民出版社1985年版，第96页。
② 陈先达:《走向历史的深处》，北京：中国人民大学出版社2010年版，第38页。
③ 《马克思恩格斯文集》第1卷，北京：人民出版社2009年版，第171页。
④ 陈先达:《走向历史的深处》，北京：中国人民大学出版社2010年版，第48页。

在《马克思与欧洲近代政治哲学》中，杨晓东提出了相似的观点，认为黑格尔的理性主义国家观对《莱茵报》时期的马克思构成了重要影响。"马克思就以黑格尔哲学、确切地说是以黑格尔的法哲学（国家学说）为背景，对社会政治问题展开了一系列批判。"① 马克思以黑格尔的理性主义国家观为标准和出发点，对基督教国家、书报检查令进行了批判。国家不应该受到宗教的限制，宗教不能构成国家的基础，国家的基础应该是理性，现代国家是"合乎理性的社会存在"，这样的国家不是通过暴力和独裁来维护社会的稳定，而是通过教化来解决一系列社会、道德问题。② 书报检查令违反了理性国家的本质，它是一个党派对付另一个党派的法律，将国家法律的普遍性让位于个别官员的特殊情绪和任性，使所有的客观标准消失，因此书报检查制度是建立在警察国家对它的官员的那种虚幻而高傲的概念之上的。③

与仅仅强调黑格尔对《莱茵报》时期马克思的影响不同，我国部分学者认为马克思在《莱茵报》时期受到新理性批判主义的影响。根据吴晓明、刘日明在《近代法哲学与马克思的社会存在理论》中的阐述，新理性批判主义是康德、费希特哲学以及黑格尔哲学的综合，即抛弃了康德、费希特哲学中应然和实然二元对立的基础，但吸收了他们哲学中强调人的自由和尊严等启蒙理性因素，摒弃了黑格尔的保守主义，吸收了黑格尔思维与存在统一，从事物本身把握理性的理性主义原理。他们认为马克思《莱茵报》时期的革命民主主义精神就是新理性主义中启蒙因素的体现，从事物本身的理性来定义法和诉诸于"人民的理性"、"法的理性"或"国家的理性"，批判了私人利益对国家法的践踏和书报检查制度的非法性，论证人的自由和权利。④ 在《形而上学的没落》一书中，吴晓明分析了马克思《莱茵报》时期的理论来源，再次

---

① 杨晓东：《马克思与欧洲近代政治哲学》，北京：社会科学文献出版社2008年版，第360页。

② 同上书，第367页。

③ 同上书，第364页。

④ 吴晓明、刘日明：《近代法哲学与马克思的社会存在理论》，上海：文汇出版社2004年版，第166—169页。

强调康德与黑格尔相互补充的理性原则是马克思《莱茵报》政论文章的灵感来源。"批判原则和现实性要求应当统一起来，它们统一于'理性'。但这理性既不是绝对或上帝，也不是抽象个别的自我意识"，而是人民理性。"在《莱茵报》的政论中，这一原理甚至在哲学上也是本质重要的：思想的客观性在于它的人民性，这一点不仅可以同批判的启蒙精神相吻合，而且可以在很大程度上（或一定意义上）返回到思想的具体性和现实性"。① 通过这种互补的理性原则，以及它的结合体——人民理性，马克思对书报检查令进行了批判，它违反人民理性，与鲍威尔及其自由人走向公开决裂。

　　费尔巴哈的影响。虽然有部分学者彻底否定马克思曾经有一个费尔巴哈阶段，但大部分学者都承认费尔巴哈曾经对青年马克思产生影响。分歧仅仅在于影响发生的时间判定上，一般认为费尔巴哈对马克思的影响始于1843年的《黑格尔法哲学批判》。这实际就排除了费尔巴哈对马克思《莱茵报》时期具有影响。然而薛俊达等人通过考证，认为这种观点并不成立，实际上费尔巴哈对马克思的影响是在1842年3月左右。薛俊达由马克思在1842年3月20日左右通知卢格他不能按期交稿这件事情，推断马克思此时并非是因为岳父的过世和家庭的纠纷使他不能完成稿件，真正的原因是马克思此时受到费尔巴哈的影响，思想发生了变化。其证据是马克思在书信中使用了大量费尔巴哈的术语："这种《末日的宣告》式的笔调和臃肿而拘谨的黑格尔叙述方式，现在应当代之以更自由，因而也更实在的叙述方式"，"我将更乐意从新的观点来考察这个问题"。什么新观点呢？马克思在信中谈到"宗教的人类学"、"宗教的一般本质"，还谈到"用人话来写作"。② 但问题在于，费尔巴哈的《基督教的本质》为何在发表大半年后才对马克思产生影响。薛俊达将原因归结为马克思仅仅将《基督教的本质》视为一本基督教批判的无神论著作，没有注意到其中的唯物主义思想。1842年2月16日、17日

---

① 吴晓明：《形而上学的没落》，北京：人民出版社2006年版，第418页。
② 参见《马克思恩格斯全集》第27卷，北京：人民出版社1972年版，第422—424页。

出版的《德国年鉴》第 39、40 期上刊载了费尔巴哈的《〈基督教的本质〉一书的评论》。费尔巴哈在这篇文章中指出，修饰黑格尔哲学以利用于激进的倾向必须具有弱点，只有与思辨唯心主义决裂才能使哲学真正自由和激进。文章还阐明了他与《末日的宣告》作者的区别。作为《末日的宣告》一书续篇的合作者，费尔巴哈的观点对马克思产生了振聋发聩的影响，这使马克思开始倾向于费尔巴哈。

在费尔巴哈对马克思《莱茵报》政论文章的具体影响上，具体表现为：第一，马克思所使用的人民精神这个概念越来越接近现实。人民精神把抽象的理性和无主体的自我意识具体化为以人民为主体的理性，把人民的意志和呼声看作世界发展的客观规律的体现，是马克思在哲学上从抽象的思想领域过渡到现实的实践领域的理论表现。第二，马克思接受费尔巴哈影响后，与柏林自由人决裂。第三，马克思在评述省议会林木盗窃法的辩论时，引用了费尔巴哈的宗教批判原理："人总是把构成其真正本质的东西当作最高的本质"。① 在看到国家与法置人民利益不顾，理性与现实产生矛盾时，马克思理性主义的国家观开始动摇，这使他转向费尔巴哈的人本唯物主义。②

卢格构成了马克思《莱茵报》政治批判的重要影响因素。李和中在《马克思与青年黑格尔派》中对此进行了分析。青年黑格尔派经历了宗教批判、政治批判以及社会批判三个阶段。在 1840 年左右，青年黑格尔派逐渐转向了政治批判，这种转向是由卢格所开启的。卢格所主持的《哈雷年鉴》是政治批判的中心。在 1839 年 10 月 11 日和 14 日，卢格与艾希特迈尔在《哈雷年鉴》上发表了《新教与浪漫主义，论对我们时代及其矛盾的理解》，这是青年黑格尔派由宗教批判转向政治批判的标志。在这篇宣言中，他们对普鲁士政府怎样在浪漫主义影响下变得越来越反动进行了说明，并呼吁普鲁士政府要与浪漫主义一刀两断，

---

① 《马克思恩格斯文集》第 1 卷，北京：人民出版社 2009 年版，第 248 页。
② 薛俊达：《试论〈莱茵报〉时期费尔巴哈对马克思的影响》，载《安徽大学学报》1987 年第 2 期，第 21 页。

成为一个自由的国家。① 然而后来《哈雷年鉴》被要求接受书报检查机关的检查，迫使卢格将刊物改名为《德国年鉴》继续出版。通过这个事件，卢格改变了对普鲁士政府的妥协态度与幻想，开始持一种激进的批判态度，并把自由倾向与反动倾向之间的冲突理解为立宪主义和专制主义之间的冲突，呼吁建立民主政治。但此时他还没有摆脱对黑格尔法哲学的信仰。在1842年，卢格接受费尔巴哈的影响，不仅激进地提出推翻普鲁士封建专制的任务，而且直接展开了对黑格尔法哲学的批判，使他的政治批判转向了社会批判。② 在1842年8月发表《黑格尔法哲学和现代政治》，批判黑格尔法哲学，提出要以民主共和制取代封建专制统治。马克思的政治批判是与卢格的思想交流和行动交往密切联系在一起的。他被卢格当时对普鲁士专制统治的批判以及民主主义的呼吁所鼓舞，走向了现实的政治批判。

(二) 对列宁"两个转变"的不同观点

长期以来，列宁对马克思《莱茵报》时期思想的定位，即"马克思开始从唯心主义转向唯物主义，从革命民主主义转向共产主义"③ 主导着我国学界的研究。中国人民大学郑保卫教授认为："马克思在《莱茵报》时期发表的一系列文章标志着他政治思想上的转变，反映出他的世界观已经由唯心主义走向唯物主义，由革命民主主义开始向共产主义转变。也可以说，是革命的报刊活动促进了马克思世界观的转变。"④ 华中科技大学吴廷俊教授也认为《莱茵报》时期是马克思恩格斯两个转变的开始，唯物主义成分和政治观中的共产主义因素已经对他们产生了一定的影响。⑤ 陈东英在《赫斯与马克思早期思想关系研究》中提出了

---

① 李和中：《马克思与青年黑格尔派》，武汉：武汉出版社1993年版，第46页。
② 同上书，第51页。
③ 《列宁全集》第26卷，北京：人民出版社1998年版，第83页。
④ 郑保卫：《马克思恩格斯报刊活动与新闻思想研究》（上），北京：高等教育出版社2003年版，第17页。
⑤ 吴廷俊：《马列新闻活动与新闻思想史》，武汉：华中理工大学出版社1992年版，第43页。

类似观点:"《莱茵报》(1842.10—1843.3)时期,是马克思开始接触共产主义问题,也是马克思从革命民主主义转向唯物主义和共产主义的关键时段。"①

在《马克思早期思想研究》中,陈先达和靳辉明则通过对马克思《莱茵报》政论文章的逐一研究,以文本研究的方式勾勒了一副《莱茵报》时期马克思唯物主义因素越来越多,开始实现世界观转变的路线图。在《关于出版自由和公布等级会议记录的辩论》中,马克思当时对出版自由等问题,就世界观而言,仍然是黑格尔的唯心主义观点,但他分析了各个等级对待出版自由问题的态度,揭示了当时德国的社会结构,展现了支配着辩论的各等级的物质利益,分析了这些物质利益是怎样产生不同意见的分歧。马克思虽然强调自由是人的本性,但没有陷入抽象的自由,他对出版自由的论述,已经开始站在了被压迫的劳动人民的一边。因此,"马克思的观点,总的仍然是唯心主义的,但已出现某些唯物主义观点的萌芽。"② 这种观点将列宁所说的开始转向唯物主义改变为"已出现某些唯物主义观点的萌芽",一方面肯定了列宁论述原则上的正确性,然而在其准确程度上有所降低。在《关于林木盗窃法的辩论》中,马克思在物质利益问题上初步突破,他坚定地站在劳动人民的立场上,捍卫他们的物质利益,尖锐地揭露人剥削人的现象,控诉劳动人民在社会中的不合理地位,然而他的国家观还是黑格尔主义的,因此此时的马克思"一只脚已踏进了现实世界,接触到客观物质利益问题,但另一只脚仍然留在唯心主义的精神世界"③。《摩泽尔酒农贫困问题》中,马克思不仅揭露官僚管理原则与客观现实的矛盾,而且进一步分析了这种矛盾,指出了国家的管理原则不是个人意志决定的,而是由客观关系决定的,因此"同《关于林木盗窃法的辩论》中对国家的看

---

① 陈东英:《赫斯与马克思早期思想关系研究》,北京:人民出版社2011年版,第154页。
② 陈先达、靳辉明:《马克思早期思想研究》,北京:北京出版社1983年版,第52页。
③ 同上书,第69页。

法相比，这里无疑向唯物主义又迈进了一步"①。与马克思逐渐转向唯物主义的历程不同，陈先达和靳辉明认为，马克思在1842年就开始转向了共产主义，他对空想社会主义各种原则的批判态度，不仅表现了马克思卓尔不群的才华，而且意味着他一转向共产主义，"就在探索新的、不同于空想社会主义的道路。"② 虽然马克思当时对共产主义本身并没有多少论述，然而在德国当时的状况下和马克思革命实践经验及理论知识的局限，他当时是不可能形成对共产主义理论本身的科学认识的。但"问题不在于马克思已经达到了什么水平，重要的在于提出任务，从此开始了对共产主义的研究"③。

陈先达与靳辉明在《马克思早期思想研究》中的研究，深化了列宁的观点。孙伯鍨在《探索者道路的探索》中与陈先达、靳辉明持相同观点。他认为马克思在《莱茵报》发表的第一篇文章《关于出版自由和公布等级会议记录的辩论》中，马克思站在民主主义立场上捍卫出版自由，并把理性具体化为人民精神，在对理性、自由和法律的理解上还受着黑格尔主义的影响。从1842年4月到8月四个月时间内，马克思连续在《莱茵报》发表了十篇文章，他的文章与现实生活紧密联系，远远超过了德国自由主义派，而且和柏林的青年黑格尔分子越来越具有明显的区别。其中标志着马克思世界观重大转变的是《关于林木盗窃法的辩论》，马克思第一次碰到要对物质利益问题发表意见的难事，他所持有理性主义国家观和法的观念开始动摇。但马克思此时依然站在唯心主义立场上，从抽象理性主义出发。1843年1月发表的《摩泽尔记者的辩护》中，马克思开始在当事人的表面动机的背后寻找事件更深刻的原因，这引导他一步一步地接近于发现历史发展的客观规律。④ 孙伯鍨先生梳理的这个过程，实际也是马克思逐渐转向唯物主义，初步接触共

---

① 陈先达、靳辉明：《马克思早期思想研究》，北京：北京出版社1983年版，第74页。
② 同上书，第79页。
③ 同上书，第80页。
④ 参见孙伯鍨：《探索者道路的探索》，合肥：安徽人民出版社1985年版，第96—104页。

产主义,并对共产主义发表观点的过程。

然而随着我国对青年马克思思想研究的深入,部分学者对此提出了不同的意见。部分学者对于列宁认为《莱茵报》时期,马克思开始转向唯物主义持赞同态度,但对于后一点,即马克思开始从革命民主主义转向共产主义持不同观点。邹诗鹏在《马克思何以在激进民主主义上逗留?》中提出,"青年马克思思想发展中有一个非常重要的时期即《德法年鉴》时期(1843年夏至1844年2月),这是一个马克思本人告别古典自由主义以及浪漫主义传统,转向激进民主主义思想,进而孕育共产主义思想的关键时期"①。根据他的观点,马克思是在《莱茵报》之后才转向革命民主主义的,而不是像列宁所说的在《莱茵报》时期已经处于革命民主主义阶段,而且开始转向共产主义阶段。李健在《青年马克思思想发展"两大转变"论再认识》中从马克思早期思想发展的历程,考证了马克思从博士论文到《德法年鉴》的思想状况,指出在博士论文中,马克思持激进自由主义的观点,《莱茵报》时期,马克思逐渐转向民主主义立场,唯物主义因素在此时期也不断地增多,在克罗次纳赫时期,马克思在对黑格尔法哲学的批判中,自觉地完成从激进自由主义向革命民主主义的转变。在《德法年鉴》时期,马克思历史观中的唯物主义因素逐渐发展起来。这种哲学立场的变化最终导致他政治上转向共产主义。②部分学者认为马克思在《黑格尔法哲学批判》以及《论犹太人问题》中还没有转向共产主义。在《论犹太人问题》中,马克思对资产阶级民主政治进行了辩证批判,开启了转向共产主义的可能性。③

另有学者对列宁认为马克思在《莱茵报》时期开始转向唯物主义的观点提出了不同的意见。张亮在张一兵主编的《马克思哲学的历史原

---

① 邹诗鹏:《马克思何以在激进民主主义上逗留?》,载《哲学研究》2012年第5期,第3页。

② 参见李健:《青年马克思思想发展"两大转变"论再认识》,载《高校理论战线》2013年第1期,第18—22页。

③ 王代月:《青年马克思政治立场转变中的赫斯因素研究》,载《马克思主义与现实》2012年第2期,第62页。

像》中明确地指出那种认为马克思在《莱茵报》时期已经转向了唯物主义的观点是相当不准确的。"马克思此时还只是在社会历史领域内构成了对黑格尔唯心主义的怀疑与亚意识反动，开始走向、而不是走到了唯物主义。只不过随着对现实问题研究的不断深入，他原先具有的那种现实感与现实主义的研究方法更加强烈和明确罢了。"① 滕育栋、卜洪晓认为列宁有关马克思思想发展历程的论断存在表述不一致的现象，例如在《卡尔·马克思》中，列宁指出"从1844—1845年马克思的观点形成起，他就是一个唯物主义者"。这意味着列宁将马克思思想的转向推到了1844—1845年，而不是1842年。由此，滕育栋、卜洪晓在《正确理解〈莱茵报〉时期青年马克思的思想发展》一文中做了大胆的推测，即马克思在《莱茵报》时期持有一种与现代唯物主义不同的一种唯物主义。他们重点分析了马克思从1843年1月3日创作的《〈莱比锡总汇报〉的查禁和〈科隆日报〉》直至创作于1843年3月13日的《〈莱茵—摩泽尔日报〉的修辞练习》的12篇文章。在这些文章中，马克思批判了反动报刊玩弄抽象概念，肆意使用被马克思所推崇的"人民理性"概念。由此他们推论出，马克思对这些反动报刊的批判，实际也是一种自我批评，是对自己思想中客观唯心主义的清算，通过这种清算，马克思逐渐走向唯物主义。与其把这段不那么"现实"、不那么"唯物"的1843年初的报刊政论期规避掉，毋宁说马克思在此时逐渐开始了对自己"人民理性"的报刊思想基础的清算。马克思从唯心主义向唯物主义的转变中，《莱茵报》的实践与其说直接给他带来了唯物主义，还不如说，这个时期马克思的带有客观唯心主义的"人民理性"的报刊基础思想一方面在现实中不断遭到冲击最终走向崩塌，另一方面也注定了马克思是从对客观唯心主义的概念和范畴论的批判中走向唯物主义的。②

---

① 张一兵主编：《马克思哲学的历史原像》，北京：人民出版社2009年版，第106页。
② 滕育栋、卜洪晓：《正确理解〈莱茵报〉时期青年马克思的思想发展》，载《理论界》2009年第1期，第31页。

(三) 对马克思《莱茵报》"苦恼的疑问"的不同观点

在《〈政治经济学批判〉序言》中,马克思回顾了他在创立历史唯物主义之前的思想发展历程:"我学的专业本来是法律,但我只是把它排在哲学和历史之次当作辅助学科来研究。1842—1843年间,我作为《莱茵报》的编辑,第一次遇到要对所谓物质利益发表意见的难事。""为了解决使我苦恼的疑问,我写的第一部著作是对黑格尔法哲学的批判性的分析,这部著作的导言曾发表在1844年巴黎出版的《德法年鉴》上。"① 我国学界对马克思所说的"难事"和"苦恼的疑问"形成了不同的观点。

在《马克思早期思想研究》中,陈先达和靳辉明将马克思所说的"苦恼的疑问"归结为"黑格尔的国家观同现实的冲突,使他对自己原来信奉的黑格尔哲学,特别是黑格尔关于国家的学说产生了怀疑"。② 马克思在《莱茵报》时期,信奉着黑格尔唯心主义的国家观,将国家视为理性的实现。然而马克思在《莱茵报》所接触的大量现实,如普鲁士的书报检查制度、反对出版自由、维护林木所有者的利益、修改穷人的习惯权利等等都表明了现实的普鲁士国家与理性国家形象相去甚远,它仅仅关注富人的物质利益,而穷人在这样的国家中,没有任何政治和经济的权利保障。这使马克思陷入了疑问之中,究竟是继续相信黑格尔的理性国家观,还是认为现实的普鲁士国家仅仅是理性国家实现历程中的一个异化存在形态。现实中不断涌现的与黑格尔理性国家观相反的实例,使马克思开始对黑格尔理性国家观产生怀疑。孙伯鍨在《探索者道路的探索》中对此表示赞同。省议会关于林木盗窃法的辩证使马克思意识到私人利益强大的影响力,对国家和法律的干预,并将国家变为林木占有者的工具。这使马克思动摇了他"原有的哲学信念,他从国家

---

① 《马克思恩格斯全集》第31卷,北京:人民出版社1998年版,第411—412页。
② 陈先达、靳辉明:《马克思早期思想研究》,北京:北京出版社1983年版,第81—82页。

理性同经济事实的严重冲突中,认识到唯心主义的社会观和国家观的缺陷"①。

吴晓明将马克思《莱茵报》时所遇到的难事归结为三点:(1)莱茵省议会关于林木盗窃和地产析分的讨论;(2)官方同《莱茵报》就摩泽尔农民状况展开的论战;(3)关于自由贸易和保护关税的辩论。这三件难事的实质不在于马克思遭遇到物质利益本身,他此时还没有进入到对物质利益问题的研究,而在于这种物质利益对马克思单纯理性世界观的挑战,以及这种单纯理性世界观无法对这种挑战作出合理解释,并提出可行的解决方案。"物质利益"问题使先行的理性原则动摇和瓦解的迹象已经十分明显。这不仅表现在关于林木法的论文中("利益"与"法"的对峙状态),而且还特别地表现在《摩泽尔记者的辩护》关于地产析分的问题上。如果说马克思对于国家和法的单纯理性观点还能使他对林木盗窃法和禁猎法等等做出某种激烈的批判,那么,这种观点在解决分割地产的问题上就表现得相当无能为力。

对于难题产生的原因,吴晓明不同意梅林和科尔纽的观点。梅林和科尔纽认为马克思当时的批判"不是从经济方面,而是从法律方面加以论证的",或者,马克思当时"还不能从经济的和社会的观点来解决经济问题和社会问题,因此他只能从法学的和伦理的角度来论述这些问题"。他认为这种解释并没有真正回答马克思当时遇到的难题,而且梅林和科尔纽的观点存在一种朴素的想法,即从经济和社会的观点来解决经济问题和社会问题,就是唯物主义了。

按照梅林的看法,马克思之所以感到为难是"由于必须谈到黑格尔思想体系中所没有考虑过的物质利益问题"。因此马克思当时对于林木盗窃法所提出的问题"还不像晚年时处理得那样明快";进而就历史观方面而言,马克思关于林木盗窃法的这篇论文还具有"某种不稳定的性质"。对于梅林的观点,吴晓明提出了不同的看法。对于"仍然遵循着黑格尔的法哲学和国家学说"的马克思来说,要谈到老师没有考虑过的

---

① 孙伯鍨:《探索者道路的探索》,合肥:安徽人民出版社1985年版,第102页。

问题确实可能会有些许"为难",但是仅仅在这个意义上去理解马克思的困惑就过于肤浅了。他认为对于像马克思那样的天才,要思考老师没有思考过的问题并不是什么难事,除非这种思考涉及哲学世界观的根本变革。梅林用"不够明快"、"不够明确"来形容马克思当时所遇到的难题也是不准确的。马克思此时所涉及的是哲学世界观的根本性变革。①

在《马克思历史理论的原像》中张亮提出了与吴晓明相近的观点。青年马克思起初的确是站在黑格尔理性主义立场上来批判普鲁士的非理性现实的,然而对物质利益的遭遇,现实的国家制度和行政机构都沦为私人利益的工具,立法者为了保证林木占有者的利益,即使是"毁灭了法和自由的世界也在所不惜"②。对于物质利益侵蚀政治公共性的现象,使马克思意识到"作为历史的本质和发展动力的理性根本不能使自己得到实现,这不能不使马克思对自己原先信仰的理性主义国家观产生怀疑"③。遭遇物质利益并不是难事,之所以是难事,是因为马克思旧有的世界观和理论范式已经无法对所遭遇到的现实物质利益进行解释,"他已经隐约感觉到了现实的答案对其既有哲学信念和政治信念的彻底颠覆,而这是马克思所难以接受和承认的。"④ 这使他产生了苦恼的疑问。

对于吴晓明的观点,段忠桥持不赞同意见。"国内学者通常认为,它指的是马克思在《莱茵报》时期遇到的物质利益问题使他对其当时信奉的黑格尔的国家和法的学说产生了怀疑。在我看来,这种理解很大程度上不符合马克思的原意。"⑤ 段忠桥对马克思回顾中的"难事"和

---

① 吴晓明:《"理性的法"和"私人利益"——马克思〈莱茵报〉时期所面临的物质利益难题》,载《复旦学报》(社会科学版)1994年第5期,第35—42页。
② 《马克思恩格斯全集》第1卷,北京:人民出版社1956年版,第173页。
③ 张一兵主编:《马克思历史理论的原像》,北京:人民出版社2009年版,第106页。
④ 参见张亮:《在转向唯物主义和共产主义的前夜》,载《华中科技大学学报》(社会科学版)2006年第4期,第16—19页。
⑤ 参见段忠桥:《〈莱茵报〉时期使马克思苦恼的"疑问"是什么》,载《学术研究》2008年第6期,第32—35页。

"疑问"进行了区分。马克思在《莱茵报》期间遇到了三次都要他对所谓物质利益问题发表意见的辩论和争论:莱茵省议会关于林木盗窃和地产析分的辩论,要求马克思对莱茵省贫困群众的物质利益问题发表意见;莱茵省总督冯·沙培尔先生就摩泽尔农民状况同《莱茵报》展开的官方论战,马克思需要对摩泽尔地区农民的物质利益问题发表观点;关于自由贸易和保护关税的辩论,要求他对自由贸易和保护关税所涉及某些社会集团的物质利益问题表态。段忠桥认为马克思遇到的要对所谓物质利益发表意见的"难事","指的是他因缺少对经济问题的研究而难以对涉及物质利益的争论和讨论发表意见。"①

根据马克思在《〈政治经济学批判〉序言》中的论述,段忠桥认为马克思通过两个研究结论解决了疑问。这两个研究结论分别是:第一个研究结果是:"法的关系正像国家的形式一样,既不能从它们本身来理解,也不能从所谓人类精神的一般发展来理解,相反,它们根源于物质的生活关系,这种物质的生活关系的总和,黑格尔按照18世纪的英国人和法国人的先例,概括为'市民社会',而对市民社会的解剖应该到政治经济学中去寻找。"第二个研究结果是:"人们在自己生活的社会生产中发生一定的、必然的、不以他们的意志为转移的关系,即同他们的物质生产力的一定发展阶段相适合的生产关系。这些生产关系的总和构成社会的经济结构,即有法律的和政治的上层建筑竖立其上并有一定的社会意识形式与之相适应的现实基础。物质生活的生产方式制约着整个社会生活、政治生活和精神生活的过程。不是人们的意识决定人们的存在,相反,是人们的社会存在决定人们的意识。社会的物质生产力发展到一定阶段,便同它们一直在其中运动的现存生产关系或财产关系(这只是生产关系的法律用语)发生矛盾。于是这些关系便由生产力的发展形式变成生产力的桎梏。那时社会革命的时代就到来了。随着经济基础的变更,全部庞大的上层建筑也或慢或快地发生变革。"② 第二个

---

① 参见段忠桥:《〈莱茵报〉时期使马克思苦恼的"疑问"是什么》,载《学术研究》2008年第6期,第32—35页。

② 《马克思恩格斯全集》第31卷,北京:人民出版社1998年版,第412—413页。

研究结论是总结论，第一个研究结论只是第二个研究结论中的一部分。因此，段忠桥推断出，马克思当时"困恼的疑问"指的是"对物质生活关系在社会历史中的地位和作用"①。

在破解了究竟是什么难事和是什么疑问后，段忠桥再次区分了难事和疑问。因缺少对经济问题的研究而难以对涉及物质利益的争论和讨论发表意见，产生了"难事"，然而对于物质生活关系在社会历史中的地位和作用这个"疑问"的产生，需要与对经济问题的研究有关，而且是经济问题研究需要解决的问题，反过来，这个问题的解决又能对经济问题研究具有理论指导作用。它本身不仅与黑格尔法哲学批判有关系，而且与政治经济学研究有关。②

（四）马克思《莱茵报》政论文章研究方法的争论

究竟如何定位青年马克思的思想，影响着学者对青年马克思研究的方法论。长期以来，在列宁"两个转向"论述的影响下，我国占主流的研究方法是回到马克思《莱茵报》时期和《德法年鉴》时期，在文本中寻找大量论述，证明列宁论述的科学性。"传统研究不仅预先设定马克思必然会实现'两个转向'，而且始终把'两个转向'作为评价马克思这一时期思想演进的标尺，所以，马克思这一时期思想发展的真实逻辑进程反倒被大多数人遗忘了。"③

这种研究方法对马克思《莱茵报》政论文章价值的断定，主要看它在马克思实现两个转变，最终成为马克思主义，创立历史唯物主义的过程中，具有怎样的作用。"特别是在为《莱茵报》撰稿期间，马克思对新闻实践活动得到了集中的发展，是马克思世界观发生转变的关键时期"，它"促使马克思超越了自己原有的理性主义传统，转而开始了政

---

① 参见段忠桥：《〈莱茵报〉时期使马克思苦恼的"疑问"是什么》，载《学术研究》2008年第6期，第32—35页。

② 同上。

③ 参见张亮：《在转向唯物主义和共产主义的前夜》，载《华中科技大学学报》（社会科学版）2006年第4期，第16—19页。

治经济学的研究,而这两个前提是唯物史观创立的先决条件。如果不超越黑格尔,马克思无法实现由唯心主义向唯物主义的转变,也无法实现由思辨的理论向革命实践的转变。"①

在《马克思哲学的历史原像》中,张一兵将学界的这种研究方法总结为"目的论预设"、"线性进化"和"圣性焦点模式"。

所谓目的论预设,即将马克思的思想发展史视为历史唯物主义的创造史,似乎马克思生来必然会创造出历史唯物主义。研究者仅仅在于精确把握和以"编年史的方式记载下马克思哲学思想发展的不同阶段,在其中找出历史唯物主义的萌芽和生长点,进而重呈其不断实现的过程而已"②。就马克思《莱茵报》政论文章研究,目的论预设主要体现在从马克思不同的政论文章中,发现出一些论述,将这些论述分为黑格尔主义的和唯物主义的,然后勾勒出一条马克思《莱茵报》时期思想发展的线索,最初马克思受到黑格尔主义的影响,然后是在革命民主主义的推动下,马克思通过对人民群众贫困生活的关注,发现了现实的社会生活以及物质利益的影响,这使马克思开始怀疑黑格尔主义,其结果必然是走向唯物主义。

所谓线性进化论,"其突出表现为在马克思主义思想史的研究中总是试图在研究成就某种逻辑上看似平滑的连续进展,试图把问题说圆,从而发现一些所谓'正确'与'合理'的地方。"③ 即阿尔都塞所说的,总能从马克思的论述中找到一些唯物主义的论述,然后将这些论述综合起来,构成马克思由唯心主义转向唯物主义,由革命民主主义转向共产主义的思想发展史,这实际与目的论预设相似,最终马克思必然成为马克思主义者,历史唯物主义必然在这些类似串珠子的行为中形成。

---

① 参见李军伟:《〈莱茵报〉时期马克思新闻实践对世界观转变的重要作用》,载《辽宁省社会主义学院学报》2012年第3期,第72—75页。
② 张一兵:《马克思历史理论的原像》,北京:人民出版社2009年版,"序"第4页。
③ 同上书,"序"第5页。

所谓圣性焦点模式，指的是"在马克思主义思想史研究中，以被研究对象为绝对中心，不客观地贬斥相应历史语境中的其他学术影响，以标注被研究对象绝对的思想原创性。从某个侧面考察不难发现，圣性焦点模式和斯大林教条主义意识形态强权中的'高大全'形象完全一致"①。在这种模式的影响下，对马克思的研究，倾向于忽略他对其他思想家的借鉴，甚至否认马克思曾经在某个历史时期，思想发展的高度可能没有达到同时代的其他思想家的高度。同时又将某些并非是马克思原创的东西当成马克思的原创。其实质是没有真正弄清马克思与其他人使用同样的概念，究竟具有怎么的独特内涵，以及在何种意义上，马克思引发了思想变革，这种变革具有怎样的意义。张一兵认为"马克思创立新世界观靠的不是创造一两个新概念，更不是极力贬低理论对手的做法"②。因此诚实的研究者不能回避马克思同时代思想家的深刻性。要挖掘出马克思理论所借鉴的历史学术思想资源。例如，在对《莱茵报》时期的研究中，马克思究竟与鲍威尔、卢格等人具有怎样的关系，这是需要深入探讨的。

要破除上述三种解读模式的影响，张一兵认为就需要在方法论上坚持历史唯物主义，即将实事求是贯彻到马克思主义思想史的研究中，客观、历史、具体地看待马克思思想发展的过程，直接从每一个具体的历史语境中出发，真实确证马克思特定的思想话语性质，而不是为了验证某个结论，证明某个标尺的正确性，断章取义地从作为一个整体的马克思文本中抽取一些要素，将某些环节当成起点，某些环节当成转折，然后将某些环节当成完成，拼凑出一副马克思思想不断进步的路线图。

---

① 张一兵：《马克思历史理论的原像》，北京：人民出版社2009年版，"序"第6页。
② 同上书，"序"第7页。

第三部分　当代解读

第五章 马克思《莱茵报》政论文章的结构、框架及内容

新版《马克思恩格斯全集》第1卷共收录马克思《莱茵报》文章33篇。长期为学界重视的政论文章大约有10篇左右，具体包括《第六届莱茵省议会的辩论（第一篇论文）关于新闻出版自由和公布省等级会议辩论情况的辩论》、《〈科隆日报〉第179号社论》、《历史法学派的宣言》、《第六届莱茵省议会的辩论（第三篇论文）关于林木盗窃法的辩论》、《共产主义和奥格斯堡〈总汇报〉》、《区乡制度改革和〈科隆日报〉》、《论离婚法草案》、《摩塞尔记者的辩护》。

一 《第六届莱茵省议会的辩论(第一篇论文)关于新闻出版自由和公布省等级会议辩论情况的辩论》

受过自由主义影响的莱茵省，在普鲁士反动的封建统治下，资产阶级和人民群众要求民主、自由的呼声越来越高。1841年4月30日，新上任的普鲁士国王弗里德曼·威廉四世为了缓和矛盾、维持统治，在莱茵省1000多人签名有关出版自由的请愿要求下，将莱茵省议会辩论的一些情况在报刊上公布。1841年5月23日至7月25日，第六届莱茵省议会在杜赛尔多夫召开。会议代表由四个等级的代表组成：（1）诸侯等级的代表即过去受封的德皇家族的代表，4人；（2）骑士等级即贵族的代表，25人；（3）城市的代表，25人；（4）乡镇代表，25人。在第六届莱茵省议会上，代表诸侯、贵族、城市和乡镇四个不同等级的79名议员围绕着书报检查令、出版自由等问题展开了辩论。会后，这次会

议的辩论情况在科布伦茨被少量刊印,《杜塞尔多夫日报》全部刊登了有关新闻出版自由的辩论情况,其他报纸也做了一些报道。马克思原打算围绕这些辩论撰写四篇评论文章,即关于新闻出版自由问题;关于普鲁士国家和天主教之间的宗教纠纷问题;关于林木盗窃法问题以及关于莱茵省限制地产析分的法律草案问题。①

马克思后来写了三篇文章。其中第一篇和第三篇文章公开发表在《莱茵报》上。第一篇论文写于1842年3月26日至4月26日,发表在1852年5月5、8、10、12、15、19日《莱茵报》第125、128、130、132、135和139号附刊上,当时的署名是"莱茵省一居民",全文约4万字。在给卢格的信中,马克思写道:"由于出版问题的辩论,我又重新回到书报检查和出版自由的问题上来了,从另一个观点加以考察。"② 与《评普鲁士最近的书报检查令》不同,马克思不再从一般的理论观点出发,"而是从具体的政治观点出发来看待新闻自由了,已经把新闻出版自由的问题同各个社会等级对这个问题的态度联系起来了。"③

---

① 《马克思恩格斯全集》第1卷,北京:人民出版社1995年版,第1010—1011页。
② 《马克思恩格斯全集》第27卷,北京:人民出版社1972年版,第426页。
③ 《马克思恩格斯全集》第1卷,北京:人民出版社1995年版,第5—6页。

1842年5月5日《莱茵报》刊载的《第六届莱茵省议会的辩论（第一篇论文）》一文的开头部分

文章一共包括四个部分。第一部分，由《普鲁士国家报》上刊登的三篇文章引出有关新闻出版自由的问题；第二部分，有关新闻出版自由辩论的总体状况；第三部分，具体评述围绕新闻出版自由所产生的不同观点；第四部分，马克思阐述反对新闻出版自由的逻辑悖谬。

（一）《普鲁士国家报》的错误观点

首先马克思指出《普鲁士国家报》在1842年3月16、19和26日所刊登的《1841年12月24日书报检查令的影响》、《评国内事务及其发展和自然条件》和《国内报刊和国内统计》三篇文章实际是在谈论《普鲁士国家报》自身的情况。它谈论时的立场是倾向自由主义的，"并且突然产生出某种自由主义的（至少是独立的）思想。"① 谈论的主题是书报检查给它带来的影响，即"独立行走我还没有学会，但是，爱看热闹的观众总是等着看瘫痪者轻步飞舞"②。旧的书报检查制度阻碍了书报自身的发展，新的书报检查令却并没有纠正旧书报检查令的不足，这将进一步给书报的发展带来更大的束缚。《普鲁士国家报》将没有学会独立行走的小孩子评判事物的标准当成了评论报纸和"学术性的东西"的标准。具体包括三点。

第一个标准是计数统计。"计数是小孩的理智的最初的自由理论活动。"③《普鲁士国家报》号召将计数作为评判标准。然而马克思讽刺指出，计数结果表明普鲁士报虽然经常出版，读者却很少。主要读者是官员，而且不是自愿选择读它，而是被迫，在经济效益上，成本和收入不成比例。

第二个标准是空间上的量。"《国家报》是一家全面的报纸……它在承认数量的原则上更进一步，对空间的量也给与了充分的估价。空间，这是第一个以自己的量使小孩敬畏的东西。"④ 此处所谓的空间，

---

① 《马克思恩格斯全集》第1卷，北京：人民出版社1995年版，第139页。
② 同上。
③ 同上书，第140页。
④ 同上。

即书报的厚薄。报纸不能与大部头的专著相比较。专著能够详尽阐述时代精神,谈论"学术性"的东西,而且大部头本身篇幅巨大,从物质存在形式上就给人敬畏感。报纸不存在这些优点。因此要寻找当今的精神和时代的精神,就需要去读大部头的书本。马克思以邓斯·司各脱的二十卷大开本著作为例,指出《普鲁士国家报》将厚薄当作评判标准的实质是要人民成为《普鲁士国家报》类似政治出版物的附属品。

第三个评判标准是感性知觉。"感性的禀赋是把小孩和世界连接起来的第一个纽带。实践的感觉器官,主要是鼻和口,是小孩用来评价世界的首要器官。"[①] 将感性作为判断标准,具有两个特点:一是它超不出感觉的限度。例如,用鼻子而不是理性来确定报纸的价值,认为香是好报纸的标准。由此《普鲁士国家报》对充满文艺芳香的反动报纸奥格斯堡《总汇报》和《辩论日报》推崇备至,而贬低政治性的报纸。其二,感性知觉只见个别和特殊,缺乏联系的观点,不能把握特殊性背后的普遍性。《普鲁士国家报》认为普鲁士的国家管理机构缺乏政治精神。对于这种观点,马克思认为《普鲁士国家报》说出了最凶恶的敌人都想不到的话,是一种只见个别,缺乏抽象思维能力的表现。"小孩超不出感性知觉的范围,他只看到个别的东西,想不到还有把这种特殊和一般联系起来的看不见的神经存在,这种神经在国家中也如在各处一样,把各个物质部分转变为精神整体的活成分。"[②] 政治精神是一种普遍性的精神,它的存在离不开特殊性,然而假如仅仅拘泥于个别,就不能把握到将个别联系起来的普遍性。由于无法把握到普遍性,它的世界观是颠倒的。"小孩不相信精神,但却相信鬼怪"[③],法国存在真正的政治精神,然而《普鲁士国家报》却将这种政治精神视为法国的鬼怪,需要借助于皮革、砂糖、刺刀和数字降服这个鬼怪。马克思此处的逻辑在于,指出《普鲁士国家报》缺乏真正的普遍性精神,停留于它的特殊利益,对自由的热爱仅仅是一种假象。

[①] 《马克思恩格斯全集》第1卷,北京:人民出版社1995年版,第142页。
[②] 同上书,第143页。
[③] 同上。

由上述三个标准出发,《普鲁士国家报》认为普鲁士的情况并不比文明英国的情况差。普鲁士不仅有等级会议,而且假如报纸有能力,还能讨论等级会议的辩论情况。马克思指出《普鲁士国家报》最后将出版自由的问题变成了报刊的能力问题,如果报刊有能力,就能够对等级会议辩论的情况进行讨论。然而马克思指出,问题不在于能力,而在于权利,即普鲁士的报纸缺乏出版的自由和言论的自由,等级会议的辩论不具有公共性,不能自愿公开他们的辩论,因此,报刊无法了解等级会议辩论的所有真实情况。

(二)等级会议辩论一般情况

省议会"关于新闻出版自由的辩论"分成两派,然而两派的势力并非势均力敌,反对新闻出版的人占据优势。他们所发表的言论出于偏见,以及基于现实所存在的书报检查制度的现实,因此是一些"空洞的流行言论和老生常谈"。为新闻出版辩护的人,由于普鲁士现实中缺乏新闻出版的自由,所谓的新闻出版自由仅仅存在于其他国家,这导致他们无法用实践经验支撑他们的论点。更为重要的是,为新闻出版自由进行辩护的人,并非真正喜爱新闻出版自由,在他们看来,"即使没有新闻出版自由,看来也会生活得很美满的"。[1] 对于自由主义反对派的辩论,马克思认为它作为一种标志,反映出了普鲁士当时的政治实情,即普鲁士缺乏自由主义的精神,普鲁士人缺乏自由。既然如此,让缺乏自由主义精神的自由主义反对派为新闻出版自由进行辩护,它必然不能胜任这个任务。

除了现实缺乏新闻出版自由的实践外,马克思还分析了省议会中关于新闻出版自由辩论中的实质,即辩论各方不是出于普遍性的利益,而是从所代表的特殊等级利益出发,是"等级"在发言,而不是人作为人来发言。"在关于新闻出版的辩论中,特殊等级精神比在其他任何场合都表现得清楚、明确而充分。""特定领域的精神、特殊等级的个人

---

[1]《马克思恩格斯全集》第1卷,北京:人民出版社1995年版,第145页。

利益、品格的先天的片面性表现得最为强烈、明显，露出一副狰狞的面孔。"① 通过这些富有感情色彩的词汇，马克思批判了这种为了特殊等级的利益而牺牲普遍利益的褊狭性。

（三）辩论双方的逻辑及缺陷

首先是诸侯等级的一位辩论人，他反对新闻出版自由的主要理由有两个：一是认为新闻出版自由和书报检查制度都是恶。第二个理由非常独特，即认为因为书报检查制度的现实存在推翻了出版自由，构成取缔出版自由的重组理由。"这位辩论人说：这些束缚新闻出版的羁绊、锁链本身就证明，新闻出版的使命不是要进行自由的活动。它的被束缚状态否证了它的本质。"② 马克思列举了太阳围绕地球转，以及用法律手续确定农奴身份是人的躯体特征、用刑讯拷打查明真相、用尘世之火向异教徒显示地狱之火等等例子，讽刺这种颠倒的逻辑，并从两个方面对该逻辑进行了批判。

首先，政府的法令本身是变化的，因此用政府的法令为反对出版自由提供论据并不成立。而且德国新闻出版业所举得的成绩并非是因为存在书报检查制度。"德国的精神发展并不是由于书报检查制度，而是由于违背了这种制度。"③

其次，书报检查制度给德国精神发展带来了巨大损失。由于书报检查制度的实施，德国的著作只能像晚报发一些过时了的短小文章，作者不敢用真名写作，甚至哲学在德国都变了论调，用稀奇古怪、难以理解的晦涩语言表述。马克思此处用斋戒形容德国旷日持久的书报检查所具有的负面作用，无人能够真正地逃离书报检查制度所带来的枷锁，最终德国的精神之树在这个枷锁中走向枯萎凋谢。

诸侯等级的辩论人不仅认为书报检查制度的存在否定了新闻出版自由，而且还指出其他的国家，虽然存在新闻出版自由，但却并不能促进

---

① 《马克思恩格斯全集》第1卷，北京：人民出版社1995年版，第146页。
② 同上书，第147页。
③ 同上书，第148页。

自由的实现，以及现实问题的解决。英国存在新闻出版自由，然而英国的自由是经历漫长历史发展的产物，而不是书报的功劳。荷兰存在新闻出版自由，却没有防止沉重债务的发生，而且促进了革命的爆发，使国土沦丧，瑞士存在新闻自由，各党派借助报刊相互攻击谩骂。

马克思分别对这位诸侯等级的辩论人的上述观点进行反驳。辩论人认为英国报刊是建立在历史的基础上，因此不能将它归结为英国新闻出版自由存在的根据。马克思指出，这实际是混淆了视听，玩弄概念。英国报刊与一般报刊没有根本的不同，它们都是历史的组成部分，撇开报刊，谈论历史，是难以成立的。英国的报刊曾经为英国的自由进行过严酷、甚至野蛮的斗争。然而这位辩论人却将英国报纸从历史中排除出去，与此相反，他将荷兰的报刊视为历史缺陷的原因，认为荷兰的报纸没有阻止荷兰所发生的一系列事件，因此要承担历史责任。这种前后不一致的论辩，说明这位辩论人逻辑的混乱。实际上，报刊并不具有无所不包的功能，"新闻出版自由同医生一样，并不能使一个人或一个民族变得完美无缺。它自己也不是十全十美的。如果由于好事只是某个方面好，而不是一切都好，由于它是这种好事而不是别的好事就予以痛骂，这种做法是十分鄙俗的。"①

而且报刊是一个类概念，它囊括了各种类型的报刊，有进步的，也有反动的。诸侯等级这位辩论人对比利时报纸的批判，其对象并非是拥护比利时封建专制统治的反动出版物，而是具有民主主义倾向的出版物。他希望报刊不应该具有人民性，而是应该传达他的声音，围绕着他的特殊利益来旋转，成为上流社会的报刊。究其实质，马克思指出诸侯等级这位辩论人反对的实际并不是比利时的报纸，而是站在反对人民革命的敌对立场上来批判比利时的革命。然而比利时脱离荷兰实际比它们的联合更能符合历史的情况，它是民意所在。革命的发展并非是报刊的产物，报刊仅仅是首先对革命的趋势以精神的形式反映出来。"难道革命一开始就应当以物质的形式出现吗？政府可以使精神的革命物质化；

---

① 《马克思恩格斯全集》第1卷，北京：人民出版社1995年版，第152页。

而物质的革命却必须首先使政府精神化。"① 人民的革命是比利时的发展趋向，它不仅体现在物质方面，同时也体现在精神方面，因此比利时报刊起来参加革命，仅仅是顺应民心。

对于诸侯等级辩论人对瑞士报纸的指责，马克思指出，他忽略了瑞士报纸并不全是进步的报刊，例如，以阿尔布雷希特·冯·哈勒为代表的瑞士报刊就曾反对伏尔泰的启蒙运动。对于报刊将不同党派的人以动物相称的做法，马克思指出这并不值得小题大做，《圣经》就将全人类分为山羊和绵羊，上帝还自称是"蛙虫"和"蛆虫"，诸侯等级有关研究文章的著作实质在于将全部人类学变为动物学。因此在著作内容中出现动物，并不能成为指责该著作的理由。

在对诸侯等级这位辩论人对出版自由种种指责逐一反驳后，马克思分析了诸侯等级反对出版自由的实质在于，诸侯等级囿于他的等级利益，反对报刊所具有的人民性。"他斥责的是：人民的缺陷同时也是他们的报刊的缺陷"。"在形形色色反对新闻出版自由的辩论人进行论战时，实际上进行论战的是他们的特殊等级。"②

马克思分析的第二位辩论人是骑士等级的辩论人。这位辩论人的总特点是反对人和法律本身，而不仅仅是反对特定国家的人民和特定的法律。辩论围绕的核心在于完完整整地公布省议会的辩论情况。

骑士等级的辩论人认为公布省等级议会辩论情况意味着省等级议会完全受着省的支配。这种观点的实质是将等级会议与省对立起来，没有意识到议会本身就是省的议会，夸大了等级利益，使等级利益置于全省人民利益之上。"骑士等级的辩论人把个人特权、与人民和政府对立的个人自由妄称为普遍权利，这无疑是十分中肯地表现了本等级的特殊精神，相反，对省的精神他却横加曲解，把省的普遍要求变成个人的欲望。"③

等级会议作为人民的代表机关，不应该对于人民成为秘密，而且代

---

① 《马克思恩格斯全集》第 1 卷，北京：人民出版社 1995 年版，第 153 页。
② 同上。
③ 同上书，第 158—159 页。

表们要自己起作用，而不是其他因素，例如特殊的等级因素在越俎代庖。马克思此处实际对代议制进行了一定的界定，即代议制代表人民，需要让人民了解他的代表，代表也应该充分代表人民利益。然而等级会议不具有这个特点，它并非代表着人民的利益，而是代表着等级的利益。

骑士等级的辩论人否认省等级会议所具有的公共性，误将等级会议视为咖啡馆，在这里，各位代表作为朋友在一起聚会，就某些问题进行辩论，然而这种辩论并不影响这些代表的私人关系，将公共领域混同于私人领域，从而将省议会的高度智慧下降到平凡人类的庸碌水平，将历史倒拉回到中世纪。然而只有公开性才能促进政治精神，"正如一切生物只有在开阔的室外环境下才能繁茂，真正的政治会议也只有在公众精神的密切保护下才能昌盛。"① 对于如何解决人民与他们所选出代表之间的矛盾，使等级代表会议的本质与它的形式统一起来，马克思提出了两个建议。一是全文公布省议会的辩论记录。对于每天公布省议会的辩论情况，骑士等级认为这是侵犯了等级会议的权利，然而这实际是骑士等级在要求等级会议的特权。二是许可公众列席会议。因为即使是每天都用刊印的方式公布省议会的辩论情况，这也并不够。因为鲜活的辩论一旦变成文字和图片，它的现实性和真实度就大打折扣。

为了反对新闻出版自由，辩论人进一步列举了具有原则性的一些理由。其一是他们认为人类是不成熟的，没有自由，因此不能有新闻出版自由，新闻出版自由违背了人的本性。然而马克思以机智的方式指出，人类不成熟并不是反对新闻出版自由的理由，相反，书报检查制度是反对人类成熟的办法。一切发展中的事物都是不成熟的，只有到死亡时发展才能结束。因此要改变人的不成熟，就只能将人打死。从原则上看，不论是单个人的还是群众的一分子，就其本性都是不完善的。既然一切都是不完善的，报刊也就不可能是完善的，辩论人就不能用不完善来反对新闻出版自由，不能停留于片面和庸俗的经验层面，而是要上升到观

---

① 《马克思恩格斯全集》第1卷，北京：人民出版社1995年版，第162页。

念的高度，看到新闻出版自由和书报检查制度的根据完全不同。前者是观念和自由的体现，然而后者却是不自由的体现。

针对辩论人对自由本身的否定，马克思指出，实际上自由是一直都存在的，只在于究竟是谁的自由。"自由确实是人的本质，因此就连自由的反对者在反对自由的现实的同时也实现着自由"，"没有一个人反对自由，如果有的话，最多也只是反对别人的自由。可见，各种自由向来就是存在的，不过有时表现为特殊的特权，有时表现为普遍的权利而已。"① 在新闻出版领域，政府存在自由，它让书报检查官履行它的新闻出版自由，作者仅仅充当书报检查官的执行人，落实书报检查官的意见。新闻出版自由和书报检查制度是自由的类与种的关系，新闻出版自由是类，书报检查制度是种。因此，反对新闻出版自由这个类，提倡书报检查制度这个种，违背了基本的逻辑。

好坏刊物的标志不在于完善与否，而在于是否体现自由的实质。辩论人对好坏报纸的看法有几个基本的观点。第一，坏报纸将干坏事和传播坏事当成职业，以此实现它的发展。好报纸则处于守势，"只具有防卫、抑制和固守的性质"。② 然而马克思指出，这种采取守势的报纸是坏的，因为它拒绝发展，然而只有生命结束才能终结发展，因此好报纸是对生命本身的一种抗拒。第二，好报纸是无能的，坏报纸是全能的。前者对人民不产生影响，后者对人民产生影响。第三，那些"不承认教会和国家有任何权威的傲慢态度"，宣扬废除贵族制度的"忌妒心"③以及其他的东西都是坏报纸的思想。马克思对此反问，辩论人怎么知道他所捍卫的那些制度就是好的。而且假如生命的普遍利益是坏的，那还有什么东西是善的呢？辩论人实际是在攻击善。第四，用人的不完善性来回避书报检查制度和新闻出版法之间本质的差异。

针对辩论人的观点，马克思认为好坏报纸的区分，其标准只能是报纸本身，而不能根据报纸之外的因素来判断。对于受检查的报刊和自由

---

① 《马克思恩格斯全集》第1卷，北京：人民出版社1995年版，第167页。
② 同上书，第169页。
③ 同上。

的报刊，究竟何者为好报刊，何者为坏报刊，标准在于是否符合报纸的本质，即自由的存在。对于报刊是否存在"卑劣的思想、人身攻击以及无耻行径"①，马克思认为这一点并不构成两种报刊区分的根本，两者都产生出上述现象，而且即使是坏报刊，也不否认它有时能够产生出好的东西。然而坏报刊产生了好的产品，也并不能改变它内在的本质，即不自由的存在。就如同阉人歌手，即使有一副好的歌喉，但仍然是畸形的。新闻出版自由是同新闻出版的本质相符合的，然而书报检查制度却是违背新闻出版的本质。

由上述标准出发，马克思指出，假如要替书报检查制度进行辩护，就需要证明书报检查制度是符合新闻出版自由的本质的。然而辩论人却证明自由不是人的本质，为了替书报检查制度这个种进行辩护，他却否定了更普遍的类，客观造成了一个他意想不到的后果，即"为了消除产生恶的可能性，他消除了产生善的可能性而实现了恶，因为对人说来，只有是自由的实现的东西，才是好的。"②他并没有成功地实现替书报检查制度的辩护。既然书报检查制度不符合新闻出版自由的本质，是被政府垄断了的批判，并且不能超越党派利益，所以受检查的报刊并非如这位辩护人所认为的一定是坏报刊。

辩论人进一步将书报检查法和新闻出版法混为一谈，认为两者的差别仅仅在于书报检查制度是预防恶，而新闻出版法是要通过惩罚消除恶，两者都是不完善的，都离不开任性。书报检查制度可能压制好事，新闻出版法不能防止很多坏事。

马克思从书报检查制度和新闻出版法的实质出发，分析了辩论人观点的错误，指出书报检查制度和新闻出版法之间存在本质的、内在的和特性的差别。

首先两者与自由的关系不同。书报检查制度是对自由的一种防范措施，将自由当作罪犯，实施对自由的惩罚。新闻出版法支持和保障自

---

① 《马克思恩格斯全集》第 1 卷，北京：人民出版社 1995 年版，第 171 页。
② 同上书，第 170 页。

由，在法律上承认自由，对滥用自由进行惩罚，同那些偶然出现的新闻出版界的违法行为发生冲突，因此新闻出版法是自由的肯定存在，自由应该是新闻出版的正常状态，通过新闻出版体现自由的存在。新闻出版法是真正的法律，而书报检查制度并不是法律。

新闻出版法并不是现实的预防性法律。法律是人的行为内在的规律，是人的自由的体现，因此法律不能预防人的行为，而是要实现人的自由，并强制不要自由的人成为自由的人。预防性法律不能从事物的本性中取得合乎理性的准则。书报检查制度没有内在的必然性，以人性的偶然性为根据。马克思此处以生病和看医生为例，指出书报检查制度的荒谬，即错误判断新闻出版界的状况，认为新闻出版界需要书报检查制度的规范，才能正常运行，然而书报检查制度的规范并不符合新闻出版的规律。

新闻出版法和书报检查制度在实践中具有本质性的差异。法官在运用新闻传播法时依据的是法律，他审判的对象是新闻出版界的违法行为，法官根据自己的理解来解释法律，并将具有形式普遍性的法律运用到特殊的案例。假如法官在执行法律时出现失误，这只是源于法官个人理性的不可靠。书报检查制度的执行人是书报检察官，他的身份是官员，在进行书报审查时，所依据的标准来自官方就个别事件向他所做的解释，他所审判的对象是新闻出版的自由精神，所审判对象有罪的原因是它违背了书报检查官以及他上司的意见。书报检查不是公开进行的，而是隐蔽的不能见阳光的否定势力。

马克思在分析了书报检查制度和新闻传播法从本质到现象存在本质差异之后，进一步分析了辩论人在有关存在新闻出版自由的国家中，新闻出版自由导致恶的观点。首先是法国报刊并不存在真正的自由，虽然在法国没有书报检查制度，但却要缴纳巨额的保证金，这就使报刊集中在商业发达的大城市，关注商业投机领域。真正存在新闻出版自由的国家是北美。然而德国与北美相比较，由于德国著作界和德国人民具有很好的精神教养，构成了新闻出版的直接历史继承和历史本身。

新闻出版自由并不会造成道德败坏。相反，书报检查制度破坏了道德，产生了伪善。这种伪善体现在三个方面。首先体现在政府方面。政府根据自己的意见检查报刊，他听到的仅仅是自己的声音，然而它却幻想它听到的是人民的声音，并且还认为人民也具有同样的幻觉。其结果造成人民要么陷入政治迷信，要么陷入对政治的不信任或是冷漠，离开国家生活，变成一群只顾个人的庸人。其次体现在对报刊的影响。受检查的报刊将自己视为政府意志的创造物，是好的。然而政府对书报检查以任性为标准，这就使受检查的报刊不能不面对变化多端、前后矛盾的政府意见，通过撒谎的方式来掩饰这种矛盾。第三体现在人民方面。人民不是将具有思想自由的作品当作自由的东西，而是将受到检查的报刊视为自由的东西，颠倒了自由和不自由。

最后，马克思还分析了骑士等级这位辩论人有关"坏思想"的观点。这位辩论人认为坏思想就是"不承认教会和国家有任何权威的傲慢态度"。相反，马克思认为判断思想好坏的标准并不是特殊的等级利益和特权人物的意见，而是法律的权威和人民的理性。

在逐一批判诸侯等级和骑士等级反对出版自由的辩论后，马克思对城市等级辩护人的观点进行了分析。骑士等级的辩论人认为法国那种永远变动的局势和对未来没有把握的担心是因为对新闻出版自由的同情。但马克思指出，新闻出版自由不会造成局势的变动。

城市等级辩论人的发言反映了他所属等级的特点，即宪法和新闻出版自由的存在不是为了人民的福利，而是为了满足个别人物的利益。用利益来解释社会现象本身并没有错误，然而假如仅仅拘泥于"细小"不变的利己的利益，没有看到除了利益，促使人们奋斗的还有其他的东西，利益并非是唯一的动力。而且即使就利益本身而论，利益具有层次性，并非所有的利益都是狭隘利己的。

新闻出版自由的辩护人对新闻出版自由的辩护涉及三方面问题。第一，新闻出版这个行业的自由不能被排除在一般的行业自由之外。第二，将作者区分为够资格和不够资格两种，对不够资格的作者进行出版自由的限制。第三，对匿名和用笔名的作者排除在出版自由之外，让他们接受书报检查。

马克思对这三个问题逐一进行了分析。首先出版自由不能归结为行业的自由。行业的自由是手脚的解放,是较低级形式的自由,出版自由是头脑的解放,实现了人类精神的自由,是具有统领作用的高级形式的自由。就像力学领域的机械运动规律不能当作客观世界的一般运动规律一样,行业自由也不能当作人类本性的自由。新闻出版自由的辩论人试图用较低形式的自由为较高级形式的自由进行辩论,结果产生了一种滑稽可笑的效果。

而且新闻出版自由不能成为行业。行业的目的在于挣钱生活,它是物质生活的手段,而不是目的本身。然而新闻出版不能将挣钱当作目的,作者虽然必须挣钱才能生活,但不能为了挣钱而写作,甚至在必要时,作者要为了作品的生存牺牲他自己的生存。"把新闻出版贬低为单纯物质手段的作者应当遭受外部不自由——书报检查——对他这种内部不自由的惩罚;其实他的存在本身就已经是对他的惩罚了。"[①] 将新闻出版当作行业,将挣钱当作目的,体现了新闻出版内部的不自由。

其次是将作者分为够格和不够格两类,不仅没有必要,而且最终将导致特权得势。究竟谁来决定够不够格的问题,相互批判的够资格的学者难以充当判断人。其结果必然导致三种可能性。一是没有学问的人,即不够资格的作者来充当。第二是使资格与等级联系起来,让特定领域的人来判断。因为作者写作的内容涉及不同的领域,以这个领域为职业的人来充当判断人。但这造成了对人类精神领域的分离,并将等级的差别在精神上固定化。第三种可能性,实际也是必然的后果,是特权得势,政府认为它是唯一够资格的作者。其结果是,够资格的作者变成官方的喉舌,不够资格的作者不得不服从出版自由的限制。

新闻出版是个人表达其精神存在的方式,因此真正有资格判定有资格和没有资格的是人民。"人民历来就是什么样的作者'够资格'和什

---

① 《马克思恩格斯全集》第 1 卷,北京:人民出版社 1995 年版,第 193 页。

么样的作者'不够资格'的唯一判断者。"① 判断的标准在于作者是否维护和表达了实现人类自由的本性。不仅如此，对某一个作者的评价还必须经受历史的考验，如果作品刚一问世就被盖棺定论，这无疑是"想在一个作者诞生以前就对他做出判断了"②。

辩论人想把匿名的和用笔名的作者排除在新闻出版自由之外，然而马克思指出，书报上的署名与问题的实质没有关系，因此不能对他们特殊对待，而且在法律面前，不管是否匿名，一律平等。

新闻出版自由的辩论人试图限制新闻出版的主体，他与其他等级对新闻出版的辩论，同样受着狭隘等级利益的影响，在内容上没有实质的不同，仅仅在方向上存在差异。③

马克思在逐一分析上述三个等级代表辩论的逻辑与错误后，高度评价一名市民代表和农民等级的几位代表的发言，他们共同指出了书报检查制度的不合理以及必然被取代的历史趋势。如市民代表认为由于人们对独立和自我负责的渴望，书报检查制度作为一种对人们写作自由的限制必然会过时。特别是随着社会形势的向前发展，新的合乎时代发展要求的法律必然要被创造出来，取代不合理的书报检查制度。马克思认为这是"真正历史的观点，它是同臆想的观点相对立的"④。农民等级代表则用"猫围着热粥打转"来形容省等级议会有关出版自由绕圈子的辩论情况，指出人类精神发展的固有规律也是要求取消书报检查制度这个人类精神的钳子。然而遗憾的是，这些正确的观点在省议会的讨论中应者寥寥。

（四）省等级议会有关新闻出版自由的辩论的实质

马克思在这部分对省等级议会围绕新闻出版自由的辩论进行了总结，剖析了等级代表们在辩论中缺乏公共性，囿于自身所代表等级的利

---

① 《马克思恩格斯全集》第 1 卷，北京：人民出版社 1995 年版，第 195—196 页。
② 同上。
③ 同上书，第 208 页。
④ 同上书，第 199 页。

益。然而没有新闻出版自由就没有自由，自由的每一种形式都制约着另一种形式，不能仅仅从特殊性上来把握新闻自由的重要性，而应该将新闻自由上升到普遍性的高度。

这是马克思有关新闻出版自由的第二篇著作，与1842年2月份寄给卢格的《评普鲁士最近的书报检查令》相比，虽然讨论的主题依然是出版自由，但批判的对象已经变为第六届莱茵省议会有关出版自由和公布等级会议记录的辩论。更为重要的是马克思此时所使用的分析方法，他对出版自由问题的讨论虽然从理性和自由出发，然而他已经深入到辩论各方背后所依靠的等级以及他们的利益，运用等级的分析方法，从等级利益来解释不同等级代表发言的实质。"第一次指出了社会利益对政治态度的决定作用，指出了作为国家机构的省议会服从于代表等级特权的私人利益。"①

二　《〈科隆日报〉第179号社论》

1842年6月28日，《科隆日报》发表该报政治编辑海尔梅斯撰写的社论。在这篇社论中，海尔梅斯批判《莱茵报》的政治立场，说它通过传播哲学思想攻击基督教，"意图不纯正；它的主要目的不是要教诲和启发人民，而是要达到其他的另外的目的"②，提出"通过报纸传播哲学和宗教观点，或者在报纸上攻击这些观点，都是不能容许的"，建议书报检查制度要严格管理《莱茵报》，制止青年黑格尔派在政治报刊上发表攻击普鲁士国家和基督教的言论。马克思在1842年6月28日至7月3日之间③，完成了这篇论战性文章，驳斥了海尔梅斯的观点，阐述了政治和哲学的相互作用，以及所具有的实践意义。这篇文章由四个部分组成。

在第一部分，马克思以嘲讽的方式，给海尔梅斯以及他的社论定

---

① 马泽民：《马克思主义哲学前史》，重庆：重庆出版社1994年版，第611页。
② 《马克思恩格斯全集》第1卷，北京：人民出版社1995年版，第208页。
③ 同上书，第1013页。

位。海尔梅斯是一个充满怨言的老人,他所发表的社论,介于社论和广告之间,实质是"告密书"。

第二部分介绍了海尔梅斯有关报刊发表文章内容的观点,并分析其内在矛盾以及错误。"我们认为,通过报纸传播哲学和宗教观点,或者在报纸上攻击这些观点,都是不能容许的。"① 为了阻止上述现象的发生,海尔梅斯认为国家有权在宗教事务方面加强书报检查,并采取新的警察措施,书报检查官就应该严格检查。然而海尔梅斯的论调充满矛盾,他在不久以前还假装处在自由主义的立场上,责备书报检查自由约束了新闻出版。他的观点前后矛盾。

书报检查除了使哲学报刊名声扫地外,还有限制科学研究的作用。然而科学研究的界限由谁来规定却是一个很关键的问题。根据海尔梅斯的观点,科学研究的界限应该由他所代表的官方理性判断。然而马克思以海尔梅斯有关宗教哲学的观点,即他自己所谓的科学为例,指出海尔梅斯的理性是不够胜任的。

海尔梅斯首先认为宗教是国家的基础,理由是宗教,即使它的幼稚形式,即拜物教,也能使人超脱感性欲望。但马克思经过分析得出了与海尔梅斯相反的结论。拜物教恰好反映了人没有超脱欲望,正是对欲望满足的幻想,才诱使人类将无生命的东西当作偶像来跪拜。比拜物教更高级的动物宗教中,动物成为人膜拜的对象。

从历史上看,宗教与时代的兴衰并非是正相关的,而是负相关的。在时代文明发展的最顶峰时期,人民往往排斥宗教。例如,伯里克利时代,智者学派、苏格拉底、艺术、修辞学等都排斥宗教。古代人真正崇拜的并非是宗教,而是国家,国家的消亡,使他们的宗教消亡。古代世界的灭亡,并非是科学研究揭露了古代宗教的谬误,而是历史发展的必然。即使取缔卢克莱修和琉善的著作,古代世界依然要灭亡。

通过对海尔梅斯宗教观点的批判,马克思指出将以他为代表的官方理性作为确立科学研究界限的荒谬性。他们自身的观点都是错误的,然

---

① 《马克思恩格斯全集》第 1 卷,北京:人民出版社 1995 年版,第 208 页。

而却要充当真理的判断标准,将与他们信仰不一致的东西规定为谬误。其结果将取消真理与谬误之间的绝对标准,将哲学变为相对主义,停留在特殊性,而不能上升到普遍性。然而普遍性构成了哲学思维的重要特点。"哲学是问:什么是真实的?而不是问:什么是有效的?它所关心的是一切人的真理,而不是个别人的真理;哲学的形而上学真理不知道政治地理的界限;至于'界限'从哪里开始,哲学的政治真理知道得非常清楚,而不会把特殊的世界观和民族观的虚幻视野和人的精神的真实视野混淆起来。"①

海尔梅斯没有把握到哲学思维的特点,将人类精神真实的视野降低到特殊的世界观和民主观虚幻视野之中。他以基督教的长久存在为根据为宗教辩护,然而哲学也是自泰勒斯时代就一直存在的。

海尔梅斯认为基督教是国家的基础,国家是"基督教"的国家,它的目的联合教徒实现教义的观点,马克思从两个方面进行了批驳。首先是从国家的角度。在现实中,《法国立宪宪章》没有将基督教规定为公民获得政治权利的根源,《普鲁士国家通用邦法》对国家元首职责的规定是维持内部和外部的稳定以及安全,保护每个人的人身安全,而不是将宗教功能规定为国家最主要的职责。在黑格尔国家观的影响下,马克思指出国家教育公民的办法是使国家自身取得合乎理性的公共的存在,并使公民参与到国家生活中,成为国家的成员,对个人进行教化,使个人将天然的独立性变成精神的自由,以国家的公共生活为乐事。因此国家是"相互教育的自由人的联合体"②。海尔梅斯却错误地将国家成员视为一群不成熟的、需要接受教育和监护的成年人,从而为书报检查制度进行辩护。因此马克思指出海尔梅斯的国家观念不强。不仅如此,他的宗教观念也不强,认为物质上的安乐和幸福感比坚定的信仰更为可靠。

第三部分分析了哲学是否应该在报纸上谈论哲学和宗教问题。哲

---

① 《马克思恩格斯全集》第1卷,北京:人民出版社1995年版,第215页。
② 同上书,第217页。

学,特别是德国哲学的特点是"爱好宁静孤寂,追求体系的完满,喜欢冷静的自我审视","它在自身内部进行的隐秘活动在普通人看来是一种超出常规的、不切实际的行为;就像一个巫师,煞有介事地念着咒语,谁也不懂得他在念叨什么"。① 马克思此处指出了德国哲学抽象、晦涩,追求体系完美,与世界毫无关系,孤寂地自说自话。然而真正的哲学应该是时代精神的精华,是人民思想精华的提炼。马克思此句话是对黑格尔"哲学是时代精神的精华"的推进。要成为真正的哲学,就需要反映和提炼时代精神,不能胜任这个工作的哲学就不能成为真正的哲学。当然,这并不意味着真正的哲学只能做时代的传声筒和录音机,真正的哲学不是实证主义的,而是具有批判精神和怀疑意识,敢于把握时代发展中的趋向,并顺应这种趋向,引领着时代的发展。

因此,哲学应该与现实世界接触并相互作用。这体现在两个方面。一是哲学世界化,即哲学立足于世界之内,吸纳时代精华,经历天才般的多年研究,历尽磨难,变成文化活的灵魂。另一方面是使世界哲学化。哲学不能停留在书斋和孤寂的体系中,而应该走出书斋,影响世界,并改变世界。"哲学已进入沙龙、教士的书房、报纸的编辑室和朝廷的候见厅,进入同时代人的爱与憎。""哲学思想冲破了令人费解的、正规的体系外壳,以世界公民的姿态出现在世界上。"②

长期以来,由于哲学的沉默孤寂,群众只能将宗教视为与物质需要有同等价值的思想领域,而且宗教与哲学具有内在的冲突性,宗教不是反对某一种体系的哲学,而是反对哲学本身。德国的诸多报纸攻击对宗教事务的哲学研究,试图通过在报纸上所发表的一些肤浅言辞,"使天才的多年研究,自甘孤独历尽磨难取得的果实以及那种看不见但是使人慢慢耗尽心力的、冥思苦想的拼搏的成果,像肥皂泡一样化为乌有。"③因此哲学有必要使世界哲学化。基于上述分析,哲学在报刊上谈论宗教事务是必要的。

---

① 《马克思恩格斯全集》第 1 卷,北京:人民出版社 1995 年版,第 219 页。
② 同上书,第 220 页。
③ 同上书,第 221 页。

哲学以特有的方式来谈论宗教和哲学的问题。哲学的世界化和世界的哲学化，并非没有矛盾。哲学的世界化需要哲学自甘寂寞，经年累月地对时代精神进行总结和规律，成为文化活的灵魂。但另一方面，要实现世界的哲学化，哲学就必须走出书斋，进入现实火热的生活，驳斥错误，澄清误解。要解决这个矛盾，哲学必须有它所特有的谈论问题的方式。"哲学是在研究之后才谈论的"、"哲学则求助于理智"、"哲学是在教导"、"哲学只许诺真理"、"哲学并不要求人们信仰它的结论，而只要求检验疑团"、"哲学在安慰"。总之"哲学非常精美老练，它知道，自己的结论无论对天堂的或人间的贪求享受和利己主义，都不会纵容姑息"。① 马克思对哲学谈论问题方式所概括的特点，体现了哲学把握世界特有的方式，即以艰苦卓绝的科学研究为基础，洞察到事务的本质和真相，以清醒的理性分析和批判为手段，澄清前提，划定界限，引导人民超越流俗的世界，感受真理的魅力。

在第四部分，马克思分析了由海尔梅斯社论所提出的第二个问题，即哲学究竟应该以怎样的方式来研究政治。

海尔梅斯认为基督教是国家的基础，将宗教变成政治的因素和对象，将国家规定为基督教的国家。马克思分析了基督教国家概念的不科学。首先，基督教本身就将国家和教会区分开了。其次是现实生活也一再说明基督教并非是国家的基础。一旦遇到现实的利益矛盾和冲突，人民不是诉诸于宗教，而是诉诸于政治。对于所谓的基督教国家，马克思认为至少应该满足几个基本条件。真正的宗教国家是神权政权的国家，国家的首脑应该是神或是神的代理人，并服从一个教会，确立某一个教派的统治地位，排除其他教派的存在。

旧制度的国家是最标准的基督教国家，然而尽管如此，他们仍然受着宫廷意志的影响。基督教国家与理性自由的国家是一种二难推理的关系，如果基督教国家符合理性自由国家的要求，那么，国家只需成为理性自由的国家就能成为基督教国家，反之，如果基督教国家完全不是理

---

① 《马克思恩格斯全集》第 1 卷，北京：人民出版社 1995 年版，第 222 页。

性自由的国家,那么就是坏的国家,这不符合基督教国家自认为是好的国家的意图。要解决这个二难,就不能从宗教出发来构想国家,而应该从自由理性来解释国家,即从哲学方面来研究国家,而不是从宗教方面来研究国家。

哲学在政治方面仅仅按照国家内在的本性研究国家,而不是将外在于国家的东西添加到国家中。赫拉克利特和苏格拉底开创了西方哲学的理性传统,这个传统影响了对政治的研究。"先是马基雅弗利、康帕内拉,后是霍布斯、斯宾诺莎、许霍·格老秀斯,直至卢梭、费希特、黑格尔则开始用人的眼光来观察国家了,他们从理性和经验出发,而不是从神学出发来阐明国家的自然规律"。① 然而海尔梅斯之流却将从理性的角度研究国家规定为青年黑格尔派的特殊行为,这是一种无知的表现。

与从前研究国家的哲学家相比,现代哲学对国家所持有的观点更加理想和更加深刻,他们改变了过去哲学家从本能,如功利心、善交际以及个人理性的传统来解释国家的观点,认为国家是一个庞大的机构,是理性自由的实现,具有公共性,个别公民对国家的服从仅仅是对人类理性的服从。马克思此处再次重复了黑格尔的国家观。

三 《历史法学派的哲学宣言》

近代西方社会,经历文艺复兴、宗教改革和启蒙运动,理性被推到无以复加的重要地位。自然法理念主导法学思想领域。在理性主义精神主导下,汗牛充栋的相关学术著作被创造出来,不少国家以自然法理念为指导,制定本民族的法典,如,奥地利民法典、法国诸法典,特别是1804年的法国法典。② 然而,理性的凯歌行进所带来的一些问题引起了人们对理性前提和限度的反思。康德就是这样一个代表,他通过三

---

① 《马克思恩格斯全集》第1卷,北京:人民出版社1995年版,第227页。
② 参见石伟:《青年马克思与历史法学派》,见张海燕主编:《山东大学法律评论》,济南:山东大学出版社2012年版,第16页。

大《批判》对理性主义进行了前提的审定和限度的确认。具有普遍性和永久适用性的理性自然观逐渐被怀疑，自然、人类社会以及精神是历史动态生成的观点逐渐成为人们当时认识世界的重要视角。"在德意志的精神文化领域，这种思想促成了强调感情力量、非理性因素以及回顾过去的浪漫主义运动，同时赋予德意志法律思想新的路径——'历史法学派'。"①

历史主义和民族精神构成了历史法学派的两个核心概念，他们强调历史的相对性，否认理性在法律形成过程中的作用，与黑格尔的理论形成鲜明对照。萨维尼和甘斯之间的辩论体现了历史法学派和黑格尔学派之间的争论。马克思在柏林上大学期间，曾经听过萨维尼和甘斯的法学课程，他倾向于甘斯，而对萨维尼持一种批判态度。在1837年11月写给父亲的信中，马克思剖析了自己试图创造法学体系所遭受失败的原因，在于将形式与内容机械分开。他接着指出萨维尼先生在他论占有法的著作中也犯了同样的错误。《莱茵报》时期，青年黑格尔派逐渐将批判的方向指向政治领域，因此有必要对历史法学派进行研究。在《关于新闻出版自由和公布省级会议辩论情况的辩论》中，新闻出版自由的反对者就以新闻出版在历史和现实的存在状况来反对新闻出版自由，否认人们改变现实制度的理性要求，其指导思想就是历史法学派的理论，背后的逻辑是以历史所存在的现象证明现实书报检查制度的合法性。

1842年2月28日，萨维尼被普鲁士国王任命为普鲁士法律修订大臣，专门负责修改普鲁士邦法的某些规定，用以对付日益高涨的自由民主运动，巩固普鲁士的封建专制统治。1842年6月底到7月初，一些新修订的法律在报刊上被刊登出来，引起了较大关注，并激起了较为热烈的讨论。马克思参与了这次讨论。其成果是这篇为《莱茵报》撰写的《历史法学派的哲学宣言》。马克思的批判对象是胡果的代表作《作为

---

① 陈爱娥：《萨维尼：历史法学派与近代法学方法论的创始者》，见许章润主编：《清华法学第三辑——萨维尼与历史法学派研究专号》，北京：清华大学出版社2003年版，第63页。

实证法特别是私法的哲学的自然法教科书》。谴责了历史法学派和反动的浪漫主义代表打着维护历史传统的旗号，为封建专制制度进行辩护，指出康德哲学是法国革命的德国理论，然而自诩为康德学生的胡果却维持着法国旧制度，清晰地揭示了历史法学派企图通过修订普鲁士法律来恢复历史上已然过时的制度。

《历史法学派的哲学宣言》篇幅不长，其主要内容大致可以分为三部分。开篇部分，对历史法学派进行了定性。根据当时通常意见，历史法学派是对18世纪轻佻精神的一种反动。然而马克思指出，历史法学派是轻佻的产物，自身也是轻佻的。

第二部分探讨了历史法学派的哲学渊源。即历史法学派将研究历史起源作为口号，胡果的自然法构成了历史法学派的起源。然而胡果自称是康德的学生，实际他误解了康德。康德为理性划界，认为人类的认识止步于现象界，现象界背后的物自体并不能成为人类知识的对象。然而他并没有否认物自体本身的存在。此外，认识虽然始于经验，然而经验这种感性印象或感官的直接知觉材料只是一些粗糙的材料，其普遍性只是相对的。只有先天的理性才能产生严格的普遍性和必然性。由此康德赋予理性在认识中的核心作用，奠定了以理性审判一切的合法性基础。胡果则认为，既然我们不能认识真实的事物，那么不真实的事物存在着，我们就能判定它是完全有效的，实证事物有效的根据不在于它是合乎理性的存在，而在于它是实存的，从而陷入虚无主义和实证主义之中，"胡果亵渎了在正义的、有道德的和政治的人看来是神圣的一切"，将所有存在的事务都奉为权威，不加区别地对待实证的事务。"在胡果看来，暹罗人和英国人一样实际，尽管前者认为，按照国王的命令缝住饶舌者的嘴巴，把笨拙的演说者的嘴巴一直剪到耳朵，这是永恒的自然定律，而后者则认为，要是他的国王专横地决定征收哪怕只是一分尼的捐税，那也是政治上的荒谬行为。不知羞耻的康奇人也和法国人一样实际，因为康奇人赤身裸体地走来走去，至多用淤泥来涂抹一下自己的身体，而后者则不仅要穿衣服，而且还要穿得很考究。德国人也并不比拉杰普特人更为实际，尽管前者把女儿当做家庭宝贝来教养，而后者为了免去哺育之累,索性把女儿杀死。"① 历史法学派取消理性的判断标准,代之以历史的经验事实原则,对在时空中存在的事务一视同仁,取消了特殊性背后的普遍性,最后为了解决矛盾,只能诉诸于个人的经历与阅历。取消了现实事物背后的理性标准,同时也就为各种非理性的事物打开了方便之门。

在第三部分,马克思分析了历史法学派对理性的否定和怀疑,以及最终所陷入的理论结局,即将动物性当作无可怀疑的东西。在《作为实在法、特别是私法的哲学的自然法教科书》"导言"中,胡果认为:"人在法律上的唯一特征就是他的动物本性。"② 他进一步认为奴隶制不仅在肉体方面是可行的,而且从理性方面而言也是可行的。婚姻在于满足动物欲望,由此他随意地否定了民法典的存在价值。通过对胡果著作中有关"导言"、"自由篇"、"婚姻篇"、"教育篇"、"司法篇"、"国家法篇"的逐一引用,马克思证明了历史法学派对理性和原则的否定,最终取消了人与动物的区别,使人滑入动物的层次。

胡果的后继者虽然没有停留在动物的字眼上,然而他们的精神实质一样,是胡果自然法理论的旧版翻新。"现代的先生们则说,这些制度固然不是人类理性的创造物,但它们却是更高级的'实证理性'的反映,其他一切东西莫不如此。只有一个结论他们都是用同样粗野的语调来表达的,那就是:专制暴力的法"。③ 将过去的东西永恒化,消解理性与非理性的界限,其目的在于取消人类不断变革历史的必要性,使封建专制统治永世存留。

四 《第六届莱茵省议会的辩论(第三篇论文)关于林木盗窃法的辩论》

19世纪初,德国资本主义经济在封建生产关系的层层包裹之中逐

---

① 《马克思恩格斯全集》第1卷,北京:人民出版社1995年版,第231—232页。
② 同上书,第233页。
③ 同上书,第238页。

渐发展，小农、短工和城市贫民由于贫穷和破产，处于极端艰难的生活状态，捡拾枯枝、采摘野果成为穷苦大众的一种重要谋生手段。这种谋生方式在传统上属于贫苦大众的"习惯权利"。1826年出台的《普鲁士刑法典》对擅自砍伐和盗窃树木行为进行严厉处罚，然而上述行为不仅没有被扼制住，相反是有增无减。甚至有许多人故意通过这种行为去获得一份监狱口粮，"正是饥饿和无家可归才迫使人们违反林木管理条例"。① 据统计，仅仅1836年一年，普鲁士当时所审理的207478件刑事案件中，就有150000件是有关林木盗窃和违反狩猎法以及牧场法的，②差不多占全部刑事案件的四分之三。面对严峻的社会现实，普鲁士政府不是从自身统治的层面寻求问题的根源和解决问题的方案，反而在1841年提出了一个法案交省议会审定。该法案将人们在森林里捡拾枯枝、采摘野果和其他一些仅仅违反林木管理条例的行为也升格为"盗窃犯罪"，给予刑事处罚。③ 莱茵省议会于1841年5月通过了这一法案。根据1841年《第六届莱茵省议会会议记录》，马克思于次年10月写下《关于林木盗窃法的辩论》一文，探讨了物质利益同国家和法的关系，公开捍卫贫困群众的利益，谴责普鲁士立法机关偏袒林木所有者的利益，剥夺贫民捡拾枯枝等习惯权利。

在第一部分，马克思总体介绍了林木盗窃法辩论的意义以及写作时所占有的材料状况。有关林木盗窃法的辩论直接关系到贫困群众的生活，与有关新闻出版自由的辩论不同，是直接立于坚实的物质生活领域之中的。然而这场意义重大，涉及真正现实生活问题的辩论，却缺乏充分的公开性。省议会没有及时公布法案本身，新闻对这次辩论的报道也是非常空洞、凌乱和虚假。因此马克思写作这篇政论文章时，所依据的材料仅仅是省议会及其委员会对法律所作的一些补充，而且其中某些仅仅列举了有关条款的号码。马克思试图通过叙述省议会关于盗窃法的辩论过程，展现出省议会对它的立法职能的自我定位。

---

① 《马克思恩格斯全集》第1卷，北京：人民出版社1995年版，第284页。
② 参见马泽民：《马克思主义哲学前史》，重庆：重庆出版社1994年版，第648页。
③ 参见李可：《马克思的森林立法观》，载《法商研究》2006年第2期，第92—98页。

第二部分，马克思分析将违反林木管理条例、拾捡枯枝和盗窃林木三者混淆在一起的不合理。省议会在立法时，将违反林木管理条例的行为定性为盗窃。一位城市代表认为将普通的违反林木管理条例的行为归入盗窃是措辞不当，因此提出修改法律的标题。骑士等级代表不同意这样，认为唯有这样，才能制止偷拿林木的行为。一位城市代表对此表示赞同，因为在他那个地方的森林中，存在着有人先将幼树砍伤，等它枯死后当作枯树的行为。马克思从三个方面对这种混淆进行了批判。

将拾捡枯枝的行为定性为盗窃，是为了物而牺牲人，其结果必然使大批因为贫困走投无路，而又无心犯罪的人被迫成为罪犯，被"抛入犯罪、耻辱和贫困的地狱"①。这部法案其严酷程度超过了1532年德意志帝国国会通过的《查理五世和神圣罗马帝国的刑罚法规》。《查理五世和神圣罗马帝国的刑罚法规》对各种违法行为采取了诸如火刑、肢解、溺毙等极其严酷的惩罚。然而即使是如此严酷的法规，它也仅仅只是将偷拿砍下的树木和盗窃林木算作偷盗林木，而没有将拾捡枯枝当作盗窃林木，而且它还规定："凡白天采食果实并由于偷拿而造成轻微损失的人，一律根据个人情况和事实情节给以民事（可见不得刑事）处分。"②

拾捡枯枝和林木盗窃两种行为存在差别。林木盗窃首先需要用暴力将活树斩断，这是一种对林木所有者的有意侵犯，如果他直接偷窃已经被他人砍伐的树木，那么这是对他人财产的偷窃。然而枯枝是从活树上自动脱落下来的，这是自然界对财产已经做出了的判决，林木所有者仅仅拥有对树木的所有权，但不再拥有对枯枝的所有权。因此拾捡枯枝不构成对他人所有权的侵犯。林木盗窃和拾捡枯枝"对象不同，作用于这些对象的行为也就不同，因而意图也就一定有所不同"③。对于这两种本质不同的行为，不能都称为盗窃。

将三者混淆在一起，不能发挥出法律应有的惩戒作用。将拾捡枯枝和违反林木管理条例混同于盗窃林木，使人民在没有罪行的地方受到罪

---

① 《马克思恩格斯全集》第1卷，北京：人民出版社1995年版，第243页。
② 同上。
③ 同上书，第244页。

行的处罚,这种颠倒黑白的行为使法律失去了应有的公正性,被迫撒谎,人民成为这些谎言的牺牲品,由此导致他们只能看到惩罚,而看不见罪行。这必然导致人民在有罪行的地方也就看不到罪行了。从黑格尔主义的理性法哲学出发,马克思认为法律应该反映事物本身的法理,而不是事物的法理应该适应法律形式。一旦颠倒,法就成为恶法,其结果是一种非常严重的腐败现象,法律本身所具有的警戒、规范和引导作用就消失了,而且对人民是一种毒害和误导。"人民看到的是惩罚,但是看不到罪行,正因为他们在没有罪行的地方看看到了惩罚,所以在有惩罚的地方也就看不到罪行了。"① 其结果是消灭法本身。

然而省议会并非是所有方面都是毫不区分。涉及违反林木管理条例者的利益时,他们就不做区分,然而一旦涉及林木所有者的利益时,他们就会承认差别。例如,对砍伐树木工具的区分,被砍伐树木价值的区分。由省议会代表们的逻辑出发,马克思指出在惩罚的时候,需要由尺度来衡量惩罚的限度。然而衡量的尺度应该是由事物的本性所得出的客观规定,而不是以外部特征为依据。因此应该确立拾捡枯枝和盗窃林木之间本质的差异,而不是取消差异,然而省议会将它当成小事不屑于理睬。

第三部分区分了两种习惯法,即特权者的习惯法和穷人的习惯法。穷人的习惯法"不是地方性的习惯法,而是一切国家的穷人的习惯法。我们还要进一步说明,这种习惯法按其本质来说只能是这些最底层的、一无所有的基本群众的法"②。穷人的习惯法源于财产的不确定性,即不能明确财产究竟是私有财产还是公共财产。在道义方面源于对正当的自然需要满足的要求。自然界为此提供了条件。在自然界,一方面是脱离了有机生命而被折断的枯枝,另一方面则是根深叶茂的大树,享受着阳光雨露,肆意生长。这是贫富的自然表现,富人拥有大树,穷人则享受拾捡枯枝的习惯权利。因此马克思指出,穷困阶级的习惯是合乎自然

---

① 《马克思恩格斯全集》第1卷,北京:人民出版社1995年版,第245页。
② 同上书,第248页。

的，与本能的法的意识一致。

特权者的习惯与法相抵触。特权者制定的习惯源于封建专制制度。人的自然属性超越了人的社会属性，法律确定了人与人之间相互关系的不平等，生活于这种社会制度中的人是精神的动物王国，而不是现实的人类世界。根据人的出生和血缘关系，人类社会被区分为三六九等，人与人之间的联系不是平等，而是不平等，一种人剥削压迫着另一种人。封建特权阶级靠剥削为生，生活于社会最底层的贫苦大众只有靠尘土为生。特权者利用特权制定适合自己利益的习惯法，这种法并不是法的人类内容，而是法的动物形式。

习惯法存在的依据在于它是制定法的预先实现。然而特权等级的习惯法需要法律承认，甚至他们不合理的非分要求都被承认，这说明特权等级没有权利预示法律，而是要法律保障他们的习惯。

特权等级凭借他们的特权地位所制定的法律，剥夺了穷人的习惯权利，使穷人的习惯法变成了富人的独占权，使公共财产变为特权等级的私有财产，政治上和社会上一无所有的贫苦群众的利益被忽视。特权等级的习惯法是对法的滥用，由他们的习惯所立的法是片面的。特权者的习惯法按其内容是同普通法律的形式相对立的，它无法获得法律的普遍性和必然性形式。特权者的习惯法与具有理性的法是相冲突的。

基于习惯法的区分，马克思指出，立法者应该考虑穷困群众的习惯法，不要将由于环境所造成的过错变成犯罪。因此对拾捡枯枝的行为只能当作"单纯违反警章规定的行为来对待"，而不能当成犯罪。国家应该超越利益的狭隘性，具有公共性，将违反林木管理条例者也看成一个国家的公民，不能轻易地取消它与每一个公民之间的血肉联系。

第四部分探讨了利益对国家公共权力的影响。根据黑格尔主义的国家观，国家是一种客观精神的实现，具有内在的伦理目的，是自由人的联合体，个人只有成为国家的成员才具有客观性和真实性，个人的权利、利益等一切只有符合国家的公共性和普遍性才有意义，公民是为国家而存在，而不是国家为公民而存在，国家不应该受任何偶然性的影响,"国家不能而且不应该说:国家保证私人利益、一定的财产存在、一个林场、一棵树、一根树枝(和国家相比,一棵最大的树也抵不上一根树枝)不受任何偶然事件的影响,它们是永恒不灭的。"① 然而在省议会中,等级代表囿于自身利益,将国家降到私人利益的高度,使国家成为私人利益实现的工具和手段。

通过护林官员,特权等级将国家权威变为林木所有者奴仆的行为。要确定对侵犯财产的惩罚,被侵犯财产的价值至关重要,这是量刑的重要依据。问题在于谁来充当估价者,是护林官员还是政府官员。林木所有者认为应该是护林官员。省议会委员会提议当距离超过两公里时,就由前来告发的护林官确定被盗林木的价值。虽然有反对意见,但省议会通过这条提案。马克思分析了护林员所具有的多重身份。首先,护林官员是树木的守护人,对于他而言,树木具有绝对的价值,是对他自身价值的衡量。同时,作为估价者,他应该用怀疑不信任的眼光来看待被盗树木,用普通的尺度来衡量它。这就导致他两种活动内在的矛盾。其次,护林官员的收入来自林木所有者,因此他应该维护私有者的利益,但作为估价者,他应该保护违反林木管理条例者的利益。这样,在利益方面,他同样是矛盾的。再其次,他作为告发者,他所做的笔录就是告发书,因此被盗林木的价值成为告发对象,然而他同时又充当法官,这就使法官的职能与告发者的职能毫无区别。基于护林官员身份的复杂性,他不适宜做被盗林木的价值判定者。

由省议会关于是否对护林官员终身任命的争论,马克思指出他们关注对大小林木所有者权利的同等保护,但却不关心违反林木管理条例者的平等权利。小林木所有者由于没有足够的资金终身任命护林官员,因此他们反对护林官员的终身任命,但他们并不反对由护林官员来判定价值,因为他们可以临时聘用护林官员。护林官员变成了供林木所有者任意驱使、百依百顺的奴仆,国家最终变成了他们维护自己私人利益的工具。

---

① 《马克思恩格斯全集》第1卷,北京:人民出版社1995年版,第282页。

第二个反对护林官员终身任命的理由是护林官员需要加以严格的监督，然而终身任命就使护林官员忠实地履行职责的一切动力都消失了。这种论调前后矛盾。在需要护林官员充当价值判断者时，林木所有者对护林官员是完全信任，然而现在却又提出需要对他们加以监督。这种矛盾论调的根源在于私人利益影响着人们的世界观，使他们用双重尺度和双重世界观来看待人。当他需要别人充当自己的工具，他们就用甜言蜜语哄骗别人，然而当涉及他们利益的时候，他们就要严肃地审视这个工具和手段，用自私自利的眼光挑剔地审视别人，以为别人同他们一样渺小、卑鄙和肮脏。

以监督的方式使护林官员更好地履行他们的职责，这显示了特权等级的优越感，试图将个人的品格当作对付法律的手段。但这只是一种浪漫的想法。个人不应该成为法律的保障，相反，法律应该成为个人的保障。

第三个反对护林官员终身任命的理由是自由意志，认为终身任命是对私人自由意志严格的限制。然而不受任何限制的自由意志只是一种意识形态，它在现实受着等级利益的影响。林木所有者的意志自由就在于以最方便、合适和省钱的方式来处置违反林木管理条例者。他们不仅要求有占有林木财富的特权，而且要求有法律维护他们处理违反林木管理条例者的全权。正是在这里，充足理由律的理性逻辑被维护特权者利益的诡辩牵着鼻子走。

马克思在分析了林木所有者第三条反对理由的实质后，进一步指出，实际上，他们并不是反对限制自由意志本身，而是反对这种对自由意志的限制居然不仅涉及违反林木管理调理者，而且还涉及作为法律颁布者的他们自身。林木所有者需要的自由意志，是能够察言观色，忠诚地捍卫着林木所有者利益的自由意志。由此，马克思揭示出林木所有者所要求的自由意志是与合理意志的精神背道而驰的。所谓"合理意志"，按照康德的说法是"你要这样行动，就像你行动的准则应当通过你的意志成为一条普遍的自然法则一样"，"要只按照你同时也能够愿意它成为一条普遍法则的那个准则而行动"。① 合理意志具有普遍性和必然性特点，而不是自私自利的、趋炎附势、不讲道义的理性。只要求伸张屈从于林木所有者狭隘利益的自由意志而不顾他人的利益，正是林木所有者自私自利的不讲道义的意志自由②，将意志就像锁在大桡船上划桨的奴隶那样锁在了林木所有者渺小而狭隘的利益上。

省议会议论的顶点是"让王国护林官员和猎区官员获得终身任命吧；但在乡镇和私人方面，这种做法引起了极大的疑惑"③。马克思认为真正值得疑虑的是私人的奴仆代替国家职员行事，这是一种自私可怕的荒唐逻辑，按照它的逻辑，"整个国家制度，各种行政机构的作用都应该脱离常规，以便使一切都沦为林木所有者的工具，使林木所有者的利益成为左右整个机构的灵魂。一切国家机关都应成为林木所有者的耳、目、手、足，为林木所有者的利益探听、窥视、估价、守护、逮捕和奔波。"④ 国家是客观理性的实现形式，具有普遍性和尊严，也拥有根据被告公民的权利、生活条件和财产行事的手段，国家义不容辞的义务就是合理运用这些手段。"国家对于被告享有某种权利，因为国家对于这个人是以国家的身份出现的。"⑤ 国家应该是公共利益的代表，采取国家的方式来对待林木盗窃者，然而林木所有者却使国家成为他们的工具。马克思进一步以乡镇长被驱使为林木所有者监督犯罪分子劳动为例，说明林木所有者不仅以自己的奴仆替代国家机关，而且还将国家职员变成他们的奴仆。

对于违法者无力赔偿时，需要由当地的收税人、乡镇长和两个乡镇负责人说明，并让地方当局来监督犯罪分子劳动。"在莱茵省，合法的林木所有者应有权利将犯罪分子送交地方当局去实行监督劳动，用这些

---

① 康德：《道德形而上学原理》，苗力田译，北京：人民出版社 2002 年版，第 38—39 页。
② 参见宋希仁：《马克思关于森林法的道义辩论》，载《道德与文明》2012 年第 4 期，第 46—51 页。
③ 《马克思恩格斯全集》第 1 卷，北京：人民出版社 1995 年版，第 267 页。
④ 同上。
⑤ 同上书，第 261 页。

人的劳动日来抵偿林木所有者对乡镇应尽的修筑公共道路的义务。"①修筑公共道路，是国家公民应尽的义务，然而林木所有者却仅仅要他们的财产权利，而不要义务，相反，违反林木管理条例者仅仅有义务，而没有权利。不仅如此，他们认为乡镇长维护他们的权利是理所当然，马克思讽刺道："难道乡镇长把自己所管辖的人的厨房和地窖管得井井有条不是一件美好的事情吗？"②林木所有者在驱使乡镇长服务于他们私人利益时，忽略了两点：第一，管理被判刑的罪犯应该是典狱长，而不是乡镇长，乡镇长作为一个乡镇的最高长官，应该为整个乡镇全体人民服务，而不是为特殊人群服务，将其他人群排挤出去。第二，修建公共工程是国家公民为公共利益尽义务，然而林木所有者却将这种行为变成了服务于个人私利的劳役，因此是对乡镇成员的侮辱，亵渎了他们的公共精神。

为了实现私人利益，林木所有者作为法律制定人，他们不惜出台严酷的法律，干出损人利己的行为，说出恭维奉承、悦耳动听的虚假言语，然而这一切都只是为了通过林木管理条例来牟取好处。他们对罪犯的改造理解为利息的增加，给他们带来一笔利息，就是罪犯的崇高使命。利益没有记忆，它没有一套体系，总是随机而变，采取临时应急办法实现利益。其中一种是"良好的动机"，即对利益的判断，借助于各种灵活性抹杀客观事实，制造出一种错觉，似乎干坏事时只要抱有良好的想法就行。另外一种是"有害的后果"，它不是指对国家、法律和被告有害，而是损害林木所有者利益的东西就是有害的。因此法的好坏，取决于是否能够给林木所有者带来利益。对林木所有者利益有好处的事情就是美好的事情：国家和法庭应该收取被告的费用，让他与前来告发的护林官员的对质变得困难，让乡镇长变为林木所有者的奴仆。

林木所有者将国家变为他们利益实现工具的第三个表现是他们将罚款归为己有。林木所有者的财产权假如受到侵犯，这并非是一件不幸的

---

① 《马克思恩格斯全集》第1卷，北京：人民出版社1995年版，第267页。
② 同上书，第268页。

事情。通过制定相互冲突，又缺乏原则的林木盗窃法惩罚条款，他们将罪行变成了彩票，一旦中彩，他们不仅能够获得赔偿，而且还有四倍、六倍乃至于八倍的罚款，甚至还有损失的特别补偿。对不法的惩罚目的在于恢复法本身，这些惩罚不应该被当成价值的赔偿和损失的补偿，不在于恢复私有财产，然而林木所有者作为特权阶级，他们将惩罚变成了发财致富的机会，罚款不是收入国库，而是落入林木所有者的私囊。

公众惩罚是用国家理性去消除罪行，它是国家的权利，林木所有者不拥有这种权利，然而林木占有者却将惩罚的罚金变成了他们收入的主要来源，马克思认为这是一种与罪犯的同谋，并盗取公共的国家金钱的国事罪。"盗窃林木者偷了林木所有者的林木，而林木所有者却利用盗窃林木者来盗窃国家本身。"①

一旦违反林木管理条例者无力付款，林木所有者就能通过罚款使他暂时处于农奴状况。法承认所有公民人格的平等，任何一个公民都没有权利使另外一个公民处于奴隶地位。然而林木所有者将惩罚违反林木管理条例者的国家权利归为他所有，"利用罚款把公共权利变成了自己的私人财产"②。为了实现林木所有者的利益，他们不惜将国家置于一种与法相悖的存在状态。国家是全体公民所组成的共同体，以公共利益为存在根据，法是公民人格自由的定在。国家和法由于具有内在的合理性根据，摆脱了偶然性的影响。然而林木所有者将国家的权利变成了他们的私人权利，使罪犯暂时成为他们的农奴，从而使国家牺牲了永恒不灭的法。

一方面是林木所有者利益的实现，另一方面是违反林木管理条例者贫穷悲惨的生活。许多饥饿和无家可归的人被迫违反林木管理条例，甚至有部分人为了去拘留所领一份监狱口粮，故意违反林木管理条例。然而省议会的代表却建议降低伙食标准，仅仅供应面包和水，缺乏最根本的人道观念。

---

① 《马克思恩格斯全集》第 1 卷，北京：人民出版社 1995 年版，第 277 页。
② 同上书，第 280 页。

通过上面的逐一分析，马克思表明了省议会将行政权、行政当局、被告、理性的国家、罪行本身以及惩罚变为林木所有者实现私人利益的手段，批判了现实所存在的普鲁士国家和法的不合理。

第五部分，利益对法的影响。用法律来治理社会，首先需要法律本身的公正性，它应该是理性的体现，具有普遍性和公共性。"法律若掺进特权者的自私和狭隘，其危害要比道德的自私和狭隘更严重、更普遍，因为法律更带有以国家机器为后盾的强制性。"① 然而通过对省议会中委员会提议删掉法案第6条中"具有法律效力的判决"一说法，以及省议会的投赞成票，说明省议会在立法的时候如何以私人利益主导法律的制定，使法不是反映公共利益，而是实现特权等级的私人利益。

删除"具有法律效力的判决"说法是为了避免林木盗窃者有把柄，避免使他在缺席的状况下逃脱再犯时应受的更严厉惩罚。立法的目的是为了再犯时增加惩罚力度，而不是纠正犯罪行为，恢复到法的理性本身。马克思对此讽刺说："自私自利的恐惧心情非常细心地侦察、算计和推断"，"人民力图同法作交易，同法讨价还价，在这里或那里设法用低价从它那里买到某一基本原则。"②

既然立法不是出于公共利益，而是私人利益，那么执法就变得没有了实际意义，法官的大公无私和一丝不苟仅仅是为了表达法律的自私自利。在这种形式下，审判和讼诉变成了形式。然而讼诉和法律应该是统一精神，讼诉是法律的生命形式，既然形式不是内容的形式和生命的体现，那么法律诉讼就没有任何价值，仅仅被用来掩护腐败和罪恶的特权。

省议会作为省的等级会议，本来不仅仅应该代表受委托者的私人利益，而且也应该代表全省利益，并且在两者发生冲突的时候，要毫不犹豫地代表全省而不是特殊等级的利益。然而现实是，在两者冲突时，省议会保护了林木的利益而牺牲了全省人民的利益。这体现了物质利益强

---

① 宋希仁：《马克思关于森林法的道义辩论》，载《道德与文明》2012年第4期，第46—51页。

② 《马克思恩格斯全集》第1卷，北京：人民出版社1995年版，第286页。

大的影响力。马克思将它称为"下流的唯物主义"①,它缺乏政治的公共性视野,不是从国家理性出发来解决物质利益问题,而是将物作为膜拜的对象,受着它的支配。

五 摩泽尔记者的辩护

1842年底,《莱茵报》发表了驻摩泽尔记者彼·约·科布伦茨写的两篇关于当代农民生活状况的匿名通讯,遭到莱茵省总督冯·沙培尔的指责,说他歪曲事实,诽谤政府,并要求报刊做出解释。②科布伦次对此无力作出深刻全面的回驳,于是马克思就以摩泽尔记者的名义写了这组文章,原有序言和5篇通讯,只发表了序言和前两篇通讯,即被普鲁士当局检扣,只有第三篇通讯部分保存下来。已发表的部分共2万多字,写于1842年12月底至1843年1月中,发表于1843年1月15—20日间的5期《莱茵政治、商业和工业日报》上。马克思在仔细分析了各种材料(包括官方文件)和对摩泽尔河地区居民的生活状况进行了深入的调查研究的基础上,以极其详尽的事实和无可辩驳的论证对总督先生的指责作出了全面、客观和深刻的答辩。

马克思原计划《摩泽尔记者的辩护》分为五个部分,即A.关于分配木材的问题,B.摩泽尔河沿岸地区居民对1841年12月24日的内阁指令和报刊在该指令的推动下所采取的比较自由的行动的态度。C.摩泽尔河沿岸地区的种种主要弊端。D.摩泽尔河沿岸地区的吸血鬼。E.关于消除弊端的若干建议。然而目前被发现的仅仅有A、B和C的部分片段,因此这篇文章是由序言和A、B和C的部分片段所构成的。

在序言部分,马克思交代写作《摩泽尔记者的辩护》的背景与原因。马克思在《莱茵报》第346和348号登载了两篇文章,即一篇谈摩泽尔河沿岸地区的柴荒问题,另一篇谈摩泽尔河沿岸地区的居民特别关

---

① 《马克思恩格斯全集》第1卷,北京:人民出版社1995年版,第289页。
② 郑保卫:《马克思恩格斯报刊活动与新闻思想研究》上,北京:高等教育出版社2002年版,第136页。

注 1841 年 12 月 24 日的王室内阁指令以及报刊在该指令的推动下所采取的比较自由的行动。总督冯·沙培尔先生在"科布伦茨 12 月 15 日"的指示中，提出了一系列问题，要马克思对这些问题作出答复。沙培尔对第二篇文章的指责之一是语调粗俗，甚至可以说是粗陋。马克思认为这种语调的产生源于报道对象。摩泽尔地区的葡萄种植者陷入贫困，发出毫无顾忌的求救声。对于贫困葡萄种植者的同情，使报道选择了如实反映他们的生存状况，而不是以艺术手段来美化现实。

然后马克思解释了他为何推迟发表答复。作为记者，他要忠于人民的呼声，而不是拘泥于细枝末节的方面。作为新闻记者，他只是社会分工网络上的一个纽结，因此他不可能独立收集所有材料。而是需要在其他记者分门别类地收集材料之后，来充分利用这些材料。收集材料需要耗费时间，因此马克思就无法迅速作出答复。其次是编辑部要求马克思不断地对他的通讯稿补充材料，指出消息的来源。

其次，马克思还对为何不署名的原因进行了解释。"不署名是由新闻业的实质所决定的，因为不署名可以使报纸由许多个人意见的集合点转变为表达一种思想的喉舌。"① 名字使报纸相互区分，取消了特定文章作为思想喉舌整体的有机部分的存在特性。不署名能够避免人为割裂报纸整体。其次，不署名能够使作者和读者关注文章所谈及事情本身，而不是对撰写文章的作者感兴趣。

A 关于分配木材的问题

首先是交代了沙培尔总督对马克思发表在《莱茵报》第 348 号的文章所发表的意见，即假如存在有马克思所说的那种违反法律规定的做法，那也只是十分特殊的情况。其次，沙培尔总督还要求马克思指出乡镇的名字。

马克思对此做了回应。首先，他指出假如是违法行为，那么任何解释都不能改变这种行为违法的性质。其次，他所谈的那件事情并非是违法的。因为科布伦茨 1839 年 8 月 31 日颁布的林区训令没有对乡镇居民

---

① 《马克思恩格斯全集》第 1 卷，北京：人民出版社 1995 年版，第 359 页。

分配燃料用材一事给予非常清楚的规定,"至于为了满足乡镇的其他需要,余下的木材是标卖,还是全部或部分、无偿或按一定价格分配给乡镇的居民,则由乡镇自己决定"。① 这条训令模棱两可,无法对乡镇行为给予明确指导。因此马克思指出他所提到的那种现象,即有着极好林木的乡镇居民却不能从木材的分配中得到利益,就不能用违法来定性。训令本身存在问题,不应该对所提及的乡镇管理机构追究法律上的责任,而是需要修改完善训令。

B 摩泽尔河沿岸地区居民对1841年12月24日的内阁指令和报刊在该指令的推动下所采取的比较自由的行动的态度

在这部分,马克思回应了沙培尔总督对《莱茵报》346号发表的那篇文章的指责。在那篇文章中,作者指出摩泽尔河沿岸居民由于特别困苦,特别欢迎给予报刊较大自由的王室内阁指令。沙培尔提出了两点指责。第一,在1841年12月24日之前并不存在阻挠报刊真诚讨论摩泽尔地区贫困问题的事例,因此要求作者补充这方面的事例。第二,有关葡萄种植者求助的呼声被指责为无理取闹的说法不真实。马克思从三点对沙培尔的指责进行了回应。

第一点,摩泽尔地区对自由报刊的需要,源于这个地区的贫困状况。马克思在展开论述之前,提出了科学地分析国家问题的方法论,即区分私人意志和客观关系,不是从私人意志出发,而是从各种客观关系出发来解释国家问题,这样就能避免走入研究国家状况的歧途,"即忽视各种关系的客观本性,而用当事人的意志来解释一切。"②

对于摩泽尔地区的贫困问题,需要分清私人状况和国家状况,要从私人状况和国家管理机构相互的关系中出发把握摩泽尔河沿岸地区的现实状况。马克思引用了这两方面的代表即官方发言人和协会理事会的言论,说明这两者由于所处立场不同,对摩泽尔河沿岸贫困问题并没有形成一致的意见。

---

① 《马克思恩格斯全集》第1卷,北京:人民出版社1995年版,第361页。
② 同上书,第363页。

两者首先是对总收入的分歧。协会理事会认为官方的统计不准确，地政局局长根据官方不准确的数字来统计收入，将酒农过去的收入统计得偏低，然而这并不能改变酒农们陷入悲惨的贫困状况这种现状。

其次，双方关于支出数字的分歧。官方发言人在统计时，将土地税、酒税和酒桶成本忽略不计，最后得出酒农们盈利的数据。然而协会理事会认为在统计时，不能将修剪侧枝、松土、酒桶成本等忽略不计，将这些支出计算在成本后，酒农实际并没有盈利，而是亏损。

再次，双方有关贫困原因的分析。官方发言人认为贫困是酒农个人的原因。酒农过去收入的偏高，使他们有能力高价大量地购进葡萄园，在市场不景气时，他们无法还债，陷入贫困中。然而这并非是所有酒农的状况。小葡萄园种植者在陷入贫困的同时，一些富有的土地占有者由于资金充足，能够改进栽培方法，度过不景气的年头，因此不会陷入贫困。政府的职责就是采取适当措施减轻当地居民在这种转变中的困难。官方发言人甚至认为比较富有的土地占有者采取了夸大从前境况的顺利，突出当前境况的困苦，其目的在于使他们获得优待和种种照顾，否定了贫困状况的普遍性。

协会理事会对此进行了反驳。首先指出葡萄种植者贫困的原因并不能归咎于贫困者自己，相反，国家应该鼓励他们努力改善他们因为拥有不良小块土地而努力搏斗试图改善生存状况的努力。其次，比较富有的土地占有者之所以报道贫困状况，并非源于他们自私自利的意图，而是为了真实描述贫困葡萄种植者的状况，让国家重视，以免葡萄种植者的这种贫困状况最终危害到国家。

接着马克思分析了上述两种观点分歧的原因是官僚理性和市民理性的冲突。政府囿于他的官僚理性，否认贫困的普遍性，并将酒农贫困的原因归结于他们自身或是自然的原因，认为政府仅仅在于采取措施减轻葡萄园种植者走向消亡过程中的困难。首先，政府需要派遣十分内行的、亲自参加过协调摩泽尔河沿岸地区关系的官员去审查免税报告书。被派去的官员就会发现报告书中所涉及的材料与他的官方活动相抵触，否定了他的尽职尽责。为了维护他官僚的立场和利益，他就会怀疑、敌对请愿者，否定报告书中涉及的材料。请愿者作为市民，看到肆意流行的贫穷，为了维护私人利益，他将自己的私人利益当成国家利益来捍卫。其次，官僚理性维护着官僚的利益。官僚在管理原则和制度范围之内开展管理活动，他的上级是他管理如何的判定者。而他的上司通常是他的前任，或者是管理原则和制度的制定者。因此他必然不是从管理制度和原则中寻找原因，也不是从他的管理活动之中寻找根源，而是在管理活动之外找原因。"他把这种原因或者归于不以人们的意志为转移的自然现象，或者归于同管理机构无关系的私人生活，或者归于同任何人都毫无关系的偶然事件。"①

摩泽尔地区的贫困问题是管理工作的贫困状况。这体现在两个方面。管理机构由于自己的官僚本质，对于摩泽尔地区经常性存在的贫困现象不是从自身寻找原因，而是将其归于管理工作之外的自然的和市民私人的原因。这种存在于现实与管理原则之间的冲突，是管理机构所面临的本质的关系。其次是种植葡萄者同样无法摆脱私人利益的影响。此处马克思运用卢梭的公意和众意的区别，指出这些种植葡萄者即使数量再多，他们也只是私人，不能变为人民，因此无法对国家福利是否受到威胁作出判断。他们作为管理对象，对管理机构以及他们所属的省和国家而言，仅仅占有私人的位置。

由此马克思指出管理机构和被管理者都需要第三个因素，即自由报刊的存在。自由报刊具有政治公共性，然而却不囿于官僚理性，同时又具有市民对物质利益的关心，但不会直接受到私人利益和迫切需要的影响。自由报刊提供了管理者和被管理者平等对话的平台，能够使特殊利益转变为普遍利益，将贫困者的真实情况如实地反映给国王。因此自由报刊是摩泽尔河沿岸的贫困状况的必然产物和实际需要。

第二点，书报检查机关的存在和普鲁士报刊本身的存在状况不能坦率公开地讨论摩泽尔地区的贫困问题。普鲁士书报检查制度虽然没有特别采取措施阻碍人们坦率公开地讨论摩泽尔河沿岸地区的状况，但它却

---

① 《马克思恩格斯全集》第 1 卷，北京：人民出版社 1995 年版，第 373 页。

对书报，特别是政治性著作和报刊有着一般性的规定，而且要求在报刊上不得讨论政治问题以及经济问题，对经济问题即使有所涉及，也不能联系国家对内对外的政策。这些不合理的规定成为自由报刊外部的桎梏，报刊由此丧失了言论自由，满足于报道一些细枝末节、无关紧要的新闻问题。除了一些地方报刊对部分事实质朴无华的叙述外，人民的贫困无法得到报刊公开坦率地报道，因此他们失去了对报刊的承认和信任。人民的承认构成了自由报刊存在的价值和生存的条件，失去了人民的承认，报刊陷入绝境。

然而遭受贫穷的葡萄种植者，需要别人的承认，并对他们的不幸表示精神上的同情，因为他们希望一旦他们的不幸处境引起许多人议论后，就能带来国家的重视以及对问题的解决。所以当内阁指令颁布下来后，他们表示了特别的欢迎，以及无法抑制的感激之情。

第三点，阻碍坦率公开地讨论摩泽尔河沿岸地区状况的条件。这些条件是一般关系的实际体现和鲜明的表现。这些关系包括"管理机构对待摩泽尔河沿岸地区的特殊态度，报刊和社会舆论的普遍状况，以及占统治地位的政治精神及其体系"①。因此马克思分析了这三方面的情况。

马克思以一位慈善而特别受人爱戴的市民仅仅口头说了一句玩笑话，"贵主人昨晚有点醉了"，就遭受到特里尔违警法庭的公开审讯这样一个实际的案例，指出了即使没有书报检查制度，由于当时所存在的告密行为和官僚尊严的神圣不可侵犯，书报检查对象连露面的机会都没有。因为官方尊严的不容侵犯和国家法律的不容侵犯，这就使县长所主持的管理机构及其所属的各种官方机构难以成为地方报刊所反映的对象，因此，"单单是县长主持的书报检查机关的存在就足以构成坦率地发表意见的地方报刊不存在的原因了"②。

虽然很少有人尝试对摩泽尔河沿岸地区的状况进行报道，然而在现实中还是存在报道摩泽尔河沿岸地区贫困状况的著作和报刊被查禁的例

---

① 《马克思恩格斯全集》第1卷，北京：人民出版社1995年版，第385页。
② 同上书，第386页。

子。某乡镇委员会的会议记录没有被县长主持的书报检查机关准许发表，因此当它一反常规在某报纸上发表后，就被视为违反常规，并遭到取缔。波恩的官房学教授考夫曼在《莱茵—摩泽尔日报》上发表的《论摩泽尔河沿岸地区葡萄种植者的贫困状况》的文章虽然被各种公开发行的报刊转载，但最后却被国王行政区查禁了。

在政治精神和体系方面，贫困居民情绪低落、精神沮丧，缺乏公开坦率地发表意见所必需的精神力量。葡萄种植者的悲惨状况长期受到上级机关怀疑，对贫困本身的描述被指责为夸大其词，并带有图谋私利的恶劣动机。求助的呼声被当作无理取闹，是对国家法律无理有失恭敬的指责。

C 摩泽尔河沿岸地区的种种主要弊端

这份片断完稿时间大约在1843年1月27日以前，首次根据《马克思恩格斯全集》1975年历史考证版第1部分第1卷翻译为中文，是被中断发表的《摩泽尔记者的辩护》的续篇，因为遭到政府当局的查禁未能发表。后收入卡·海因岑的小册子《普鲁士的官僚制度》"事实"栏。但海因岑删去了分析、论证以及批驳沙培尔的部分，仅仅留下三个事实，这三个事实反映了当时普鲁士政治的黑暗，对穷困人民的残酷，以及官员的以权谋私。

第一个事实是一位被指控为"怀有谋取私利的意图，唆使下级官员进行非法的、使各乡镇财产遭到损失的活动，最后竟策划了一个真正的阴谋，以图撤销那些抵制这种意图的官员的职务"，经一审判处六个月的监禁。但经上院诉讼，却被宣告无罪。其原因是政府对法院干预和指示，以及后来对审判结果的不承认。

第二个事实是政府官员对职权的滥用。葡萄园种植者黑勒斯遭受不公判决，后因落入犹太人之手而无力偿付债务，只能拍卖地产。黑勒斯请求政府授权乡村贫民院管理处来办理拍卖，并在报纸上公布拍卖所得、用作抵押担保的款项1000塔勒交给他本人。然而会计师兼监察员E对他的不幸毫无同情，作出了否定的审核意见，政府据这份审核意见否定了黑勒斯的请求。最后在会计师兼监察员E的操纵下，黑勒斯的地产仅仅以原价值的 1/3 卖给了他。政府并没有公正地处理黑勒斯的控告，反而对他进行了一番训斥。

第三个事实是魏斯基尔辛乡根据乡镇委员会的决议买下了一块地皮准备做公墓，并协议如果没有爆发霍乱，地皮依然归还原主。然而事后该协议却没有执行。那块地皮不顾人民的反对以及原主人的诉状，被公开拍卖。拍卖时参与报价的只有原先的卖主和乡镇长。乡镇长因为受县长委托，不惜一切代价要求购那块地皮，所以后来地皮原主将地皮抬高到 1700 塔勒。不计巨额的诉讼费，仅仅购买地皮所花的钱和修建围墙的费用，新墓地花费了 2400 塔勒，然而人们并不愿意在新墓地上安葬死者遗体。后来在人们的请愿下，政府用一个有着类似滥用职权并遭到被管理者指控的人接替了这位乡镇长。这说明政府并不关注乡镇长滥用职权。

六　《共产主义和奥格斯堡〈总汇报〉》

19 世纪，随着工业革命的推进，社会主义、共产主义思想在英法等国得到较为广泛的传播。然而直到 40 年代，有关社会主义和共产主义的思想以及相关概念、词汇仍然被禁止在德国传播。不过官方的限制并没有使社会主义和共产主义思想的宣传在德国被完全禁止。1842 年 9 月底至 10 月初，法国第十次关于共产主义和社会主义理论的学者代表大会被公开报道，施泰因的《现代法国的社会主义和共产主义》调查报告性著作被出版，《亚琛城日报》发表了《论共产主义》的文章，《莱茵报》刊登了赫斯的《柏林家庭住宅的共产主义》等通讯和宣传共产主义的文章，引起了人们对社会主义和共产主义的广泛关注。[①] 在这些共产主义思想的宣称与报道中，《莱茵报》具有重要作用。还在鲁滕堡担任主编期间，《莱茵报》就曾发表过鲍威尔反对资产阶级自由主义

[①] 参见宋希仁：《马克思与奥格斯堡〈总汇报〉的论争》，载《首都师范大学学报》2010 年第 4 期。

实施君主立宪的言论，赫斯在《莱茵报》上曾经发表过一系列有关社会主义和共产主义的文章。《莱茵报》有关共产主义的宣传，被保守投机的官方报纸奥格斯堡《总汇报》抓住。该报发表了其主编古·科尔布的文章《共产主义者的学说》，以《莱茵报》刊登两篇文章为由指责《莱茵报》同情共产主义，无视普鲁士政府的法令，并把邻国的混乱引进了德国报刊。因此，马克思撰写本文，予以反驳。

奥格斯堡《总汇报》对《莱茵报》的指责及原因。奥格斯堡《总汇报》指责《莱茵报》传播共产主义，是普鲁士的共产主义者，《莱茵报》上登载的关于柏林家庭住宅的共产主义文章以及按语是在推荐共产主义。然而它认为共产主义并不是当前社会中的严重问题。

对此马克思指出，共产主义虽然不是当前沙龙中讨论的重要问题，却不能将它当作不重要的问题。在英法等国，共产主义是一个极端严重的问题。甚至奥格斯堡《总汇报》本身就曾发表过提及共产主义的文章，就凭这一点，就说明共产主义已经具有欧洲性的重要意义了。

接着马克思分析了《总汇报》指责《莱茵报》的两个原因。第一是因为《莱茵报》公开说出了德国现实生活的事实、宣传了真实的共产主义，公开暴露出奥格斯堡《总汇报》也曾发表过宣传共产主义的文章随后就变脸的虚伪。第二是无产阶级像第三等级一样，要求占有现在中等阶级掌握的一部分财产。然而马克思指出，这个事实的存在，并非因为《总汇报》保持沉默就不存在，不能无视英、法等国的事实，更不能无视德国社会的现实问题。随着英、法等国中等阶级战胜封建贵族而成为社会的统治阶级，德国也面临着享有特权的贵族在法国革命时的处境。不过那时在法国是中等等级要求享有贵族的特权，而现在的德国则是"一无所有的等级"要求平等的权利，如同英国的宪章运动和法国 19 世纪 30 年代的工人起义的要求。《总汇报》的态度实际是以敌视和沉默来规避普遍存在的事实。①

---

① 参见宋希仁：《马克思与奥格斯堡〈总汇报〉的论争》，载《首都师范大学学报》2010 年第 4 期。

最后马克思指出了《莱茵报》所持有的共产主义观。《莱茵报》虽然并不承认目前所流行的共产主义，它"甚至不承认现有形式的共产主义思想具有理论上的现实性，因此，更不会期望在实际上去实现它，甚至根本不认为这种实现是可能的事情"①。马克思在这里所说的"现有形式的共产主义思想"，指的是当时流行的空想共产主义，如卡贝、德萨米和魏特林等人所宣传的平均共产主义，以及傅立叶等人所宣传的共产主义。然而，马克思同时又指出，虽然《莱茵报》并不相信这些共产主义思想所具有的现实性，但并不忽略共产主义思想本身的重要性，并准备对它进行认真的批判。他还特意提到勒鲁、孔西得朗以及蒲鲁东的著作，认为对于这些人的思想，不能根据肤浅的、片刻的想象去批判，而是需要对它们做长期持续的、深入的研究之后才能加以批判。这表明马克思对共产主义思想的重视。

七 《评奥格斯堡〈总汇报〉第 335 号和第 336 号论普鲁士等级委员会的文章》

1842 年 6 月，在普鲁士国王的命令下，等级委员会在普鲁士各省相继成立，并在当年 10 月和 11 月第一次在柏林召开会议。等级委员会的成立和会议的召开，促使人们更加尖锐地批判普鲁士已经过时的封建等级代表制。资产阶级反对派认为，等级委员会不能成为全国性的代表机构，扩大等级机构的权力等同于加强封建贵族的统治。因此他们要求在整个普鲁士实行立宪代表制。资产阶级激进分子和知识分子则要求试行以全体公民政治平等为基础的人民代表制。② 在公众对等级委员会批判的背景下，1842 年 12 月 1 日和 2 日的奥格斯堡《总汇报》第 335 和 336 号发表《论普鲁士的等级委员会的组成》一文，替等级委员会的组成和使命进行辩护。为了澄清思想，弄清等级委员会的本质，马克思撰

---

① 《马克思恩格斯全集》第 1 卷，北京：人民出版社 1995 年版，第 295 页。
② 同上书，第 1029 页。

写了该文。

在第一部分，为了应对书报检查制度，马克思交代了斗争的策略，"对一种国家制度的论述，并不就是这一制度本身。因此，针对这种论述的论战，也绝不是针对这种国家制度的论战。"① 即区分论战对象与实际对象，马克思虽然不同意保守报刊有关普鲁士国家制度的观点，但并不等同于他反对这种制度本身。

在第二部分，从等级委员会的组成和宗旨两个方面展开对等级委员会的批判。但马克思也指出，它在逻辑上是错误的，应该先分析宗旨，然后分析组成。因为组成是一种外部结构，是由宗旨所决定的。

首先是等级代表的资格。地产是享有等级代表权力的一般条件，然而同时还受着其他条件的制约。例如，品行端正的名声，30岁的年龄资格，连续十年占有土地，隶属于某个基督教会，占有以往直接属于王室的土地——属第一等级；占有帝国骑士领地——属第二等级；在议会任职或从事某种市民职业——属城市等级；以独立经营自有土地为其主要职业——属第四等级。这些条件限制了地产的本质，而不是使它的本质普遍化。地产不是受到地产本质固有的特殊条件的限制，其中最主要的是等级差别的因素。

但实际上，地产这个一般条件是同等级代表制相矛盾的。地产仅仅是农民等级本质的条件，然而其他等级并不依赖于地产。两者是相互取消的关系。等级代表制不能由与等级无关的因素，例如地产来决定，地产代表制的原则会取消等级代表制。

不仅如此，等级差别本身就是一种不合理的存在。马克思以自然界为例。自然界处于低级发展阶段时，各种要素之间的差别比较明显，然而在有机生命体的运动之中，各种元素作为元素本身的差别会消失，不再存在。因此他指出："自然界没有在现成的元素上停步不前，而是还在自己生命的低级阶段就已证明，这种差别不过是一种无精神真实性的感性现象，同样，国家这一自然的精神王国，不应也不能在感性现象的

---

① 《马克思恩格斯全集》第1卷，北京：人民出版社1995年版，第329页。

事实中去寻找和发现自己的真实本质。"①

现实国家并非机械地包括着不同部分的实存,而是一个有机联系不断运动着的有机体。在运动过程中,由于国家机构职能的不同,以及国家进行活动的领域不同,使国家内部存在现实的差别。然而这种差别并非是固定不变的,而是在更高的统一体中彼此转化,各个特殊领域的差别在国家这个统一体中消失。"这些差别是环节,不是部分,它们是运动,不是固定状态,它们是统一体中的差别,不是具有差别的几个统一体。"② 因此封建社会遗留下来的等级差别是不合理的,有悖于国家的有机体性质。以等级制为基础实施代表制,使国家重新陷入不现实的、机械的、从属的和非国家的生活领域。

其次是等级委员会的特殊性与全国普遍利益的矛盾。省等级会议缺乏参与中央一级活动的权力,它没有资格参与立法工作。而且等级委员会不是由省议会作为整体选出委员会代表,而是各个等级分别选出委员会代表。这样就将省议会分成各个等级,使省议会成为由这些等级机械组成的整体。委员会代表的产生使它不具有普遍的代表性,仅仅是本等级的代表。省等级会议的组成就符合于它的宗旨,即从本等级的特殊利益出发代表自己特殊的省的利益。要扩大等级委员会的权限,使它成为全国利益的代表,马克思讽刺地指出,仅仅有集会的共同地点这个要素能使它的特殊活动获得普遍的性质。然而空间并不具有这种起组织作用的灵魂。

第三部分,以智力为关键词,进一步揭示等级代表制代表着特殊利益,只有人民代表制才能实现普遍利益。

智力不是一个标志着特殊性的概念,它是不同等级的共同性。然而不同等级能够运用智力,实现不同的目的,例如讲求功利的智力,服务于它的特定利益,只为正义事业奋斗的自由理智追求普遍利益。智力不仅不是代表制的特殊要素,而且根本不是一个要素,它从自身内部进行

---

① 《马克思恩格斯全集》第 1 卷,北京:人民出版社 1995 年版,第 333 页。
② 同上书,第 334 页。

划分，是一切事物内在的灵魂。这样就产生了不同的智力，即特殊等级利益的智力，它的目的在于实现特殊利益，使国家服从于他们的特殊性。与此相对的是具有普遍性的政治智力，它是以普遍本质确定特殊本质，以国家准则调节和支配地产。

从政治智力的普遍性出发，马克思提出一切特殊的事物本身都应该受到限制，服从于普遍力量对它的约束，接受普遍利益对它需要的支配。现实中所存在的特殊利益对抗国家，在政治上独立化的现象，表明国家机体内部已经生病，长出了肿瘤。因此必须限制等级代表的特殊利益，以人民代表制取代等级代表制，破除地产对国家的支配，使自由的人真正成为国家的主体。

在文章最后部分，马克思论述了等级代表制与人民代表制的区别。第一，等级代表制承认和追求特殊利益，并无限提高特殊利益的重要性，同国家的政治精神相异化，力图限制国家。人民代表制承认国家集中体现为政府，不是以个别需要与国家相对抗，它的最高需要就是实现国家的普遍利益，将国家看作自己的事业和根据。第二，等级代表制以地产为依据，所代表的是被动的、物质的、无生气的、不独立的、受到危害的东西，地产、工业和物质力量作为粗陋的要素要求实现，同国家讨价还价，限制国家的活动。然而人民代表制是人民自身权利的实现，实现的是人民的普遍利益，彰显了国家的理念，使国家成为真正的国家，不受到地产、工业和物质领域各种粗陋要素的约束，在国家中进行活动的不是具有特殊规定性的个人，而是自由的人。"国家用一些精神的神经贯穿整个自然，并在每一点上都必然表现出，占主导地位的不是物质，而是形式，不是没有国家的自然，而是国家的自然，不是不自由的对象，而是自由的人。"①

---

① 《马克思恩格斯全集》第1卷，北京：人民出版社1995年版，第345页。

第六章　重要理论观点阐述

一　古典共和主义对马克思早期思想的影响

马克思主义根本上属于欧洲政治和社会理论的主流传统。就马克思的政治思想而言，较为普遍的观点认为它脱胎于古典自由主义。"在现实层面，马克思主义者和自由主义者都有很好的理由把另一方看成是痛恨的对手。但这仍然不能改变历史和观念的真理，即马克思主义确实发源于自由主义，它采纳并改编了自由主义的价值和总体看法，而且，如果没有自由主义这一广阔背景，马克思主义将是不可思议也是不会存在的。"[①] 自由主义由个人权利的优先性推导出政治国家是一种必要的恶，对政治持消极的态度。在马克思主义的政治理论传统中，权力支配与阶级斗争，以及国家消亡构成了其理论的核心内容。这与自由主义的消极政治观相符合。

然而在马克思早期的政治性写作（卡弗语）中，他对政治持有一种较为积极的态度，将政治视为人的类生活方式，从普遍性上规定政治国家。这种积极政治观不同于自由主义的基本理念，更多地体现了古典共和主义对马克思的影响。"马克思连同他之前的黑格尔，均深受古典的公民理想之影响。政治自由的古典理想必然与自由地成为城邦中一个

[①] 伯尔基：《马克思主义的起源》，伍庆译，上海：华东师范大学出版社2007年版，第50—51页。

完满的参与共享的成员密不可分。"① 马克思早期著作在两个意义上是共和主义的。其一,马克思对君主制、特权以及现代国家的批判,清楚地阐述了共和主义所提倡的基于理性参与美德的普遍性国家;其二,马克思早期的某些政治理念从正面阐述了共和主义的范畴。

(一) 古典共和主义的基本政治理念

古典共和主义是西方古典政治哲学的主要遗产,它发轫于柏拉图、亚里士多德,经西塞罗及罗马法学家,到近代的马基雅维利、卢梭,实现了现代转型。在近代社会领域兴起之前,古典共和主义是欧洲政治思想传统的主轴。古典共和主义思想家的理论虽然各具特殊性,但大致分享了一些基本的要点。

一是政治行动的优越性。亚里士多德认为人是具有理性和语言的动物,自然赋予人这两样东西的目的在于使人过一种优良的生活。城邦共同体能够满足人对这种优良生活的需要。"虽然城邦为了生活而产生,但它为了更好的生活而存在"。② 城邦的体制是一种生活,而统治的形式是国家打算实现的那种生活的表现。只有通过城邦,个体才能获得人的生活,否则他不是野兽就是神仙。"按照亚里士多德的学说,可以这么说:城邦国家(polis)创造了人类。当他把人类定义为'政治动物'的时候,他想表达的是人类不仅本性上是'社会性'的(其他动物也是社会性的),而且,人类因为参与政治,才获得了人类的生活方式,得以成为完全意义上的人类。"③

二是政治领域的公共性。城邦与家庭不同,它最突出的特点是公共性,不仅是公民与他人共在,展现个体差异的领域,同时也是公民平等参与统治活动的场所。家庭作为城邦的对立面,实施的不是政治统治,

---

① Drucilla Cornell, "Should a Marxist Believe in Rights", *Praxis International* 4, 1 (April 1984), p.50.
② 列奥·施特劳斯:《政治哲学史》上卷,李天然译,石家庄:河北人民出版社1993年版,第143页。
③ 阿伦特:《马克思与西方政治思想传统》,孙传钊译,南京:江苏人民出版社2007年版,第17页。

而是主奴之治及家计管理。主奴之治存在于天赋能力强者与弱者之间,其方式为不平等的支配;家计管理乃家庭中家长的父权支配,其特点是隐私性和不平等。"公共的、政治的生活就是在这种私人领域结束的地方开始的。"① 在政治实践上,罗马共和政治从实践上突出体现了政治领域的这种公共性。根据西塞罗,共和主义的真正精神是公民在法律架构之中共同参与公共事务的审议,"国家(res publica)乃人民之事业,但人民不是人们某种随意聚合的集合体,而是许多人基于法的一致和利益的共同而结合起来的集合体。"②

第三,公民美德。共和国作为平等公民分享政治治理的领域,它的存在有赖于公民培养出一种关键性的品质。西塞罗将这种品质称为virtus,后来的意大利理论家称之为virtù,英国的共和主义者则将其译为公民美德(civic virtue)或公共精神(public-spititedness)。这一术语的内涵指的是:"我们每一个人作为公民最需要拥有的一系列能力,这些能力能够使我们自觉地服务于公共利益(common good),从而自觉地捍卫我们共同体的自由,并最终确保共同体的强大和我们自己的个人自由。"③ 这些美德包括勇气、正义、审慎等。公民美德的实质在于以公共性的方式进行思考,但凡政治之事,必须从共同体的利益出发,而不是从个人的私利出发去进行思考和推理,将政治活动视为高尚地为公众、为祖国谋幸福的活动,公共空间乃是公民美德和爱国情操展示以获得荣耀的舞台。

古典共和主义对马克思的影响主要由两方面生成。

第一,古希腊文化对马克思的影响。马克思博士论文的选题就表明他对古希腊的兴趣,而在他文本中大量存在的古希腊神话以及典故更是说明他对古希腊思想文化的熟悉。在古希腊实践过的城邦政治生活对他

---

① 阿伦特:《马克思与西方政治思想传统》,孙传明译,南京:江苏人民出版社2007年版,第13页。

② 西塞罗:《论共和国论法律》,王焕生译,北京:中国政法大学出版社1997年版,第39页。

③ 昆廷·斯金纳:《共和主义的政治自由理想》,见阿兰·博耶主编:《公民共和主义》,应奇、刘训练译,上海:东方出版中心2006年版,第72页。

具有巨大的吸引力。"或者像希腊那样,respublica(国家,共和国,原意是公共事务)是市民的现实私人事务,是他们的活动的现实内容,而私人则是奴隶,在这里,政治国家作为政治国家是市民的生活和意志的真正的惟一的内容"。① 古希腊城邦共同体对于公民而言,是他们真实的类存在和类生活,这成为早期马克思评判现代政治国家的理想标准。

第二,卢梭与黑格尔对马克思的影响。卢梭是一位亲古希腊罗马的现代共和主义者。他自幼阅读普鲁塔克关于古典城邦历史的著作,随后又开始研究柏拉图,"在柏拉图的帮助下,他摆脱了洛克个人主义理论的影响,并最终获得了《社会契约论》所阐述的集体主义的国家理论"。② 他以社会契约在规范层次上确立共和以及激进民主作为现代政治共同体不可或缺的正当性原则,将激进民主引进共和主义,是继马基雅维利之后引导共和主义现代化的又一理论渊源。③ 在克罗茨纳赫,马克思对卢梭的《社会契约论》进行了摘录,并在《黑格尔法哲学批判》中回应了卢梭的激进民主思想。"在民主制中,国家制度本身只表现为一种规定,即人民的自我规定。"④ 民主不再仅仅是以人民大众来统治的政体,而是政府生成的必要环节。

根据厄奈斯特·巴克的观点,卢梭"是黑格尔的先驱和导师"⑤。黑格尔接受了卢梭视国家为合道德的政治共同体的观点,"国家的目的就是普遍的利益本身"。⑥ 他反对自由主义以手段和目的的关系将国家视为工具性的存在。马克思最初同样接受了黑格尔的理性国家观,甚至他对未来共同体的设想都具有黑格尔国家观的痕迹。伯尔基在《马克思主义的起源》中对此评论到:"马克思把黑格尔的国家当作一个(表示

---

① 《马克思恩格斯全集》第3卷,北京:人民出版社2002年版,第43页。
② 厄奈斯特·巴克:《希腊政治理论》,卢华萍译,长春:吉林人民出版社2003年版,第543—544页。
③ 萧高彦:《共和主义与现代政治》,见许纪霖主编:《共和、社群与公民》,南京:江苏人民出版社2004年版,第13—15页。
④ 《马克思恩格斯全集》第3卷,北京:人民出版社2002年版,第39页。
⑤ 厄奈斯特·巴克:《希腊政治理论》,卢华萍译,长春:吉林人民出版社2003年版,第546页。
⑥ 黑格尔:《法哲学原理》,范扬、张企泰译,北京:商务印书馆1982年版,第269页。

一种特别制度结构的）组织概念毫不留情地抛弃，这并不必然意味着马克思将它作为道德的概念或潜在的道德性质作相应的拒斥。相反，这样似乎才是明智的：主张马克思对共产主义逐渐形成的认识和理解——作为个体和群体的联合体，实际上是建立并且仅仅在语言上重新定义，他原来对国家作为'真实的道德联合体'这样一种黑格尔式看法。"①

（二）公共性：国家的普遍性规定与公民美德的根本

古典共和主义与自由主义具有不同的政治理念。公共性是古典共和主义的本质特征之一：城邦共同体的公共性以及公民在对政治生活的公共参与中所展现出来的公民美德。然而自由主义则从个人主义—工具主义来界定公民身份，核心在于作为社会成员的公民所拥有的各种权利，实质在于以法律规章所确定的私人利益来约束公共权力。政治在于给公民提供免于外部强制的选择空间，使公民拥有维护其私人利益的消极自由。国家被当作利益集团追逐私利而互相较量的平台。

对于早期马克思，他在接受自由主义的某些理念的同时，更多地从共和主义的视角来观察政治国家，界定公民身份。帕拉休克在《左派黑格尔主义和青年马克思》一文中，指出"在号召按照西方模式把自由民主机关引入普鲁士的同时，马克思并不赞成自由个人主义的政治思想意识，这种思想意识认为，自由的个人是政治范围内的最高价值，而国家不过是使经济积极性不受任何限制的一种保障而已。马克思继承了卢梭、黑格尔和青年黑格尔主义者们的传统，着重指出国家作为合道德的政治共同体在人类生活中所起的决定性作用。个人仅仅由于参与这种共同体才把自己确定为自由理性的主体，这样的主体宁愿要广阔的前景，而不要自己的地方利益。国家—社团，作为理性自由的化身用"自己精神的神经"渗透到物质利益的领域中，要求具有"政治美德"的公民们经常能够超脱私人的观点，并且使自己经济范围中的积极性服从于全

---

① 伯尔基：《马克思主义的起源》，伍庆译，上海：华东师范大学出版社2007年版，第154—155页。

面的精神目标。"①

国家是公民政治参与的普遍性领域，服务于共同体的公共利益。在《共产主义和奥格斯堡〈总汇报〉》一文中，马克思写道："把国家理解为而且只能理解为他的全体同国籍的共同领域"。② 国家共同体的参与者是公民。根据卢梭的观点，公民与自然人不同，作为政治共同体的参与者，公民成为分享政治权力和追求道德自由的共同体成员，他们自我立法，以共同体的公共性克服个人的私利，以共同体成员相对的存在取代自然人的绝对存在。马克思充分肯定了卢梭有关政治人的论述，"卢梭关于政治人这一抽象概念论述得很对"。③ 马克思秉承了共和主义的基本理念，即政治国家具有公共性，公民追求着公民美德。由此出发，他对君主专制、特权以及现实政治进行了批判。

特权等级立足于个别等级的特殊利益，缺乏政治等级的公共性美德，使政治国家沦落为他们利益的工具。在《第六届莱茵省议会的辩论（第一篇论文）》中，马克思用极具情感色彩的语言描述了特殊等级缺乏公共性的道德状况："在关于出版的辩论中，特殊等级精神表现得无比明确而完备。出版自由的反对派更是如此。通常，一般自由的反对派的情况也是这样，某个集团的精神、一定等级的个体利益、先天的片面性都表现得极其强烈、凶狠，露出一副狰狞的面孔。"④（das individuelle Interesse des besondern Standes, die natürliche Einseitigkeit des Charakters sich am schroffsten und rücksichtslosesten herauswenden und gleichsam ihre Zähne zeigen）"片面性"、"凶狠"、"狰狞"这些具有价值判断的语言说明马克思此时将共和主义的公共性美德作为了道德判断的标准，正是

---

① 沈真编译：《马克思恩格斯早期哲学思想研究》，北京：中国社会科学出版社1982年版，第60页。
② 《马克思恩格斯全集》第1卷，北京：人民出版社1995年版，第295页。
③ 《马克思恩格斯全集》第3卷，北京：人民出版社2002年版，第188页。
④ 《马克思恩格斯全集》第1卷，北京：人民出版社1956年版，第42页。第二版《马克思恩格斯全集》第1卷将这段改译为："特定领域的精神、特殊等级的个人利益、品格的先天的片面性表现得最为强烈、明显，露出一副狰狞的面孔。"《马克思恩格斯全集》第1卷，北京：人民出版社1995年版，第146页。

由于缺乏公共精神，仅仅从个别等级的特殊利益出发，才使他们的面相变得丑陋。特殊等级以其特殊利益扭曲了国家的本质，使国家不再服务于共同体成员的共同利益，而沦落为特殊利益的工具："把林木占有者的奴仆变为国家权威的逻辑，使国家权威变成林木所有者的奴仆。整个国家制度，各种行政机构的作用都应该脱离常规，以便使一切沦为林木所有者的工具"①，因此马克思将林木占有者等级对国家本质的玷污称为"下流的唯物主义"，是"违反各族人民和人类的神圣精神的罪恶"。② 马克思并非没有注意到现代社会私人利益要求的合理性，然而他认为私人利益与普遍利益一旦发生冲突，合理的做法应该是私人利益服从于普遍利益，"从法律上说，省等级议会不仅授权代表私人利益，而且也受权代表全省的利益，同时，不管这两项任务是多么矛盾，在发生冲突时却应该毫不犹豫地为了代表全省而牺牲代表特殊利益的任务。"③ 这再次体现了马克思对共和主义公共性美德政治的一种信奉。

对君主制的批判。根据卢梭的观点，惟有以人民的普遍意志实施公民自治的共和政体中，个人自由才有可能得到最充分的保障，国王或贵族掌握政治权力时，却极有可能会为了私利伤害全民福祉。"一切正当的政府都是共和制"。马克思在《黑格尔法哲学批判》中从三个方面批判了君主制。首先是对王权的批判。黑格尔将君主规定为"国家人格，国家自身的确定性"。然而马克思指出，君主制将所有其他的人都排除于国家主权范围之外，君主是由肉体出生所决定的，他的意志由于排除了人民的意志，是任意偶然的，国家存在的内在必然性变成了"意志的偶然性"和"自然的偶然性"。④ 其次是对行政权的批判。黑格尔将行政权视为将特殊权利归入普遍的国家利益和法制的全权代表。然而官僚政治作为国家机构中特殊的封闭社团，他们有着自己特殊的利益，因此他们的普遍性只是形式主义的。就官僚政治的存在而言，它就标志着政

---

① 《马克思恩格斯全集》第1卷，北京：人民出版社1995年版，第267页。
② 同上书，第289页。
③ 同上。
④ 《马克思恩格斯全集》第3卷，北京：人民出版社2002年版，第46页。

治国家与市民社会的对立,意味着人民有着双重的生活,政治生活对于人民而言,并非是现实的物质生活。官僚制不具有政治共同体的普遍性规定。第三是对立法权的批判。由于参与立法的各个等级是按照"私人等级在立法权的等级要素中获得政治意义和政治效能的"①,因此私人等级对政治生活的参与,是以私人等级与政治等级的对立为前提,这意味着参与到政治生活中的等级并不具有公共性,导致政治制度最终受制于私人财产的约束,公共性服从于私有原则。这与马克思在《莱茵报》时期对等级会议中各等级议员仅仅代表本等级特殊利益的观察一致。黑格尔的君主立宪政体并不能实现政治的公共性。由于君主制遵循肉体出身原则,以特殊性制约普遍性,使人服从于物的原则,在写给卢格的几封信中,马克思将君主政体的原则归为"轻视人,蔑视人,使人非人化"②。君主政体不能实现人民主权原则。

对现代国家抽象普遍性的批判。对于古典共和主义,政治是公民的一种生活方式。国家不是某种人们(偶然地)参与到其中的东西,而是通过商讨作为人的社会性存在,它形成于人的政治参与活动之中。古希腊城邦作为典范体现了公民与政治生活的和谐统一:"人民与国家打成一片,共同庆祝节日,参加歌舞狂欢,共同观赏悲剧和喜剧,聆听合唱,对悲剧英雄洒同情之泪,对政府当权人物的缺点、错误,加以夸大的写照和讽刺以引起观众轻快的笑声。"③ 这是卢梭的广场政治。然而随着资产阶级政治革命对市民社会的解放,政治国家与市民社会的分离,人逐渐取得双重身份,即作为市民社会的市民与作为政治国家的公民。古典共和时代人民对政治生活的直接参与被代议制的实施所阻断。市民社会与政治国家遵循着特殊性与普遍性的原则,人民要参与到政治生活中,就必须摆脱市民的身份,然而市民身份构成了现代人的现实性根据,这就使政治国家成为一种高踞于市民社会的异化领域,"政治制度到目前为止一直是宗教领域,是人民生活的宗教,是同人民生活现实

---

① 《马克思恩格斯全集》第3卷,北京:人民出版社2002年版,第88页。
② 《马克思恩格斯全集》第47卷,北京:人民出版社2004年版,第59页。
③ 贺麟:《黑格尔的早期思想》,载《哲学研究》1983年第9期,第62页。

性的尘世存在相对立的人民生活普遍性的天国。政治领域是国家中惟一的国家领域，是这样一种惟一的领域，它的内容同它的形式一样，是类的内容，是真正的普遍东西，但因为这个领域同其他领域相对立，所以它的内容也成了形式的和特殊的。现代意义上的政治生活就是人民生活的经院哲学。"① 在《论犹太人问题》中，马克思再次肯定了政治生活对于市民的中介性，政治生活无异于宗教生活领域，对他们仅仅具有抽象的普遍性，与政治生活的脱离使现代人成为私人，正是在这种背景下，古典共和主义式微，自由主义泛滥。

（三）政治生活的目的价值

与自由主义从工具的视角规定政治的存在价值不同，古典共和主义赋予政治生活内在价值。亚里士多德将人的思想分为理论、实践（praxis）与创制（poiesis），惟有理论与实践是以自己为目的，而不以别的东西为目的，然而创制则是手段性活动，出于自然必然性强制。政治活动是实践中目的性最高的活动。正是通过政治活动，人成为人。

黑格尔在著作中，复活了古典共和主义的基本理念，政治是一种伦理性的生活，它超越了作为私人美德的道德，使人成为人。根据他对人的规定，人是伦理性的存在物，他的本质是精神。然而人首先是自然存在物，它没有摆脱自然规定性，其行为表现为殊异性，与众不同。纯粹自然意志是对自在存在的理念的一种暴力。"当他向着最高峰追求自己的目的，只知自己，只知满足自己特殊的意欲，而离开了共体时，他便陷于罪恶，而这个罪恶即是他的主观性。在这里，初看起来我们似乎有一种双重的恶，但二者实际上又是一回事。就人作为精神来说，他不是一个自然存在"②，处在自然意志状态的人还没有使自己提升到真正的人的高度。个体只有通过教化才能认识到他的本质，从而摆脱自然规定的质朴性和无我性。国家是伦理理念的现实，它是对个体教化的恰当场

---

① 《马克思恩格斯全集》第3卷，北京：人民出版社2002年版，第42页。
② 黑格尔：《小逻辑》，贺麟译，北京：商务印书馆1980年版，第92页。

所。在政治领域的生活是一种伦理性的生活。

马克思秉承了黑格尔对人的规定,人是伦理性的实体,唯有在共同体中,才能获得人的真正生活。在《论犹太人问题》中,马克思通过对卢梭有关政治人的评论表述了他有关政治生活对于人的价值的观点:"敢于为一国人民确立制度的人,可以说必须自己感到有能力改变人的本性,把每个本身是完善的、单独的整体的个体变成一个更大的整体的一部分——这个个体以一定的方式从这个整体获得自己的生命和存在——有能力用局部的道德存在代替肉体的独立存在。他必须去掉人自身固有的力量,才能赋予人一种异己的、非由别人协助便不能使用的力量。"① 政治生活使个体融入到共同体中,与他人共同追求和实现一种良善的美德生活,它实现了人的类本质,体现了人之为人的高贵性。

政治生活不同于市民社会的生活。在政治领域,人是作为类存在物,与他人共同存在、共同行动,享有与他人共同行使的权利。共同性与公开性是政治领域生活的特征。在这个领域,人获得政治自由。然而在市民社会,人作为利己的原子式个体存在,追求个人利益的最大化,与他人处于一种人对人是狼的敌对关系中。市民社会作为特殊性活跃的领域,不具有政治生活的共同性和公开性。在1843年5月写给卢格的信中,马克思明确表述了社会与政治的差异。由于德国当时处于封建专制时期,不存在自由的人,只存在主人和奴隶,他们一起组成了政治动物世界。对于这个非人化的世界,马克思以调侃的语言写道,假如让德国的亚里士多德来描写一本《政治学》,他在开篇必定会写道:"人是社会的动物,但完全是非政治的动物"。② 社会的动物追求生存和繁殖,唯有政治的动物才追求作为人的自由。社会生活不能使人成为人。在这点上,马克思表述出了阿伦特在《人的境况》中的思想,近代社会领域的兴起,以一种伪公共性造成了大众化同质的人,但社会领域只是使私人领域的家庭经济生活揭去其隐蔽性,并没有改变经济生活是人的必

---

① 《马克思恩格斯全集》第3卷,北京:人民出版社2002年版,第188—189页。
② 《马克思恩格斯全集》第47卷,北京:人民出版社2004年版,第58页。

然性生活,不能使人获得自由的本质。

政治生活本身具有目的价值。近代社会契约论认为政治国家只具有工具性价值,它必须服务于个体的目的,例如消除贫困,保护个人财产等。黑格尔认为这种观点"抹煞了国家中绝对无限的和理性的东西并排斥思想对它的内在本性的了解"①。这种国家在黑格尔看来并非是理性的国家,而只是外部性的国家,它并没有与市民社会区分开。马克思接受了黑格尔的观点,并以此来评价现实的自由主义政治实践。在《关于林木盗窃法的辩论》中,他指出所有者等级以他们的特殊利益将国家变为他们的工具,"私人利益非常狡猾,它会得出进一步的结论,把自己最狭隘和最空虚的形态宣布为国家活动的范围和准则。因此,且不说国家受到的最大屈辱,这里会得出截然相反的结果,有人会用同理性相抵触的手段来对付被告"。②

私人利益对国家的侵蚀和贬低,在马克思看来是"国家受到的最大屈辱"。国家应该反对私人利益的这种影响,"私人利益即各个等级的代表希望并且一定要把国家贬低到私人利益的思想水平呢?任何现代国家,不管它怎样不符合自己的概念,一旦遇到有人想实际运用这种立法权利,都会被迫大声疾呼:你的道路不是我的道路,你的思想不是我的思想!"③ 国家以其公共性的存在,应该超越于私人利益的私有原则。马克思在《黑格尔法哲学批判》中虽然颠倒了黑格尔有关政治国家与市民社会的关系,然而他在此阶段并没有怀疑政治存在的价值。在1843 年 3 月写给卢格的信中,他指出:"国家是十分严肃的东西,要它演出什么滑稽剧是办不到的"。④ 在这点上,马克思回应了古典共和主义的基本理念。在《论犹太人问题》中,马克思将权利分解成公民权和人权。前者是政治权利,指涉公民"参与共同体生活,参与共同体的

---

① 黑格尔:《法哲学原理》,范扬、张企泰译,北京:商务印书馆 1982 年版,第 255—256 页。
② 《马克思恩格斯全集》第 1 卷,北京:人民出版社 1995 年版,第 261 页。
③ 同上。
④ 《马克思恩格斯全集》第 47 卷,北京:人民出版社 2004 年版,第 55 页。

政治生活，国家的生活"。尤为明确的是，马克思摘引1793年法国宣言的第二、六、七、八及十六条款，谈到了人权（尽管他也摘引了宾夕法尼亚州和新罕布什尔州的州宪法）。这些是关于经济人的权利——经济人即人作为商品的自由消费者，异化劳动的产物，以及私有财产和经济剥削的受益者。在对这些条款进行摘录时，马克思有意地忽略了第一、三、四、五、九、十、十一、十二、十三、十四、十五、十七及之后的条款，这些未曾提及的条款与公民政治权利有关。① 马克思对这些条款的选择与他对现代政治的批判态度有关。

马克思通过对1791年与1793年的人权宣言的分析，发现随着资产阶级政治革命的胜利，政治共同体并非如古典共和主义所宣称的，"在国家的权力没有得到承认的时候，个别公民的权利是毫无意义的。"② 相反，政治共同体被贬低为维护人权的手段。对此他用了两个"令人困惑不解"来形容："令人困惑不解的是，一个刚刚开始解放自己、扫除自己各种成员之间的一切障碍、建立政治共同体的民族，竟郑重宣布同他人以及同共同体分割开来的利己的人是有权利的。""尤其令人困惑不解的是这样一个事实：正如我们看到，公民身份、政治共同体甚至都被那些谋取政治解放的人贬低为维护这些所谓人权的一种手段"。③ 唯有参与政治生活的公民才是真正的人，然而在现实，市民社会的市民却被视为"本来意义上的人，真正的人"④。政治生活成为市民社会生活的手段。这是对古典共和主义的一种颠倒和矛盾。

资产阶级政治革命虽然推翻了封建专制统治，实现了民主制与共和制，将国家事务提升为人民事务，使政治国家取得高踞于市民社会的普遍性，然而由于资产阶级政治革命并没有废除市民社会，这使资产阶级所建立的现代国家并没有实现真正民主的，没有实现大众对于财富和特

---

① 麦卡锡：《马克思与古人》，王文扬译，上海：华东师范大学出版社2011年版，第236—237页。
② 《马克思恩格斯全集》第1卷，北京：人民出版社1995年版，第190页。
③ 《马克思恩格斯全集》第3卷，北京：人民出版社2002年版，第185页。
④ 同上。

权的胜利。首先,参与到政治生活中的人是市民社会的成员,即市民,他们构成了政治国家的基础和前提。市民是利己的人,非政治的人,他们追求孤立的、退居于自身的单子的自由,缺乏公民的公共性特点,是"具有无教养的非社会表现形式的人"①,国家政治生活对于他们仅仅具有形式上的意义,他们对政治生活的参与是一种"违反本质和通则的一种暂时的例外"②。其次,资产阶级政治国家并没有实际地废除出身、等级、文化程度、职业的差别,而且还让这些因素以它们固有的方式表现出它们的特殊性。正是以市民社会的这种特殊性为前提和基础,政治国家才能实现其普遍性。在资产阶级政治国家,人与人的不平等,特权的存在使资产阶级政治国家的普遍性成为一张"政治狮皮"③,特殊性是其实质内容,普遍性仅仅是形式上的。共和制在资产阶级社会成为一种意识形态。

(四) 小结

政治哲学在马克思的思想中具有重要地位。著名政治哲学家,当代共和主义的复兴者汉娜·阿伦特虽然在其著作中不乏对马克思的批判,但她却指出:"马克思所产生的影响及其科学工作的根底里的东西……真要说的话,恐怕是他的政治哲学。"英国学者王尔德也强调指出"从骨子里说,马克思是一个政治哲学家"。政治对于早期马克思尤为重要,他曾指出青年黑格尔派应该结合政治来批判宗教,对于费尔巴哈,他也抱怨他关注政治太少。然而早期马克思的政治写作却是复调的。长期以来,对于他思想中的自由主义因子不乏研究,然而对于他思想中的共和主义痕迹却着墨不多。

早期马克思继承了自卢梭、黑格尔所中介过的古典公民政治理念,并以此为标准,对君主政体、特权政治以及现代政治异化进行了全面的批判。通过这种批判,他构想了一个不再存在异化的存在状态:"只有

---

① 《马克思恩格斯全集》第3卷,北京:人民出版社2002年版,第179页。
② 同上书,第173页。
③ 同上。

当现实的个人把抽象的公民复归于自身,并且作为个人,在自己的经验生活、自己的个体劳动、自己的个体关系中间,成为类存在物的时候,只有当人认识到自身'固有的力量'是社会力量,并把这种力量组织起来因而不再把社会力量以政治力量的形式同自身分离的时候,只有到了那个时候,人的解放才能完成。"① 由此可见,对于青年马克思来说,真正的政治意味着希腊政治的理想化:自由人的共同体。真正实在的政治意味着参与没有制度干预的普遍的共同体生活。②

然而另外一方面,马克思同时也认识到古典共同体在现代社会中仅仅是一抹美好记忆,当法国大革命试图复活古代共同体时,遭遇的是失败,其根本原因是历史条件的变化,古典共同体是"以真正的奴隶制为基础"③,而现代国家是以被解放了的奴隶制即市民社会为基础的。正是这一清晰的洞见,为马克思后期批判自由主义、自然权利理论和道德本身奠定了基础。政治王国的核心和灵魂存在于经济领域当中,而正是在此私人领域中,人们才能为公共领域所出现的问题找到解答。④

二 公共权力与利益的博弈

发展社会主义市场经济,需要妥善处理好国家、社会与市场的关系问题,特别是处理好公共权力与利益的关系问题。马克思在《莱茵报》政论文章中,通过对等级代表会议以及官僚制度与利益关系的多次论述,为我们今天处理好国家、社会和市场关系提供了丰富的理论资源。

在《莱茵报》,马克思从黑格尔主义的理性国家出发,认为国家应该是代表社会普遍的利益,成为全体公民的联合体。法作为国家统治的重要手段,需要以事物本身的理性为根据,因此同样具有普遍性。社会

---

① 《马克思恩格斯全集》第3卷,北京:人民出版社2002年版,第189页。
② Humbrerto Schettino,"The Notion of Politicsin Marx's Early Writings",*Critica Revista Hispanoamericana de Filosofia*.Vol.36,No.107(agosto 2004):3-38.
③ 《马克思恩格斯全集》第2卷,北京:人民出版社1957年版,第156页。
④ 麦卡锡:《马克思与古人》,王文扬译,上海:华东师范大学出版社2011年版,第244页。

并非是铁板一块，它是由不同的等级所构成。国家需要协调不同等级的利益。然而在普鲁士的现实政治生活中，作为公共权力代表的国家被特权等级绑架，成为他们的私有财产。官僚等级囿于自身利益，对人民的贫困生活视而不见。能够表达人民呼声的新闻报刊，遭受着书报检查制度的控制。"如果特殊利益在政治上的这种独立化是国家必然性，那么这只是国家内部疾病的表现，正如不健康的机体，按照自然规律，必然会长出肿瘤一样。"① 普鲁士封建专制政治，仅仅实现特殊等级的利益，因此是变态的国家。在《关于林木盗窃法的辩论》以及《摩泽尔记者的辩护》中，马克思对此做了集中论述。

（一）特殊利益对公共权力的影响

莱茵省议会通过制定和审核法律，掌握着公共权力，本来应该代表全体民众的利益，然而在等级利益的影响下，莱茵省议会代表的只是林木所有者的利益。在制定林木盗窃法时，省等级议会混淆捡拾枯枝、违反林木管理条例和盗窃林木这三种不同性质的行为，抹杀三者之间的差别，捡把拾枯枝定性为盗窃行为并以盗窃罪论处。然而根据中世纪的习惯法，拾捡枯枝是被剥夺土地、无以聊生的劳苦大众的一种走投无路的权利。甚至在以严酷著称的16世纪刑罚法规中，这种权力也是被给予保留的。然而在林木所有者利益的支配下，莱茵省等级议会却将它与盗窃林木等同，定性为盗窃。"捡拾枯树的人则只是执行财产本性本身所作出的判决，因为林木所有者占有的只是树木本身，而树木已经不再占有从它身上落下的树枝了。"②

法律作为一种普遍、严谨的行为规范，是在分清事实、明辨是非的基础上实现公平正义，是事物的法理本质的客观表达者，为了确保整个社会有序运行，犯罪行为理所当然应该受到一定的惩罚。但犯罪行为受到什么惩罚以及何种程度的惩罚，应该被规定有一个合理的边界，这个

---

① 《马克思恩格斯全集》第1卷，北京：人民出版社1995年版，第344页。
② 同上书，第244页。

边界是由罪犯所犯罪行的内容、形式以及意图所决定的。拾捡枯枝与盗窃林木具有本质的不同,然而却被等同,实际就抹杀了各种不同的犯罪行为应该受到不同的惩罚的界限。马克思用"颠倒黑白"、"混淆是非"、"粗暴"等词来形容这种混淆。它不仅是对贫困民众生存权利的忽略,将他们抛入犯罪的深渊,而且也是对法的尊严的侵犯。法律应该具有的警戒作用消失,人民看到的不是罪行,而是惩罚。在逻辑上也是相互矛盾的,对任何侵犯财产的行为都不加区别、不作出具体定义就一概作为盗窃论处,必然推出任何私有财产都是盗窃的结论,因为我占有了自己的私有财产,也就排斥了其他任何人来占有这一财产。更为重要的是,"你们也就把罪行本身当作一种和法不同的东西加以否认,你们也就是消灭了法本身,因为任何罪行都有某种与法本身共同的方面。"①

林木所有者的利益受到损害后,作为国家的公民,他们有权利通过国家获得相应赔偿。这并不意味着林木所有者就变成了国家机关,拥有对违反林木管理条例者的惩罚权力。然而根据省议会批准的林木盗窃法,林木所有者不仅驱使着护林官员来估量被盗林木的价值,而且还将罚金归为己有,并让乡镇长替他们迫使违反林木管理条例的人为他们劳动。护林官以及乡镇长都是基层国家权力的行使者,然而却被林木所有者所利用,变为他们特殊利益的爪牙。"这种把林木所有者的奴仆变为国家权威的逻辑,使国家权威变成林木所有者的奴仆。整个国家制度,各种行政机构的作用都应该脱离常规,以便使一切都沦为林木所有者的工具,使林木所有者的利益成为左右整个机构的灵魂。一切国家机关都应成为林木所有者的耳、目、手、足,为林木所有者的利益探听、窥视、估价、守护、逮捕和奔波。"②

普鲁士政府将违反森林管理条例者交给林木所有者处置,其实质就是将国家权力变为林木所有者的私有财产,这是对国家权力赤裸裸的侵犯和法律尊严的蔑视,"盗窃林木者偷了林木所有者的林木,而林木所

---

① 《马克思恩格斯全集》第 1 卷,北京:人民出版社 1995 年版,第 245 页。
② 同上书,第 277 页。

有者却利用盗窃林木者来盗窃国家本身。"① 惩罚应该属于国家的权力，国家利用它来消除罪行，维持社会的公共秩序，就像人的良心一样不能转给别人，惩罚权也不能转让给私人。违反林木盗窃法者虽然违反了法律，然而并没有取消他与国家之间的公共关系，这种关系不能因为林木所有者的介入而演变为私人关系。林木所有者也不能因为林木被盗而演变为国家机关。"林木所有者既然要求把罚款归他所有，那么他除自己的私人权利外，也要求把惩罚违反林木管理条例者的国家权利归他所有，从而就取代了国家的地位。"② 这体现了私有制下国家的本质，它实际是剥削阶级统治的工具，马克思当时还囿于黑格尔的国家观，认为国家成为特权阶级的工具，是一种不合理，违背了国家的公共性本质。他认为从法律上，省等级会议不仅要维护委托人的私人利益，而且要代表全省的利益，一旦这两种利益发生冲突的时候，省等级会议应该毫不犹豫地为了全省而牺牲委托人的特殊利益。

在《关于林木盗窃法的辩论》中，马克思立足于国家、法所具有的普遍性，对特殊利益影响国家公共权力，并将公共权力变为特殊利益的工具进行了批判，认为特殊利益是"下流的唯物主义"③，应该就像古巴人将兔子扔入大海，为了人的利益消灭特殊利益，而不是相反。然而在《摩泽尔记者的辩护》中，马克思却发现官僚机构自身具有特殊利益，在特殊利益的影响下，他们将国家机构当作牟利的工具。

(二) 官僚机构的特殊利益

为了答复总督沙培尔，马克思广泛地收集了有关摩泽尔地区酒农贫困问题方面的大量材料，遭遇到了官僚机构自身所具有的特殊利益所导致的管理贫困问题，这使他进一步意识到公共权力的公共性对于剥削制度而言，不具有现实性。

---

① 《马克思恩格斯全集》第 1 卷，北京：人民出版社 1995 年版，第 244 页。
② 同上书，第 280 页。
③ 同上书，第 289 页。

1834年,普鲁士政府出面联合了18个相邻的邦国,建立起德意志关税同盟,宣布废除内地关税、同盟各邦国之间的贸易免税等,其他邦的葡萄酒大量涌入,葡萄酒价格急剧下降,盛产葡萄酒的摩泽尔地区酒农陷入贫困,只得向政府求救。然而根据政府的官方统计,略去土地税、酒税和酒桶的成本三项支出,每一桶葡萄酒纯收入为14塔勒16银格罗申6分尼。官方虽然并不否认摩泽尔地区所存在的酒农贫困问题,然而却认为其原因只能到"这个地区从前那种过高的收入中去寻找"①。他们将贫困的原因归结为酒农个人的投资和贪婪。另外普鲁士政府否认贫困状况所具有的普遍性,认为之所以存在对贫困问题的呼吁,起源于富裕的葡萄酒酿造者企图利用贫困的葡萄酒农的处境,为自己捞得种种优待和照顾。

葡萄种植业经营者与此形成了相反的观点。官方的统计数据并非是现实的真实数据,而只是他们的假定。真实的情况是,每一桶葡萄酒的实际支出是53塔勒,减去实际的收入48塔勒,亏损5塔勒。贫困问题在摩泽尔已经达到了骇人听闻的程度,并且容易恶化下去。贫困的原因并不能归咎于贫困者自己,因为不管是勤勉的还是懒惰的,殷实的还是贫寒的,都或多或少地遭遇贫困,甚至比较富有的葡萄种植业经营者都已经陷入无法养活自己的地步。

这是两种相互对立的观点。"官员指摘私人把自己的私事夸大成国家利益,私人则指摘官员把国家利益缩小成自己的私事,即缩小成一种把所有其他的老百姓都排斥在外的利益,其结果就是:在官员看来,同在文件中得到确认的、也就是得到官方即国家确认的现实以及基于这种现实的理性相比,即使是昭然若揭的现实也是虚构的;在官员看来,只有当局的活动范围才是国家,而处于当局的活动范围以外的世界则是国家所支配的对象,它丝毫也不具备国家的思想和判断能力。"② 马克思通过大量的调查材料证明,官方的说法存在问题。

---

① 《马克思恩格斯全集》第1卷,北京:人民出版社1995年版,第367页。
② 同上书,第372页。

首先是政府所任命的官员身份存在矛盾。这位官员应该是十分内行，甚至是亲自参加过协调摩泽尔河沿岸地区关系。这使这位官员在审查葡萄酒种植业经营者的报告书存在先入之见，即认为这些申诉书是对他的官方见解和官方活动的攻击，对这些申诉者抱有敌意。这必然导致他不是利用这些材料，而是否定这些材料。

其次是他们将这些弊端归为私人的原因，不允许对官僚们所制造的管理原则和管理制度的完善性进行质疑。地政局坚持地籍薄中对摩泽尔河沿岸地区的情况所作的判断没有差错，财政部又坚持税收不是造成贫困的原因，行政当局也根本不承认贫困的原因在自己的活动范围内，而认为是在这个范围之外。

根据黑格尔的观点，官僚等级是具有普遍性的等级，"国家的意识和最高度的教养都体现在国家官吏所隶属的中间等级中。因此中间等级也是国家在法制和知识方面的主要支柱"。① 官僚等级是社会公仆，在国家和私人利益之间进行斡旋，将私人利益提高为普遍利益。然而马克思的研究发现，官僚等级并不具有普遍性，政府管理工作的贫困是摩泽尔地区酒农贫困的重要原因。

官僚机构成为一个封闭的小团体，有着自身特殊的利益。从横向结构看，不同部门之间存在着分工，然而他们相互推诿责任。"地政局在评定摩泽尔河沿岸地区的情况时，就首先强调地籍薄的记载是准确无误的；财政部则断言灾难不是由于'税收的'原因，而是'完全由于其他的'原因造成的，同样，管理机构也根本不在自身范围以内，而是在自身范围之外寻找贫困的原因。"② 从官僚机构的运行看，官员无权对管理原则与制度本身进行质疑，他的职责是很好地执行这些管理原则和制度。因此，他所管辖地区状况与他本身对这个地区管理得怎样有关系。出于自身利益考虑，他通常自认为对该地区管理很好，即使真正出现了严重贫困问题，他也会将原因归结为管理机构之外的自然现象、私

---

① 黑格尔：《法哲学原理》，范扬、张企泰译，北京：商务印书馆1982年版，第315页。
② 《马克思恩格斯全集》第1卷，北京：人民出版社1995年版，第373页。

人生活，或是个人无法控制的偶然事件。从官僚机构的纵向结构看，高级行政当局对自己官员更加信任。而且行政当局由于经年累月的行政活动，会形成自身的系统，例如，拥有官方审定的收支统计数据。而且，在官员的更换中，后来的官员通常会忌讳对被管理对象真实情况的反映，因为他的前任通常已经升官，并成为他的顶头上司。他们将公民分为管理机构内积极的、自觉的公民和作为被管理者的消极的、不自觉的公民。不自觉的公民通常不被信任，他们的呼声被视为私人的呼声，带有"私人申诉书的性质"①，官僚机构内部形成官官相护。在《黑格尔法哲学批判》中，马克思将官僚政治称为国家的形式主义，在国家中构成同业公会，是国家中特殊的、封闭的社团，内部奉行着知识的等级制，"上层指望下层了解详情细节，下层则指望上层了解普遍的东西"②，秘密是他们的普遍精神。

虽然官僚机构也采取了一定措施来改善摩泽尔地区的贫困问题，但由于他们将贫困的原因不是归结为政府管理行为，而是私人或是偶然的原因，因此他们的措施无非是：在葡萄歉收年份免税；劝告农民从事其他经营活动，建议限制地产析分。第一条措施仅仅是治标不治本的临时措施，并不能改善当地葡萄种植业经营者的贫困状况。第二条和第三条措施却体现出政府的篡权，即直接干预经济活动，给摩泽尔河沿岸地区的居民给予具体的指导，让他们能够实现自我拯救，另外是建议居民们限制和放弃他们历来就有的地产权利。政府没有拿出分文帮助这些陷入贫困的葡萄种植业经营者，而是将贫困视为一种无法根治的顽疾，试图让这些居民安于贫困，并在政府管理制度下苟且偷生。

政府所采取的措施不仅不能改善葡萄种植业经营者的生存状况，甚至有些官员利用这些有限的措施侵吞酒农的财产。在《摩泽尔记者的辩护》"C 摩泽尔河沿岸地区的种种主要弊端"中，马克思例举了一些摩泽尔河沿岸地区所存在的官员舞弊现象。例如，利用职权巧取

---

① 《马克思恩格斯全集》第 1 卷，北京：人民出版社 1995 年版，第 377 页。
② 《马克思恩格斯全集》第 3 卷，北京：人民出版社 2002 年版，第 60 页。

豪夺酒农的地产；违法的官员不仅没有受到应有的处罚，相反还获得升迁，并得到奖章；利用职权，对人民群众出尔反尔。通过这些例子，马克思不仅将官僚们如何形成为一个封闭的集团具象化，而且还形象地解释了官僚们如何将国家当成他的私有财产，成为他们升官发财的工具和手段。

（三）书报检查制度维护官僚的权威

在官僚与人民之间，形成了相互矛盾的现实。马克思认为这意味着要具有中间力量，即报刊。"管理机构和被管理者都同样需要有第三个因素，这个因素是政治的因素，但同时又不是官方的因素"，"这个具有公民的头脑和市民胸怀的补充因素就是自由报刊"。① 自由报刊既能够作为理智的因素，如实地反映现实，而不囿于自身特殊的利益，它"生活在人们当中，它真诚地同情人民的一切希望与忧患、热爱与憎恨、欢乐与痛苦"②，通过广泛调查和实地研究，将人民群众生活的真实情况汇报给国王，引起统治者的关注与社会的广泛同情。

人民需要自由报刊的存在。他们的愿望和呼声被视为私人性的，不可信任，这使他们无法将自己的疾苦真正让国王所了解，并受重视。而且人民通常没有受过很好的教育，不擅长向官方反映他们的疾苦，贫困居民情绪低落、精神沮丧，更是削弱了他们反映自身疾苦的精神力量，形形色色的告密行为又使反映他们真实情况变得危险重重，稍有不慎，就会以"在官吏执行公务时或因其执行公务而侮辱官吏"的罪名获刑。虽然国王曾派遣王子到莱茵省地区了解该省情况，特里尔行政区的一些农民因此给太子写了请愿书，并获得很多农民的签名支持，然而这份请愿书却被没收，参与请愿的省议员受到指控，并被判刑。书报检查制度的存在，使对摩泽尔地区贫困状况的报道成为违反常规的现象，遭到取缔，波恩大学教授考夫曼所撰写的反映摩泽尔地区葡萄种植业经营者贫

---

① 《马克思恩格斯全集》第1卷，北京：人民出版社1995年版，第378页。
② 同上书，第352页。

困状况的文章,遭到查禁。能够反映摩泽尔酒农疾苦的书报,在当时非常稀缺,仅仅有一些地方小报对摩泽尔酒农贫困问题进行细枝末节的一些描述,这些描述质朴无华,能够打动人心,然而,"很难说它表明了对摩泽尔河沿岸地区的状况所作的谈论已具有坦率而公开的性质。"① 然而,葡萄种植业经营者的不幸却需要引起社会的关注,这是对他们不幸的精神同情。

从官僚政治的视角看,自由报刊作为反映人民疾苦的中介性因素,违反了官僚政治的普遍精神,即秘密,它要将官僚们视为秘密的东西公布于众,让官僚们囿于自身利益所谓的现实所具有的虚假性露出真面目。而且报刊还能发现更多的真相,将启蒙精神带给人民,形成社会舆论,这将超出官僚政治主导和控制社会,是他们所不愿意看到的。

官僚政治将书报检查制度当成他们控制报刊的重要手段,试图通过这种手段,公布他们希望社会了解的消息和知识,扼杀违背他们意愿的书报,使社会牢牢控制在他们手中。"为了使新闻出版现在就能摆脱那些未经许可的、违背陛下旨意的限制,国王陛下曾于本月 10 日下诏王室内阁,明确反对使写作活动受到各种无理的约束。国王陛下承认公正的、合乎礼貌的公众言论是重要的而且是必需的,并授权我们再度责成书报检查官切实遵守 1819 年 10 月 18 日书报检查法令第 2 条的规定。"② 马克思在《评普鲁士最近的书报检查令》中指出,根据这些书报检查令,书报检查官替代法律本身,充当着保护公民最高利益的主管机关,它不仅管理个别公民的行为,而且甚至管理公众精神。严肃和谦逊是新的书报检查令对书报的要求,然而马克思指出,严肃和谦逊是多么不固定和相对的概念,不适合作为真理的限定词,最后就变为了根据检察官的脾气来决定什么是严肃和谦逊。"政府的理智是国家的惟一理性。"③

为了维护特殊集团的利益,官僚机关将书报检查制度当成了他们的武器,用来惩罚和报复,从而将特殊的东西上升为合法的东西,将违背

---

① 《马克思恩格斯全集》第 1 卷,北京:人民出版社 1995 年版,第 383 页。
② 同上书,第 107 页。
③ 同上书,第 113 页。

国家公共性本质的当成国家的法律。在《摩泽尔记者的辩护》中，马克思举了一个例子证明书报检查制度不是以社会的普遍利益为标准，而是以官僚的任性和狭隘的自私利益为标尺。一位受人爱戴的市民，仅仅因为一句"贵主人昨晚有点醉了"就受到特里尔违警法庭的公开审讯。这是私人领域中的一件小事，然而县长利用他的特权，肆意地惩罚和报复。在地方政府，县长是他们所辖各个县城的书报检查官，在他狭隘自私的统治下，自由报刊不可能存在。

马克思对普鲁士封建政治的分析，揭示了在剥削阶级统治的社会，人民处于无权地位，权力作为封建统治阶级的私产，成为维护他们自身利益的工具，不可能真正具有公共性质。

（四）公共权力的人民性

所谓的公共性，要以社会利益为准尺，但社会作为一个多维多层次的复合体，并非是铁板一块。在《关于林木盗窃法的辩论》中，马克思对两种习惯权利的分析说明要反映社会的利益，就需要以普通的人民群众为基础。"这种习惯法按其本质来说只能是这些最底层的、一无所有的基本群众的法"。① 摒弃了人民性，权力不具有公共性。特权者的习惯是和法相抵触，它是封建社会不平等的产物。封建社会将人分成三六九等，将人类按照抽屉分类，割裂了人类内在有机的联系。特权者按照他们的出生获得特权，因此马克思将封建社会称为动物王国。在这个王国中，一部分人靠另一种人为生。当特权者诉诸于他们的习惯法时，"他们所要求的并不是法的人类内容，而是法的动物形式，这种现实现在已丧失了其现实性，变成了纯粹的动物假面具。"② 因此特权等级的习惯法是习惯的不法行为，与普遍法律的形式相对立。

与对特权者习惯法的批判相对应，马克思认为应该诉诸于穷人的习惯权利。在中世纪，穷人所拥有拾捡枯枝、采摘野果的权利，是自然赋

---

① 《马克思恩格斯全集》第1卷，北京：人民出版社1995年版，第248页。
② 同上书，第249页。

予他们的权利。这种习惯权利与法并不抵触。因为贫困阶级也具有满足自然需要的欲望以及满足正当欲望的需要。他们的习惯法是对本能的一种满足。作为国家的一个公民，他们也拥有基本的生存权利。国家作为公民的有机联合体，所制定的法唯有考虑到这个人群基本的权利，才能符合国家和法的理性本质，具有真正的公共性。"只有当法律是人民意志的自觉表现，因而是同人民的意志一起产生并由人民的意志所创立的时候，才会有确实的把握，正确而毫无成见地确定某种伦理关系的存在已不再符合其本质的那些条件，做到既符合科学所达到的水平，又符合社会上已形成的观点。"①

因此要使公共权力具有公共性，不被特殊的利益所腐化，就需要让人民进入到公共权力体系中。在《莱茵报》，马克思认为国家是全体公民的自由人联合体，每个公民都是国家有机体中的一员，不能因为他们的贫穷而将他们从国家机体中排挤出去。然而现实所存在的等级代表制度，却无法将人民纳入国家机体。等级代表制将地产作为等级资格的条件。"（1）连续十年占有土地；（2）隶属于某个基督教会；（3）占有以往直接属于王室的土地——属于第一等级；（4）占有帝国骑士领地——属第二等级；（5）在市议会任职或从事某种市民职业——属城市等级；（6）以独立经营自有土地为其主要职业——属第四等级。"②等级代表制对等级资格所作条件的规定，实际是将等级等同于农民等级，这就排除了并不独立经营自有土地的群体，从而将他们排除出国家生活之中。以私有财产为等级资格的前提，造成的结果是特殊等级进入到国家权力机构，保持着政府以及等级代表会议，这就使政府和等级代表会议沦落为特权等级实现特殊利益的工具："省等级会议的组成完全符合它的宗旨，即从自己特殊的等级利益观点出发代表自己特殊的省的利益这个宗旨。"③

---

① 《马克思恩格斯全集》第 1 卷，北京：人民出版社 1995 年版，第 349 页。
② 同上书，第 331 页。
③ 同上书，第 337 页。

由此，马克思提出要以人民代表制替代等级代表制。"或者承认特殊利益由于妄自尊大并同国家的政治精神相异化，力图限制国家；或者承认国家只是集中体现为政府，并且作为一种补偿，只是给受限制的人民精神提供一个疏导其特殊利益的领域。最后，有可能把两种观点统一起来。因此，要使对智力的代表权的要求具有意义，我们就必须把它解释为对人民智力的自觉代表权的要求"。① 以人民代表制取代等级代表制，能够使国家摆脱受特殊利益限制，陷入内部不健康的局面。人民代表制实现了国家权力的本质，即人民是国家制度、国家法律的真正制定者，实现国家制度和法律的理性本质，使国家成为真正的国家。根据黑格尔的区分，真正的国家不同于市民社会受特殊利益影响的外部国家，它实现了特殊利益与普遍利益的统一，并以普遍利益引导和约束特殊利益。人民对国家权力的参与，将国家从特殊利益的腐化中解放出来。在《〈莱茵报〉编辑部为〈评《汉诺威自由主义反对派的失误》〉》一文中，马克思提出汉诺威的自由主义奋斗的目标不是恢复普鲁士旧的国家形式，而是要争取实现一种同人民意识相符合的国家形式。在《黑格尔法哲学批判》中，马克思将这种国家形式称为民主制，它是衡量现实国家真实性的标尺，人民在多大程度上参与到政治国家中，公共权力的公共性就能够实现到多大程度。

通过对普鲁士君主专制政治现实的分析，马克思揭示了在私有制和剥削阶级国家中，公共权力所具有的虚假性，官僚政治本身具有特殊利益，在国家中形成为一个封闭的小团体，国家是实现他们特殊利益的工具和手段。在现实政治的运转中，例如立法和执法的过程中，法不仅被打上特殊利益的标记，而且它的执行具有两面性，当特权阶级的利益受损时，国家权力机构和法甚至直接充当他们的耳鼻，为他们的利益去打探、去倾听、去奔波。以人民代表制取代等级代表制，让人民成为国家制度和法律的真正制定者，使国家制度和法律体现人民的意志，才能真正地保障公共权力具有公共性。

---

① 《马克思恩格斯全集》第1卷，北京：人民出版社1995年版，第344页。

三　在苦难中孕育希望的穷人

马克思虽然是千年伟人，其思想博大精深。但他的理论也经历了一个发展成熟的过程。这个过程就表现为一些关键概念的被发现和完善。在其中，无产阶级就是这样一个概念，马克思是在《〈黑格尔法哲学批判〉导言》中才首次提出这个概念的。对于马克思提出这个概念的原因，国外有两种主要观点：第一种观点将其归结为马克思早期的哲学共产主义思想。其根据是恩格斯在《大陆上社会改革运动的进展》（1843年）一文中曾经明确指出赫斯、马克思、恩格斯、海尔维格等人是德国哲学共产主义的成员。塔克据此认为尽管马克思 1843 年 9 月在给卢格的信中仍然把共产主义的思想体系或乌托邦，以及相应的设计未来的观念斥之为"教条的抽象概念"，但此时的马克思已经准备接受赫斯发展起来的德国哲学共产主义框架内的共产主义观念。不过马克思的哲学共产主义朝向了一个不同于赫斯的新方向，即加入了赫斯的哲学共产主义所没有的无产阶级观念。即马克思的无产阶级概念并非来自对现实无产阶级的观察，而是一个哲学概念，是将"人"的自我异化的"人"置换为更为具体的无产阶级。塔克此观点得到了吕贝尔、胡克、斯坦利·穆尔等著名学者的认同。第二种观点来自诺威尔，他认为"马克思的无产阶级概念源自黑格尔的贱民（pöbel）"[①]，此观点也被不少学者奉为圭臬。这两种观点都倾向于马克思的无产阶级概念并非来自对现实人群的观察，而是他受人启发之后，从头脑中冒出来的。假如上述观点能自圆其说，就需要回答：（1）马克思从斥责到接受哲学共产主义的契机是什么？（2）贱民作为一个堕落和危险的人群，在黑格尔看来是市民社会中的否定性因素，但是无产阶级在马克思的思想中，作为革命的力量，它的存在彰显着人类的希望。这样两个不同的概念究竟有何内在的

---

① David W.Lovell, *Marx's Proletarariat—The Making of A Myth*, London and New York: Routledge, 1988, p.90.

渊源？要弄清这些问题，有必要回到马克思在提出无产阶级概念之前的理论探索，从而找出破解这些问题的关键点。这个关键点就是贫民。《莱茵报》期间，马克思在《关于林木盗窃法的辩论》和《摩塞尔记者的辩护》两篇文章中阐述了他的贫民观。通过这个概念，马克思既实现了对黑格尔贱民观的扬弃，又初步具有了无产阶级的形象，并从对现实的失望中产生出接受哲学共产主义的契机。研究马克思在这两篇文章中的贫民观点，有利于理清马克思的无产阶级概念来源。

（一）贱民阶级：内心反抗的市民社会非存在

在 19 世纪早期，德国存在有两种贫民，一种是传统的贫民，他们归属于一定的行会或是领主，因此，根据法律和政治学理论，这些贫民应该得到特定行会或是领主的帮助，或是受惠于市民社会的福利机构。另外一种贫民不属于任何同业公会组织，也不受领主的保护，他们由无主无地的农民、无主的赤贫手工徒、无主的失业仆人组成。这些贫民不归属于市民社会任何等级，所以他们构成了"没有等级的等级"。

相对于传统贫民，后一种贫民是新出现的贫民，它引起了黑格尔的注意。他从两方面分析了这个新贫民群体出现的原因，从而阐述了自己的贱民思想。

第一，分工的细化导致了贫困的产生。受亚当·斯密的影响，黑格尔在《法哲学原理》中分析了分工对劳动者的不利影响。分工使得生产抽象化，导致"劳动越来越机械化，到了最后人就可以走开，而让机器来代替他"①，这说明现代工业是贫困问题产生的一个原因。在 243 节中，黑格尔更进一步指出了分工的不利影响："特殊劳动的细分和局限性，从而束缚于这种劳动的阶级的依赖性和匮乏，也愈益增长。与此相联系的是：这一阶级就没有能力感受和享受更广泛的自由，特别是市民社会的精神利益。"② 可见，分工导致的不仅仅是物质上的贫困，更

---

① 黑格尔：《法哲学原理》，范扬、张企泰译，北京：商务印书馆1982年版，第210页。
② 同上书，第244页。

重要的是精神上的贫困，这是本质层面的贫困。

第二，不归属于任何等级是新贫民出现的另外一个原因。在黑格尔的《法哲学原理》中，国家和市民社会分别代表了普遍性和特殊性这样两个领域。等级则是沟通这两个领域的中介。等级在德语中具有双重意义，除了表示被认可的共同体人群之外，它还具有政治功能，是国家和社会的联合（Vereinigung）。黑格尔就是在这种双重意义上使用这个概念的。一方面，等级是由有着共同利益的人组成的联合体，另外，它还发挥着连接国家和市民社会的中间桥梁作用，"等级之所以重要，就因为私人虽然是利己的，但是他们有必要把注意力转向别人。这里就存在着一种根源，它把利己心同普遍物即国家结合起来，而国家则必须关心这一结合，使之成为结实和坚固的东西。"① 在黑格尔看来，等级中蕴涵着市民社会和政治生活中的普遍性因素，它是市民社会中普遍性的发源地。

个人是伦理性的存在物，只有摆脱自然特殊性上升到普遍性，才能成为人。等级对于个人具有本体论的意义，它使个人获得认同。"（等级和个人的价值）人必须成为某种人物，这句话的意思就是说，他应隶属于某一特定等级（此处德文原文为 Stand，因此将阶级改译为等级），因为这里所说的某种人物，就是某种实体性的东西。"② 实体性即普遍性，个人通过等级获得定在，取得普遍性和特殊性相统一的现实性。因此，假如失去了等级，那就意味着人失去了与普遍性的联系，沦落为完全的私人，从而受着各种偶然性的支配，陷入贫困的深渊，"偶然的、自然界的和外部关系中的各种情况，都可以使个人陷于贫困"③。市民社会有三个等级，这些等级以不同的方式和普遍性相关联："农业等级由于它的家庭生活和自然生活的实体性，在其本身中直接具有它的具体普遍物。它在这种普遍物中生活着。普遍等级在它的规定中具有普遍

---

① 黑格尔：《法哲学原理》，范扬、张企泰译，北京：商务印书馆1982年版，第212页。
② 同上书，第216—217页。
③ 同上书，第243页。

物,并自为地以普遍物作为它的活动目的和它的基地。"① 最后,产业等级通过参加行业公会获得他们的普遍性。

然而由于同业公会的解散,一部分人不属于上述的任何一个等级,这使他们陷入经济和政治、文化的多重不利中。在经济上,由于同业公会的解散,他们一旦陷入贫穷,就无法获得物质上的帮助。在政治上,个人无权直接参与到国家,必须通过等级代表和同业公会这个中介组织,不属于任何等级,使他们无法涉足政治,表达他们的利益和要求。在文化上,缺乏通向普遍性的中介,他们无法从私人性中走出来进入到公共领域,因此无法获得普遍性。"这一阶级就没有能力感受和享受更广泛的自由,特别是市民社会的精神利益"。② 这种局面导致了贱民阶级的反抗情绪,黑格尔认为贫困自身并不使人就成为贱民,但是当他内心存在有对富人、对社会、对政府等等的不满与反抗时,他就沦落为贱民。

贱民在市民社会中处于不利的处境,他们是市民社会中的一个否定性因素。"由于市民社会使他们失去了自然的谋生手段,并解散了家庭——广义的家庭就是宗教——的纽带,使他们在或多或少的程度上丧失了社会的一切好处:受教育和学技能的一般机会,以及司法、保健,有时甚至于宗教的慰藉等等。"③ 因此,他们的生存受偶然性支配,是非理性的。根据黑格尔的现实性概念,非理性是非存在的,也就是说,贱民是市民社会的非存在,他们的实存不被市民社会承认。

黑格尔对新贫民出现原因的分析说明新贫民的贫困体现在两个方面,一是物质的贫困,这是和传统贫民的共同点,另外一方面则是他们失去了人的本质,即失去了自由意志以及通过普遍性的中介得到承认的可能性。这两方面的统一使新贫民沦落为贱民。"当广大群众的生活降到一定水平——作为社会成员所必需的自然而然得到调整的水平——之

---

① 黑格尔:《法哲学原理》,范扬、张企泰译,北京:商务印书馆1982年版,第248页。
② 同上书,第244页。
③ 同上书,第243页。

下，从而丧失了自食其力的这种正义、正直和自尊的感情时，就会产生贱民。"① 黑格尔结合存在和意识来分析贫民，具有启发意义。

随着德国私有财产的发展，这个被市民社会抛弃的人群日益增多，并逐渐成为人口中的大多数。在18世纪后期，他们构成了德国某些农村和城市人口的三分之一到一半，而在19世纪上半叶，他们的数量仍然在增长。到1846年，这个人群在普鲁士中几乎占人口的三分之二。②

这导致了德国的贫民问题，它引起了社会的广泛关注。莱茵地区的自由主义者认为国家应该对此采取相应措施。青年黑格尔派则停留在醉醺醺的思辨王国，反思性的把贫穷作为自由发展进程中的必经阶段。卢格、费尔巴哈和鲍威尔认为需要通过政治的手段，即民众直接主权来将被践踏的人提升到完整人的高度。赫斯是当时青年黑格尔派中的唯一一位共产主义者，他反对任何的政治手段，寄希望于社会革命。

作为《莱茵报》的编辑，社会的这个问题同样引起了马克思的关注。他为《莱茵报》撰写的两篇文章《关于林木盗窃法的辩论》和《摩塞尔记者的辩护》都和贫民问题直接有关。虽然此时的马克思，思想正处在形成过程中，但是他的贫民观与上述的种种观点并不雷同。

（二）从否定到肯定：贫民作为人类社会的自然阶级

《莱茵报》时期，马克思接受了黑格尔对贱民生存状态的描述。但他摒弃了黑格尔对这个等级的价值评判，并通过自己的分析，认为这个等级是人类社会的自然阶级③，他们在存在和意识两方面都具有人类社会的普遍性，从而赋予这个不幸的阶级以积极的价值。

---

① 黑格尔：《法哲学原理》，范扬、张企泰译，北京：商务印书馆1982年版，第244页。
② Wolfram Fischer, "Soziale Unterschichten im Zeitalter der Frühindustrialisierung", *Wirtschaft und Gesellschaft im Zeitalter der Industrialisierung*, Göttingen, 1972, S.244.
③ die elementarische Klasse der menschlichen Gesellschaft（Karl Marx / Friedrich Engels - Werke, Band 1, Dietz Verlag, Berlin, 1976, S.119.）诺威尔认为在马克思看来，Stand 具有政治的含义，而贫民是无涉于政治的，因此，他选择了 Klasse 这个词（David W. *Lovell, Marx's Proletariat—The Making of A Myth*, London and New York：Routedge, 1988, p.91.）。另外 elementarisch 具有基础、基本和以本质的方式等意义，即马克思认为贫民以自然的方式体现着人类的本质。

1. 被市民社会抛弃的自然阶级

在《关于林木盗窃法的辩论》中，马克思通过分析两组关系，揭示了贫民们在市民社会中的非存在状况。

人类和财产的关系。马克思认为财产从中世纪的不确定性到现代社会的独占性是新贫民们产生的原因。在中世纪，财产是二元的、二重的，既不是纯粹的私有，也不是纯粹的公有，贫民有着分享自己财产的权利，但是当罗马法取代了中世纪的日耳曼法规时，贫民仅剩的拾捡枯枝，采摘野果的权利也被林木占有者无情地剥夺了，他们失去了与财产的联系。这也说明新贫民的出现不是由于自然和自身的原因，而是由旧社会的解体所导致的。

在特殊利益的肆意腐化下，国家沦落为私人利益的工具，它导致贫民不仅被剥夺了财产权，而且还被剥夺了社会和政治权利。

首先，国家、公共权利成为了林木占有者的私人财产。因为林木盗窃者不仅具有收回别人拿去东西的权利，而且还具有惩罚的权利。惩罚是一种国家权利，属于公共权利。然而现在却被林木占有者支配，由此，国家和公共权利就都成了为林木占有者服务的工具，沦为他的私人财产。

其次，立法服从于私人利益。省议会"根据自己的任务，维护了一定的特殊利益并把它作为最终目的"①。为了维护林木所有者的利益，省议会将西方中世纪以来就存在的习惯法变成了非法。他们取消了贫民捡枯枝，饥饿的孩子采野果的权利。

第三，国家的公职人员也仅仅服务于私人利益。"林木所有者同样有理由可以把乡镇长当作厨师长或管家领班堂使唤"②。护林官必须服从于他们的利益要求，重视地看护他们的林木，报道他们林木的受损情况。甚至军队成为林木所有者的奴仆，为他们监督着猎区警察和森林警察。黑格尔认为国家的公职人员是普遍性的等级，然而马克思在省等级

---

① 《马克思恩格斯全集》第 1 卷，北京：人民出版社 1995 年版，第 288 页。
② 同上书，第 268 页。

议会的辩论中却看到了这个等级成为私人利益的奴仆。

马克思总结到:"我们的全部叙述表明,省议会怎样把行政当局、行政机构、被告的存在、国家观念、罪行本身和惩罚降低为私人利益的物质手段。"① 这些在黑格尔眼中代表普遍性的领域,全被私人利益所支配。贫民们由于在物质上一无所有,他们也就失去了与这些领域的联系。但是在马克思看来,他们并不是沦落为黑格尔所说的私人,而是成为人类社会的自然阶级。这说明贫民并非是完全局限于特殊性中,相反,"人类社会"相对于"市民社会",表明贫民们超越了市民社会中的等级,克服了私人利益的特殊性,他们虽然被市民社会所抛弃,但是他们存在于人类社会的普遍性之中。

2. 自然阶级的普遍性意识

存在决定了意识。市民等级囿于自身的物质利益,"为了幼树的权利而牺牲人的权利"②,他们的意识完全被拜物(Fetisch)所支配。与此相反,贫民因为不拥有物,所以他们能够破除物的非凡魅力,这让他们能够保持自己的人类本能,具有对人的类本质的普遍性意识。

虽然贫民在物质上一无所有,但马克思依然将他们称为拥有者"Eigentümer"。"'维护林木所有者利益的法理感和公平感'是一项公认的原则,这种法理感和公平感同维护另外一些人的利益的法理感和公平感正相对立;这些人的财产只是生命(Lebenseigentümer)、自由(Freiheitseigentümer)、人性(Menschheitseigentümer)以及除自身以外一无所有的公民(Staatseigentümer)的称号。"③ 可见,他们拥有的不是特殊的物质利益,而是符合人类本质的东西。在黑格尔看来,符合本质就是普遍性,因此,贫民们代表着真正的普遍性,Heinz Lubasz 认为"在马克思的眼中,贫民几乎是人类的精华"。④

---

① 《马克思恩格斯全集》第1卷,北京:人民出版社1995年版,第285页。
② 同上书,第37页。
③ 同上书,第172页。
④ Heinz Lubasz."Marx's Initial Problematic: The Problem of Poverty",*Political Studies*.Vol.24,1976,p.33.

首先，贫民的权利是人的权利，而不是物的权利，即贫民能够透过物象看到权利的本质。"这个阶级不仅感觉到有满足自然需要的欲望，而且同样也感到有满足自己正当欲望的需要。"① 在对习惯权利的分析中，马克思认为贫民的习惯权利是相对于特权者的习惯的，因为特权者的习惯权利表现为一种"动物崇拜"②，相反，贫民的习惯权利是维护他们作为人的权利，他们不是使自己屈从于物，而是让物来满足自己作为人的需要和权利。

其次，贫民是社会性的，有着人类道德。黑格尔认为贱民是没有道德的，他们丧失了正义、正直和自尊的感情。在现实中，贫民也常常被谴责为懒惰和嗜酒。但马克思认为这个阶级相对于所有者，他们是社会性的，有道德。相反，所有者常常被马克思谴责为堕落的和没有人性的。在《关于林木盗窃法的辩论》中，马克思指责等级代表们在私人利益的支配下，把国家、法以及官员等都拉到私人利益的水平，"一切国家机关都应成为林木所有者的耳、目、手、足，为林木所有者的利益探听、窥视、估价、守护、逮捕和奔波"③。贫民处在所有者的对立面，他们没有私人利益要维护，他们直接是社会性的，因此他们的道德不是物的道德，而是人的道德。相对于所有者，贫民在马克思眼中是道德的化身。

第三，他们的权利是普遍的，而不是特殊的。例如，马克思认为贫民的习惯权利不是"限于某个地方的习惯权利，而是一切国家的贫民所固有的习惯权利"④。然而私有财产所有者权利却是基于他们的特殊地位和特殊利益，他们所要求的权利不能超过他们自身利益的"鸡眼"。

马克思对有产者阶级和贫民的比较，揭示了贫民所具有的独特规定性。柯亨曾用一个非常形象的比喻来描述这两个群体的差异：按照马克思的说法，两个阶级都是人的异化，然而有产者阶级身着绫罗绸缎，站

---

① 《马克思恩格斯全集》第 1 卷，北京：人民出版社 1956 年版，第 146 页。
② 同上书，第 142 页。
③ 同上书，第 160 页。
④ 同上书，第 146 页。

在镜子前,他看见的是华美的衣服,而不是自己的身体,因此,他们讲究的只是如何使衣服光鲜华美,但无产者则相反,他们赤身裸体地站在镜子前,看见的是自己丑陋的身体,因此他们要恢复自己最原本的利益:作为人的利益。

这个比喻非常形象,它入木三分地刻画了这两个不同人群的生存处境以及自我意识。贫民作为一个被市民社会排除在外的阶级,他们没有受到资产阶级价值观的影响,他们的存在使他们拥有普遍性,他们并不需要通过一个学习的过程来获得普遍性意识,"在贫民阶级的这些习惯中存在着本能的权利感"①。从存在和意识的统一来规定贫民,这反映马克思吸收了黑格尔对贱民概念的规定。但同时,他又利用柏拉图的观点改造了黑格尔的贱民概念。在柏拉图的《理想国》中,为了保证理念的普遍性,一切特殊性的东西都被排除在外,也就是说,通过摆脱特殊性,才能拥有普遍性。马克思正是在这个逻辑上证明了贫民生存和意识的普遍性。

(三)他救到自救:贫民转化为无产阶级

贫民虽然具有普遍性,是人类社会的一个肯定因素,但这仅仅是逻辑的推演。贫民们现实的苦难促使马克思去寻找解决贫民问题的途径。

在《关于林木盗窃法的辩论》中,马克思认为贫民问题应该通过国家和法恢复到他们的本性,以符合他们概念的方式来解决。国家和法应该体现出事物的本质,而它们的本质就是人,因此,它们就不仅仅要维护代表着私人利益的等级,而且也要维护贫民作为人的生存权利。然而现实贫困问题的日益严重使马克思不再把批判的眼光放在等级利益上,而是直接转向官僚制度,认为贫困问题与官僚制度有关。当时普鲁

---

① 《马克思恩格斯全集》第1卷,北京:人民出版社1956年版,第147页。《马克思恩格斯全集》第2版第1卷将这句翻译为"由此可见,在贫苦阶级的这些习惯中存在着合乎本能的法的意识,这些习惯的根源是实际的和合法的"。(《马克思恩格斯全集》第1卷,北京:人民出版社1995年版,第253页)Rechts在德语中具有权利和法的双重意义,因此第1版《马克思恩格斯全集》第1卷将Rechssinn翻译为权利感,而第2版则翻译为法的意识。根据上下文,本文倾向于第1版的翻译,强调习惯法中有利于穷人的生存权利。

士当局的官僚们根本不承认摩泽尔地区酒农的贫困同自己有关,相互推诿,并在他们治理的范围之外寻找酒农的贫困原因。马克思驳斥了掩盖官僚制度本质的种种遁词,认为摩泽尔地区的贫困状况是由于官僚制度的本质决定的。官僚制度导致官僚们把昭然若揭的现实观察为国家文件中证明无误的现实,从而掩盖了酒农们生活其中的现实,这决定了国家对贫困的解决方案只能是无能,虽然它们可能对贫困大众心存怜悯,但是他们"只能采取适当措施来尽量减轻当地的居民在这种转变中所遇到的困难"①。

因此,马克思认为有必要跳出国家和酒农,"为了解决这种困难,管理机构和被管理者都需要有第三个因素,这个因素应该是政治的因素,但同时又不是官方的因素,这就是说,它不是以官僚的前提为出发点;这个因素也是市民的因素,但同时又不直接同私人利益以及迫切需求纠缠在一起。这个具有公民头脑和市民胸怀的补充因素就是自由报刊"。② 马克思认为自由报刊一方面通过对这些贫困酒农的同情让他们感受到人的关怀,另外又可以"原原本本地把人民的贫困状况反映到国王的御座之前,反映给这样一个当权者"③。

因此,上述的两个解决方案都殊途同归于国家,这说明马克思还存在有黑格尔主义的幻想,对国家抱有希望。然而,现实让他的希望彻底破碎,他不得不从《莱茵报》辞职。在克洛茨纳赫,他潜心研究了国家、历史等,加深了对现实的理解。而在当时的德国,越来越多的无业贫民投入到工业生产,他们不仅创造出财富,而且自身的革命意识也正走向成熟,这种变化在理论界也有相应回声④。这些因素合力导致马克思在《〈黑格尔法哲学批判〉导言》中把解放的希望转变到受难者自身:

---

① 《马克思恩格斯全集》第 1 卷,北京:人民出版社 1995 年版,第 369 页。
② 同上书,第 378 页。
③ 《马克思恩格斯全集》第 1 卷,北京:人民出版社 1956 年版,第 231 页。
④ 施泰因在《今日法国的社会主义和共产主义》中指出,必须把"无产阶级"与"穷人"做严格的区分。塔克认为马克思的无产阶级思想受到了施泰因的影响,参见鲁克俭:《国外学者关于马克思共产主义思想的新观点》,载《科学社会主义》2006 年第 3 期。

"那末,德国解放的实际可能性到底在哪里呢?

答:就在于形成一个被戴上彻底的锁链的阶级,一个非市民社会阶级的市民社会阶级,形成一个表明一切等级解体的等级,形成一个由于自己遭受普遍苦难而具有普遍性质的领域,这个领域并不要求享有任何一种特殊的权利,因为威胁着这个领域的不是特殊的不公正,而是一般的不公正,它不能再求助于历史权利,而只能求助于人权,……社会解体的结果,就是无产阶级这个特殊等级。"①

从这段话可以看出,无产阶级与《关于林木盗窃法的辩论》中的贫民具有共同的特点:不属于任何等级,他们是非市民阶级的市民阶级;他们失去一切特殊权利,所以只能求助于人权,另外,这个阶级不是自发产生的,而是由社会所造成的。当贫民在苦难中认识到自身的历史使命,并投身到人类解放的革命中时,他们就转变成了无产阶级。从"人类社会的自然阶级"到"无产阶级",这准确定位了现代市民社会无产者的历史身份。塔克认为马克思无产阶级概念的提出得益于对《今日法国的社会主义和共产主义》(1842)一书的阅读。那么,马克思究竟从施泰因的书中获得了什么启发呢?

施泰因在他的书中指出,必须把"无产阶级"与"穷人"做严格的区分。社会上历来存在着穷人,但无产阶级的出现却是新现象。无产阶级不仅仅是赤贫的人,而是一群骄傲和反抗的穷人,是对抗社会(该社会把他们作为一个阶级诞生出来)的穷人。他们既没有财产,也没有受过教育,但又不甘心现有的命运。相应地,该阶级"可以被恰如其分地称作危险因素。之所以危险,因为它有庞大的人数和巨大的勇气;因为它有团结的意识;因为它已经感觉到只有通过革命才能达到其目的,实现其计划"②。即无产阶级是失去了市民社会一切利益的人群,他们具有政治反抗性,这和黑格尔的贱民具有一定的相似性。而《关于林木盗窃法的辩论》中的贫民仅仅是本能地具有人类的普遍性,他们还把希

---

① 《马克思恩格斯全集》第 3 卷,北京:人民出版社 2002 年版,第 213 页。
② 转引自鲁克俭:《国外学者关于马克思共产主义思想的新观点》,载《科学社会主义》2006 年第 3 期。

望寄托在法和国家,这说明他们缺少彻底的革命意识。因此,马克思从施泰因的著作中获得了贫民的革命精神,或是说施泰因的著作唤起了马克思对黑格尔贱民反抗精神的关注。这使新贫民升华为无产阶级。塔克等人的观点具有一定的合理性,但是,并不能据此就把马克思对现实贫民的观察对于形成马克思无产阶级概念的作用完全抛弃掉。

从被黑格尔摒弃的贫民到无产阶级,贫民自身的历史作用不仅得以清楚的昭示,而且马克思自身的思想也经历了转折:在《莱茵报》时期,他从现实问题出发,试图把哲学拉到现实中,而在《〈黑格尔法哲学批判〉导言》中,他初步从理论上总结了自己早期对社会问题的观察和反思,实现了把现实提高到哲学高度的转变:"哲学把无产阶级当做自己的物质武器,同样,无产阶级也把哲学当做自己的精神武器;思想的闪电一旦彻底击中这块素朴的人民园地,德国人就会解放成为人。"[①]

(四) 一个小结

马克思通过两次术语的变革,完全颠覆了黑格尔对贱民的价值评价。在《关于林木盗窃法的辩论》中,马克思用人类社会的自然阶级来指称贫民,这实际说明了贫民为何是潜在的革命性力量。而在《〈黑格尔法哲学批判〉导言》中,马克思第一次把这个贫民阶级命名为无产阶级,这说明他已经意识到了贫民的革命力量。马克思能透过黑格尔主义思辨的蛛网,赋予贫民以崭新的存在价值,这和黑格尔完全从否定性上来评价贫民不同。这种差异的产生有两个原因:

一是他们两人对待现实的态度不一样。黑格尔认为贫穷作为市民社会的产物,是不可避免的,他囿于自身的哲学体系,让现实服从于哲学。但是,马克思认为哲学要走出"幽静孤寂,闭关自守",不是让现实服从自己体系的需要,而是让自己和现实相互作用。《莱茵报》时期,马克思作为报社编辑,认为新闻记者要"极其忠实地报道他所听到

[①] 《马克思恩格斯全集》第3卷,北京:人民出版社2002年版,第214页。

的人民呼声"①，要忠实于事实。可见，黑格尔是让哲学吞噬现实，而马克思则是从现实出发，让哲学来解释现实。

其次是两人对普遍性和特殊性的关系理解不一样。黑格尔认为，"在市民社会中特殊性和普遍性虽然是分离的，但它们仍然是相互束缚和相互制约的。其中一个所做的虽然看来是同另一个相对立的，并且以为只有同另一个保持一定距离才能存在，但是每一个毕竟要以另一个为其条件。"② 因此，他把等级作为普遍性和特殊性的中介，让两者相互转化。但对于青年马克思而言，普遍性和特殊性是根本不同质的，它们不可能像黑格尔所认为的可以在对方中映现出自己，相反，只有消灭一方，另一方才能生存。因此，马克思认为贫民和所有者是相互不同，只有取消所有者，贫民才能实现自身的普遍性。

上述分析说明把马克思的无产阶级概念完全归结于他的哲学共产主义思想，是不实之举。准确地说，应该是马克思首先从贫民身上获得了无产阶级社会生存状况的感性认识，然后是现实和施泰因著作的双重作用使马克思认识到了无产阶级的历史使命，从而形成了科学的无产阶级概念。而黑格尔的贱民阶级作为一个反抗危险的市民社会非存在，它对马克思同样具有启发作用。马克思提出无产阶级概念的过程就表现为一个继承和超越黑格尔贱民概念的过程。

---

① 《马克思恩格斯全集》第1卷，北京：人民出版社1995年版，第358页。
② 黑格尔：《法哲学原理》，范扬、张企泰译，北京：商务印书馆1982年版，第198页。

第四部分　经典著作选编

马克思

第六届莱茵省议会的辩论（节选）

（第一篇论文）

关于新闻出版自由和公布省等级会议辩论情况的辩论

大家知道，**计数**是摇摆于感性和思维之间的理智的最初的理论活动。计数是**小孩**的理智的最初的自由理论活动。《普鲁士国家报》向它的同行们号召：让我们**来计数吧**。**统计**是首要的政治科学![①] 如果我知道一个人有多少根头发，我就了解了这个人的脑袋。

你希望别人怎样对待你自己，你就怎样对待别人。要正确评价我们自己、特别是我《普鲁士国家报》，还有什么办法能比统计更好呢！统计不仅会证实我和任何一家法国或英国报纸一样经常出版，而且会证实我的读者比文明世界任何一家报纸的读者都少。除了那些不是十分愿意而是被迫对我发生兴趣的官员，除了那些离不开半官方报纸的公共场所，还有谁读我呢？请问还有谁呢？如果把花在我身上的费用和我带来的收入计算一下，你们就会承认：用沉着的语调发表伟大的言论，绝不是一件有利可图的事情。你们看，统计是多么令人信服，计数是怎样使一切进一步的脑力活动成为多余！总之，大家来计数吧！数字表格可以启迪民众，而不会激起他们的热情。

[①] 见《国内报刊和国内统计》。——编者注

《国家报》是一家全面的报纸。它并不以**数**为满足，并不以**时间的长短**为满足。它在承认数量的原则上更进一步，对**空间的量**也给予了充分的估价。空间，这是第一个以自己的量使**小孩**敬畏的东西。空间是小孩在世界上体验到的第一种量，因此，小孩以为身材高大的人就是伟人。像小孩一样进行推断的《国家报》也向我们说，**大部头的书**比**薄本子**要好得多，至于篇幅只有寥寥几页，每日只出一个印张的**报纸**，那就更不用说了！

……

当然！当然！我们这个时代已经没有中世纪那种令人赞叹的、对宏大事物的真正鉴赏力了。请看一看我们的虔诚派的短小的论文，请看一看我们的以小八开本印行的成套哲学著作，然后再看一看邓斯·司各脱的二十卷大开本的巨著吧。这些大部头著作，甚至不用你去阅读，光是它们那惊人的外观就像哥特式建筑一样，足以打动你们的心弦，使你们惊异不置。这些天生的庞然大物以物质的形式对精神产生作用。精神感觉到巨大物体的重压，这种压力感就是敬畏的开端。不是你们占有这些书籍，而是这些书籍占有了你们。你们成了书籍的附属品，而普鲁士《国家报》认为，人民也应该这样成为他们的政治出版物的附属品。

……

但是，我们不应当忘记普鲁士《国家报》的**小孩式的感性观点**。它向我们说：当谈到铁路时，只应当想到铁和路；当谈到贸易合同时，只应当想到糖和咖啡；当谈到制革厂时，就只应当想到皮革。当然，小孩超不出**感性知觉**的范围，他只看到个别的东西，想不到还有把这种特殊和一般联系起来的看不见的神经存在，这种神经在国家中也如在各处一样，把各个物质部分转变为精神整体的活的成分。小孩相信太阳围绕地球旋转，一般围绕个别旋转。所以，小孩不相信**精神**，但却相信**鬼怪**。

……

普鲁士《国家报》"以它天真的心灵"提醒我们说，普鲁士的情况并不比英国差，我们有**等级会议**，只要报刊有**能力**，它是**有权**对等级会议的辩论情况进行讨论的。因为《国家报》具有伟大的典型的自我意识，它认为普鲁士报纸缺少的不是**权利**，而是**能力**。后一种品质作为该报的特权，我们是乐于承认的，同时我们不想多谈该报的能力问题，倒愿意不揣冒昧地把该报以它天真的心灵透露出来的那种思想付诸实现。

只有在等级会议的辩论情况被当作"**公开的事实**"来对待，也就是说，成为报刊的对象时，**公布**会议辩论情况才能成为现实。和我们关系最密切的是最近一届**莱茵**省议会。

我们现在从省议会"**关于新闻出版自由的辩论**"开始谈起，并且事先必须指出，在讨论这一问题时，我们间或将以参加者的身分发表我们自己的实际看法，而在以后的几篇论文中，我们将更多地以历史观察者的身分来注意并叙述辩论的进程。

这种叙述方法上的差别是由辩论的性质本身决定的。在辩论其他问题时，我们发现各等级的代表对各种意见的辩护是势均力敌的。而在新闻出版问题上则不然，反对新闻出版自由的人稍占优势。这些人除了发表一些空洞的流行言论和老生常谈以外，我们发现他们还有一种**病态的激动**，一种由他们对新闻出版的**现实的**而不是想象的态度所决定的强烈的偏见；而为**新闻出版辩护的人**，总的说来对自己所辩护的对象却没有**任何现实的关系**。他们从来没有感觉到新闻出版自由是一种**需要**。在他们看来，新闻出版自由是头脑的事情，根本用不着心脏去过问。对他们说来，新闻出版自由是"异国的"植物，他们只是把它作为"业余爱好"来同它打交道的。因此，他们只是举出一些十分空泛而含糊不清的论断来对付论敌的特别"有力的"论据，可是就连最愚蠢的想法在未被彻底驳倒以前也自认为是很了不起的。

歌德曾经说过，画家要成功地描绘出一种女性美，只能以他至少在一个活人身上曾经爱过的那种美作为典型[①]。新闻出版自由也是一种美（尽管这种美丝毫不是女性之美），要想为它辩护，就必须喜爱它。我

[①] 见歌德《模仿和超过法尔科内》。——编者注

真正喜爱什么东西，我就会感到这种东西的存在是必需的，是我所需要的，没有它的存在，我的生活就不可能充实、美满。然而上述那些为新闻出版自由辩护的人，即使没有新闻出版自由，看来也会生活得很美满的。

自由主义反对派向我们表明政治会议的水平，正像一般反对派表明一个社会的水平一样。一个时代如果把不信鬼神视为哲学上的胆大妄为之举，把反对女巫审判视为奇谈怪论，这样的时代就是把崇信鬼神和女巫审判视为**合法的**时代。一个国家如果像古代雅典那样把谄媚者、寄生虫和阿谀逢迎之徒当作违背人民理性的人和**人民中的丑类**来加以惩处，这样的国家就是独立自主的国家。一个民族如果像美好时代的所有民族那样只让**宫廷弄臣**享有思考和述说真理的权利，这样的民族就只能是依附他人、不能自立的民族。一个等级会议中的反对派如果还要说服人们相信意志自由是人的天性，那么，这样的等级会议至少还不是享有意志自由的等级会议。例外只是证实常规。自由主义反对派向我们表明，自由主义的立场已变成什么样子，自由在人的身上体现到怎样的程度。

虽然如此，我们还是要从这一点开始叙述省等级会议的辩论，这不仅是由于对新闻出版自由有特殊的兴趣，而且也由于对省议会有一般的兴趣。我们认为，在关于新闻出版的辩论中，**特殊等级**精神比在其他任何场合都表现得清楚、明确而充分。**新闻出版自由的反对派**尤其是如此，正如在**一般自由**的反对派中，特定领域的精神、特殊等级的个人利益、品格的先天的片面性表现得最为强烈、明显，露出一副狰狞的面孔。

辩论向我们显示出诸侯等级反对新闻出版自由的论战、骑士等级的论战、城市等级的论战，所以，在这里进行论战的不是**个人**，而是**等级**。还有什么镜子能比关于新闻出版的辩论更真实地反映省议会的内在特性呢？

我们从**反对新闻出版自由的论敌**开始，而且——这是合理的——从**诸侯等级的一位辩论人**①开始谈起。

---

① 指莱·佐尔姆斯-劳巴赫伯爵。——编者注

我们不想详谈他发言的第一部分，即关于"新闻出版自由和书报检查制度都是恶等等"这一部分，因为这个论题已经由另一位辩论人比较透彻地分析过了。不过，我们不能不谈一下辩论人的**独特的论据**。

省议会正在讨论关于使新闻出版摆脱羁绊的问题。这位辩论人说：这些束缚新闻出版的羁绊、锁链本身就证明，新闻出版的使命不是要进行自由的活动。它的被束缚状态否证了它的本质。反对新闻出版自由的法律就否定了新闻出版自由。

这是一种用来反对任何改革的**圆滑的**论据，某个派别的**经典理论**把它表述得最为透彻。对自由的任何一点限制实际上都无可辩驳地证明当权人物曾一度坚信必须限制自由，而这种信念也就成为后来信念的准绳了。

同样，在**我们德国**曾经用法律手续确定了下面这种为各个诸侯所赞同的全帝国共同的信念：农奴身分是某些人的躯体的特性；用外科手术即刑讯拷打最能查明真相；要用尘世之火来向异教徒显示地狱之火。

难道法定的农奴身分不正是否定关于人体并非使用和占有的对象这一合乎理性的怪想的实际证明吗？难道自发进行的刑讯拷打不是驳倒了关于依靠屠杀不能弄清真相，刑讯台上抻拉脊骨不能使人丧失刚强，抽搐并不是认罪等等空洞的理论吗？

在辩论人看来，书报检查制度存在的事实就这样推翻了新闻出版自由；这在事实上是正确的，这是真理，它十分真实，甚至可以用画地形的方法来确定它的界限，——只要越过一定的界限，它就不再是事实和真理了。接着，我们又听到了这样的说教：

"无论在言语上或在文字上，无论在我们莱茵省或在整个德国，都看不出真实而高尚的精神发展受到了束缚。"①

据说照耀着我们新闻出版界的这种真理的高尚光芒，就是书报检查制度赠送的礼物。

---

① 《第六届莱茵省议会会议记录》1841年科布伦茨版。——编者注

首先我们用辩论人过去的论据来反驳他自己。我们举出的不是一个合理的论据，而是政府的一项法令。普鲁士最近的书报检查令正式宣称：直到现在，新闻出版一直受到太大的限制，它还必须设法具有真正民族的内容。辩论人可以看到，在**我们德国**，信念是可以改变的。

但是，把书报检查制度看作我们优秀的新闻出版业的基础，这是多么不合逻辑的奇谈怪论！

法国革命时最伟大的演说家**米拉波**的永远响亮的声音直到现在还在轰鸣；他是一头狮子，你想要和人们一起叫一声"吼得好，狮子！"①，就必须亲自倾听一下这头狮子的吼声。米拉波是在监狱里获得知识的。难道监狱因此就是培养口才的高等学校吗？

虽然有一整套精神上的关卡，德国精神仍然成就了一番大事业。如果认为这种成就的取得正是由于关卡和限制，那么这种看法是地道的王公老爷的偏见。德国的精神发展并不是**由于**书报检查制度，而是由于**违背了**这种制度。当新闻出版业在书报检查的条件下枯萎凋谢、艰难度日时，这种情况却被援引来作为反对新闻出版自由的论据，其实它只能否证新闻出版的不自由。当新闻出版业不顾书报检查制度的刁难仍保持着自己的主要特点时，这种情况却被援引来为书报检查制度辩护，其实它只能用来为精神辩护，而不能用来为镣铐辩护。

其实，"**真实而高尚的发展**"是有其缘由的。

在实行严格书报检查制度的1819—1830年间（后来，即使不是在"我们德国"，也毕竟在德国的绝大部分，书报检查制度本身也受到时势和这一时期内形成的奇特信念的检查），我国著作界处于"**晚报时期**"。我们同样有权把这个时期称为"真实而高尚的"、精神的和充分发展的时期，正像《**晚报**》的编辑"**温克勒**"幽默地用"**赫尔**"这一笔名称呼自己一样，虽然我们认为他的亮度比深夜沼泽的亮度还要微弱。这位以"赫尔"作为笔名的愚昧的乡下佬就是当时著作界的典型。

---

① 莎士比亚《仲夏夜之梦》第5幕第1场。——编者注

那个大斋期一定会向后代证明，如果说只有少数的圣徒才能在禁绝饮食的条件下坚持40天之久，那么，整个德国虽然从来不是神圣的，却能在既不消费也不生产精神食粮的情况下存在20年以上。新闻出版界**堕落了**，很难说，是智力不足和形式缺乏甚于特性不足和内容缺乏呢，还是恰恰相反。如果批判能够证明这个时期根本没有存在过，应当说这对德国最有利了。当时著作界中唯一还有充满生机的精神在跃动的领域——**哲学领域**，已不再说德语，因为德语已不再是思想的语言了。精神所说的话语是一种无法理解的神秘的话语，因为已不允许可以理解的话语成为明辨事理的话语了。

至于**莱茵著作界**的例子（这个例子实际上和莱茵省等级会议有相当密切的关系），那么即使打着第欧根尼的灯笼走遍五个行政区恐怕也找不到"这样一个人"了。我们不认为这是莱茵省的缺陷，相反，我们认为这是它具有实践政治意义的证明。莱茵省可以办"**自由的报刊**"，但是要办"**不自由的报刊**"，它既欠圆滑又缺乏幻想。

因此，我们可以称之为"实行严格书报检查制度的著作时期"的那个刚告结束的著作时期，从历史上清楚地证明，书报检查制度无疑不负责任地给德国精神的发展带来了不可弥补的损失；因此，这个制度无论如何也不能起辩论人所认为的高尚艺术的导师的作用。或许当初人们是把"高尚而真实的新闻出版业"理解为体面地戴着锁链的新闻出版业吧？

既然辩论人"可以提起关于小拇指和整个手这一尽人皆知的俗语"，那么让我们也来反问一句：如果政府向本国人民的精神伸出的不只是**一只手**而一下子就是两只手，这不是最符合政府的尊严吗？

我们看到，我们这位辩论人以满不在乎的傲慢和外交式的冷静抹杀了书报检查制度和精神发展的关系问题。他在对**新闻出版自由的历史形态**展开进攻的时候，就更明确地表现了本等级的消极方面。

至于别国人民的新闻出版自由，据说：

"英国不足为例，因为那里几世纪以来在历史进程中形成的一些条件，不是别的国家用理论所能创造的，但是这些条件在英国的特殊情况下是有其根据的。""在荷兰，新闻出版自由未能防止沉重的国债，并且在极大的程度上促使了革命的爆发，结果使二分之一的领土沦丧。"①

我们暂不谈法国，留待以后再谈。

"最后，我们是否能把瑞士看成是由新闻出版自由赐福的黄金国呢？当各党派正确地意识到自己缺乏人的尊严，分别按动物躯体的某个部分称为有角者、有爪者，并由于庸俗地谩骂而引起四邻蔑视时，难道我们不是带着厌恶的心情回想起它们在当地报纸上的粗野争吵吗？"②

据说**英国**报刊不能用来论证一般的新闻出版自由，**因为**它是建立在**历史的基础**上的。英国报刊之所以有功绩，**只是**由于它是历史地发展起来的，与一般报刊不同，因为一般报刊的发展据说应该是**没有**历史基础的。由此可见，这是历史的功绩，而不是报刊的功绩。似乎报刊就不是历史的组成部分；好像在亨利八世、天主教徒玛丽、伊丽莎白和詹姆斯一世的统治下，英国报刊为了争取给英国人民奠定历史基础，没有经过严酷的、常常是野蛮的斗争似的！

既然英国报刊在最不受束缚的情况下也没有破坏历史基础，难道这不是恰好说明新闻出版自由的好处吗？但是辩论人前后是不一致的。

英国报刊不能成为替一般报刊**辩护**的理由，**因为**它是英国的。荷兰报刊却是**反对**一般报刊的理由，**虽然**它只是荷兰的。时而把报刊的一切优点都归功于历史基础，时而把历史基础的一切缺点都归咎于报刊。时而说报刊对历史的完善没有起到自己的作用，时而说历史对报刊的缺点不能承担自己的责任。在英国，报刊是同本国的历史和特殊环境紧密联结在一起的，荷兰和瑞士的情况也是一样。

在对待历史基础方面，报刊究竟应该做些什么呢？是反映它，抛弃它呢，还是发展它？辩论人对报刊的这三种做法全都加以责难。

---

① 《第六届莱茵省议会会议记录》1841年科布伦茨版。——编者注
② 《第六届莱茵省议会会议记录》1841年科布伦茨版。——编者注

他斥责**荷兰**报刊，**因为**它是**历史地**发展起来的。它本**应当阻止历史进程**，它本应当使荷兰防止**沉重的国债**！这是多么不合历史情况的要求！荷兰报刊未能阻止路易十四时代的出现，它也未能阻止克伦威尔时期英国舰队称霸欧洲。它未能对海洋使用魔法，使它把荷兰从充当大陆强国厮杀战场这一倒霉的角色中解救出来；它同德国所有的书报检查官一样，也未能取消拿破仑的专制法令。

但是，难道**自由的**报刊什么时候曾经加重过国债吗？奥尔良公爵①摄政时期，约翰·罗的疯狂的证券投机使整个法国处于混乱状态；那时有谁曾经起来同这一荒诞的金融投机狂飙时期相对抗呢？只有几个讽刺作家。当然，他们获得的报偿并不是银行的钞票，而是巴士底狱的入狱证。

要求报刊防止**国债**，如果再进一步，连个人的债务也应当由报刊来偿还了。这种要求正像一位作者总是暴跳如雷地责怪他的医生只是给他治好了病，却没有同时使他的作品不印错字一样。新闻出版自由同医生一样，并不能使一个人或一个民族变得完美无缺。它自己也不是十全十美的。如果由于好事只是某个方面好，而不是一切都好，由于它是**这种**好事而**不是别的**好事就予以痛骂，这种做法是十分鄙俗的。当然，假如新闻出版自由无所不包，那它就会使人民的其他一切职能、甚至人民本身都变得多余了。

辩论人把**比利时的革命**归罪于荷兰的报刊。

每一个稍有历史知识的人都不会否认，比利时脱离荷兰这一事件远比它们的联合**更合乎历史情况**。

据说荷兰的报刊引起了比利时革命。什么样的报刊？主张改革的还是反动的？对法国我们也可以提出同样的问题；如果辩论人斥责比利时教权主义的、同时又是民主主义的报刊，那么，他也同样应当斥责法国教权主义的、同时又是拥护专制的报刊。两种报刊在推翻本国政府时都出过力。在法国，为革命准备基础的不是新闻出版自由，而是书报检查

---

① 菲力浦第二。——编者注

制度。

但是，这一点我们不谈。比利时革命在最初**出现**时是精神的革命，是报刊的革命。超出这个范围而硬说什么报刊产生了比利时革命，那是没有丝毫意义的。但是，难道这就值得斥责一通吗？难道革命一开始就应当**以物质的形式**出现吗？难道一开始它就应当动手打而不是用口讲吗？政府可以使精神的革命物质化；而物质的革命却必须首先使政府精神化。

比利时革命是比利时精神的产物。因此，报刊——目前精神的最自由的表现——也参加了比利时革命。假如比利时报刊站在革命之外，那它就不成其为比利时的报刊；同样，假如比利时革命不同时又是报刊的革命，那它也就不成其为比利时的革命。人民革命是**总体性的**，这就是说，每一个领域都按自己的方式起来造反；那么，为什么报刊自身就不应该这样做呢？

这样说来，辩论人对比利时报刊的斥责并不是针对报刊，**他斥责的是比利时**。在这里我们可以看出他对新闻出版自由所持的历史观点的关键问题。自由报刊的**人民**性（大家知道，就连艺术家也是不用水彩来画巨大的历史画卷的），以及它所具有的那种使它成为体现它那独特的人民精神的独特报刊的历史个性——这一切对诸侯等级的辩论人说来都是不合心意的。他甚至要求各民族的报刊成为表现**他的**观点的报刊，成为上流社会的报刊，还要求它们围绕个别人物旋转，而不要围绕精神上的天体——民族旋转。这个要求在他对**瑞士报刊**发表评论时就赤裸裸地表现出来了。

现在让我们来提一个问题，为什么辩论人没有想起以阿尔布雷希特·冯·哈勒为代表的瑞士报刊曾反对过伏尔泰的启蒙运动这一事实呢？为什么他不记得，即使瑞士不是黄金国，但它毕竟产生了一位未来的诸侯黄金国的预言家，也就是说，它还产生了一位在《国家学的复兴》一书中为"更高尚而真实的"报刊即《柏林政治周刊》奠定了基础的、也同样叫冯·哈勒的先生呢？根据果实可以辨认出树木。① 世界上还有什么地方能拿出具有这种多汁的正统主义的果实来同瑞士抗衡呢？

辩论人责备**瑞士报**刊采用"有角者"和"有爪者"这样的"以动物命名的党派名称"，一句话，责备它**用瑞士语言讲话**，而且是跟那些与公牛、母牛宗法式地和睦相处的**瑞士人讲话**。**这个国家的报刊正是这个国家的报刊**。也只能够这样讲。而且像瑞士报刊又一次证明的那样，使人们摆脱地方分立主义局限性的正是自由的报刊。

说到**以动物命名的党派名称**，我们要特别指出，宗教本身就把**动物**奉为神灵的象征。当然我们这位辩论人必然会斥责以宗教的热忱向母牛撒巴拉和猴子哈努曼膜拜的**印度**出版物。他一定会由于印度宗教责备印度出版物，正如他由于瑞士的特征责备瑞士出版物一样。但是有一种出版物，辩论人未必愿意使它遭受检查，我们指的是**神圣的出版物**——**圣经**。难道圣经不是把全人类分成**山羊**和**绵羊**两大类②吗？难道上帝自己不是用"对犹大家我如**蛀虫**，对以法莲家我如**蛆虫**"③ 这样的话来表明自己对犹大家和以法莲家的态度吗？或者，（这对我们俗人说来更近一些）不是也有一种把全部**人类学**变成**动物学**的**诸侯等级的著作**吗？我们指的是**研究纹章**的著作。在那里人们可以看到比"有角者"和"有爪者"更稀奇古怪的东西。

辩论人究竟斥责新闻出版自由的哪些东西呢？他斥责的是：**人民的缺陷同时也是他们的报刊的缺陷**；报刊是历史的人民精神的英勇喉舌和它的公开形式。辩论人是否已经证明，**德国的人民精神**不能享有这一伟大的天赋特权呢？他曾表明，每个国家的人民都在**各自的**报刊中表现**自己的**精神。难道德国人的具有哲学修养的精神就不应该具有连满脑子动物名称的瑞士人（按照辩论人自己的说法）都具有的东西吗？

最后，辩论人是否以为，自由报刊的**民族**缺陷并不是**书报检查官的**

---

① 参看《新约全书·马太福音》第7章第16节。——编者注
② 参看《新约全书·马太福音》第25章第32—33节。——编者注
③ 《旧约全书·何西阿书》第5章第12节。——编者注

民族缺陷呢？难道书报检查官置身于历史总体之外，不受时代精神的影响吗？很可惜，也许正是这样。但是，凡是思想健全的人，谁能不原谅报刊的民族的和时代的过失，却原谅书报检查制度的反民族的和反时代的罪过呢？

一开始我们就指出，在形形色色反对新闻出版自由的辩论人进行论战时，实际上进行论战的是他们的**特殊等级**。起初诸侯等级的辩论人提出了一些**圆滑的**论据。他证明新闻出版自由是不合理的，他的根据便是书报检查法中表现得十分明显的**诸侯信念**。他以为，德国精神的高尚而真实的发展**是由于**上面的限制**造成的**。最后，他进行了**反对各国人民**的论战，他怀着高贵的怯懦责骂新闻出版自由，说它是人民自己对自己使用的一种粗野而冒失的语言。

现在我们就要谈到**骑士等级的辩论人**①不是反对各国人民，而是反对人。在**新闻出版自由**方面他驳斥的是**人的自由**，在**新闻出版法**方面他驳斥的是**法律**。在谈论新闻出版自由问题本题之前，他先涉及**不加删节地每天发表省议会辩论情况**的问题。我们一步一步地跟着他走下去吧。

"在关于公布我们的辩论情况的几个提案中，第一个提案已被满足。""省议会完全有权力明智地运用这一授予它的批准权。"

这正是问题的实质所在。省里认为，自从公布省议会的辩论情况不再由省议会的智慧任意决定而成为法律的必然要求时起，省议会就完全受省的支配。如果必须把这一新的让步解释为发表与否将取决于省等级会议的任性的话，那么我们应当把这种新的让步叫作新的倒退。

省等级会议的特权并不是省的权利。恰恰相反，省的权利自从变成省等级会议的特权后，就不再存在了。例如，中世纪的等级就曾经把国家的一切权利都集中在自己手里，并使其成为反对国家的特权。

---

① 指马·洛埃男爵。——编者注

公民不承认以特权形式存在的权利。他会不会认为在旧的特权者以外再增加新的特权者竟是一种权利呢？

在这种情况下，省议会的权利已不再是**省的权利**，而是**反对省的权利**，省议会本身也成为**对省采取极端非法行为**的体现者，它力求具有神秘的意义，即获得省的最大权利的荣誉。

从**骑士等级的辩论人**后来的发言中我们可以看到，他对省议会所抱的这种**中世纪**的观点是多么根深蒂固，他反对省的权利、维护等级特权是多么无所顾忌。

"这一批准权〈公布辩论情况〉的扩大只能是出于内在信念，而不是出于外来的影响。"

好一个出人意料的说法！省对**它的**议会的影响被称为某种**外来的**东西，同外来的东西相对立的是省等级会议的信念这一**微妙的内在活动**，这种省等级会议的极其敏感的本性向省叫道："别碰我！"① 面对"公众信念"的严厉的、外部的、不法的北风，这种关于"**内在信念**"的哀伤论调特别值得注意，因为提案的目的正是要使省等级会议的内在信念成为外在的事实。当然，甚至在这里也可看出前后是不一致的。在辩论人认为合适的地方（例如在关于**教会**争论的问题上），他又求助于省了。

辩论人继续说道："在我们认为合适的地方，我们就容许它〈公布辩论情况〉，在我们感到它的传播没有好处或甚至有害的地方，我们就限制它。"

我们想干什么，**我们**就要干什么。我怎么想就怎样下命令，意志代替合理的论据。② 这完全是统治者的语言，但在现代贵族的口里就显得委婉动听了。

这个"**我们**"是谁呢？是**省等级会议**。公布辩论情况是为了全省。

---

① 《新约全书·约翰福音》第20章第17节。——编者注
② 参看尤维纳利斯《讽刺诗集》第6篇。——编者注

而不是为了等级。但是辩论人偏要纠正我们的看法。发表辩论情况也是省等级会议**特权**，省等级会议如果认为合适的话，它是有权利用印刷机喧闹的回音来为自己的智慧服务的。

辩论人只知道等级会议的省，但是不知道省的等级会议。等级会议有一个扩展其活动特权的省，而省却没有一个它可以用来进行活动的等级会议。的确，在规定的条件下，省是有权为自己造出这些神来的，但是，把它们造出以后，就必须像偶像崇拜者那样立刻忘记这些神正是它亲手造出来的。

……

大家知道，有一种心理学专门用细小的理由来解释大事情。它正确地猜测到了人们为之奋斗的一切，都同他们的利益有关，但是它由此得出了不正确的结论：只有"细小的"利益，只有不变的利己的利益。大家也知道，这种心理学和对人的了解在**城市**里更是屡见不鲜。在那里，人们把洞察世界，能透过观念和事实的重重云雾识破忌妒成性、勾心斗角、抓住几股线头就想操纵整个世界的卑鄙小人的眼力看作有远见卓识的标志。但是同时大家也知道，贪杯过度是要跌破**自己的脑袋**的。在这种情况下，这些聪明人对人和世界的了解首先就是糊里糊涂地跌破自己的脑袋。

……

我们也不能否认辩论人的言论有**相对的**正确性。如果把新闻出版**仅仅**看成一种行业，那么，它作为头脑的行业，应当比手脚的行业有更多的自由。正是由于头脑的解放，手脚的解放对人才具有重大的意义，因为大家知道，手脚只是由于它们所服务的对象——头脑——才成为人的手脚。

德国人一般易于感情冲动，过度激奋，他们有一种爱听蓝色天空音乐的癖好。因此，用从与他们最紧密的周围环境中得出的严酷而现实的观点向他们证明观念这个大问题时，他们总是高兴的。德国人生来就特别忠诚、恭顺和谦卑。他们由于过分地敬重观念，所以就不去实现这些观念。他们把观念当作崇拜的对象，但不去培育它。这样看来，为了使德国人同他的观念**亲近起来**,为了向他表明这里所指的不是可望而不可即的东西,而是他的切身利益,为了把神的语言变成人的语言,辩论人所采取的方法看来是合适的。

……

当然罗!既然自由的较高级的形式都被认为不合法,它的低级形式自然应当被认为是不合法的了。在国家的权利没有得到承认的时候,个别公民的权利是毫无意义的。如果总的说来自由是合法的,不言而喻,某一特定形式的自由表现得越鲜明、越充分,自由的这一特定形式也就越合法。如果**水螅**由于身上有自然界的生命在微弱地跳动,就有生存的权利,那么,体内有生命奔腾怒吼着的**狮子**怎么会没有生存权利呢?

如果说较高级的权利形式必须由较低级的权利形式来证实这一结论是正确的,那么把较低级的领域**用作**衡量较高级领域的**尺度**则是错误的了;这样一来,就会把在一定限度内是合理的规律歪曲成为可笑的东西,因为这是硬要求这些规律不成为该领域的规律,而成为另一个更高级领域的规律。这正像我想强迫一个巨人住在侏儒的屋子里一样。

行业自由、财产自由、信仰自由、新闻出版自由、审判自由,这一切都是同一个类即**没有特定名称的一般自由的不同种**。但是,由于相同而忘了差异,以至把一定的种用作衡量其他一切种的尺度、标准、领域,那岂不是完全错了?如果一种自由只有在其他各种自由背叛它们自己而自认是它的附庸时,它才允许它们存在,这是这种自由**气量狭窄的表现**。

行业自由只是行业自由,而不是其他什么自由,因为在这种自由中,行业的本性是按其生命的内在原则不受阻挠地形成起来的。如果法院遵循它自己固有的法规而不遵循其他领域(如宗教)的规律的话,审判自由就是审判自由。自由的每一特定领域就是特定领域的自由,同样,每一特定的生活方式就是特定自然的生活方式。要狮子遵循水螅的生命规律,这难道不是反常的要求吧?如果我这样去推论,即既然手和脚以其独特的方式发挥职能,那么眼睛和耳朵这两种使人摆脱他的个体性的羁绊而成为宇宙的镜子和回声的器官,就应当有更大的活动权利,因而也就应当具有**强化的**手和脚的职能；如果我这样去推论，我对人体各种器官的联系和统一的理解将是多么错误呵！

在宇宙系统中，每一个单独的行星一面自转，同时又围绕太阳运转，同样，在自由的系统中，它的每个领域也是一面自转，同时又围绕自由这一太阳中心运转。宣称新闻出版自由是一种行业自由，这无非是在未保护之前先行扼杀的一种对新闻出版自由的保护。当我要求一种性格要按另一种性格的方式成为自由性格时，难道我不是抹杀了性格自由吗？新闻出版向行业说道：你的自由并不就是我的自由。你愿服从你的领域的规律，同样，我也愿意服从我的领域的规律。按你的方式成为自由人，对我说来就等于不自由；因为如果木匠要求他的行业自由，而人们把哲学家的自由作为等价物给了他，他是很难感到满意的。

……

为了维护甚至仅仅是为了理解某个领域的自由，我也必须从这一领域的主要特征出发，而不应当从它的外部关系出发。难道被贬低到行业水平的新闻出版能忠于自己的特征，按照自己的高贵天性去活动吗？**难道这样的新闻出版是自由的吗？**作者当然必须挣钱才能生活，写作，但是他决不应该为了挣钱而生活，写作。

……

且不说这样一来新闻出版不会成为把人民联结起来的普遍纽带，而会成为分离人民的真正手段，等级的差别就会在精神上得到固定，而出版物的历史就会降低到某几种特殊精神动物的自然历史的水平；且不说那时由于这种划分还会发生各种难以裁断又不可避免的争论和冲突；且不说平庸和狭隘将被当作新闻出版界的准则，因为特殊的东西只有在与整体相联系而不是相脱离的情况下，才能从精神上自由地加以考察。且不说这一切，但是，因为**阅读**和写作一样重要，所以也必须有**够资格和不够资格的读者**，这是在埃及得出的结论，在那里祭司既是够资格的作者，同时也是唯一够资格的读者。因此，只允许够资格的作者享有购买和阅读他自己的著作的资格，也就非常合理了。

……

我们大家都服从书报检查制度，就像专制政体下面人人一律平等一样，虽然不是在价值上平等，但是在无价值上是平等的。而上述那种新闻出版自由想要把寡头政治也引进精神领域。书报检查制度最多只能宣布作者在它的管辖范围内不受欢迎和行为不当。而上述那种新闻出版自由竟然妄图预测世界历史，压制人民的呼声，而人民历来就是什么样的作者"够资格"和什么样的作者"不够资格"的唯一判断者。梭伦只是**在人的生命终结以后即人死以后**才敢于对他作出判断，而这种观点却敢于**在一个作者诞生以前**就对他作出判断了。

新闻出版是个人表达其精神存在的最普遍的方式。它不知道尊重个人，它只知道尊重理性。你们要以官方的方式用特殊的外在的标志来确定精神的表达能力吗？对别人我不可能是什么样的人，对自己我就不是而且也不可能是这样的人。如果对别人我没有权利成为英才，那么，对自己我也就没有权利成为英才；难道你们想把成为英才的特权只赋予个别人吗？每个人都在学习写作和阅读，同样，每个人也应当**有权利**写作和阅读。

……

所以，从一贯的**正常的典型表现**来看，第六届莱茵省议会上**新闻出版自由的辩护人**同他们的**论敌**没有内容上的区别，只有方向上的不同。一部分人由于**特殊等级**的狭隘性而反对新闻出版，另一部分人则由于同样的狭隘性为新闻出版辩护。一部分人希望特权只归政府，另一部分人则希望把特权分给若干个人。一部分人要实行全部书报检查，另一部分人则只要一半，一部分人想要八分之三的新闻出版自由，另一部分人一点也不要。愿上帝保护我免遭我的朋友们的伤害！

……

就在这一点上，**新闻出版自由**问题难道不是已经和**省议会的自由**相一致了吗？这个冲突之所以尤其有趣，是因为这里通过省议会本身已向省议会证明，没有新闻出版自由，其他一切自由都会成为泡影。自由的每一种形式都制约着另一种形式，正像身体的这一部分制约着另一部分一样。只要某一种自由成了问题，那么，整个自由都成问题。只要自由的某一种形式受到指责，那么，整个自由都受到指责，自由就只能形同虚设，而此后不自由究竟在什么领域内占统治地位，将取决于纯粹的偶然性。不自由成为常规，而自由成为偶然和任性的例外。因此，如果在涉及自由的**特殊**存在时，认为这是**特殊问题**，那是再错误不过的了。这是特殊领域内的一般问题。自由终归是自由，无论它表现在油墨上、土地上、信仰上或是政治会议上。如果一定要自由的忠实朋友用表决方式回答"**自由是否应该存在？**"这一问题，他本来应当感到这损伤了他的自尊心。但是，就是这位自由的朋友在表现自由的独特的素材面前却将要手足无措起来；他只知有种不知有类，为了新闻出版忘记了自由。他以为他所判断的对象是一种同他毫无关系的本质，而他同时又对自己的本质判了罪。这样一来，第六届莱茵省议会宣判新闻出版自由有罪，也就是宣判它自己有罪。

选自《马克思恩格斯全集》第1卷，北京：人民出版社1995年版，第136—201页。

马克思

《科隆日报》第179号的社论

我们至今尽管不把《科隆日报》看作是"**莱茵知识界报纸**",但是我们把它看作是"**莱茵情报广告报**"而加以尊重。① 我们认为,该报的"政治性社论"主要是促使读者厌恶政治的一种绝妙的手段,目的是使读者转而更狂热地醉心于充满活力的、洋溢着产业精神的、常常是妙趣横生的广告领域;使读者在这里也遵守下述规则:经过崎岖小路,到达星辰之上,经过政治,到达牡蛎那里②。但是,《科隆日报》以前一直保持的政治和广告之间非常恰当的比例,最近已被一种可以叫作"政治产业广告"的特殊广告破坏了。因为编辑部最初不知道应该把这种新式广告排在哪里,所以往往把广告变成社论,把社论变成广告,而且变成政治语言中称为"告密书"的那种广告③了。如果这种广告是付了钱的,那就径直称为"广告"好了。

北方有这样一种风俗:如果饭菜很简单,就先请客人喝上等烈性酒。我们很乐意遵照这个风俗,在吃饭时先请我们的北方客人喝烧酒,因为这顿饭,即《科隆日报》第179号的大"有毛病的文章"④ 没有一点"精神"。因此,我们先请读者看一看琉善的《神的对话》中的一个场面,这里引的是"通俗易懂的"译文,因为我们的读者之中至少有**一个**不是希腊人。

---

① "知识界报纸"的德文是"Blatt der Intelligenz","情报广告报"的德文是"Intelligenzblatt"。——编者注
② 拉丁文"astra"("星")和德文"Auster"("牡蛎")这两个词是谐音。——编者注
③ 德文"Anzeige"既有"告发"、"告密"的意思,又有"广告"的意思。——编者注
④ "社论"的德文"leitender Artikel"与"有毛病的文章"的德文"leidenderArtikel"发音相似。——编者注

琉善的《神的对话》

XXIV. 海尔梅斯的怨言

海尔梅斯、玛娅

海尔梅斯 亲爱的妈妈,难道在整个天堂里还有比我更不幸的神吗?

玛娅 不要这样说,我的儿子!

海尔梅斯 为什么我不能这样说呢?有一大堆的事情要我去操办,而且我总是要独自干活,并被支使去干那么多奴隶差役。天刚一亮,我就得起来去打扫食堂和整理议事厅里的每一张靠椅。干完以后,我又得听丘必特的吩咐,整天上上下下充当信使。刚刚回来,满身尘土,又要去伺候吃饭,端饭送菜。最糟糕的是,唯有我连夜里都得不到安宁。因为夜里我必须把死人的灵魂引渡到普路托那儿去,并且在审判死人灵魂的时候充当听差。我白天的辛劳还不够,我还要去练**体操**,要在人民会议上当**宣谕官**,要帮助人民的代言人记熟演说词,——这种种事务已使我筋疲力尽,但是我还得料理**一切有关死人的事务**。

自从被逐出奥林波斯山之后,海尔梅斯仍然照老规矩继续干"奴隶差役",并且料理一切有关死人的事务。

《科隆日报》第179号那篇有毛病的文章究竟是海尔梅斯本人写的,还是他的儿子山羊神帕恩写的,让读者去判断吧。但读者首先要记住,希腊的海尔梅斯是一位雄辩之神和逻辑之神。

"我们认为,通过报纸传播哲学和宗教观点,或者在报纸上攻击这些观点,都是不能容许的。"

一听到这种老年人的唠叨,我就知道作者[①]想要发表一篇枯燥、冗长而又充满各种神谕的祷文,可是我竭力抑制住自己急躁的情绪,我想,难道我能不相信这个明智的人吗?他是如此坦率,以致能在家里完

[①] 《科隆日报》编辑海尔梅斯。——编者注

全开诚布公地发表自己的意见,——于是,我又继续看下去。然而真是怪事!虽然不能指摘这篇文章有任何哲学观点,但是它至少有一种攻击哲学观点和传播宗教观点的趋向。

连文章本身都否认自己有存在的权利,并预先声明自己不合格,那么这篇文章叫我们说什么好呢?饶舌的作者将答复我们说,他自己将指点我们怎样阅读他的吹牛文章。他说他只提供思想的片断,而让"读者的洞察力"去"比较和联系"。当然,对于他甘愿经营的那种广告来说,这是最巧妙的方法。因此,我们也打算在自己的文章里来"比较和联系"一番,但是,如果念珠串变不成珍珠项链,那就不是我们的过错了。

作者声明:

"据我们看来,一个党采取这种手段〈即通过报纸传播哲学和宗教观点,或者攻击这些观点〉,就表明它意图不纯正,它的主要目的不是要教诲和启发人民,而是要达到其他的另外的目的。"

既然作者**本人**的意见是这样,那么文章所追求的就只能是另外的目的。而这些"另外的目的"是瞒不了人的。

作者说,国家不但有权利,而且也有义务"**禁止不够资格**的空谈家胡说八道"。显然,作者指的是他的观点的反对者,因为他早就以**够资格**的空谈家自命了。

因此,这里所指的是要在宗教事务方面重新加强书报检查,要采取新的警察措施来对付勉强能透过气来的新闻出版界。

"据我们看来,能够责备国家的地方,不是它过分严格,而是过分宽容。"

但是,社论的作者忽然想到,责备国家是危险的。因此,他就把矛头转向当局,他对新闻出版自由的责难变成了对书报检查官的责难,他指摘书报检查官,说他们实行"书报检查太松"了。

"虽然不是国家的但是'个别当局'的应该受到责难的宽容,到现在为止也表现在:允许新近的哲学派别在报纸上和其他并非专供学术界人士阅读的出版物上对基督教进行极其无理的攻击。"

作者停了一会儿，又忽然想起，不到一个星期以前他还认为书报检查自由为新闻出版自由所留的余地太少，而现在他又认为书报检查官对报刊管束太松了。

必须设法自圆其说。

"只要书报检查制度还存在，它的最迫切的任务就是要割去因幼稚的狂妄而产生的令人厌恶的赘疣，这些赘疣最近经常损伤我们的眼睛。"

视力差的眼睛！视力差的眼睛！而"视力最差的眼睛将要被那种只是面向广大群众的理解力的做法所损伤。"

如果稍稍放松书报检查，就可能使令人厌恶的赘疣出现，要是实行新闻出版自由，情况又会如何呢？如果我们的眼睛视力太差，竟然不能忍受经过检查的报刊的这种"狂妄"，那么它们的视力又怎能变好，足以忍受自由报刊的"大胆"① 呢？

"只要书报检查制度还存在，它的最迫切的任务就是……"一旦它不存在，那又会怎样呢？应当这样理解这句话：书报检查制度最迫切的任务就是尽可能长期存在下去。

而作者又忽然想起：

"我们的责任并不是做一个公开的原告，因此我们拒绝作更详细的说明。"

真是天使般善良的人儿！他拒绝作更详细的"说明"，然而，只有十分详细而明确的特征才能证明和说明**他**的观点究竟要求什么。可是，他只是低声地说些含糊其词的令人怀疑的话。他的责任不是做一个**公开**的原告，他的责任是做一个**秘密的原告**。

最后，这个可怜虫想起他的责任是要写自由主义的社论，把自己描绘成一个"新闻出版自由的忠诚朋友"。于是，他就使出这最后一招：

"我们禁不住要抗议这种行为，假如这种行为不是出于偶然的疏忽，那么它的目的不外是要使比较自由的新闻出版运动在社会舆论面前名声扫地，从而把制胜的

---

① "狂妄"的德文 与"大胆"的德文"Mut"为同一词根。——编者注

王牌交给担心用直截了当的办法达不到目的的敌人。"

这位如此勇敢而又机智的新闻出版自由的捍卫者教训我们说,既然书报检查机关不是一只挂着"我在睡觉,别叫醒我!"牌子的英国豹子,它当然会采取这种"致命的"办法使比较自由的新闻出版运动在社会舆论面前名声扫地。

如果新闻出版运动要去提醒书报检查机关注意"偶然的疏忽",并希望"**书报检查官的削笔刀**"替它在社会舆论面前维持名誉,那还用得着去败坏这样的新闻出版运动的名声吗?

只有当人们把放纵无耻行为也称为"自由"的时候,这种运动才能叫作"自由的"运动;一方面装扮成比较自由的新闻出版运动的捍卫者,另一方面却又教训我们说,报刊一旦没有两个宪兵搀扶,就必然会跌进污水沟,难道这还不是愚蠢和伪善的无耻行为吗?

既然哲学书刊自己在社会舆论面前使自己名声扫地,那么书报检查机关、这篇社论还有什么用处呢?当然,作者无论如何也不希望限制"**科学研究的自由**"。

"目前科学研究理应有无限广阔的活动范围。"

可是,这位先生对于科学研究有什么看法呢?我们看看下面的言论便可以明白:

"必须严格区别什么是科学研究(通过科学研究,基督教只会取得成功)的自由所要求的东西和什么是超出科学研究界限的东西。"

如果科学研究的界限不由科学研究本身来决定,那么该由谁来决定呢?科学的界限应当按照这篇社论来规定。因此,社论承认"**官方理性**"的存在,这种理性不从科学研究中学习,反而去教训科学研究,并俨然作为一种博学的天意,规定科学的胡子上的每根胡须应该有多粗才能成为世界性的胡子。社论相信书报检查的科学灵感。

在继续研究社论关于"科学研究"的这些荒唐的论断之前,我们先用一点时间来欣赏一下海尔梅斯先生的"**宗教哲学**",即他"自己的科学"。

"宗教是国家的基础,是任何并非仅仅为达到外部目的而组成的社会团体所最必要的条件。"

证据是:"即使宗教的最原始形式即幼稚的拜物教,也还在一定程度上使人超脱感性欲望,如果人完全屈从于这些欲望,那么这些欲望就会把人降低到动物的水平,并使人无法实现任何较高的目的。"

社论的作者把拜物教称为宗教的"**最原始**形式"。可见,他承认那种未经他同意但在"科学研究"的所有名人看来已经确定了的东西,即承认"**动物宗教**"是比拜物教**更高级**的宗教形式;难道动物宗教就不是把人置于动物之下吗?难道动物宗教不是把动物变成人的上帝吗?

现在谈谈"拜物教"吧!这完全是廉价读物上的学问!拜物教远不能使**人超脱**感性欲望,相反,它倒是"**感性欲望的宗教**"。欲望引起的幻想诱惑了偶像崇拜者,使他以为"无生命的东西"为了满足偶像崇拜者的贪欲可以改变自己的自然特性。因此,当偶像不再是偶像崇拜者的最忠顺的奴仆时,偶像崇拜者的粗野欲望就会**砸碎**偶像。

"凡是获得了较高历史意义的民族,其人民生活的兴盛是与其宗教意识的高度发展同时发生的,其声望和力量的衰落是与其宗教文化的衰落同时发生的。"

只有把作者的论断整个颠倒过来,才能得出真理。作者完全颠倒了历史。希腊和罗马就是古代世界各民族中具有极高"历史文明"的国家。希腊的内部极盛时期是伯里克利时代,外部极盛时期是亚历山大时代。在伯里克利时代,智者派、称得上哲学化身的苏格拉底、艺术以及修辞学等都排斥了宗教。而亚历山大时代是既否认"个人"精神的永恒不灭,又否认各种现存宗教之神的亚里士多德的时代。罗马的情形更是如此!请读一读西塞罗的著作吧!在罗马的极盛时期,伊壁鸠鲁派、斯多亚派或者怀疑派的哲学就是有教养的罗马人的宗教。古代国家的宗教随着古代国家的灭亡而消亡，这用不着更多的说明，因为古代人的"真正宗教"就是崇拜"他们的民族"、他们的"国家"。不是古代宗教的灭亡引起古代国家的毁灭，相反，是古代国家的灭亡引起了古代宗教的毁灭。该社论就凭这种无知居然宣布自己是"科学研究的立法者"并向哲学"发号施令！"

"整个古代世界之所以必然要瓦解，是因为随着各民族在其科学发展上取得进步，作为他们的宗教观点的基础的种种谬误也必定会被揭露出来。"

可见，据社论的意见，整个古代世界之所以灭亡，是因为科学研究揭露了古代宗教的谬误。如果科学研究对宗教的谬误默不作声，如果罗马当局遵照社论作者的忠告取缔卢克莱修和琉善的著作，那么古代世界就能免于毁灭吗？

我们顺便想冒昧地给海尔梅斯先生的博学补充一点材料。

正好在古代世界濒临灭亡的时候，产生了**亚历山大里亚学派**，这个学派力图强行证明希腊神话是"永恒真理"，是完全符合"科学研究的成果"的。连尤利安皇帝也属于这一学派，该学派认为，只要闭上眼睛不看新出现的时代精神，就可以使它完全消失。不过，我们来看一看海尔梅斯本人的结论吧。在古代宗教里，"关于神的东西的模糊猜想被谬误的漆黑夜幕所遮蔽"，因此不能同科学研究相对抗。然而基督教的情况却正好相反，——任何能思想的机器都会得出这样的结论。事实上，海尔梅斯也说：

"科学研究最大的成果一向都只为证实基督教的真理服务。"

我们且不谈过去的一切哲学毫无例外地全部被神学家指责为背弃基督教，甚至虔诚的马勒伯朗士和受圣灵感召的雅科布·伯麦的哲学也未能幸免；且不谈莱布尼茨被不伦瑞克农民指责为"Lōwenix"（没有任何信仰的人），并且被英国人克拉克和牛顿的其他拥护者指责为无神论者；且不谈有一部分坚定不移、始终如一的新教神学家断言，基督教同理性不能一致，因为"世俗的"理性和"宗教的"理性是矛盾的，——对于这一点,德尔图良作了经典的表述:"这是真实的,因为它是荒谬的"①;且不谈上述这一切,我们只问一点:除了听任科学研究自由发展从而强使它化为宗教而外,还有什么办法能够证明科学研究和宗教的一致呢?起码别的强制手段都不是证据。

既然你们一开始就承认只有符合你们的观点的东西是科学研究,那么你们当然就很容易作出预言。然而,你们的论断比起印度婆罗门的论断来又有什么高明的地方呢!婆罗门认为只有自己才有权诵读吠陀,从而证明吠陀是神圣的。

海尔梅斯说,是的,"这里说的是科学研究"。然而,一切同基督教相矛盾的研究不是"半途而废"就是"走上歧途"。还能有更容易的论证方法吗?

只要科学研究"**弄清了**它所取得的成果的内容",那它就决不会同基督教的真理发生矛盾。但同时国家却应该注意使这种"**弄清**"成为不可能,因为研究不应该面向广大群众的理解力,也就是不应该成为对**它自己**是通俗易懂的!即使那些非科学的研究者利用一切主张君主制的报纸诽谤科学研究,科学研究也应该保持谦逊和沉默。

据说基督教排斥"任何新没落"的可能性,但是,警察应该注意不让谈论哲理的报刊作者导致这种没落,应该极其密切地注意这一点。在同真理斗争的过程中,谬误是会自行暴露的,因此不需要用外力来压制它;但是国家应该帮助真理进行这一斗争,即使不剥夺"谬误"拥护者的内在自由(这是国家无法剥夺的),也要剥夺这种自由的可能性,就是剥夺生存的可能性。

基督教坚信自己能获得胜利,但据海尔梅斯看来,基督教坚信获胜的程度还不至于轻视警察的帮助。

如果凡是违背你们信仰的东西一开始就是谬误,并且必须被看作是谬误,那么你们的要求同伊斯兰教徒的要求和其他一切宗教的要求有什么区别呢?为了不至于同教义的基本真理相抵触,哲学是不是应该照

---

① 昆·赛·弗·德尔图良《论基督的肉体复活》。——编者注

"每个地方都有自己的风俗"这句俗语所说的那样，对每一个国家都采取特殊的原则呢？哲学是不是应该在一个国家里相信 $3 \times 1 = 1$，在第二个国家里相信女人没有灵魂，而在第三个国家里却又相信有人在天上喝啤酒呢？难道存在着植物和星辰的一般本性而不存在**人的一般本性**吗？哲学是问：什么是真实的？而不是问：什么是有效的？它所关心的是一切人的真理，而不是个别人的真理；哲学的形而上学真理不知道政治地理的界限；至于"界限"从哪里开始，哲学的政治真理知道得非常清楚，而不会把特殊的世界观和民族观的虚幻视野和人的精神的真实视野混淆起来。在所有维护基督教的人中间，海尔梅斯最无能。

基督教的**长久存在**是海尔梅斯用来为基督教辩护的唯一证据。但是，难道哲学不也是从泰勒斯的时代起就一直存在到现在吗？而且按照海尔梅斯的看法，难道不正是在目前，哲学比任何时候提出的要求都要多，对自己的重要性的估计都要高吗？

最后，海尔梅斯究竟怎样证明现代国家就是"基督教"国家呢？他究竟怎样证明现代国家的目的不是使有道德的个人自由地联合起来，而是使教徒联合起来，不是实现自由，而是实现教义呢？他说："我们欧洲国家的基础都是基督教。"

那就是说，**法国**也是这样？但是，宪章第 3 条并没有说"凡是基督徒"或"唯有基督徒"，而是说"**凡是法国人**皆享有担任文武官职之平等权利"。

同样，普鲁士邦法的第 2 部分第 13 章也说：

"国家元首最主要的职责是维持外部和内部的稳定和安全，保护每个人的一切不受暴力侵犯。"

根据第 1 节，国家元首集"国家的全部职责与权利"于一身。但这并不是说，国家最主要职责就是镇压异端的谬误和保证来世幸福。

如果某些欧洲国家真是建立在基督教的基础上，难道这些国家就符合自己的概念了吗？难道"单是"某种状态"存在的事实"就能给这种状态以存在的权利吗？

在我们的海尔梅斯看来当然是这样,因为他提醒青年黑格尔派的信徒们注意:

"根据国内大部分地区的现行法律,未经教会认可的婚姻就是非法同居,并将受到违警处罚。"

因此,如果根据拿破仑法典,"未经教会认可的婚姻"在莱茵河流域被看作"婚姻",而根据普鲁士邦法,在施普雷河流域则被认为是"非法同居",那么,根据海尔梅斯的意见,"违警的"处罚就给"哲学家们"提供了一种论据,即在这里是合法的东西在别处却被看作违法的,这一论据证明,科学的、道德的和合理的婚姻概念不是表现在拿破仑法典里,而是表现在普鲁士邦法里。这种"违警处罚的哲学"也许在别的什么地方能够使人信服,但在**普鲁士**是不能使任何人信服的。而且普鲁士邦法并不重视"圣洁的"婚姻,该法第2部分第1章第12节就说:

"不过,邦的法律所认可之婚姻,并不因其未经宗教当局之许可或为其所拒绝而丧失民法效力。"

可见,在普鲁士,婚姻也部分地摆脱了"宗教当局",婚姻的"民法"效力和"教会"效力之间也有了差别。

我们伟大的基督教的国家哲学家并没有"很强的"国家观念,这是不言而喻的。

"因为我们这些国家不仅是法的组织,同时还是真正的教育机关,只是它们照管的范围要比教育青年的机关更大一些"等等,所以,"整个公共教育"是以"基督教为基础"的。

我们青年学生的教育既以教义问答为基础,又以古代经典作家的著作和各门科学为基础。

根据海尔梅斯的意见,国家之所以不同于保育院,并不在于任务的内容,而在于规模,即国家"照管"的范围要大一些。

实际上，国家的真正的"公共教育"就在于国家的合乎理性的公共的存在。国家本身教育自己成员的办法是：使他们成为国家的成员；把个人的目的变成普遍的目的，把粗野的本能变成合乎道德的意向，把天然的独立性变成精神的自由；使个人以整体的生活为乐事，整体则以个人的信念为乐事。

与此相反，社论不是把国家看作是相互教育的自由人的联合体，而是看作是被指定接受上面的教育并从"狭隘的"教室走进"更广阔的"教室的一群成年人。

这种教育和监护理论在这里被新闻出版自由的朋友加以引用，他出于对这位美人的爱慕而指出"书报检查的疏忽"，他善于适时地描述"广大群众的理解力"（《科隆日报》**最近**开始感到广大群众的理解力很成问题，也许是因为群众已不再能理解"非哲学报纸"的长处了吧？），他还劝学者们说，有些见解应该在前台发表，而另一些见解则要在幕后发表！

社论曾表明自己的国家观念**"不强"**，现在它又表现出自己的"**基督教**"观念很差。

"世界上的一切报纸文章，都不能使那些大体上已经感到安乐和幸福的居民相信他们是在走霉运。"

原来如此！要对付报纸文章，**物质上的**安乐和幸福感是比救苦救难、无坚不摧的坚定信仰更可靠的东西！海尔梅斯并没有唱道："我们的上帝是一座坚固的城堡！"[①] 这样看来，"广大群众"真正的宗教热情倒比"少数人"文雅的世俗教养更容易被疑问所锈蚀！

海尔梅斯认为，在"**秩序井然的国家**"里，"就是煽动叛乱"也不像在"秩序井然的教会"里那么危险，尽管"上帝精神"把教会引向一切真理。好一个教徒！且看他提出的理由！说什么政治文章群众容易理解！哲学文章群众无法理解！

---

① 引自马丁·路德的赞美诗。——编者注

社论暗示说："最近用来对付青年黑格尔派的**治标办法**造成了**治标办法**通常所造成的后果。"如果我们把这种暗示同希望黑格尔派最近的活动不致给他们带来"**特别有害的后果**"这一**正直善良的**愿望对照一下，那么我们就会明白《李尔王》中康瓦尔说的话：

> 他不会谄媚，
> 他有一颗正直坦白的心，他必须说老实话；
> 要是人家愿意接受他的意见，很好；
> 即使不接受，他还是个正直的人。
> 我知道这种家伙，他们用坦白的外表，
> 包藏着更大的奸谋祸心，
> 比二十个胁肩谄笑、俯首帖耳的愚蠢的佞臣更要不怀好意。①

如果我们武断地设想，《莱茵报》的读者会对这出与其说是严肃不如说是滑稽的戏剧感到满意，对看到有人告诫一个从前的自由主义者、"昔日的青年"不可越轨这个场面感到满意，我们认为这是侮辱他们。现在我们来简略地谈一谈"**问题本身**"。只要我们还在同有毛病的文章的作者论战，不让他在自我毁灭的道路上走下去是没有道理的。

首先提出的问题是："哲学也应该在报纸的文章中谈论宗教事务吗？"

只有分析了这个问题，才能得出答案。

哲学，尤其是德国哲学，爱好宁静孤寂，追求体系的完满，喜欢冷静的自我审视；所有这些，一开始就使哲学同报纸那种反应敏捷、纵论时事、仅仅热衷于新闻报道的性质形成鲜明对照。哲学，从其体系的发展来看，不是通俗易懂的；它在自身内部进行的隐秘活动在普通人看来是一种超出常规的、不切实际的行为；就像一个巫师，煞有介事地念着咒语，谁也不懂得他在念叨什么。

哲学就其性质来说，从未打算把禁欲主义的教士长袍换成报纸的轻便服装。然而，哲学家并不像蘑菇那样是从地里冒出来的，他们是自己

---

① 莎士比亚《李尔王》第2幕第2场。——编者注

的时代、自己的人民的产物，人民的最美好、最珍贵、最隐蔽的精髓都汇集在哲学思想里。正是那种用工人的双手建筑铁路的精神，在哲学家的头脑中建立哲学体系。哲学不是在世界之外，就如同人脑虽然不在胃里，但也不在人体之外一样。当然，哲学在用双脚立地以前，先是用头脑立于世界的；而人类的其他许多领域在想到究竟是"头脑"也属于这个世界，还是这个世界是头脑的世界以前，早就用双脚扎根大地，并用双手采摘世界的果实了。

任何真正的哲学都是自己时代的精神上的精华，因此，必然会出现这样的时代：那时哲学不仅在内部通过自己的内容，而且在外部通过自己的表现，同自己时代的现实世界接触并相互作用。那时，哲学不再是同其他各特定体系相对的特定体系，而变成面对世界的一般哲学，变成当代世界的哲学。各种外部表现证明，哲学正获得这样的意义，哲学正变成文化的活的灵魂，哲学正在世界化，而世界正在哲学化，——这样的外部表现在一切时代里曾经是相同的。人们可以查阅任何一本历史书，他们将会发现，最简单的外部形式都一成不变地重复着，而这些外部形式很清楚地说明，哲学已进入沙龙、教士的书房、报纸的编辑室和朝廷的候见厅，进入同时代人的爱与憎。哲学是被它的敌人的叫喊声引进世界的；哲学的敌人发出了要求扑灭思想烈火的呼救的狂叫，这就暴露了他们的内心也受到了哲学的感染。对于哲学来说，敌人的这种叫喊声就如同初生婴儿的第一声啼哭对于一个焦急地谛听孩子哭声的母亲一样；这是哲学思想的第一声喊叫。哲学思想冲破了令人费解的、正规的体系外壳，以世界公民的姿态出现在世界上。用大声喧嚷向世界宣告宙斯诞生的柯利班们和卡比尔们，首先反对的是研究宗教问题的那部分哲学家；其所以如此，一方面是因为宗教裁判官的本能善于最准确地抓住公众的这种温情的一面，另一方面是因为，公众（包括哲学的敌人在内）只有用自己观念的触角才能够触及哲学的观念领域，而在公众的眼里，和物质需要的体系几乎具有同等价值的唯一的思想领域，就是宗教思想领域，最后还因为，宗教不是反对哲学的某一特定体系，而是反对包括各特定体系的一般哲学。

当代的真正哲学并不因为自己的这种命运而与过去的真正哲学有所不同。相反，这种命运是历史必然要提出的证明哲学真理性的证据。

六年来，德国的报纸一直在大张旗鼓地攻击研究宗教问题的哲学，对它进行诽谤、歪曲、篡改。奥格斯堡《总汇报》也唱起了显示其才能的歌曲，几乎每一支序曲都奏出这样的主题：哲学甚至不值得这位聪明的女人加以评论，它是青年人的吹牛瞎说，是一些自命不凡的小集团的时髦玩意儿。但是，尽管如此，还是不能摆脱哲学，于是不断重新擂响战鼓，因为奥格斯堡报用来掀起反对哲学的鼓噪的乐器就是一个单调的定音鼓。所有的德国报纸，从《柏林政治周刊》、《汉堡记者》直到穷乡僻壤的小报和《**科隆日报**》，又都对黑格尔和谢林、费尔巴哈和鲍威尔、《德国年鉴》等等大肆喧嚷。最后，公众都渴望看一看利维坦本身，尤其是因为有些半官方的文章威胁说，要由官署出面给哲学规定一个合法的模式，公众就更是急不可耐了。正在这时，哲学在报纸上出现了。长久以来它曾以沉默来回答那种沾沾自喜的肤浅之见；这种肤浅之见竟自吹自擂地说，只要在报纸上发表几句陈词滥调就可以使天才的多年研究，自甘孤独历尽磨难取得的果实以及那种看不见但是使人慢慢耗尽心力的、冥思苦想的拼搏的成果，像肥皂泡一样化为乌有。哲学**以前甚至曾经拒绝利用报纸**，认为报纸不适于作为自己活动的场所，但是，哲学最终不得不打破自己的沉默，变成报纸的撰稿人，于是突然来了一次空前未有的破坏活动：一批信口雌黄的报纸撰稿人认为，哲学并不是报纸读者的精神食粮。当然，这时他们没有忘记提醒政府注意，不是为了教育公众，而是为达到别的目的在报纸上讨论哲学问题和宗教问题，是不正当的行为。

你们报纸上的叫嚣不是早就以最坏、最轻薄的形式把什么东西都归罪于哲学和宗教了吗？哲学对于宗教和它自己还能说些什么更厉害的坏话呢？哲学只须重复你们这些非哲学的嘉布遣会修士们在千百次论争中所作过的有关宗教的说教，那么，哲学说出来的就将是最厉害的坏话了。

但是，哲学谈论宗教问题和哲学问题同你们不一样。你们没有经过研究就谈论这些问题，而哲学是在研究之后才谈论的；你们求助于感情，哲学则求助于理智；你们是在咒骂，哲学是在教导；你向人们许诺天堂和人间，哲学只许诺真理；你们要求人们信仰你们的信仰，哲学并不要求人们信仰它的结论，而只要求检验疑团；你们在恐吓，哲学在安慰。的确，哲学非常精明老练，它知道，自己的结论无论对天堂的或人间的贪求享受和利己主义，都不会纵容姑息。而为了真理和知识而热爱真理和知识的公众，是善于同那些愚昧无知、卑躬屈节、毫无操守和卖身求荣的文丐来较量判断力和德行的。

当然，一个人由于自己才疏学浅是会曲解哲学的，难道你们新教徒不认为天主教徒曲解了基督教吗？你们不是把 8 世纪和 9 世纪的可耻时代、巴托罗缪之夜或异端裁判所归咎于基督教吗？有可靠的证据说明，新教神学之所以憎恨哲学家，多半是因为哲学宽容了特殊教派本身。人们责难费尔巴哈、施特劳斯，更多的是由于他们认为天主教教义就是基督教教义，而不是由于他们不承认基督教教义是理性的教义。

但是，就好像由于蒸汽锅炉爆炸使一些乘客血肉横飞这种个别事例不能成为反对力学的理由一样，个别人不能消化现代哲学并因哲学性的消化不良而死亡这种情况，也不能成为反对哲学的理由。

关于应该不应该在报纸上讨论哲学和宗教这个问题，由于问题本身毫无思想内容而被取消了。

如果这样的问题已经作为**报刊上的问题**使公众感到兴趣，那就是说，它们已经成为**当代的迫切问题**了。这样一来，问题已不在于应该不应该一般地讨论它们，而在于应该在什么地方和怎样来讨论它们：是否应该在家里和饭店里、在学校里和教堂里，但不在报刊上讨论？是否应该由哲学的敌人而不由哲学家来谈论？是否应该用个人意见的模糊语言来谈论，而不用公共理智的清晰语言来谈论？这样一来就产生了一个问题：现实生活中的东西是不是全包括在报刊范围之内？那时要谈的将不是报刊的某种特殊内容，而是一个一般性的问题：报刊应该不应该是真正的报刊,即自由的报刊?

我们要把第二个问题和第一个问题即"在所谓的基督教国家中,报纸应该不应该从哲学的观点来讨论政治?"这个问题截然分开。

如果宗教变成了政治的因素、政治的对象,那么,再来谈论报纸不仅可以而且应该讨论政治问题显然是多余的。看来,人世的智慧即哲学从一开始就比来世的智慧即宗教更有权关心现世的王国——国家。问题不在于应该不应该对国家进行哲学研究,而在于应该怎样进行这种研究——善意地还是恶意地、哲学地还是非哲学地、有成见地还是无成见地、有意识地还是无意识地、彻底地还是不彻底地、完全合理地还是半合理地。如果你们把宗教变成国家法的理论,那么你们自己就把宗教变成一种哲学了。

难道不是基督教首先把国家和教会分开的吗?

请读一读圣奥古斯丁的《论神之都》,研究一下教父们的著作和基督教精神,然后再来告诉我们:"基督教国家"是国家还是教会?难道你们的实际生活不是每时每刻都证明你们的理论是谎言吗?难道你们认为你们因权利被侵犯而诉诸法庭是不正确的吗?然而使徒却说,这样做不对。[1] 当有人打了你们的左脸时,你们是连右脸也送上去[2]呢,还是相反,去控告这种侮辱行为呢?但是,福音书却禁止这样做。难道你们在这个世界上不要求合理的权利吗?难道你们不因为稍微提高捐税而抱怨吗?难道你们不因为个人自由稍被侵犯就怒不可遏吗?然而有人却告诉你们,此生的苦难同来世的欢乐相比又算得了什么,而忍让恭顺和憧憬幸福才是主要的美德。

难道你们的大部分案件和大部分民事法律不都是关于财产的吗?然而有人却告诉过你们,你们的财宝并不在这个世界上。既然你们也承认,帝王之物当归帝王,神之物当归神[3],那么,你们不仅要把金钱,

---

① 参看《新约全书·哥林多前书》第 6 章第 7—8 节。——编者注
② 参看《新约全书·马太福音》第 5 章第 39 节。——编者注
③ 同上,第 12 章第 17 节。——编者注

而且至少同样也要把自由理性当作世界的统治者;"自由理性的行为"我们就称为哲学研究。

当有人提议成立神圣同盟这样一个可以说是宗教的国家同盟,并且建议宗教应成为欧洲各国的国徽时,**教皇**却胸有成竹地坚决拒绝加入这一神圣同盟,因为在他看来,把各国人民联结起来的基督教方面的普遍纽带是教会,而不是外交,也不是世俗的国家同盟。

真正的宗教国家是神权政体的国家。这些国家的首脑应该或者像犹太人的国家那样是宗教之神耶和华自己,或者像西藏那样是神的代理人达赖喇嘛,最后,像哥雷斯在自己的最后一本著作中公正地对基督教国家所要求的那样,基督教国家应该毫无例外地服从一个教会即"永无谬误的教会",因为如果像新教那样没有教会的最高首脑,宗教的统治就只能是统治的宗教、政府意志的崇拜。

如果一个国家有几个平等的教派,而国家又不去侵犯各个特殊教派的权利,那它就再也不可能是一个宗教国家,不可能是那种把其他教派的拥护者指责为异教徒、根据信仰配给每片面包并把教义变成个人和国家公民的存在之间的纽带的教会了。你们问一问"贫穷的绿岛埃林"[①]的天主教居民,问一问法国革命以前的胡格诺派吧,他们并不是向宗教呼吁,因为他们的宗教不是国教;他们是向"人权"呼吁,而哲学是阐明人权的,哲学要求国家是合乎人性的国家。

但是,不彻底的、狭隘的,不信教而又是神学的理性主义却说,不论教派的差别如何,一般的基督教精神应该是国家的精神!把宗教的一般精神和现行的宗教分割开来,这是最严重的渎教行为,这是世俗理性目空一切的表现。把宗教同它的教义和教规分割开来,就等于说法的一般精神在国家中应该占统治地位,而不考虑特定的法律和现行法规。

既然你们把自己置于宗教之上,自以为有权把宗教的一般精神和它的具体的规定分割开来,那么,当哲学家想要彻底地而不是半途而废地

---

① 爱尔兰旧称。——编者注

进行这种划分时，当他们把宗教的一般精神称为人类精神而不是基督教的精神时，你们又有什么理由去责备他们呢？

基督徒生活在制度各不相同的国家里：有的在共和政体的国家，有的在君主专制的国家，有的在君主立宪的国家。基督教并不能判定制度的**好坏**，因为它不懂得制度之间的差别，它像宗教应该教导人们那样教导说：你们要服从执掌权柄者，因为**任何权柄**都出于神①。因此，你们就不应该根据基督教，而应该根据国家的本性、国家本身的实质，也就是说，不是根据基督教社会的本质，而是根据人类社会的本质来判定各种国家制度的合理性。

拜占庭国家是一个真正的宗教国家，因为在那里教义就是国家问题，然而，拜占庭国家却是最坏的国家。旧制度的国家是最标准的基督教国家，但是尽管如此，它们仍然是"宫廷意志"的国家。

有一种二难推论是"健全的"人的理智所无法抗拒的。

要么基督教国家符合作为理性自由的实现的国家概念，那时，国家为了成为基督教国家，只要成为理性的国家就足够了，那时，只要从人类关系的理性出发来阐明国家就足够了，而这正是哲学所要做的工作。要么理性自由的国家不能从基督教出发来加以阐明，那时，你们自己将会承认，这样去阐明不符合基督教的意图，因为基督教不想要坏的国家，而不是理性自由的实现的国家就是坏的国家。

你们如何解决这个二难推论，可以随你们的便，然而你们将来定会承认，不应该根据宗教，而应该根据自由理性来构想国家。只有最愚昧无知的人才会硬说，这种把国家概念独立化的理论，不过是现代哲学家们心血来潮的想法罢了。

哲学在政治方面并没有做物理学、数学、医学和任何其他科学在自己领域内所没有做的事情。维鲁拉姆男爵培根把神学的物理学称为献身

---

① 参看《新约全书·罗马人书》第13章第1节。——编者注

上帝的少女，是不能生育的①；他把物理学从神学中解放了出来，于是，物理学就变成一门有成果的科学了。正如你们不会去问医生是不是教徒一样，你们也不应该向政治家提这样的问题。差不多和哥白尼的伟大发现（真正的太阳系）同时，国家的引力定律也被发现了：国家的重心是在它本身中找到的。欧洲各国政府企图在确立国家间的均势方面运用这个结论，当然带有实践的最初的肤浅特点，不过先是马基雅弗利、康帕内拉，后是霍布斯、斯宾诺莎、许霍·格劳秀斯，直至卢梭、费希特、黑格尔则已经开始用人的眼光来观察国家了，他们从理性和经验出发，而不是从神学出发来阐明国家的自然规律，就像哥白尼并没有因为约书亚命令太阳停止在基遍、月亮停止在亚雅仑谷②而却步不前一样。现代哲学只是继承了赫拉克利特和亚里士多德所开始的工作。因此，你们反对的不是现代哲学的理性，你们是反对永远新颖的理性哲学。无知也许只是昨天或前天才在《莱茵报》或《柯尼斯堡日报》上首次发现了古老的国家观念，当然，它会认为这些历史的观念是个别人一夜没睡好突然产生的想法，因为无知觉得这些想法是新的并且只是昨天才知道。无知忘记了它自己是在扮演索尔邦博士的老角色③；这位博士认为，公开谴责孟德斯鸠是自己的义务，因为孟德斯鸠十分轻佻，竟不把教会的德行而把政治的德行宣布为国家的最高品质。无知忘记了自己是在充当告发沃尔弗的约阿希姆·朗格的角色；朗格认为，沃尔弗的前定学说似乎会使士兵临阵脱逃，因而削弱军纪，以致瓦解整个国家。最后，无知还忘记了普鲁士邦法正是来源于"这个沃尔弗"的哲学学派，忘记法国拿破仑法典并不来源于旧约全书，而是来源于伏尔泰、卢梭、孔多塞、米拉波、孟德斯鸠这一思想学派，来源于法国革命。无知是一个魔鬼，因而我们担心它还会造成一些悲剧。难怪最伟大的希腊诗

---

① 参看弗·培根《科学推进论》1779 年维尔茨堡版第 1 卷第 252 页。——编者注
② 基遍和亚雅仑谷均见《旧约全书·约书亚记》第 10 章第 12 节。——编者注
③ 可能指法国修道院院长博奈尔。——编者注

人们在以迈锡尼和底比斯的王室生活为题材的惊心动魄的悲剧中都把无知描绘成悲惨的命运。

从前的研究国家法的哲学家是根据本能,例如功名心、善交际,或者虽然是根据理性,但并不是社会的而是个人的理性来构想国家的。现代哲学持有更加理想和更加深刻的观点,它是根据整体观念来构想国家的。它认为国家是一个庞大的机构,在这里,必须实现法律的、伦理的、政治的自由,同时,个别公民服从国家的法律也就是服从他自己的理性即人类理性的自然规律。对聪明人来说,指出这一点已经足够了。

最后,我们再一次向《科隆日报》致以哲学的临别赠言。该报把一个"从前的"自由主义者拉过去是明智的。只要经常巧妙地求助于那些只知道维多克的"不是囚犯就是狱吏"这个二难推论的不久前的自由主义者,就可以毫不费力地同时扮演自由派和反动派两种角色,尤其明智的是,让那个不久前的自由主义者出面反对现在的自由主义者。没有党派就没有发展,没有区分便没有进步。我们希望,随着第179号的社论而来的将是《科隆日报》的新纪元——有气节的纪元。

选自《马克思恩格斯全集》第1卷,北京:人民出版社1995年版,第206—228页。

马克思

历史法学派的哲学宣言

人们通常认为，**历史学派**是对18世纪**轻佻精神的一种反动**。这种观点流传的广泛性和它的真实性恰好成反比。确切地说，18世纪只有一种产物，它的**主要特征**就是轻佻，而这种**唯一轻佻的**产物就是**历史学派**。

历史学派已把研究起源变成了自己的口号，它把自己对起源的爱好发展到了极端，以致要求船夫不在江河的干流上航行，而在江河的源头上航行。因此，要是我们返回到**历史学派的起源**去，返回到**胡果的自然法**去，这个学派肯定会认为是合情合理的。**历史学派的哲学产生于**历史学派的发展**之前**，所以，要在该学派的发展本身中去寻找哲学是徒劳无益的。

18世纪流行过的一种虚构，认为自然状态是人类本性的真实状态。当时有人想用肉眼去看人的思想，因此就创造出**自然人——巴巴盖诺**，他们纯朴得居然身披羽毛。在18世纪最后几十年间，有人曾经设想，那些**原始民族**具有非凡的才智，那时到处都听到捕鸟者模仿易洛魁人和印第安人等的鸟鸣术，以为用这种办法就能诱鸟入彀。所有这些离奇的言行都是以这样一种正确的想法为根据的，即**原始**状态是一幅幅描绘人类**真实**状态的纯朴的尼德兰图画。

胡果就是还没有接触到浪漫主义文化的**历史学派的自然人**，他的**自然法**教科书就是历史学派的**旧约全书**。**赫尔德**认为，自然人都是**诗人**，原始民族的**圣书**都是**诗集**，他这种观点丝毫也不会妨碍我们作出上述论断，尽管胡果是用最平淡、最枯燥无味的散文语调来说话的；因为正如每个世纪都有自己独特的性质一样，每个世纪都会产生出自己独特的自然人。因此，如果说胡果不是在**作诗**，那他毕竟是在**编造虚构**，而**虚构**是与18世纪的平淡无奇性质相适应的一种**散文诗**。

当我们说胡果先生是历史学派的鼻祖和创始人的时候，我们是按照**这个学派自己的意愿**行事的，最著名的历史法学家所写的那篇**纪念胡果的文章**就证明了这一点。当我们认为胡果先生是18世纪的产儿的时候，我们甚至是**按照**胡果先生的**意图**行事的，这位先生本人也证实了这一点，他自称是康德的**学生**，并把自己的自然法称作**康德哲学**的支脉。现在我们就从胡果的**宣言**中的这一论点谈起。

胡果**曲解**了自己的老师**康德**，他认为，因为我们不能认识**真实的事物**，所以只要**不真实的事物存在着**，我们就合乎逻辑地承认它**完全有效**。胡果是一个否认事物的**必然本质**的**怀疑主义者**，因此他就像霍夫曼那样对待事物的**偶然现象**。所以，他根本不想证明，**实证的**[①]**事物是合乎理性的**；相反，他力图证明，**实证的事物**是**不合理性的**。胡果自鸣得意地竭力从各方面搬出证据，以便证明下列论点是显而易见的，即任何一种合乎理性的必然性都不能使各种实证的制度，例如所有制、国家制度、婚姻等等，具有生命力；这些制度甚至是同理性**相矛盾**的；人们至多只能在拥护或者反对这些制度的问题上**空发议论**而已。我们决不应该把这一**方法**归咎于胡果的偶然的个性，其实，这是**他的原则的方法**，这是历史学派的**坦率而天真的、无所顾忌的**方法。如果说**实证的事物**之所以应当**有效**，就**因为它**是**实证的**，那么我就必须**证明**，**实证的事物**之所以有效，**并非因为它**是**合乎理性的**；除了证明不合理性的事物是实证的，实证的事物是不合理性的，**实证的事物**不是**由于理性**，而是**违背理性而存在**以外，还有什么别的办法能更清楚地证明这一点呢？假如**理性**是**衡量实证的事物的尺度**，那么**实证的事物**就不会是**衡量理性的尺度**。"这些虽然是疯话，但这是方法！"[②] 因此，胡果**亵渎了**在正义的、有道

---

① 德文"positiv"既有"实证的"意思，又有"实际的"、"实在的"意思。——编者注

② 莎士比亚《哈姆雷特》第2幕第2场。——编者注

德的和政治的人看来是神圣的一切，可是，他破坏这些神圣的事物，只是为了把它们作为**历史上的圣人遗物**来加以崇敬，他**当着理性的面玷辱**它们，是为了以后**当着历史的面**颂扬它们，同时也是为了颂扬**历史学派的观点**。

胡果的**论据**，也和他的**原则**一样，**是实证的**，也就是说，是非批判的。他不知道什么是差别。**凡是存在的事物**他都认为是**权威**，而每一个权威又都被他拿来当作一种**根据**。所以，他在某一段文章里引证了**摩西和伏尔泰**、**理查森和荷马**、**蒙田和阿蒙**，引证了**卢梭**的《**社会契约论**》和**奥古斯丁**的《**论神之都**》。他也以同样的态度去对待**各个民族**，把他们等同起来。在胡果看来，**暹罗人**和**英国人**一样实际，尽管前者认为，按照国王的命令缝住饶舌者的嘴巴，把笨拙的演说者的嘴巴一直剪到耳朵，这是永恒的自然定律，而后者则认为，要是他的国王专横地决定征收哪怕只是一分尼的捐税，那也是政治上的荒谬行为。不知羞耻的**康奇人**也和**法国人**一样实际，尽管前者赤身裸体地走来走去，至多用淤泥来涂抹一下自己的身体，而后者则不仅要穿衣服，而且还要穿得很考究。**德国人**也并不比**拉杰普特人**更为实际，尽管前者把女儿当作家庭宝贝来教养，而后者为了免去哺育之累，索性把女儿杀死。总而言之，**皮肤上的疹子就像皮肤本身一样实际**。

在一个地方这种事物是实际的，而在另一个地方那种事物是实际的。无论这种事物还是那种事物，都是不合理性的。那就服从那些在你自己的小天地里是实际的事物吧！

这样看来，**胡果**是**一个十足的怀疑主义者**。否认现存事物的理性的 **18 世纪的怀疑主义**，在胡果那里表现为否认**理性存在的怀疑主义**。胡果承袭了**启蒙运动**，他不认为实证的事物是合乎理性的事物，但这只是为了不把合乎理性的事物看作实证的事物。胡果认为，人们消除实证的事物中的理性假象，是为了承认没有理性假象的实证的事物；他认为，人们摘掉锁链上的**虚假的花朵**，是为了戴上没有花朵的**真正锁链**。

胡果同 18 世纪的**其他启蒙思想家**的关系，大体上就像**摄政者**①的荒淫**宫廷**主政时期**法兰西国家的解体**同国民议会时期法兰西国家的解体的关系一样。二者都是解体！在宫廷主政时期，解体表现为**放荡的轻佻**，它懂得并嘲笑现存状况的思想空虚，但这只是为了摆脱一切理性的和道德的束缚，去**戏弄**腐朽的废物并且在这些废物的戏弄下被迫走向解体。这就是**自己拿自己寻欢作乐**的当时那个世界的腐败过程。相反，在国民议会时期，**解体**则表现为**新精神从旧形式下的解放**，因为旧形式已不配也不能容纳新的精神。这就是**新生活对自身力量的感觉**，新生活正在**破坏已被破坏的东西**，**抛弃已被抛弃的事物**。因此，如果说有理由把**康德的哲学**看成是法国革命的**德国理论**，那么，就应当把**胡果的自然法**看成是法国旧制度的**德国理论**。我们又一次在胡果身上发现了**摄政时期放荡者的全部轻佻**，即**庸俗的怀疑主义**，这种怀疑主义对思想傲慢无礼，对显而易见的东西却无比谦卑顺从，只有在扼杀实证事物的**精神**时才开始感觉到自己的智慧，目的是为了占有作为残渣的纯粹实证的事物，并在这种**动物**状态中感到舒适惬意。胡果甚至在权衡论据的分量时，也以绝对可靠的本能把各种制度中合乎理性和合乎道德的东西都看作对理性来说是**一种可疑的东西**。**对胡果的理性来说**，只有**动物的本性**才是**无可怀疑的东西**。那就让我们来听听这位从旧制度的观点出发的启蒙思想家是怎样说的吧！应当从胡果本人的话中听出胡果的观点来。应当给他的全部论断一概加上"他自己说的"这几个字。

导 言

"人在法律上的唯一特征就是他的动物本性。"②

自由篇

"对自由〈指**合乎理性的本质**〉的限制，甚至是这样的一种情况：这种本质不可能随心所欲地不再成为合乎理性的本质，即不再成为能够而且应当合乎理性地行

---

① 奥尔良公爵菲力浦第二。——编者注
② 胡果《作为实在法、特别是私法的哲学的自然法教科书》1819 年柏林修订第 4 版第 52 页。——编者注

动的本质。"①

"不自由丝毫不会改变不自由的人和其他人的动物本性和理性本性。一切道义上的责任仍然起作用。奴隶制不仅从肉体方面来看是可行的,而且从理性方面来看也是可行的;任何证明与此相反的观点的探讨,肯定包含着某种误解。当然,奴隶制也并不是绝对合乎法理的,也就是说,它既不是从动物的本性中产生出来的,也不是从理性的和市民的本性中产生出来的。可是,奴隶制同奴隶制的反对者所承认的任何一种法一样,可能是一种暂时的法,这一点可以在和私法以及和公法的比较中看出来。"证据就是:"从动物本性的观点来看,属于富人所有的人,显然比穷人更有免受贫困的保证,因为失去前一种人对富人是不利的,富人也很关心他们的疾苦,而穷人身上只要有一点东西可以榨取,就会被他们的同胞榨出来……""虐待奴隶和使奴隶致残的权利并不重要,即使发生这种情况,那也不见得比穷人所忍受的痛苦严重多少;至于从身体方面来说,这种情况也并不像战争那样严重,因为奴隶本身到处都必定是用不着参加战争的,甚至在切尔克斯的女奴隶中间美女也比在女乞丐中间更加容易找到。"(请听这个老头说些什么!)

"至于说到理性的本性,那么当奴隶也要比忍受贫困优越,因为奴隶的所有者即使从精打细算的角度出发,也宁愿为教育有某种才能的奴隶解囊,而不愿意在行乞的孩子身上花钱。在国家制度的范围内,正是奴隶才免除了种类奇多的压迫。押送战俘的人只是由于暂时要担负责任才去关心战俘,难道奴隶比战俘更不幸吗?政府派看守去监管苦役犯,难道奴隶比苦役犯更不幸吗?"

"奴隶制本身对于人口繁衍究竟有利还是有害,这还是一个争论中的问题。"②

婚姻篇

"与对婚姻作完全自由的探讨时相比,以前从哲学观点来考察实在法时,婚姻往往被看得重要得多,又合乎理性得多。"③

诚然,在婚姻中,**满足性欲**是合乎胡果先生的心意的。他甚至还从这一事实中引出**有益于健康的道德来:**

---

① 胡果《作为实在法、特别是私法的哲学的自然法教科书》1819 年柏林修订第 4 版第 147 页。——编者注
② 同上书,第 247、249、251—255、257 页。——编者注
③ 同上,第 276 页。——编者注

"从这种情况以及无数别的情况中,人们本来应当看到,为了一个目的把人的身体作为手段来使用,并非像人们其中包括康德本人对这一说法所作的错误理解那样,都是不道德的。"①

可是,用**排他性**来使性欲神圣化,用法律来约束欲望,用**道德的美**把自然要求理想化、使之成为一种精神结合的因素——婚姻的**精神本质**——这一切在胡果先生看来,恰恰是婚姻中的**可疑的东西**。但是,在进一步探讨他那**轻佻的无耻思想**之前,我们且来听听一位法国**哲学家**的声音,以便同这位**探究历史的**德国人进行比较。

"一个女人既然为了唯一的男人而抛弃这种神秘的矜持(这种矜持的神的戒律她铭刻在心上),那她就把自己献给了这个男人。为了他,她在委身于他的时刻抛弃了从来没有抛弃过的含羞心理,仅仅为了他,她撩开了平时用作庇护所和装饰品的面纱。于是就产生了对丈夫的亲密无间的信任,这是只能在她和他之间存在的排他性关系的结果,她并不因为这种关系而觉得受到了侮辱,于是就产生了丈夫对这种牺牲的感激,产生了对这个人的情欲和尊敬交织的情感,这个人甚至在和他共享欢乐的时候似乎也只是一味迁就他的。这就是在我们的社会制度中一切都秩序井然的原因。"

自由的推究哲理的**法国人本杰明·贡斯当**就是这样说的!现在我们就来听听那位奴颜婢膝的、探究历史的德国人是怎样说的吧!

"更加可疑得多的是第二个因素,即未经结婚不得满足这种欲望。动物的本性是和这种限制相违背的,理性的本性更是如此,〈因为……你们猜他要说什么!……〉因为一个人要预见到这会产生什么后果,他就应当是几乎无所不知的,所以,如果我们答应只能与某一个特定的人满足这一种强烈的天然欲望,那么,这就是对上帝的诱惑!""对美好事物的按其本性是自由的感情就要受到束缚,而与这种感情相联系的东西就要与之分离。"②

---

① 胡果《作为实在法、特别是私法的哲学的自然法教科书》1819年柏林修订第4版第279页。——编者注

② 同上书,第280—281页。——编者注

请看，我们那些**青年德意志派**在向谁学习！

"这一制度①是和市民的本性相矛盾的，因为……最后，警察就要承担一项几乎无法完成的任务！"②

哲学是多么糊涂啊，对警察连这点关照都不加考虑！

"婚姻法细则的一切后果都向我们表明：不管遵循怎样的原则，婚姻仍然是一种极其不完善的制度。"

"可是，这种用婚姻限制性欲的办法，也有其极大优点，因为它通常能避免传染病，婚姻使政府省去了许多麻烦。最后，到处都有极其重要意义的那种见解，即认为私法的因素在这里已经成了唯一合乎习惯的因素，也起了作用。""费希特说：没有结婚的人只算得半个人③。可是在这种情况下，我〈即胡果〉，抱歉得很，不得不认为把我凌驾于基督、费奈隆、康德和休谟之上的这一美妙格言是一种骇人听闻的夸张。"

"至于一夫一妻制和一夫多妻制，那显然要取决于人的动物本性！！"④

教育篇

我们一开头就读到：

"教育的艺术所能提出的反对与此〈即家庭教育〉有关的法律关系的理由，并不少于爱的艺术所提出的反对婚姻的理由。"⑤

"困难就在于人们只能在这种关系的范围内进行教育，不过这种困难远不像在满足性欲时那样令人忧虑，其原因还在于允许以契约形式委托第三者进行教育；因此，凡对这项工作有强烈兴趣的人，都能很容易得到满足。不过受教育者当然不一

---

① 在胡果的著作中这个词为"限制"。——编者注
② 胡果《作为实在法、特别是私法的哲学的自然法教科书》1819年柏林修订第4版第281—282页。——编者注
③ 费希特《根据科学学原则创立的伦理学体系》1798年耶拿—莱比锡版第449页。——编者注
④ 胡果《作为实在法、特别是私法的哲学的自然法教科书》1819年柏林修订第4版第285—289页。——编者注
⑤ 同上书，第336页。——编者注

定是他愿意教育的某个特定的人。然而，一个谁也不会把孩子委托给他的人，却可以凭借这种关系进行教育，从而排除他人进行教育的可能性，这种事实也是和理性相矛盾的。最后，这里还有一种强制在起作用：一方面实在法往往不允许教育者放弃这种关系，另一方面受教育者又不得不让这样的人施教。这种关系的现实性多半是以出生的纯粹偶然性为基础的，而出生必定是通过婚姻同父亲发生联系的。由于这里通常有一种本身就妨碍良好教育的偏爱在起作用，上述关系的产生方式显然不是特别合乎理性的；而且父母双亡的孩子也得受教育，可见这种产生方式也不是绝对必要的。"①

私法篇

第 107 节教导我们说：

"私法的必要性完全是一种臆想的必要性。"②

国家法篇

"服从掌握权力的官府是神圣的道义上的责任。""至于政府权力的分配，那么实际上并没有一种国家制度是绝对合乎法理的，可是，不管权力如何分配，每一种制度又都是暂时合乎法理的。"③

人们也能抛弃**自由的最后束缚**，即抛弃那强使人们成为**合乎理性的存在物**的束缚，这一点胡果不是已经证明了吗？

我们认为，从**历史学派的哲学宣言**中引来的这几段摘要，足以给这一学派作出历史的评价，以取代那些非历史的臆想、模糊的空想和故意的虚构。这几段摘要足以用来判明**胡果的继承者**能不能承担**当代的立法者的使命**。

诚然，随着时间的推移和文化的发展，历史学派的这棵**原生的谱系树**已被**神秘的烟雾**所遮盖；**浪漫派**用幻想修剪它，思辨又把自己的特性

---

① 胡果《作为实在法、特别是私法的哲学的自然法教科书》1819 年柏林修订第 4 版第 338—339、348 页。——编者注
② 同上，第 138 页。——编者注
③ 同上，第 512、519—520 页。——编者注

嫁接给它；无数**学术**果实都从这棵树上被摇落下来，晒干，并且被加以夸大地存放在宽阔的德国学术库房中。可是，实际上只须略加**考证**，就能够在种种天花乱坠的现代词句后面重新看出我们的旧制度的启蒙思想家的那种龌龊而陈旧的怪想，并在层层浓重的油彩后面重新看出这位启蒙思想家的放荡的陈词滥调。

胡果说，"动物本性是人在法律上的特征"，照这样说来，法就是**动物的**法，而有教养的**现代人**则不说"**动物的**"这种粗野而坦率的字眼，而说"**组织法**"之类的术语了，因为在说到**组织**的时候，谁会立即想起**动物的机体**①呢？胡果说，在**婚姻**以及其他**道德法律**制度中都没**有理性**，而**现代的**先生们则说，这些制度固然**不是人类理性的创造物**，但它们却是更高级的"**实证**"理性的**反映**，其他一切东西莫不如此。只有**一个结论他们都是**用同样粗野的语调来表达的，那就是：**专制暴力的法**。

应当把**哈勒、施塔尔、莱奥**及其同伙的法律理论和历史理论看作只不过是**胡果的自然法**的旧版翻新，在经过**几番考证辨析**之后，在这里又可以看出旧的**原文**了，以后如有机会，我们将更为详细地来说明这一点。

因为我们手里还有**旧的宣言**，所以，一切**修饰美化**这一原文的**伎俩**就更是枉费心机了，这一宣言虽然不太**明智**，但它的意思还是**非常清楚的**。

选自《马克思恩格斯全集》第 1 卷，北京：人民出版社 1995 年版，第 229—390 页。

---

① 德文 "Organismus" 既有 "组织"、"机构" 的意思，又有 "机体" 的意思。——编者注

马克思

第六届莱茵省议会的辩论

(第三篇论文)①

关于林木盗窃法的辩论

我们以前已经描写过省议会舞台上演出的两场大型政治历史剧,一场是有关省议会在新闻出版自由问题上的纠纷的,一场是有关它在纠纷问题上的不自由的。现在我们来到坚实的地面上演戏。在谈到意义重大的真正的现实生活问题,谈到地产析分问题之前,我们先给读者看几幅风俗画,这些画多方面地反映了省议会的精神,甚至可以说是反映了省议会的真正本质。

林木盗窃法也和狩猎、森林、牧场违禁法一样,不仅因为省议会的关系值得研究,而且其本身也值得研究。但是我们手头没有这个法案。我们的材料只是简略地提到省议会及其委员会对法律所作的一些补充,而且其中也只是列举了法律有关条款的号码。有关省等级会议辩论情况的报道也非常空洞、零乱和虚假,读起来简直叫人困惑不解。从现有的一些片断材料看来,省议会显然是想以这种消极的沉默给我省树立一个恭顺的榜样。

这次辩论中有一件典型事实十分引人注目。省议会以**第二立法者**的资格与国家立法者并肩行事。通过具体例子来说明省议会的立法能力是

---

① 《莱茵报》编辑部在这里加了一个注:"我们感到遗憾,因为我们未能让我们的读者看到第二篇论文。"——编者注

很有意思的。因此，如果我们要求读者具有耐性和毅力，读者是会见谅的，这是我们在研究这个极其枯燥的论题时需要不断培养的两种美德。我们叙述省议会关于盗窃法的辩论，也就是叙述**省议会关于它的立法职能的辩论**。

辩论一开始，就有一位城市代表①反对法律的**标题**，因为这个标题把普通的违反林木管理条例的行为也归入"**盗窃**"这一范畴。

一位骑士等级的代表②反驳说：

"正因为偷拿林木不算盗窃，所以这种行为才经常发生。"③

照这样推论下去，同一个立法者还应该得出这样的结论：正因为打耳光不算杀人，所以打耳光才成为如此常见的现象。因此应当决定，打耳光就是杀人。

另一位骑士等级的代表④认为：

"回避'盗窃'一词更加危险，因为一旦有人知道关于这个词曾发生过争论，他就很容易设想，似乎省议会也不把偷拿林木当作盗窃。"⑤

省议会应该决定，它是否认为违反林管理条例的行为就是盗窃。可是，如果省议会不把违反林木管理条例的行为宣布为盗窃，那么人们就会认为，省议会真的不把这种行为算作盗窃。因此，最好是不要触及这个棘手的、有争议的问题。这就涉及婉转表达的问题。但是，婉转表达是应该避免的。林木所有者堵住立法者的嘴，因为隔墙有耳。

那位代表走得更远。他认为，对"盗窃"一词所作的全部分析都是"全体会议不该做的**措辞修饰工作**"。

---

① 约·弗·布鲁斯特。——编者注
② 爱·贝·特里普斯伯爵。——编者注
③ 《第六届莱茵省议会会议记录》1841年科布伦茨版第22页。——编者注
④ 马·洛埃男爵。——编者注
⑤ 《第六届莱茵省议会会议记录》1841年科布伦茨版第22页。——编者注

省议会听取了这样清楚的论证以后,就对法律的标题进行了表决。①

上述这种观点硬说把公民当作小偷是纯粹措辞表达上的粗心大意,它把一切反对意见当作语法上的吹毛求疵而加以否定;从这个观点看来,偷拿枯树或者捡拾枯枝也应归入盗窃的范围,并应和砍伐活树受到同样的惩罚。

不错,上述那位城市代表指出:

"由于惩罚可能达到长期监禁的程度,这种严厉的做法就会把那些尚未离开正道的人直接推上犯罪的道路。仅仅由于他们在监狱中将同惯偷住在一起,也会发生这种情况;因此,他认为,捡拾或偷拿枯树只应该受普通的违警处罚。"②

但是,另一位城市代表③却提出了意味深长的反对意见:

"在他那个地方的森林里,常常有人先把幼树砍伤,等它枯死后,就把它当作枯树。"④

这种为了幼树的权利而牺牲人的权利的做法真是最巧妙而又最简单不过了。如果法律的这一条款被通过,那么就必然会把一大批不是存心犯罪的人从活生生的道德之树上砍下来,把他们当作枯树抛入犯罪、耻辱和贫困的地狱。如果省议会否决这一条款,那就可能使几棵幼树受害。未必还需要说明:获得胜利的是被奉为神明的林木,人却成为牺牲品遭到了失败!

刑罚法规只把偷拿砍下的树木和盗伐林木算作盗窃林木。其中(我们的省议会不会相信这一点)说道:

"凡白天采食果实并由于偷拿而造成轻微损失的人,一律根据个人情况和事实

---

① 《第六届莱茵省议会会议记录》1841年科布伦茨版第22页。——编者注
② 同上。
③ 尼·采托。——编者注
④ 《第六届莱茵省议会会议记录》1841年科布伦茨版第22页。——编者注

情节给以民事〈可见不得刑事〉处分。"①

16世纪的刑罚法规要求我们为它辩护,不让19世纪的莱茵省议会责备它过分仁慈。我们同意这种要求。

一种是捡拾枯树,一种是情况极其复杂的林木盗窃!这两种情况有一个共同的规定:占有他人的林木。因此,两者都是盗窃。这就是刚才制定法律的那种有远见的逻辑所得出的结论。

因此,我们首先要指出两种行为的**差别**,如果必须承认它们的事实构成在本质上是不同的,那么就很难说这种事实构成从法律上来看是相同的。

要占有一棵活树,就必须用暴力截断它的有机联系。这是一种明显地侵害树木的行为,因而也就是一种明显地侵害树木所有者的行为。

其次,如果砍伐的树木是从别人那里偷来的,那么在这种情况下,砍伐的树木就是它的所有者的产品。砍伐的树木已经是加过工的树木。同财产的天然联系已让位于人为的联系。因而,谁偷窃砍伐的树木,谁就是偷窃财产。

捡拾枯树的情况则恰好相反,这里没有任何东西同财产脱离。脱离财产的只是实际上已经脱离了它的东西。盗窃林木者是擅自对财产作出了判决。而捡拾枯树的人则只是执行财产本性本身所作出的判决,因为林木所有者所占有的只是树木本身,而树木已经不再占有从它身上落下的树枝了。

可见,捡拾枯树和盗窃林木是本质上不同的两回事。对象不同,作用于这些对象的行为也就不同,因而意图也就一定有所不同,试问除了行为的内容和形式而外,还有什么客观标准能衡量意图呢?而你们却不顾这种本质上的差别,竟把两种行为都称为盗窃,并且都当作盗窃来惩罚。你们对捡拾枯树的惩罚甚至比对盗窃林木的惩罚还要严厉,因为你们把捡拾枯树宣布为盗窃,这已经是惩罚,而对盗窃林木的行为,你们

---

① 《查理五世皇帝和神圣罗马帝国的刑罚法规》1787年吉森增订第4版第202页。——编者注

显然是不会给予这种惩罚的。既然是那样，你们就必须把盗窃林木宣布为谋杀林木，并作为谋杀罪论处。法律不应该逃避说真话的普遍义务。法律负有双重的义务这样做，因为它是事物的法理本质的普遍和真正的表达者。因此，事物的法理本质不能按法律行事，而法律倒必须按事物的法理本质行事。但是，如果法律把那种未必能叫作违反林木管理条例的行为称为盗窃林木，那么法律就是**撒谎**，而穷人就会成为合法谎言的牺牲品了。

孟德斯鸠说："有两种腐败现象，一种是人民不遵守法律；另一种是法律本身使人民腐败；后一种弊病是无可救药的，因为药物本身就包含着这种弊病。"①

你们无论如何也无法迫使人们相信没有罪行的地方有罪行。你们所能做的只是把罪行本身变成合法的行为。你们颠倒黑白、混淆是非，但是，如果你们以为这只会给你们带来好处，那就错了。人民看到的是惩罚，但是看不到罪行，正因为他们在没有罪行的地方看到了惩罚，所以在有惩罚的地方也就看不到罪行了。你们在不应该用盗窃这一范畴的场合用了这一范畴，因而在应该用这一范畴的场合就掩饰了盗窃。

完全撇开各种不同行为之间的差别而只给它们确定一个共同的定义，这种粗暴的观点难道不是不攻自破吗？如果对任何侵犯财产的行为都不加区别、不作出比较具体的定义而一概以盗窃论处，那么，任何私有财产岂不都是盗窃吗？我占有了自己的私有财产，那不就是排斥了其他任何人来占有这一财产吗？那岂不就是侵犯了他人的财产权吗？同一类罪行具有极不相同的各种形式，如果你们否认这些形式之间的差别，那么你们也就把罪行本身当作**一种和法不同的东西**加以否认，你们也就是消灭了法本身，因为任何罪行都有某种与法本身共同的方面。因此，不考虑任何差别的严厉手段，会使惩罚毫无效果，因为它会取消作为法的结果的惩罚，这是一个历史的，同样也是合乎理性的事实。

---

① 孟德斯鸠《论法的精神》第1卷第6章第12节。——编者注

但是我们所争论的是什么呢？省议会抹杀了捡拾枯树、违反林木管理条例的行为和盗窃林木这三者之间的差别，在问题涉及**违反森林管理条例者的利益**时，它抹杀这些行为之间的差别，认为这些差别并不决定行为的性质。但是，一旦问题涉及**林木所有者的利益**时，省议会就承认这些差别了。

例如，委员会提议作这样的**补充**：

"凡用切割工具砍倒或截断活树者，凡用锯子代替斧头者；一律加重治罪。"①

省议会批准了这种分别治罪的办法。当问题涉及自身的利益时，这些明达的立法者就如此认真地把斧头和锯子也区分开来，而当问题涉及他人的利益时，他们就毫无心肝，连枯树和活树都不加区别了。差别作为加重罪行的情节是重要的，但是作为减轻罪行的情节却毫无意义，尽管既然不可能有减轻罪行的情节，那么也就不可能有加重罪行的情节。

这样的逻辑在辩论的进程中还不止一次地重演。

在讨论第65条时，一个城市代表②希望：

"被窃林木的价值也成为确定惩罚的标准"；"但这一点被报告人斥为不切实际的办法"。③

这位城市代表谈到第66条时又指出：

"整个法律中根本没有指出加重或减轻惩罚所应该依据的价值的大小。"④

在确定对侵犯财产的行为的惩罚时，价值的重要性是不言自明的。

如果罪行这个概念要求惩罚，那么罪行的现实就要求有一个惩罚的尺度。实际的罪行是有界限的。因此，为了使惩罚成为实际的，惩罚就应该是有界限的，为了使惩罚成为公正的，惩罚就应该受到法的原则的

---

① 《第六届莱茵省议会会议记录》1841年科布伦茨版第23页。——编者注
② 约·亨·鲍尔。——编者注
③ 《第六届莱茵省议会会议记录》1841年科布伦茨版第28页。——编者注
④ 《第六届莱茵省议会会议记录》1841年科布伦茨版第28页。——编者注

限制。任务就是要使惩罚成为罪行的实际后果。惩罚在罪犯看来应该表现为他的行为的必然结果，因而表现为**他自己的行为**。所以，他受惩罚的界限应该是他的行为的界限。犯法的一定**内容**就是一定罪行的界限。因此，衡量这一内容的**尺度**就是衡量罪行的尺度。对于财产来说，这种尺度就是它的**价值**。一个人无论被置于怎样的界限内，他总是作为一个整体而存在，而财产则总是只存在于一定的界限内，这种界限不仅可以确定，而且已经确定，不仅可以测定，而且已经测定。价值是财产的民事存在的形式，是使财产最初获得社会意义和可转让性的逻辑术语。显然，这种由事物本身的本性中得出的客观规定，也应该成为惩罚的客观的和本质的规定。如果在涉及数目大小的场合立法能够仅仅以外部特征为依据，而不致陷入永无止境的规定之中，那么它至少必须进行调节。问题不在于历数一切差别，而在于确定差别。然而省议会根本不屑于理睬这些小事情。

但是，也许你们以为由此可以得出结论说省议会在决定惩罚时已完全排除了价值吧？这种结论是多么轻率而不实际呀！林木所有者——我们在下面就要更详细地谈到这一点——不仅要求小偷赔偿一般的简单价值；他甚至还要使这种价值具有个性，并根据这种具有诗意的个性要求特别补偿。现在我们才明白报告人所说的**实际**是什么意思。讲求实际的林木所有者是这样判断事物的：某项法律规定由于对我有利，就是好的，因为我的利益就是好事。而某项法律规定由于纯粹从法理幻想出发，也应该适用于被告，那就是多余的、有害的、不实际的。既然被告对我是有害的，那么不言而喻，凡是使被告受害较少的事情，对我都是有害的。这真是非常实际的高见。

但是，我们这些不实际的人要为政治上和社会上一无所有的贫苦群众要求那一帮学识渊博而又温顺听话的奴才即所谓的历史学家们所发明的东西，他们把这种东西当作真正的哲人之石，以便把一切不正当的非分要求点成法之纯金。我们为穷人要求**习惯法**，而且要求的不是地方性的习惯法，而是一切国家的穷人的习惯法。我们还要进一步说明，这种习惯法按其本质来说只能是这些最底层的、一无所有的基本群众的法。

所谓特权者的习惯是**和法相抵触的习惯**。这些习惯产生的时期，人类史还是**自然史**的一部分，根据埃及的传说，当时所有的神灵都以动物的形象出现。人类分成为若干特定的动物种属，决定他们之间的联系的不是平等，而是不平等，法律所确定的不平等。不自由的世界要求不自由的法，因为这种动物的法是不自由的体现，而人类的法是自由的体现。**封建制度**就其最广泛的意义来说，是**精神的动物王国**，是被分裂的人类世界，它和有区别的人类世界相反，因为后者的不平等现象不过是平等的色彩折射而已。在实行单纯的封建制度的国家即实行等级制度的国家里，人类简直是按抽屉①来分类的，那里伟大圣者（即神圣的人类）的高贵的、彼此自由联系的肢体被割裂、隔绝和强行拆散，因此，在这样的国家里我们也发现**动物崇拜**，即原始形式的动物宗教，因为人总是把构成其真正本质的东西当作最高的本质。动物实际生活中表现出来的唯一的平等，是特定种的动物和同种的其他动物之间的平等；这是特定的种本身的平等，但不是类的平等。动物的类本身只在不同种动物的敌对关系中表现出来，这些不同种的动物在相互的斗争中显露出各自特殊的**不同特性**。自然界在**猛兽的胃**里为不同种的动物准备了一个结合的场所、彻底融合的熔炉和互相联系的器官。在封建制度下也是这样，一种人靠另一种人为生，而最终是靠那种像水螅一样附在地上的人为生，后一种人只有许多只手，专为上等人攀摘大地的果实，而自身却靠尘土为生；因为在自然的动物王国，是工蜂杀死不劳而食的雄蜂，而在精神的动物王国恰恰相反，是不劳而食的雄蜂杀死工蜂——用劳动把它们折磨死。当特权者不满足于**制定法**而诉诸自己的**习惯法**时，他们所要求的并不是法的人类内容，而是法的动物形式，这种形式现在已丧失其现实性，变成了纯粹的动物假面具。

　　贵族的习惯法按其**内容**来说是同普通法律的形式相对立的。它们不能具有法律的形式，因为它们是无视法律的形态。这些习惯法按其内容来说是同法律的形式即通用性和必然性的形式相矛盾的，这也就证明，

---

① 德文："Kasten"既有"等级"、"阶层"的意思，又有"抽屉"的意思。——编者注

它们是习惯的不法行为，因此，决不能违反法律而要求这些习惯法，相反，应该把它们当作同法律对立的东西加以废除，甚至对利用这些习惯法的行为还应根据情况给以惩罚。要知道，一个人的行为方式并不因为已成为他的习惯就不再是不法行为，正如强盗儿子的抢劫行为并不能因为他的特殊家风而被宽恕一样。如果一个人故意犯法，那么就应惩罚他这种明知故犯；如果他犯法是由于习惯，那就应惩罚他这种不良习惯。在实施普通法律的时候，合理的习惯法不过是**制定法**所认可的**习惯**，因为法并不因为已被确认为法律而不再是习惯，但是它不再**仅仅**是习惯。对于一个守法者来说，法已成为他自己的习惯；而违法者则被迫守法，纵然法并不是他的习惯。法不再取决于偶然性，即不再取决于习惯是否合理；恰恰相反，习惯所以成为合理的，是因为法已变成法律，习惯已成为国家的习惯。

因此，习惯法作为与制定法同时存在的一个**特殊领域**，只有在**法和法律并存**，而习惯是制定法的**预先实现**的场合才是合理的。因此，根本谈不上特权等级的习惯法。法律不但承认他们的合理权利，甚至经常承认他们的不合理的非分要求。特权等级没有权利预示法律，因为法律已经预示了他们的权利可能产生的一切结果。因此，他们坚持要求习惯法，只不过是要求提供能够得到小小乐趣的领地，目的是要使那个在法律中被规定出合理界限的内容，在习惯中为超出合理界限的怪癖和非分要求找到活动场所。

然而，贵族的这些习惯法是同合理的法的概念相抵触的习惯，而贫民的习惯法则是同实在法的习惯相抵触的法。贫民的习惯法的内容并不反对法律形式，它反对的倒是自己本身的不定形状态。法律形式并不同这一内容相抵触，只是这一内容还没有具备这种形式。只要稍加思考，就能看出开明的立法是如何**片面地**对待并且不得不这样对待**贫民的习惯法**，各种不同的**日耳曼法**可以看作是这些习惯法的最丰富的源泉。

各种最自由的立法在**私法**方面，只限于把已有的法表述出来并把它们提升为普遍的东西。而在没有这些法的地方，它们也不去加以制定。它们取消了各种地方性的习惯法，但是忘记了各等级的不法行为是以任意的非分要求的形式出现的,而那些等级以外的人的法是以偶然让步的形式出现的。这些立法对于那些既有法而又有习惯的人是处理得当的,但是对于那些没有法而只有习惯的人却处理不当。这些立法只要认为任意的非分要求具有合理的法理内容,它们就把这些要求变成合法的要求;同样,它们也应该把偶然的让步变成必然的让步。我们可以举一个例子,即修道院的例子来说明这一点。修道院被废除了,它们的财产被收归俗用了,这样做是正确的。但是另一方面,贫民过去从修道院那里得到的偶然救济并没有被任何其他具体的收入来源所代替。当修道院的财产变成私有财产时,修道院得到了一定的赔偿;但是那些靠修道院救济过活的贫民并没有得到任何赔偿。不仅如此,还为贫民设置了新的限制,切断了他们同旧有的法的联系。在所有把特权变成法的过程中都曾有过这种现象。这种对法的滥用行为的肯定方面,就它把某一方面的法变成偶然而言,也是一种对法的滥用行为;现在人们把这种肯定方面取消了,但取消的办法不是把偶然变成必然,而是把偶然弃置不顾。

这些立法必然是片面的,因为贫民的任何习惯法都基于某些财产的不确定性。由于这种不确定性,即不能明确肯定这些财产是私有财产,也不能明确肯定它们是公共财产,它们是我们在中世纪一切法规中所看到的那种私法和公法的混合物。立法借以了解这种二重形式的器官就是理智;理智不但本身是片面的,而且它的重要的职能就是使世界成为片面的,这是一件伟大而惊人的工作,因为只有片面性才会从无机的不定形的整体中抽出特殊的东西,并使它具有一定形式。事物的性质是理智的产物。每一事物要成为某种事物,就应该把自己孤立起来,并成为孤立的东西。理智把世界的每项内容都纳入固定的规定性之中,并把流动的东西固定化,从而就产生了世界的多样性,因为没有许多的片面性,世界就不会是多面的。

因此,理智取消了财产的二重的、不确定的形式,而采用了在罗马法中有现成模式的抽象私法的现有范畴。立法的理智认为,对于较贫苦的阶级来说,它取消这种不确定的财产所负的责任是有道理的,尤其是因为它已取消了国家对财产的特权。然而它忘记了,即使纯粹从私法观点来看,这里也存在两种私法:占有者的私法和非占有者的私法,更何况任何立法都没有取消过国家对财产的特权,而只是去掉了这些特权的偶然性质,并赋予它们以民事的性质。但是,如果说一切中世纪的法的形式,其中也包括财产,从各方面来说都是混合的、二元的、二重的,理智有理由用自己的统一原则去反对这种矛盾的规定,那么理智忽略了一种情况,即有些所有物按其本质来说永远也不能具有那种预先被确定的私有财产的性质。这就是那些由于它们的自然发生的本质和偶然存在而属于先占权范围的对象,也就是这样一个阶级的先占权的对象,这个阶级正是由于这种先占权而丧失了任何其他财产,它在市民社会中的地位与这些对象在自然界中的地位相同。

我们将会看到,作为整个贫苦阶级习惯的那些习惯能够以可靠的本能去理解财产的这个**不确定的**方面,我们将会看到,这个阶级不仅感觉到有满足自然需要的欲望,而且同样也感到有满足自己正当欲望的需要。枯枝就是一个例子。正如,蜕下的蛇皮同蛇已经不再有有机联系一样,枯枝同活的树也不再有有机联系了。自然界本身仿佛提供了一个贫富对立的实例:一方面是脱离了有机生命而被折断了的干枯的树枝树杈,另一方面是根深叶茂的树和树干,后者有机地同化空气、阳光、水分和泥土,使它们变成自己的形式和生命。这是贫富的自然表现。贫民感到与此颇有相似之处,并从这种相似感中引申出自己的财产权;贫民认为,既然自然的有机财富交给预先有所谋算的所有者,那么,自然的贫穷就应该交给需要及其偶然性。在自然力的这种活动中,贫民感到一种友好的、比人类力量还要人道的力量。代替特权者的偶然任性而出现的是自然力的偶然性,这种自然力夺取了私有财产永远也不会自愿放手的东西。正如富人不应该要求得到大街上发放的布施一样,他们也不应该要求得到**自然界的这种布施**。但是,贫民在自己的**活动**中已经发现了自己的权利。人类社会的自然阶级在**捡拾**活动中接触到自然界自然力的产物,并把它们加以处理。那些野生果实的情况就是这样,它们只不过是财产的十分偶然的附属品,这种附属品是这样的微不足道,因此它不可能成为真正所有者的活动对象；捡拾收割后落在地里的谷穗以及和诸如此类的习惯法也是这样。

由此可见，在贫苦阶级的这些习惯中存在着合乎本能的法的意识，这些习惯的根源是实际的和合法的，而**习惯法**的形式在这里更是合乎自然的，因为**贫苦阶级的存在本身**至今仍然只**不过是**市民社会的**一种习惯**，而这种习惯在有意识的国家制度范围内还没有找到应有的地位。

我们所考察的辩论就是人们怎样对待这些习惯法的例证，它充分反映了整个讨论的方法和精神。

一位城市代表①反对把采集覆盆子和越桔也当作盗窃处理的规定。他主要是为贫民的孩子辩护，这些孩子们采集野果，帮父母挣几个零钱；这是**从远古以来**就为所有者们所许可的，因此也就产生了儿童的**习惯法**。然而这一事实却遭到另一位代表②的反驳，据他说："在他那个地区，这些野果已经成为交易品，并成桶地运往荷兰。"③

的确，有**一个**地方已经把穷人的习惯法变成了富人的**独占权**。这就充分证明，公共财产是可以独占的；从这里自然就得出结论说，公共财产是应该被独占的。事物的本质要求独占，因为私有财产的利益想出了这个主意。某些财迷心窍的生意人想出的时髦主意，只要能使枯枝给原始条顿式的土地占有者带来利益，就不会引起任何异议。

明智的立法者预防罪行是为了避免惩罚罪行。但是，他预防的办法不是限制法的领域，而是给法提供实际的活动领域，从而消除每一个法的动机中的否定本质。他不是局限于替某个阶级的成员消除一切使他们**不能进入更高合法领域的东西**，而是给这一阶级本身以运用法的**现实可能性**。但是，如果说国家在这方面不够仁慈、富裕和慷慨，那么，立法者的责无旁贷的义务起码是，不要把那种仅仅由环境造成的**过错**变成**犯罪**。他必须以最伟大的仁慈之心把这一切当作社会**混乱**来加以纠正，如

---

① 约·亨·鲍尔。——编者注
② 约·洛埃。——编者注
③ 《第六届莱茵省议会会议记录》1841年科布伦茨版第28页。——编者注

果把这些过错当作危害社会的罪行来惩罚，那就是最大的不法。不然，他就会反对社会要求，还以为反对的是这些要求的危害社会的形式。总之，在民间的习惯法受压制的地方，遵循这些习惯法的做法，只能作为**单纯违反警章规定的行为**来对待，无论如何不能当作犯罪来惩罚。违警处罚是用来对付那种根据情节可称为外部混乱而不破坏永久法律秩序的行为的一种手段。处罚不应该比过错引起更大的恶感，犯罪的耻辱不应该变成法律的耻辱。如果不幸成为犯罪或者犯罪成为不幸，那么这就会破坏国家的基础。省议会与这种看法相去很远，它根本不遵守立法的首要规则。

利益的狭隘小气、愚蠢死板、平庸浅薄、自私自利的灵魂只是看到自己吃亏的事情；就好比一个粗人因为一个过路人踩了他的鸡眼，就把这个人看作天底下最可恶和最卑鄙的坏蛋。他把自己的鸡眼当作观察和判断人的行为的眼睛。他把过路人和自己接触的那一点当作这个人的本质和世界的唯一接触点。然而，有人可能踩了我的鸡眼，但他并不因此就不是一个诚实的、甚至优秀的人。正如你们不应该从你们的鸡眼的立场来评价人一样，你们也不应该用你们私人利益的眼睛来看待他们。私人利益把一个人触犯它的行为夸大为这个人的整个为人。它把法律变成一个只考虑如何消灭有害鼠类的**捕鼠者**，捕鼠者不是自然科学家，因此他只把老鼠看作有害动物。但是，国家不应该把违反林木管理条例者只看作违法者、**森林的敌人**。难道每一个公民不都是通过一根根命脉同国家有着千丝万缕的联系吗？难道仅仅因为这个公民擅自割断了**某一根**命脉，国家就可以割断所有的命脉吗？可见，国家也应该把违反林木管理条例者看作一个人，一个和它心血相通的活的肢体，看作一个保卫祖国的士兵，一个法庭应倾听其声音的见证人，一个应当承担社会职能的集体的成员，一个备受崇敬的家长，而首先应该把他看作国家的一个公民。国家不能轻率地取消自己某一成员的所有职能，因为每当国家把一个公民变成罪犯时，它都是截断自身的活的肢体。**有道德的**立法者首先应当认定，把过去不算犯罪的行为列入犯罪行为的领域，是最严重、最有害而又最危险的事情。

然而，利益是讲求实际的，世界上没有比消灭自己的敌人更实际的事情了！夏洛克就曾经教导说："谁憎恨一个东西而又不想置它于死地呢？"① 真正的立法者除了不法行为之外，不应该害怕任何东西，但是作为立法者的利益却只知道害怕法的后果，害怕为非作歹的人，因而就颁布法律来对付他们。残酷是怯懦所制定的法律的特征，因为怯懦只有变成残酷时才能有所作为。私人利益总是怯懦的，因为那种随时都可能遭到劫夺和损害的身外之物，就是私人利益的心和灵魂。有谁会面临失去心和灵魂的危险而不战栗呢？如果自私自利的立法者的最高本质是某种非人的、异己的物质，那么这种立法者怎么可能是人道的呢？《国民报》谈到基佐时说道："当他害怕的时候，他是可怕的。"这句格言可以作为一切**自私自利的和怯懦的立法**的写照。

萨莫耶德人杀死野兽时，在剥皮之前郑重其事地向它申明，只有俄罗斯人才使它遭殃，宰割它的是俄罗斯人的刀子，因此只应该向俄罗斯人报仇。现在有人居然不用扮成萨莫耶德人就直接把法律变成了**俄罗斯人的刀子**。现在我们就来看看这种变法吧！

关于第4条，委员会提议：

"凡超出两英里以外者，由前来告发的护林官员根据当地现行价格确定价值。"②

一位城市代表③表示反对这一提案：

"让报告盗窃情况的护林官员确定被窃林木价格的这个提案，是非常危险的。当然应该信任这位前来告发的官员，但是只能在确定事实方面，而决不能在确定被窃物的价值方面信任他。价值应该根据地方当局提出的并由县长批准的价格来确定。曾有人提议否决第14条，因为根据这一条，罚款是为林木所有者征收的"④等等。"如果保留第14条，那么上面的规定就更加危险，因为护林官员是为林木所

---

① 莎士比亚《威尼斯商人》第4幕第1场。——编者注
② 《第六届莱茵省议会会议记录》1841年科布伦茨版第22页。——编者注
③ 约·弗·布鲁斯特。——编者注
④ 《第六届莱茵省议会会议记录》1841年科布伦茨版第22页。——编者注

有者效力并从林木所有者那里领取薪俸的,他们会尽可能高估被窃林木的价值,这是理所当然的。"①

省议会批准了委员会的提案。

我们在这里看到的是领主裁判权的制定。维护领主利益的奴仆在某种程度上同时又是宣判人。价值的决定构成了判决的一部分。因此,判决的一部分已经预先在告发记录中被决定了。前来告发的护林官员坐在审判席上,他是鉴定人,他的意见法庭必须听取,他执行的是一种排除其他法官参加的职能。既然甚至还有领主的宪兵和告发者同时进行审判,那么反对异端裁判所式的审判程序就是荒诞无稽了。

即使不谈这种行为根本违反我们的法规,只要考察一下前来告发的护林官员的性质也就会明白,客观上他是不能同时兼任被窃林木的估价者的。

作为护林官员,他就是护林神的化身。守护,而且是亲身守护,要求护林人切实有效、认真负责和爱护备至地对待自己所保护的对象,就好像他和林木已合为一体。对他来说,林木应该是一切,应该具有绝对的价值。估价者则恰恰相反,他用怀疑的不信任的态度来对待被窃林木,用敏锐的平淡的目光来评价它,用普通的尺度来衡量它,锱铢必较地计算它的价值。护林人不同于估价者,就像矿物学家不同于矿物商一样。护林官员不能估量被窃林木的价值,因为他每次在笔录中确定被窃物的价值时,也就是在确定**自己本身的价值**,即自己本身活动的价值;因此,难道你们能够设想,他保护自己客体的**价值**会不如保护自己的**实体**吗?

一个把残忍当作职责的人所承担的这两种活动是互相矛盾的,这不仅在涉及守护对象时是这样,而且在涉及有关人员时也是这样。

作为护林官员,护林人应该维护私有者的利益,但是作为估价者,他又应该保护违反森林管理条例者的利益,防止私有者提出苛刻的要求。他可能会用拳头为林木的利益服务,同时他又应该用头脑为林木敌

---

① 《第六届莱茵省议会会议记录》1841年科布伦茨版第22页。——编者注

人的利益服务。一方面，他是林木所有者利益的化身，另一方面，他又应该是反对林木所有者利益的保障。

其次，护林官员就是告发者。笔录就是告发书。因此，实物的价值就成为告发的对象；这样一来，护林官员丧失了自己身为法官的尊严，而法官的职能也受到莫大的侮辱，因为这时法官的职能同告发者的职能已毫无区别了。

最后，这个前来告发的护林官员是受林木所有者的雇用并为林木所有者效力的，不论作为告发者或护林官员，他都不宜充当鉴定人。如果有理由这样做，那么也同样有理由让林木所有者自己经过宣誓后来估价，因为林木所有者实际上是把他的护林奴仆仅仅当作第三者的角色来对待的。

但是，省议会并不认为前来告发的护林官员的这种地位是有问题的，相反，它认为关于前来告发的护林官员的**终身任命**的规定，即在林木特权统治这个领域内留给国家的最后一丝权力的唯一规定有问题。这个规定遭到了最强烈的反对，报告人的下述解释也未能平息这一风暴：

"前几届省议会已经要求废除护林官员的终身任命，但政府总是反对，并且把终身任命看作对臣民的一种保护。"①

可见，省议会早已就政府放弃对自己臣民的保护的问题同政府讲过价钱，而省议会仍然在讨价还价。现在我们就来看一看那些用来**反对**终身任命的既宽宏大量又无可辩驳的论据。

一位乡镇代表②

"认为，把护林官员的终身任命当作信任其证言的条件，这对小林木占有者是非常不利的；另一位代表③则坚决主张，保护应该对大小林木所有者同样有效"。④

---

① 《第六届莱茵省议会会议记录》1841年科布伦茨版第27页。——编者注
② 弗·阿尔登霍芬。——编者注
③ 吉·伦辛。——编者注
④ 《第六届莱茵省议会会议记录》1841年科布伦茨版第22页。——编者注

一位诸侯等级的代表①指出：

"对私人说来设置终身职位是很不合适的，在法国就完全不需要根据这一点才确信护林官员的笔录；但是为了防止违法事件的增加，必须采取某些措施。"②

一位城市代表③说：

"应该相信那些按规定手续任命并宣过誓的护林官员的全部证言。在许多乡镇里，特别是对于小块土地所有者来说，实行终身任命制可以说是不可能的。如果决定只有终身任命的护林官员才可以信任，这种决定会使上述林木占有者的林木得不到任何保护。省内大部分地区的乡镇和私人占有者将会委托，而且不得不委托田地看守人来守护自己的林区，因为他们的林产不大，用不着雇用自己的护林官员。如果这些宣誓要兼管林木的田地看守人在证实林木被窃时得不到充分信任，而在对被发现的违反林木管理条例的行为进行告发时却又受到信任，岂非咄咄怪事。"④

城市、乡村和诸侯就是这样说的。他们不但不想消除违反林木管理条例者的权利和林木所有者的要求之间的距离，反而认为这一距离还不够大。在这里他们并不是想要同样地保护林木所有者和违反林木管理条例者，他们只是想把大小林木所有者一视同仁地加以保护。当问题涉及林木所有者时，大小林木所有者之间的完全平等就成为定理，而当问题涉及违反林木管理条例者时，不平等就变成公理。为什么小林木所有者要求得到和大林木所有者同样的保护呢？因为他们两者都是林木所有者。但是，难道林木所有者和违反森林管理条例者不都是国家的公民吗？既然大小林木所有者都有同样的权利要求国家的保护，那么，难道国家的大小公民不是更有同样的权利要求这种保护吗？

当诸侯等级代表引证法国为例——利益不懂得政治上的反感——时，他只是忘了加一句：在法国，护林官员告发的是事实，而不是价

---

① 约·萨尔姆-赖弗沙伊德-戴克公爵。——编者注
② 《第六届莱茵省议会会议记录》1841年科布伦茨版第22页。——编者注
③ 约·弗·布鲁斯特。——编者注
④ 《第六届莱茵省议会会议记录》1841年科布伦茨版第26—27页。——编者注

值。同样，可敬的城市发言人也忘了，利用田地看守人在这里也是不容许的，因为问题不单是要查明林木被窃，而且还要确定被窃林木的价值。

我们方才所听到的全部论断的本质是什么呢？有人说，小林木所有者没有**资金**雇用终身的护林官员。从这一论断可以得出什么结论呢？可以得出的结论是，小林木所有者不能担负这一任务。而小林木所有者又得出什么样的结论呢？他的结论是，他有权雇用短期的进行估价的护林官员。没有资金成了小林木所有者享有特权的根据。

小林木所有者也没有资金来供养独立的**审判庭**。因此，让国家和被告放弃独立的审判庭吧，让小林木所有者的仆人来坐庭审判吧，如果他没有男仆，那么他的女仆也行，如果女仆也没有，他自己也行。难道被告对于作为国家机关的行政当局，对于司法当局就没有这种权利吗？既然如此，为什么不依照小林木所有者的资金情况来组织审判呢？

国家和被告之间的关系能不能因私人即林木所有者资金缺乏而改变呢？国家对于被告享有某种权利，因为国家对于这个人是以国家的身份出现的。因此，就直接产生了国家的义务，即以国家的身份并按照国家的方式来对待罪犯。国家不仅有按照既符合自己的理性、自己的普遍性和自己的尊严，也适合于被告公民的权利、生活条件和财产的方式来行事的手段，国家义不容辞的义务就是拥有这些手段并加以运用。谁也不会要求林木所有者这样做，因为他的林木并不是国家，他的灵魂并不是国家的灵魂。由此可以得出什么样的结论呢？结论就是：因为私有财产没有办法使自己上升到国家的立场上来，所以国家就有义务使自己降低为私有财产的同理性和法相抵触的手段。

私人利益的空虚的灵魂从来没有被国家观念所照亮和熏染，它的这种非分要求对于国家来说是一个严重而切实的考验。如果国家哪怕在一个方面降低到这种水平，即按私有财产的方式而不是按自己本身的方式来行动，那么由此直接可以得出结论说，国家应该适应私有财产的狭隘范围来选择自己的手段。私人利益非常狡猾，它会得出进一步的结论，把自己最狭隘和最空虚的形态宣布为国家活动的范围和准则。因此，且不说国家受到的最大屈辱,这里会得出截然相反的结果,有人会用同理性和法相抵触的手段来对付被告;因为高度重视狭隘的私有财产的利益就必然会转变为完全无视被告的利益。既然这里明显地暴露出私人利益希望并且正在把国家贬为私人利益的手段,那么怎能不由此得出结论说,**私人利益**即各个等级的**代表**希望并且一定要把国家贬低到私人利益的思想水平呢?任何现代国家,无论它怎样不符合自己的概念,一旦遇到有人想实际运用这种立法权利,都会被迫大声疾呼:你的道路不是我的道路,你的思想不是我的思想!

有一个为了**反对**终身任命而提出的论据,最明显不过地证明,短期雇用负责告发的护林官员这一做法多么不恰当。决不能认为这个论据是偶然脱口而出的,因为它是被宣读出来的。省议会的一位城市等级代表①宣读了下面的意见:

"终身任命的乡镇护林人没有而且也不可能像王室官吏那样地受到严格的监督。忠实地履行职责的一切动力②都由于终身任命而失去作用。护林人即使只完成自己的一半职责,只要他不想因某些实际过错而被控诉,他也总会找到足够的辩解理由,使别人对他无法运用关于免职事宜的第 56 条。在这种情况下,有关方面甚至不敢提出免职的问题。"③

我们要提醒大家,当问题涉及授予前来告发的护林官员以估价的权力时,曾宣布对他充分信任。我们还要提醒大家,第 4 条曾是对护林官员的一次**信任投票**。

而现在我们第一次得知,前来告发的护林官员需要加以监督,并且需要严格地加以监督。现在他第一次不仅作为一个人,而且作为一匹马出现,因为马刺和粮草是唯一能激发他的良心的刺激剂;由于终身任命,他那履行职责的肌肉不仅会松弛,而且会完全麻痹。人们看到,自

---

① 约·舒哈德。——编者注
② 德文"Sporn"的本义为"马刺",转义为"动力",下文中马克思提到的"马刺"即由此而来。——编者注
③ 《第六届莱茵省议会会议记录》1841 年科布伦茨版第 27 页。——编者注

私自利用两种尺度和两种天平来评价人，它具有两种世界观和两副眼镜，一副把一切都变成黑色，另一副把一切都变成彩色。当需要牺牲别人来充当自己的工具时，当需要粉饰自己的不正当的手段时，自私自利就戴上彩色眼镜，这样一来，它的工具和手段就呈现出一种非凡的灵光；它就用温柔而轻信的人所具有的那种渺茫、甜蜜的幻想来哄骗自己和别人。它脸上的每一条皱纹都呈现出善良的微笑。它把自己敌人的手握得发痛，但这是出于信任。但是，突然问题涉及了自身的好处，涉及要在舞台幻影已经消失的幕后仔细地检查工具和手段的效用了。这时，精通人情世故的自私自利便小心翼翼、疑虑重重地戴上深谙处世秘诀的黑色眼镜，实际的眼镜。自私自利像老练的马贩子一样，把人们仔仔细细、毛发不漏地打量一遍，以为别人一个个也像它一样渺小、卑鄙和肮脏。

我们不准备同自私自利的世界观进行争论。但是我们要迫使它始终如一。我们不想让它独占一切处世秘诀而把幻想留给别人。让我们用私人利益的诡辩精神来审视一下它自己的结论吧。

如果前来告发的护林官员就像你们所描绘的那样，终身任命并不能使他在履行自己职责时具有独立、自信和尊严的感觉，相反，却使他失去了履行职责的一切动力，那么这个人一旦成为供你们任意驱使的、百依百顺的奴仆，我们还能够指望他会对被告采取公正态度吗？如果只有马刺才能使这个人完成自己的职责，而这些马刺又正是带在你们脚上，那么我们能够预料没有带任何马刺的被告将会是什么命运呢？既然你们都不能对这些人实行足够严格的监督，那么国家和受害的一方又怎么监督他们呢？你们谈到终身任命问题时说："护林官员即使只完成自己的一半职责，他也总会找到足够的辩解理由，使别人对他无法运用关于免职事宜的第56条。"难道这种情况在任命可以撤销的情况下不是更会发生吗？如果护林官员完成自己的一半职责，即保护了你们的利益，难道你们不会全都成为他们的代言人吗？

对护林人的天真的、溢于言表的信任变成为对他骂骂咧咧、指责挑剔的不信任，这给我们揭露出事情的要害。你们并不是对护林人，而是对**你们自己**表示这样大的信任，并且还要求国家和违反林木管理条例者把对你们的信任当作自己的信条。

有人说，不是护林人的职位、誓言和良心会成为被告对付你们的保障，不是的，而是你们的法的意识、仁慈、大公无私和自我克制才会成为被告对付护林人的保障。你们的监督是被告最后的也是唯一的保障。由于你们对自己的优越性抱有模糊的看法，由于你们沉溺于诗意的自我陶醉之中，你们向当事人提出把你们个人的品质当作对付你们的法律的自我保护手段。我要承认，我不同意这种对林木所有者的浪漫看法。我根本不认为个人应该成为对付法律的保障；相反，我认为法律应该成为对付个人的保障。即使是最大胆的幻想能不能设想，那些在立法这种崇高事业中一分钟也不能摆脱狭隘的、实际上卑鄙的自私心理而达到普遍和客观观点的理论高度的人，那些一想到将来要吃亏就全身发抖，为了保护自己的利益可以不择手段的人，在实际危险面前会成为哲学家呢？然而，任何人，甚至最优秀的立法者也不应该使他个人凌驾于他的法律之上。任何人都无权命令别人对自己投信任票，因为这种投票对第三者带来后果。

下述事实可以说明，你们是否有权要求别人对你们表示特别的信任。

一位城市代表①宣称："他必须反对第87条，因为该条的规定会引起不着边际的和毫无结果的调查，从而使人身自由和交往自由受到侵犯。决不能事先就认定某人是罪犯，也不能在尚未证明确有不端行为之前立刻假定有不端行为。"②

另一位城市代表③说，这一条应该删掉，因为"任何人都应该说明他的木柴是从哪里来的"④ 这一令人恼火的规定（根据这项规定，每个人都有盗窃或窝赃的嫌疑），是对公民生活的粗暴的侵犯和侮辱。但这

---

① 约·弗·布鲁斯特。——编者注
② 《第六届莱茵省议会会议记录》1841年科布伦茨版第29页。——编者注
③ 约·亨·鲍尔。——编者注
④ 《第六届莱茵省议会会议记录》1841年科布伦茨版第29页。——编者注

一条被通过了。

如果人们必须把对自己有害的事表示不信任，对你们有利的事表示信任宣布为公理；如果人们必须用你们私人利益的眼睛来观察并以你们私人利益的心灵来感受他们的信任和不信任，那么你们对人们的要求就实在太不合逻辑了。

有人还搬出一个理由来反对终身任命，至于这个理由的特点主要是可鄙还是可笑，现在还意见不一。

"私人的自由意志以这种方式受到如此严格的限制，也是不能容许的；因此，只能允许有可撤换的任命。"①

这确实是一个既令人愉快而又出人意料的新闻：人具有一种可以不受任何方式限制的自由意志。到现在为止，我们所听到的格言很像多多纳古代神托所的预言，因为两者的根据都是树木。但是，自由意志并没有等级的特性。我们究竟应如何来了解意识形态的这一突然的造反表现呢？要知道，我们在思想方面所遇到的只是些拿破仑的追随者。

林木所有者的意志要求给予它自由，使它能以最方便、最合适而又最省钱的方式来处置违反林木管理条例者。这种意志希望国家把坏人交给它随意处理。它要求全权。它并不是反对限制自由意志，而是反对这种限制的**方式**，因为这种方式是如此严格，以致它不仅涉及违反林木管理条例者，而且还涉及林木占有者。难道这种自由意志不希望有很多的自由吗？这不是很自由的、非常自由的意志吗？在19世纪，居然有人敢"以这种方式如此严格地"限制那些颁布法律的私人的自由意志，这不是一件闻所未闻的事情吗？这确是一件闻所未闻的事情。

顽强的改革者即自由意志也被归入由利益的诡辩牵着鼻子走的那一串充足理由之列了。不过，这种自由意志应该懂得待人接物之道，它应该成为谨言慎行的、忠顺的自由意志，成为善于使自己活动范围同那些享有特权的私人的任意的活动范围相一致的自由意志。自由意志总共才

---

① 《第六届莱茵省议会会议记录》1841年科布伦茨版第27页。——编者注

被提到过一次,但就在这仅有的一次中,它却表现为一个敦实的私人,竟用林木去打击合理意志的精神。实际上,当意志像锁在大桡船上划桨的奴隶那样被锁在极其渺小而狭隘的利益上时,这种精神还能做什么呢?

在下面这个把我们所考察的关系弄得头脚倒置的意见中,集中地表现了整个这一议论的顶点:

"让王国护林官员和猎区官员获得终身任命吧;但在乡镇和私人方面,这种做法引起了极大的疑虑。"①

好像唯一值得疑虑的并不在于私人的奴仆代替国家职员行事!好像终身任命不正是用来对付那些**值得疑虑的**私人!没有什么东西比荒唐的逻辑更可怕的了,也就是说,没有什么东西比自私的逻辑更可怕的了。

这种把林木所有者的奴仆变为国家权威的逻辑,**使国家权威变成林木所有者的奴仆**。整个国家制度,各种行政机构的作用都应该脱离常规,以便使一切都沦为林木所有者的工具,使林木所有者的利益成为左右整个机构的灵魂。一切国家机关都应成为林木所有者的耳、目、手、足,为林木所有者的利益探听、窥视、估价、守护、逮捕和奔波。

委员会建议在第 62 条的最后加上下述要求:违法者无力赔偿时,需由当地的收税人、乡镇长及两个乡镇负责人加以证明。一位乡镇代表②认为,**收税人**参与此事是和现行立法相抵触的。显然,这一情况并没有引起丝毫注意。

在讨论第 20 条的时候,委员会建议:

"在莱茵省,合法的林木所有者应有权将犯罪分子送交地方当局去实行监督劳动,用这些人的劳动日来抵偿林木所有者对乡镇应尽的修筑公共道路的义务。"③

---

① 《第六届莱茵省议会会议记录》1841 年科布伦茨版第 27 页。——编者注
② 泰·门格尔比尔。——编者注
③ 《第六届莱茵省议会会议记录》1841 年科布伦茨版第 25 页。——编者注

对此有人提出异议：

"乡镇长不能成为个别乡镇成员的法律执行人，犯罪分子的劳动也不能抵偿那种应由雇用短工或仆人来完成的劳动。"①

报告人指出：

"虽然督促心怀不满、性情暴躁的破坏森林的犯罪分子进行劳动对乡镇长先生说来确是一个负担，但是，使自己治下那些不顺从而心术不正的人安分守己，毕竟是这些官吏的职责；使犯罪分子改邪归正难道不是一件美好的事情吗？在农村，还有谁比乡镇长先生更有办法来做这件事呢？"②

骗子列那狐装出一副害怕和悲伤的神情，
以引起那些心地善良的人的同情，
兔子朗培显得特别难过。③

省议会通过了这个议案。

为了使林木所有者先生不花分文就尽到自己对乡镇的义务，善良的乡镇长先生应该担起这副重担，去做这件美好的事情。林木所有者同样有理由可以把乡镇长当作厨师长或管家领班来使唤。难道乡镇长把自己所管辖的人的厨房和地窖管得井井有条不是一件美好的事情吗？但是，被判刑的罪犯并不是乡镇长所管辖的人，而是狱吏所管辖的人。如果乡镇长由乡镇的领导变成了个别乡镇成员的法律执行人，如果他由乡镇长变成典狱长，难道他不会失去他作为乡镇长的手段和尊严吗？如果把乡镇其他自由成员为公共利益而进行的诚实劳动贬低为替个别人卖力的劳役，难道这不是对这些乡镇成员的一种侮辱吗？

但是，揭穿这种诡辩完全是多余的。让报告人先生本人劳神给我们谈谈，那些饱经世故的人们是怎么评价这些仁慈的词句的。在他的报告中，**林木占有者**以这样的口吻教训满口仁义道德的**土地占有者**：

---

① 《第六届莱茵省议会会议记录》1841年科布伦茨版第25页。——编者注
② 《第六届莱茵省议会会议记录》1841年科布伦茨版第26页。——编者注
③ 歌德《列那狐》第6篇。——编者注

"假若地主田里的谷穗被人割走了,那么小偷会说:'我没有吃的,所以我才从您那一大片地里拿走了几棵谷穗。'同样,盗窃林木者也会说:'我没有柴烧,所以我才去偷林木。'地主有刑法典第 444 条的保护,该条规定偷割谷穗者处两年至五年的监禁。而林木所有者却没有这样强有力的保护。"①

最后一句话所流露出来的忌妒而眼红的心情,表达了林木所有者的全部信条。为什么当问题牵涉到**我的**利益时,你这个土地占有者就如此宽宏大量呢?因为**你的**利益已经有人照管了。因此,这里没有任何错觉!宽宏大量或者是分文不值,或者是有所进益。因此,你这个土地占有者是骗不了林木占有者的!而你这个林木占有者也休想欺骗乡镇长!

如果说全部辩论没有证明那些充满仁义道德的论据在这里只不过是一些空话,那么,单单这一段插曲已可证明,"美好的事情"在我们的辩论中是多么没有意义了。但是利益连空话也是吝啬的。只有在空话有用、空话会带来显著效果时,利益才会编造空话。那时,利益便能说会道起来,血液也在它的血管中流动得更快。那时,甚至损人利己的美好事情也干得出来,恭维奉承的言词、悦耳动听的甜言蜜语也说得出来。而这一切的一切都是被用来达到一个目的:把违反林木管理条例的行为变为林木所有者的流通硬币,把违反林木管理条例者变成一项收入,使自己获得更有利的投资机会,因为对林木所有者来说,违反林木管理条例者已成为资本了。这里所谈的并不是滥用乡镇长的权力去为违反林木管理条例者谋取好处,而是滥用乡镇长的权力去为林木所有者谋取好处。就是在人们偶尔提到对违反条例者说来是很不可靠的好处的稀少场合,林木所有者的不容争辩的好处却是有保证的。命运是多么奇怪,事实是多么出人意外啊!

还有一个例子说明报告中插入了这种仁慈的言论:

报告人:"法国的法律不知道用林中强迫劳动来代替监禁,但是他认为这样的代替是一项聪明的慈善的措施,因为监禁并不是时时都能使犯人变好,相反,却常

---

① 《第六届莱茵省议会会议记录》1841 年科布伦茨版第 26 页。——编者注

常使人变坏。"①

从前，有人把无罪者当作罪犯时，有一位代表在谈到捡拾枯枝的人时指出，在监狱中把这些人同惯偷关在一起，但是，那时认为监狱是**好的**。而现在教养院突然变成使人变坏的机关了，这是因为在目前说监狱使人变坏对林木所有者有利。他们把罪犯的改造了解为**利息的增加**；给林木所有者带来一笔利息，就是罪犯的崇高使命。

利益是没有记忆的，因为它只考虑自己。它所念念不忘的只是一件东西，即它最关心的东西——自己。矛盾毫不使它惶惑不安，因为它不会和自身发生矛盾。它是经常随机应变的即兴作者，因为它没有一套体系，而只有**临时的应急办法**。

可是，人道的和合法的根据只不过是

我们这些愚蠢的人在舞会上
称之为靠墙站的女人的那种东西。

临时的应急办法是利益的推理机制中最常用的因素。在这些临时的应急办法中，我们发觉有两种办法在辩论中经常被当作基本范畴而重复使用，这就是"**良好的动机**"和"**有害的后果**"。我们看到，忽而是委员会的报告人，忽而是省议会的某一议员，用老练的、聪明的和良好的动机作为盾牌，去保护一切模棱两可的规定，使之免遭说这些规定自相矛盾的箭的攻击。我们看到，凡是从法的观点中引申出来的结论，都被借口会产生有害的或可疑的后果而遭到否定。现在，我们就来谈一谈这种神通广大的应急办法，这种百用百灵、万无一失的最道地的应急办法。

利益知道用法会产生有害后果的前景，用法会对外部世界产生影响来给法抹黑；它也知道用良好的动机，也就是通过追溯到不法的思想世界的内心深处去的方法来粉饰不法。法在外部世界的坏人中间产生不良

---

① 《第六届莱茵省议会会议记录》1841年科布伦茨版第26页。——编者注

的后果，而不法却发源于颁布关于不法行为的法令的高尚人物内心的良好动机。但是，这两者，即无论良好的动机还是有害的后果，都有一个共同的特征：它们不是根据事物本身的情况来对待事物，它们不把法当作独立的对象，而是离开法，把我们的注意力或者引到外部世界去，或者引到自己的头脑中去，从而在**法的背后**大耍花招。

什么是有害的后果呢？我们的全部叙述都证明，这决不应该理解为对国家、对法律、对被告有害的后果。下面我们将简要地解释清楚，所谓有害的后果也不是指那些对**公民安全**有害的后果。

我们从省议会议员本人那里已经听到，关于"任何人都应该说明他的木柴是从哪里来的"这一规定，是对公民生活的一种粗暴的侵犯和侮辱，对每个公民都是令人恼火的无理取闹。另一项规定则宣称每一个**藏有偷来的木柴的公民都是小偷**，尽管有一位代表①表明：

"这对于某些诚实的人说来可能是危险的。只要有人向邻近的某家院子扔去几块偷来的木柴，就会使无辜的人受到惩罚。"②

第66条规定，凡购买非专卖扫帚者，一律拘禁四个星期至两年。一位城市代表③对这一条提出下列意见：

"这一条款使埃尔伯费尔、伦纳普和索林根三个县的居民都有坐牢的危险。"④

最后，有人把对猎区警察和森林警察的监督和使用不仅变成了**军队**的权利，而且变成了军队的义务，虽然刑事诉讼条例第9条只提到官吏要受国家检察官的监督，因此，国家检察官可以直接追究官吏的刑事责任，而军队则不能这样做。上述规定既威胁着法庭的独立，也威胁着公民的自由和安全。

可见，这里谈到的完全不是对公民安全的有害后果，相反，公民安

---

① 约·亨·鲍尔。——编者注
② 《第六届莱茵省议会会议记录》1841年科布伦茨版第27页。——编者注
③ 约·亨·鲍尔。——编者注
④ 《第六届莱茵省议会会议记录》1841年科布伦茨版第28页。——编者注

全本身被看成是**具有有害后果的一种情况**。

那么，究竟什么是有害的后果呢？凡损害林木所有者利益的东西就是有害的。所以，如果法的后果不会给林木所有者带来好处，那么，这就是有害的后果。在这里，利益是很有眼力的。以前肉眼看得见的东西它看不见，现在甚至只有用显微镜才看得清楚的东西它却看见了。整个世界都是它的眼中钉，都是一个充满危险的世界，因为世界并不是一种利益的世界，而是许多种利益的世界。私人利益把自己看作是世界的最终目的。因此，如果法不实现这个最终目的，那就是不合目的的法。因此，**对私人利益有害的法**就是**具有有害后果的法**。

但是，**良好的动机**也许比有害的后果好些吧？

利益不是在思索，它是在盘算。动机就是它的数字。动机是取消法的根据的动因；有谁会怀疑私人利益会有许多这种动因呢？动机的优点就在于它有随机的灵活性，它借助于这种灵活性可以抹杀客观事实，使自己和别人产生错觉，以为不需要考虑好事，只要干坏事时抱有良好的想法就行了。

我们接着前面打断了的话头，首先对建议乡镇长先生去做的美好事情作若干补充。

"委员会建议对第34条作如下修改：如果被告要求负责笔录的护林官员出庭，那么他应预先向林务法庭交纳有关的费用。"①

国家和法庭不应当无偿地为被告效劳。它们必须预先收费，显然，这也就预先使前来告发的护林官员和被告之间的对质变得更加困难了。

美好的事情！独一无二的美好事情！整个王国都拥护这种美好的事情！但是，乡镇长先生完成法案中所指出的这件唯一的美好的事情，应该是为了林木所有者先生。乡镇长是美好事情的体现者，是美好事情的化身，人们怀着牺牲精神，忍痛把这副重担交给乡镇长，从而就把一系列美好的事情都彻底做完，永远结束了。

---

① 《第六届莱茵省议会会议记录》1841年科布伦茨版第25页。——编者注

如果说乡镇长先生为了国家的利益，为了从道义上挽救罪犯，应该比自己的义务做得更多，难道林木所有者先生为了同样的好事就不应该要求**少得到一点自己的利益**吗？

有人可能以为，这个问题在前面谈到过的那部分辩论中已经得到了回答，但这是错误的。现在我们来看看**惩罚的规定**。

"一位骑士等级的代表①认为，林木所有者即使〈除了单纯价值赔偿以外〉还能得到罚款，这也仍不够补偿他的损失，因为这笔罚款往往是收不到手的。"②

一位城市代表③指出：

"这一条（第15条）的规定会产生极其危险的后果。这样一来，林木所有者便得到**三重补偿**：价值，然后是四倍、六倍以至八倍的罚款，最后是损失的特别补偿；这种特别补偿往往是任意确定的，与其说是合乎实际的不如说是凭空虚构的结果。这位代表认为，无论如何必须规定，应把这种很成问题的特别补偿立刻提交林务法庭，由该法庭作出判决。必须提出证明损失的特别证据，不能仅仅以笔录作为凭据，这是理所当然的事情。"④

针对这个反对意见，报告人和另一位省议会议员⑤解释了这里所提到的**额外价值**是怎样在他们所指的各种情况下取得的。这一条被通过了。

罪行变成了彩票，林木所有者如果走运的话，甚至可能中彩。这里可能产生额外价值，因为即使他所得的只是单纯价值，但是由于四倍、六倍以至八倍的罚款，他仍然能赚一笔钱；如果他所获得的不只是单纯价值，同时还有损失的特别补偿，那么这种四倍、六倍以至八倍的罚款无论如何完全是白赚了。一位骑士等级的代表认为，应得的罚款由于往往收不到手而没有足够保证，确实，由于除罚款外还要索取价值和损失

---

① 爱·贝·特里普斯伯爵。——编者注
② 《第六届莱茵省议会会议记录》1841年科布伦茨版第23页。——编者注
③ 约·弗·布鲁斯特。——编者注
④ 《第六届莱茵省议会会议记录》1841年科布伦茨版第23页。——编者注
⑤ 卡·弗·洛埃。——编者注

补偿，罚款是根本不可能收到手的。不过，我们将会看到，有人会使被告的这笔欠账不致落空。

林木所有者除了像这里所说的那样使犯罪变成利息外，还会有更好的办法来保护自己的林木吗？他像一个聪明的统帅，把对方的进攻变成了一次万无一失的、稳操胜券的获胜的机会，因为甚至林木的额外价值，这种经济上的幻想，也通过盗窃而变成某种实体了。对于林木所有者来说，不仅他的林木，而且他用林木进行的牟利活动也应该受到保障，而他却以不给任何报酬的方式来表示他对自己的经纪人即国家的极易尽到的忠诚。把对罪行的惩罚由法对侵犯法的行为的胜利变成私利对侵犯私利的行为的胜利，这真是一种绝妙的想法。

然而，我们提醒我们的读者要特别注意第 14 条的规定，在这里我们必须放弃把蛮族法典看作是野蛮人的法律的习惯看法。惩罚本身作为法的恢复，本来应该不同于价值的赔偿和损失的补偿，不同于私有财产的恢复；但是，现在惩罚却由**公众的惩罚**变成**对私人的赔偿**了；罚款并未归入国库，而是落入林木所有者的私囊。

虽然有一位城市代表①说："这是同国家的尊严及认真执行刑法的原则相抵触的"②；但是为了维护林木所有者的利益，一位骑士等级的代表③却诉诸省议会的法理感和公平感，也就是诉诸**特殊**的法理感和公平感。

野蛮民族强迫犯了某种罪行的人给受害者一定的赔偿（罚金）。公众惩罚这一概念同那种把罪行只看作对个人的侵犯的观点正相对立。但是，必须再找出甘愿授权个人去同时实行私人惩罚和国家惩罚的民族和理论来。

一定是十足的概念的混淆把省等级会议引上了歧途。而有立法权的林木所有者一时间就把自己作为立法者和林木所有者的身份混同起来。一次他作为林木所有者强迫小偷因偷窃林木而支付赔款，另一次他作为

---

① 约·弗·布鲁斯特。——编者注
② 《第六届莱茵省议会会议记录》1841 年科布伦茨版第 23 页。——编者注
③ 马·洛埃。——编者注

立法者强迫小偷因**犯罪意图**而支付罚款,而且很凑巧,两次的钱都为林木所有者所得。因此,我们看到的不是一种普通的领主权。我们通过公法时代到达了加倍的、多倍的世袭权利时代。世袭所有者利用屏弃他们要求的时代进步,以便窃取野蛮人世界观所固有的私人惩罚和现代人世界观所固有的公众惩罚。

由于价值赔偿以及对损失的特别补偿,盗窃林木者和林木所有者之间的关系不再存在了,因为违反林木管理条例的行为已经彻底了结了。小偷和所有者双方都各归原位。林木所有者的利益在林木被窃时受到损害,是因为林木遭到了损失,而不是因为权利受到了侵犯。只是罪犯的可以感觉的那一面触犯了林木所有者的利益,犯罪行为的实质并不是对物质的林木侵犯,而是对林木的国家神经即财产权本身的侵犯,是不法意图的实现。难道林木所有者对小偷的合法意图也有私人要求吗?对重犯的加倍惩罚如果不是惩罚犯罪意图,又是什么呢?难道林木所有者可以在他无权提出私人要求的地方提出私人要求吗?难道林木所有者在林木被窃之前曾经是国家吗?不是,但是他在林木被窃之后却成为国家了。林木具有一种奇怪的特性:只要它被偷窃,它的占有者马上就会获得他以前并不具有的国家特性。其实,林木所有者只能收回被别人拿去的东西。如果把国家交还给他——既然他除了私人权利外,还获得处置违法者的国家权利,那就确实把国家交还给他了,——那么,国家也必定是他的失窃物了,因此,国家就必定是他的私有财产了。可见,盗窃林木者是第二个克里斯托弗尔,他不仅背走了偷来的木柴,而且也背走了国家。

公众惩罚是用国家理性去消除罪行,因此,它是国家的权利,但是,它既然是国家的权利,国家就不能把它转让给私人,正如一个人不能把自己的良心让给别人一样。国家对罪犯的任何权利,同时也就是罪犯的国家权利。罪犯同国家的关系不可能由于中间环节的介入而变成同私人的关系。即使人们允许国家本身放弃自己的权利,即自杀而亡,国家放弃自己的义务毕竟不仅是一种疏忽,而且是一种罪行。

可见,林木所有者既不能从国家获得实行公众惩罚的私人权利,他本身也没有任何实行惩罚的权利。但是，如果我在没有合法权利的情况下把第三者的罪行变成收入的主要来源，我这样做难道不就成为他的同谋者吗？难道仅仅因为他该受惩罚，而我坐享犯罪的好处，我就不是他的同谋者吗？如果私人滥用自己作为立法者的职权，以第三者的罪行为借口来窃取国家权利，他的罪名并不会因此而减轻。盗用公共的国家金钱是一种国事罪，难道罚款不也是公共的国家金钱吗？

盗窃林木者偷了林木所有者的林木，而林木所有者却利用盗窃林木者来盗窃**国家本身**。第 19 条会证明这一点确实是多么正确；这里不仅要罚款，而且还要对被告进行**人身**处罚。第 19 条将违反森林管理条例者完全交给林木所有者处置，让违反森林管理条例者为他完成**林中强迫劳动**。有一位城市代表①认为，这"会引起许多麻烦。他只是提醒人们注意在问题涉及异性时这种惩罚方法会发生的危险"。②

一位骑士等级的代表③作了永远值得纪念的回答：

"诚然，在讨论法案时预先讨论和确定它的各项原则是必要而合理的，但是既然这一点已经做了，就无须在讨论每一个别条款时再回过头来谈这些原则。"④

在他发言之后，这一条便**毫无异议地**通过了。

只要巧妙地把坏原则作为出发点，你们就可以为坏结论找到不容争辩的法律条款作为根据。虽然你们可能以为，原则的不适当正是表现在它的结论的缺点上，但是，只要你们老于世故，你们就会懂得，聪明人是善于充分利用他曾经获得成功的东西的。唯一使我们惊异的是，为什么林木所有者不能用盗窃林木者来生自己的火炉。因为这里涉及的不是权利，而是省议会随便拿来作为根据的原则，所以完全可以作出这种结论。

同刚刚确定的教条截然相反，只要大致回顾一下就可了解，在考察

---

① 约·弗·布鲁斯特。——编者注
② 《第六届莱茵省议会会议记录》1841 年科布伦茨版第 25 页。——编者注
③ 马·洛埃。——编者注
④ 《第六届莱茵省议会会议记录》1841 年科布伦茨版第 25 页。——编者注

每一条款时重新讨论原则是多么必要，在对那些看来相互间没有联系并保持着相当距离的条款进行表决时，有人怎样**骗取了代表的信任**，让规定一个接着一个顺利通过了。第一个规定一旦通过，这个规定借以获得通过的那种条件的**幌子**后来也就扔掉不用了。

在讨论第4条涉及授权前来告发的护林官员进行估价的时候，一位城市代表①指出：

"如果关于罚款交归国库的议案不能通过，目前所审议的规定就具有加倍的危险。"②

显然，护林官员在为国家估价时并不像为自己的主人估价时那样想抬高价钱。但是，人们极其巧妙地对这一点不加讨论，而且装出一副样子，好像规定罚款归林木所有者的第14条可能会被否决似的。这样一来，第4条被通过了。表决了十条之后，终于轮到了会使第4条的含义发生变化并具有危险性的第14条。然而，这一联系却完全被忽视了，第14条被通过了，于是罚款就落入林木所有者的私囊。引用来为这一条辩护的主要的和唯一的根据，就是林木所有者的利益，据说，照价赔偿单纯价值似乎还不足于补偿他的利益。但在第15条中他们又忘了罚款已被表决归林木所有者所有，因而又发布命令，除赔偿单纯价值外，还给予林木所有者以损失的特别补偿，因为他本可以得到某些额外价值，就好像尽管得到了罚款，他还是什么也没有额外多得一样。有人甚至还说，罚款不总是都能得到手的。由此可见，起初他们还**装装样子**，好像只是由于钱他们才想取代国家的地位，但在第19条中就原形毕露了，他们不仅要罚款，而且要罪犯，不仅要人的钱袋，而且还要人本身。

在这里，欺骗的方法是露骨的、赤裸裸的，而且用意十分明显，因为它已经毫不犹豫地宣布自己是原则了。

---

① 约·弗·布鲁斯特。——编者注
② 《第六届莱茵省议会会议记录》1841年科布伦茨版第22页。——编者注

显然，单纯价值和损失补偿只给予了林木所有者对违反林木管理条例者**提出私人诉讼**的权利，林木所有者可以向民事法庭提出这种诉讼。如果违反林木管理条例者无力付款，那么，林木所有者所处的情况也不过和任何一个拥有无力还账的债务人的私人一样，当然，这种情况并不赋予他对债务人实行强迫劳动、服劳役的权利，一句话，使债务人处于**暂时的农奴状况**的权利。那么林木所有者提出这种要求是依据什么呢？罚款。正如我们看到的，林木所有者既然要求把罚款归他所有，那么他除自己的私人权利外，也要求把惩罚违反林木管理条例者的**国家权利**归他所有，从而就取代了国家的地位。但是，林木所有者在把罚款归自己所有的同时，却巧妙地掩盖了他把**惩罚权利本身**也归自己所有的事实。过去他只把**罚款**当作单纯的**金钱**来谈，而现在他谈罚款指的却是**惩罚**，现在他扬扬得意地承认，他利用罚款把公共权利变成了自己的私人财产。人们并没有对这个犯罪的、令人愤怒的结论感到惊异而退缩，却正因为它是一个结论而加以利用。虽然一个正常人的理智断定，把某一个公民当作临时的农奴而让他完全受另一个公民的支配，这是同我们的法背道而驰的，而且也是同所有的法背道而驰的，但是，对此，他们却耸耸肩膀声称，原则早已讨论过了，——其实既没有原则，也没有讨论。就这样，林木所有者利用罚款，把**违反林木管理条例者的人身**骗到了手。只是第 19 条才暴露了第 14 条含糊其词的地方。

因此，我们看到，第 4 条由于第 14 条**本不应成立**，第 14 条由于第 15 条**本不应成立**，第 15 条由于第 19 条**本不应成立**，而由于第 19 条表现出惩罚原则的全部弊端，从而使它本身和整个惩罚原则都不能成立。

分而治之的原则不可能运用得比这更妙了。讨论前一条时不考虑后一条，而审议后一条时又忘记了前一条。这一条已经讨论过了，而那一条还没有讨论，因此，由于根据完全相反，两条都凌驾于任何讨论之上了。但是，"维护林木所有者利益的法理感和公平感"是一项公认的原则，而这种法理感和公平感同维护另外一些人的利益的法理感和公平感正相对立；这些人的财产只是生命、自由、人性以及除自身以外一无所有的公民的称号。

瞧，我们扯得太远了。——林木所有者拿一块木头换得了曾是人的那种东西。

夏洛克　博学多才的法官！判得好！来，准备！
鲍细霞　且慢，还有别的话哩。
　　　　这约上并没有允许你取他的一滴血，
　　　　只是写着"一磅肉"；
　　　　所以你可以照约拿一磅肉去，
　　　　可是在割肉的时候，
　　　　要是流下一滴基督徒的血，
　　　　你的土地财产，
　　　　按照威尼斯的法律，
　　　　就要全部充公。
葛莱西安诺　啊，公平正直的法官！
　　　　　听着，犹太人；
　　　　　啊，博学多才的法官！
夏洛克　法律上是这样说吗？
鲍细霞　你自己可以去查查看。①

现在，你们可以查看法律了！

你们根据什么要求把违反林木管理条例者变成自己的农奴呢？根据罚款。我们已经指出，你们没有权利得到罚款。但是，我们姑且不谈论这个。你们的基本原则是什么呢？就是要确保林木所有者的利益，即使法和自由的世界会因此而毁灭也在所不惜。你们坚定不移地认定，违反林木管理条例者应当**想尽一切办法赔偿**你们**林木所有者所遭受的损失**。你们这种论据的坚实的木质基础已经完全腐朽，只要用健全理智的清风吹它一下，就会化为灰烬了。

国家可以而且必须说：我保证法不受任何偶然事件的影响。在我这里只有法才是永恒不灭的，因此，我用消灭罪行来向你们证明罪行是会

---

① 莎士比亚《威尼斯商人》第4幕第1场。——编者注

灭亡的。但是，国家不能而且不应该说：国家保证私人利益、一定的财产存在、一个林场、一棵树、一根树枝（和国家相比，一棵最大的树也抵不上一根树枝）不受任何偶然事件的影响，它们是永恒不灭的。国家不能够违反事物的本性，不能够保证有限的东西绝对不受其条件的影响，不受偶然情况的影响。国家不可能担保你们的财产**在**罪行发生**以前**不受任何偶然事件的影响，同样，罪行也不可能把你们的财产的这种不稳定性质变得稳定。既然你们的私人利益能够受到合理的法律和合理的预防措施的保护，那么，国家无论如何是保护你们的私人利益的，但是，对于你们向罪犯提出的私人诉讼，国家除了承认私人诉讼权即保护民事诉讼的权利以外，不能承认其他任何权利。如果你们由于罪犯无支付能力而不能通过这种途径获得补偿，那只能说，取得补偿的**任何合法途径**都没有了。世界不会因此而毁灭，国家也不会因此而脱离阳光照耀的正义大道，你们也应该知道，世上的一切都是暂时的，然而由于你们虔诚地笃信宗教，你们未必认为这是一件有趣的新闻，并且它也不会比风暴、火灾、发烧更使你们惊奇。如果国家想要把罪犯变成你们的暂时的农奴，那它就会为了你们的有限的私人利益而牺牲永恒不灭的法。这样它也就向罪犯证明了法的灭亡，而它本来是必须用惩罚来证明法是永恒不灭的。

在菲力浦国王执政时期，安特卫普只要放水淹没它这个地区，便能够轻而易举地阻止住西班牙人的进攻，但是屠户行会不同意这样做，因为牧场上牧放着该行会肥壮的牛群。你们要求国家放弃自己的精神领地，仅仅是为了替你们的木头报仇雪恨。

我们还要介绍第16条中的几点次要规定。有一位城市代表[①]指出：

"根据现行的立法，8天监禁折合5塔勒罚款。没有充分理由违背这一点。"[②]（即规定把8天改成14天。）

[①] 约·弗·布鲁斯特。——编者注
[②] 《第六届莱茵省议会会议记录》1841年科布伦茨版第24页。——编者注

委员会建议对这一条作如下补充：

"无论如何监禁不得少于24小时。"①

当有人指出这一最低限度太严厉时，一位骑士等级的代表②就反对道：

"在法国森林法中，没有比3天更轻的惩罚。"③

省议会忽而反对法国法律的规定，主张不用8天监禁而用14天监禁来抵偿5塔勒，忽而又崇拜法国法律，拒绝把3天监禁改为24小时监禁。

前面提到的那位城市代表继续说：

"用14天监禁抵偿5塔勒罚款的做法，至少对于那些决不能当作罪行而严加惩罚的偷窃林木的行为来说，是很严厉的。这样做的结果就是，能够以金钱赎罪的有钱人只会受到普通的惩罚，而穷人则要受到加倍的惩罚。"④

一位骑士等级的代表⑤指出，克莱沃近郊之所以发生许多违反森林管理条例的事件，就是为了被送进拘留所去领一份监狱口粮。难道这位骑士等级的代表不正是证明了他想驳倒的事实，即正是饥饿和无家可归才迫使人们违反林木管理条例吗？难道这种可怕的贫困是加重罪名的根据吗？

前面提到的那位**城市代表**继续讲道：

"降低犯人伙食标准的做法在这里遭到了谴责，它是一种异常残酷的措施，特别是在实行强迫劳动的条件下是根本行不通的。"⑥

---

① 《第六届莱茵省议会会议记录》1841年科布伦茨版第24页。——编者注
② 约·韦尔吉福瑟。——编者注
③ 《第六届莱茵省议会会议记录》1841年科布伦茨版第24页。——编者注
④ 《第六届莱茵省议会会议记录》1841年科布伦茨版第24页。——编者注
⑤ 伦施男爵。——编者注
⑥ 《第六届莱茵省议会会议记录》1841年科布伦茨版第24页。——编者注

把犯人伙食标准降低到只供应水和面包的做法，受到多方面的指责，认为这样做太残酷了。但是，有一位乡镇代表①指出，特里尔行政专区已实行了降低犯人伙食标准的措施，在那里，还被认为是一种非常**有效的措施**。

为什么这位可敬的发言人恰好把面包和水，而不把省议会谈论得如此之多和如此之动人的**宗教感的加强**看作特里尔行政区收到良好效果的原因呢？当时谁曾经想到过，水和面包是真正的救世良方呢？在一些辩论中，有人曾经认为，英国的圣者议会又复活了。现在怎样呢？代替祷告、信赖和赞美诗的是水和面包，是监狱和林中的强迫劳动！过去，省议会为了在天堂中给莱茵省居民准备好一个栖身之所，曾经不惜把好话说尽；而现在，为了用鞭子把整整一个阶级的莱茵省居民驱赶到林中去，在只给水和面包的条件下从事强迫劳动，——就是荷兰的种植场主也未必会想出这种办法来对待他的黑奴，——省议会又是多么不惜把好话说尽啊！这一切证明了什么呢？只证明了一点：谁不想成为人道的人，谁就容易成为圣者。对于下面这段话，人们将从这个意义上去理解：

"有一个议员②认为，第23条规定是**不人道的**；但是尽管如此，这一条仍然被通过了。"③

除了不人道的性质以外，这一条款再也没有告诉我们任何别的东西。

我们的全部叙述表明，省议会怎样把行政权、行政当局、被告的存在、国家观念、罪行本身和惩罚降低为**私人利益的物质手段**。因此，人们把**法庭的判决**只看作是一种手段，而把判决的**法律效力**看作是一种多余的累赘，这是合乎逻辑的。

---

① 彼·本德尔。——编者注
② 约·亨·鲍尔。——编者注
③ 《第六届莱茵省议会会议记录》1841年科布伦茨版第25页。——编者注

"委员会建议从第6条中删掉'**具有法律效力**'这一说法,因为采用这一说法会给盗窃林木者以把柄,使他在缺席判决的情况下能逃脱再犯时所应受的更严厉的惩罚;但是许多代表①都反对这一点,他们说,必须反对委员会提出的关于从法案第6条中删掉'**具有法律效力的判决**'这一说法的建议。这里,也像在条文中一样,给判决加上这一说明语,当然不是没有法律上的考虑的,如果法官的任何初次判决都足以作为加重惩罚的根据,那么,加重惩罚再犯者的意图当然就会更加容易而经常地得到实现了。但是,应该考虑一下,人们是否愿意以这种方式为了报告人在这里所强调的**保护林木的利益**而牺牲**重要的法的原则**。为了使还不具有法律效力的判决具有合法判决的性质而破坏诉讼程序的无可非议的基本原则,对此,人们是不能同意的。另一位城市代表②也提议拒绝委员会的修改,他认为这种修改违背了刑法的规定,因为根据刑法规定,在具有法律效力的判决没有确定初次惩罚之前,不能采取加重惩罚的办法,报告人反对这一点说:'**这一切是一种特殊的法律**',所以,像提出来的这种**特殊的规定**在这里也是许可的。'委员会关于删掉'具有法律效力'这一说法的建议**被采纳了**。"③

判决仅仅是为了确定再犯而存在的。对于私人利益的贪婪的焦虑来说,审判形式是迂腐的法律仪式所设置的累赘而多余的障碍。诉讼只不过是一支负责把敌人押解到牢狱里去的可靠的护送队,它只是执刑的准备。如果诉讼想超出这一点,它就会被人封住嘴巴。自私自利的恐惧心情非常细心地侦察、算计和推断:敌人可能怎样利用法的领域,而人们只要同敌人发生冲突就必须进入这个作为不可避免的祸害的领域,并且力图采取最审慎的反机动先于敌人到达这个领域。因此,人们就碰到了作为私人利益的无节制表现的障碍的法本身,并且把法看作是一种障碍。人们力图同法作交易,同法讨价还价,在这里或那里设法用低价从它那里买到某一基本原则。人们以乞求的口吻要求得到利益的法,以此来安抚法。人们拍拍它的肩膀并咬着耳朵轻声地说,这是例外,而没有例外的常规是不存在的,人们允许法对敌人采取恐怖手段和百般挑剔的

---

① 威·霍与布鲁斯特等人。——编者注
② 约·弗·布鲁斯特。——编者注
③ 《第六届莱茵省议会会议记录》1841年科布伦茨版第23页。——编者注

办法，他们仿佛企图通过这种手段来对法作出补偿，因为他们在对待作为被告的保障和作为独立的对象的法时采取了一种圆滑的是非标准。法的利益只有当它是利益的法时才能说话，一旦它同这位圣者发生抵触，它就得闭上嘴巴。

亲自**惩罚过人**的林木所有者做得十分彻底，现在他竟亲自**进行审判**了，因为当他把不具有法律效力的判决宣布为具有法律效力时，他显然是在进行审判，如果认为在立法者偏私的情况下可以有公正的法官，那简直是愚蠢而不切实际的幻想！既然法律是自私自利的，那么大公无私的判决还有什么用处呢？法官只能一丝不苟地表达法律的自私自利，只能无所顾忌地运用它。在这种情况下，公正是判决的形式，但不是判决的内容。内容已被法律预先规定了。如果诉讼无非是一种毫无内容的形式，那么这种形式上的琐事就没有任何独立的价值了。在这种观点看来，只要把中国法套上法国诉讼程序的形式，它就变成法国法了。但是，**实体法**却具有**本身特有的必要的诉讼形式**，正如中国法里面一定有笞杖，拷问作为诉讼形式一定是同严厉的刑罚法规的内容连在一起的一样，本质上公开的、受自由支配而不受私人利益支配的内容，一定是属于公开的自由的诉讼的。诉讼和法二者之间的联系如此密切，就像植物外形和植物本身的联系，动物外形和动物血肉的联系一样。使诉讼和法律获得生命的应该是**同一种精神**，因为诉讼只不过是**法律的生命形式**，因而也是法律的内部生命的表现。

狄东①的海盗抓到俘虏后，就打断他们的手脚，以便保证自己控制他们。为了保证自己对违反森林管理条例者的控制，省议会不仅打断了法的手脚，而且还刺穿了它的心。我们认为，省议会在恢复我们的诉讼的某些范畴方面的功绩完全等于零。相反，我们必须承认省议会在把不自由的形式赋予不自由的内容时所采取的那种坦诚和彻底的态度。既然有人把怕见公开性的阳光的私人利益的物质内容塞进了我们的法，就必须赋予这种内容以相应的形式，即秘密的程序，这样才至少不致引起和

---

① 加里曼丹（婆罗洲）的一个地区。——编者注

滋生任何危险的、自满的幻想。我们认为，目前莱茵省全体居民，特别是莱茵省法学家的义务，是要把主要注意力放在**法的内容**上面，免得我们最终只剩下一副空洞的假面具。如果形式不是内容的形式，那么它就没有任何价值了。

刚才谈到的委员会的提案和省议会的投赞成票，是整个辩论的精彩场面，因为**保护林木的利益和我们自己的法律所规定的各项法的原则之间的冲突**，在这里进入了省议会的意识。于是，省议会对下述问题进行了表决：应该为了保护林木的利益而牺牲法的原则呢，还是应该为了法的原则而牺牲保护林木的利益，——结果利益所得票数超过了法的票数。人们甚至认识到了，这项法律是**法律的例外**，并由此得出一个结论，在这项法律中**任何**例外的规定都是允许的。省议会只限于得出立法者忽略了的那些结论。凡是立法者忘了说这里涉及法律的例外，而不涉及法律的地方，凡是在他提出法的观点的地方，我们的省议会都会出来非常得体地对他加以纠正和补充，并且凡是在法为私人利益制定了法律的地方，它都让私人利益为法制定法律。

这样，省议会便**彻底完成了自己的使命**。它根据自己的**任务**，维护了一定的**特殊利益**并把它作为最终目的。至于说省议会在这里践踏了法，那么，这是**它的任务直接产生的后果**，因为利益就其本性来说是盲目的、无节制的、片面的，一句话，它具有无视法律的天生本能；难道无视法律的东西能够立法吗？正如哑巴并不因为人们给了他一个极长的话筒就会说话一样，私人利益也并不因为人们把它抬上了立法者的宝座就能立法。

我们以厌恶的心情注视了这些枯燥无味的和浅薄庸俗的辩论，但是我们认为，我们有责任用这个例子来说明，一旦**维护特殊利益的等级代表会议**真的被赋予了立法的使命，究竟能从它那里期待什么。

我们再重复说一遍，我们的省等级会议已经履行了自己作为省等级会议的使命，但是我们决不是想要为它辩护。莱茵省人应该在省等级会议中战胜等级，人应该战胜林木所有者。从法律上说，省等级会议不仅受权代表私人利益，而且也受权代表全省的利益，同时，不管这两项任务是多么矛盾，在发生冲突时却应该毫不犹豫地为了代表全省而牺牲代表特殊利益的任务。法的意识和法律意识是莱茵省人的**最显著的地方特点**。但是不言而喻，特殊利益既没有祖国意识，也没有省的观念，既没有一般精神，也没有乡土观念。有一些异想天开的作家喜欢把代表特殊利益看作是理想的浪漫主义、深邃的感情以及道德的个人形式和特殊形式的最丰富源泉。然而，与这些作家的论断完全相反，代表特殊利益会消灭一切自然差别和精神差别，因为这样做会把特定的物质和特定的奴隶般地屈从于物质的意识的不道德、不理智和无感情的抽象物抬上王位，用以代替这些差别。

在西伯利亚也像在法国一样，林木仍然是林木，在堪察加也像在莱茵省一样，林木所有者仍然是林木所有者。因此，如果由林木和林木所有者本身来立法的话，那么这些法律之间的差别将只是立法的地理位置和立法时使用的语言不同而已。这种**下流的唯物主义**，这种违反各族人民和人类的神圣精神的罪恶，是《普鲁士国家报》正向立法者鼓吹的那一套理论的直接后果，这一理论认为，在讨论林木法的时候应该考虑的只是树木和森林，而且**不应该从政治上**，也就是说，不应该同整个国家理性和国家伦理联系起来来解决每一个涉及物质的课题。

古巴野人认为，黄金是**西班牙人崇拜的偶像**。他们庆祝黄金节，围绕着黄金歌唱，然后把它扔进大海。如果古巴野人出席莱茵省等级会议的话，难道他们不会认为**林木是莱茵省人崇拜的偶像**吗？然而，下一次会议将会向他们表明，人们是把动物崇拜同拜物教联系在一起的。那时，为了拯救人，古巴野人将把**兔子扔进**大海里去。

选自《马克思恩格斯全集》第1卷，北京：人民出版社1995年版，第240—290页。

马克思

共产主义和奥格斯堡《总汇报》

科隆10月15日。**奥格斯堡报**第284号实在不高明,它居然发现**《莱茵报》**是普鲁士的**共产主义者**,虽然不是真正的共产主义者,但毕竟是一位向共产主义虚幻地卖弄风情和柏拉图式地频送秋波的人物。

这位奥格斯堡女人①的这种不像样子的幻想是不是公正无私的,她那活跃的想象力想出来的这种无聊的把戏是不是同投机勾当和外交手腕有联系,等我们引完了所谓犯罪事实之后,读者自己可以作出判断。

该报叙述道,《莱茵报》的小品文专栏登载了一篇关于柏林家庭住宅的共产主义文章,而且还加上按语说,这些报道"**对于了解当前这个重要问题的历史并不是没有意义的**"。根据奥格斯堡的逻辑看来,《莱茵报》"这样做就是**在推荐一种不干不净的蹩脚货**"。这样说来,如果我说"《靡菲斯特斐勒司》关于奥格斯堡报家事的报道②对于了解这位自命不凡的夫人的历史**并不是没有意义的**",那么,我就是在推荐奥格斯堡女人用来剪裁她的华丽服装的**肮脏的"蹩脚货"**了。难道我们仅仅因为共产主义不是当前在沙龙中议论的问题,因为它的衣服不干净、没有玫瑰香水的香味,就不应该把它当作当前的一个重要问题吗?

但是,奥格斯堡女人对我们的不理解感到愤怒是有道理的。共产主义的重要性并不在于它是法国和英国当前的一个极端严重的问题。单凭奥格斯堡报在空话中使用过共产主义这个词,共产主义也就具有**欧洲性**

---

① 即奥格斯堡《总汇报》。——编者注
② 指1842年该杂志第1、2期刊登的《奥格斯堡〈总汇报〉丢尽脸面》一文。——编者注

的重要意义了。不久以前，该报的一位巴黎记者，一位谈论历史像糕点师谈论植物学一样的改宗信徒，竟异想天开，认为君主政体应当设法用自己的方式去掌握社会主义和共产主义思想。现在，你们该明白奥格斯堡女人的愤怒了吧；她之所以绝不宽恕我们，原来是因为我们向公众**不加粉饰地**介绍了共产主义。你们该懂得她为什么那样辛辣地**讽刺**我们了吧；她说：你们竟然**推荐**那有幸充当过奥格斯堡报的空话的时髦装饰的共产主义！

《莱茵报》受到责难的第二个原因是寄自斯特拉斯堡的关于在当地代表大会上发表的共产主义演说的报道的结束语；本来两位异母姊妹是作了分工的：**莱茵省的**这位报道斯特拉斯堡学者们的**讨论情况**，而**巴伐利亚的那位**则报道他们的**伙食状况**。被控告的地方是这样的：

"今天中间等级的状况就好像是 1789 年贵族的状况，当时中间等级要求享有贵族的特权，并且得到了这些特权；**而今天，一无所有的等级要求占有现在执掌政权的中等阶级的一部分财产**。今天中间等级在对付突然袭击方面比 1789 年贵族的处境要好些，应该期望问题会通过和平的方式得到解决。"①

西哀士的预言应验了，第三等级成为一切，并想要成为一切，——关于这一点，毕洛夫-库梅洛夫、前《柏林政治周刊》和科泽加滕博士，总之，所有拥护封建制度的作家都满怀极其悲伤的愤怒承认过。今天一无所有的等级**要求**占有中等阶级的一部分财产，这是事实，即使没有斯特拉斯堡的演说，尽管奥格斯堡保持沉默，它仍旧是曼彻斯特、巴黎和里昂大街上有目共睹的事实。奥格斯堡女人是否认为，她的不满和沉默已经推翻了当前的事实呢？这个奥格斯堡女人**在逃跑时**是**粗野无礼的**。她面对当前的棘手现象仓皇逃跑，并且以为，她逃走时身后扬起的尘土以及她在逃跑中出于恐惧而从牙缝里迸出来的恶言秽语，既能迷惑和搅乱当前的麻烦现象，又能迷惑和搅乱不动脑筋的读者的思想。

或许奥格斯堡女人是因为我们的记者期望那些无可否认的冲突能够

---

① 古·科尔布：《共产主义者的学说》，见 1842 年 10 月 11 日奥格斯格斯堡《总汇报》第 284 号。——编者注

通过"**和平的方式**"得到解决才恼怒的吧？或许她是因为我们既没有立即开出一个有效的药方，也没有悄悄塞给惊愕的读者一篇十分清楚的关于不足为准的问题解决方案的报道才指摘我们吧？我们没有本事**单纯**用空话来解决那些正由**两个**民族在解决的问题。

但是，最亲爱、最尊贵的奥格斯堡女人！在谈到共产主义的时候，你们使我们了解到，现在德国独立的人很少，十分之九的有教养的青年都为了自己的前途而向国家乞食，我国的河流未被利用，航运萧条，过去繁荣的商业城市失去了往日的光辉，自由的制度在普鲁士推行得缓慢无比，我国过剩的人口无依无靠地流浪四方，在其他民族中作为德国人逐渐衰亡。然而，对于所有这些问题，既没有提出任何药方，也没有作任何尝试，去"**弄清实现**"那能使我们摆脱这一切罪恶的伟大事业的"**途径**"！或许你们不期望和平解决吗？贵报同一号上寄自卡尔斯鲁厄的另一篇论文大概就暗示着这种思想。该文甚至就关税同盟问题向普鲁士提出了一个令人作难的问题："可不可以认为，会产生像在动物园因吸烟而打架那样的一次危机呢？"你们用来为自己的不相信辩解的理由是**共产主义的**。"那么就让工业危机爆发吧！让数以百万计的资本赔光，让成千上万的工人吃不上面包吧！"① 既然你们决定让血腥的危机**爆发**，那我们的"**和平期待**"是多么不合时宜呵！大概就是为了这个目的，你们完全按自己的逻辑，在自己的文章中向大不列颠**推荐**进行蛊惑宣传的医生麦克道尔博士；此人因为"对这个忠于君主的种族毫无办法"而移居美国了。

在同你们分手之前，我们还想顺便提醒你们注意一下自己的智慧。要知道，用你们的说空话的方法可以时而在这里时而在那里不怀恶意地**发表**一些思想，但这并不是你们的思想。你们发现巴黎艾讷坎先生关于反对地产析分的辩论使他同自治论者令人惊奇地协调一致！亚里士多德说过，惊奇是探求哲理的开端。但是，你们在开始时就结束了，否则，

---

① 弗·威·吉纳《关税同盟代表大会》，见1842年10月11日奥格斯堡《总汇报》第284号。——编者注

你们怎么没有注意到，在德国不是自由主义者而是你们的**反动**朋友在传播共产主义的原理这一令人惊奇的事实呢？

谁在谈论**手工业者的同业公会**？反动分子。说什么手工业者等级应该在国家内组织国家。这样的思想用现代语言来说就是："国家应变为手工业者等级。"你们不觉得太引人注目了吗？如果对于手工业者来说，他们的等级应当成为国家，同时，如果现代的手工业者像任何现代人一样，把国家理解为而且只能理解为他的全体同胞的共同领域，那么，你们除了把这两个概念综合为**手工业者的国家**以外，还能综合为什么别的概念呢？

谁在反对**地产析分**呢？反动分子。在不久前出版的一本拥护封建制度的著作（科泽加滕论地产析分）中，作者走得太远，竟宣称**私有财产是一种特权**。这是**傅立叶**的基本原则。难道人们同意了基本原则便不能同时对结论及其运用进行争论吗？

《莱茵报》甚至不承认现有形式的共产主义思想具有**理论上的现实性**，因此，更不会期望**在实际上去实现**它，甚至根本不认为这种实现是可能的事情。《莱茵报》将对这种思想进行认真的批判。但是，对于像勒鲁、孔西得朗的著作①，特别是对于蒲鲁东的机智的著作②，决不能根据肤浅的、片刻的想象去批判，只有在长期持续的、深入的研究之后才能加以批判，——关于这一点，如果奥格斯堡女人想要得到比美妙动听的空话更多的东西，如果她具有比说美妙动听的空话更多的才能，那她也会承认的。我们对待类似的**理论**著作所以要更加慎重，还因为我们不同意奥格斯堡报的观点：它不是在**柏拉图**那里，而是在自己一个**不知名的熟人**那里找到了共产主义思想的"**现实性**"。后者在科学研究的某些方面有一些功绩，献出了当时他所拥有的全部财产，并且按照安凡丹老爷的旨意而替自己的伙伴洗盘子擦靴子。我们坚信，构成真正**危险的**并不是共产主义思想的**实际试验**，而是它的**理论阐述**；要知道，如果实

---

① 指皮·勒鲁的《驳斥折衷主义》和维·孔西得朗的《社会命运》、《法国政治最后破产的必然性》、《实证政治基础。傅立叶所创立的协作学派宣言》。——编者注

② 指《什么是财产？或关于法和权力的原理的研究》。——编者注

际试验**大量地**进行,那么,它一旦成为危险的东西,就会得到**大炮**的回答;而征服我们心智的、支配我们信念的、我们的良心通过理智与之紧紧相连的**思想**,是不撕裂自己的心就无法挣脱的枷锁;同时也是魔鬼,人们只有服从它才能战胜它。当然,奥格斯堡报从来也没有经受过那种当一个人的主观愿望起来反对他自己的理智的客观见解的时候所产生的**良心的痛苦**,因为它既没有自己的理智,又没有自己的见解,也没有自己的良心。

选自《马克思恩格斯全集》第 1 卷,北京:人民出版社 1995 年版,第 291—296 页。

马克思

集权问题（节选）

一个时代的迫切问题，有着和任何在内容上有根据的因而也是合理的问题共同的命运：主要的困难不是**答案**，而是**问题**。因此，真正的批判要分析的不是答案，而是问题。正如一道代数方程式只要题目出得非常精确周密就能解出来一样，每个问题只要已成为**现实**的问题，就能得到答案。世界史本身，除了用新问题来回答和解决老问题之外，没有别的方法。因此，每个时代的谜语是容易找到的。这些谜语都是该时代的迫切问题，如果说在答案中个人的意图和见识起着很大作用，因此，需要用老练的眼光才能区别什么属于个人，什么属于时代，那么相反，**问题**却是公开的、无所顾忌的、支配一切个人的时代之声。问题是时代的格言，是表现时代自己内心状态的最**实际**的呼声。因此，任何一个时代的反动分子都是反映时代精神状态的准确晴雨表，正如狗是测度天候的准确晴雨表一样。

选自《马克思恩格斯全集》第1卷，北京：人民出版社1995年版，第203—204页。

马克思

《莱茵报》编辑部为《论新婚姻法草案》一文所加的按语（节选）

我们至今发表的两篇文章，都同样指责宗教干预法的领域。可是，这些文章都没有阐述婚姻本身就其本质来说在多大程度上是宗教的或非宗教的，因而，也就不能阐明，如果一个彻底的立法者遵循事物的本质并且决不满足于该本质的纯粹抽象的规定，那他必须怎么办。如果立法者认为，婚姻的本质不是人的伦理性，而是宗教的神圣性，因而以上天注定代替自己作主，以超自然的恩准代替内心的、自然的奉献，以消极地顺从那凌驾于这种关系的本性之上的戒律代替忠诚地服从这种关系的本性，那么，如果这位信教的立法者也把婚姻从属于教会（而教会的使命就是实现宗教的需要和要求），把世俗婚姻置于教会当局的最高监督之下，我们能指责他吗？这样做难道不是简单的和必然的结果吗？

如果有人以为，指出信教的立法者的这些或那些规定同婚姻的世俗本质相矛盾就可驳倒他，那就错了。信教的立法者反对的并不是世俗婚姻的离异，倒不如说，他反对的是婚姻的世俗本质。他一方面竭力使婚姻失去其世俗性，另一方面在不可能做到这一点的地方，则竭力使婚姻的世俗性仅仅作为被容忍的一面每时每刻都感觉到自己的局限性，竭力去摧毁它的后果的罪恶反抗。

但是，在这里登载的这篇评论中作了机智阐述的**莱茵法学观点**，是完全不够的。把婚姻分成宗教的和世俗的两种本质，使其中一种本质只同教会和个人的信仰相联系，而另一种本质则同国家和公民的法的意识相联系，这是不够的。把两个不同的领域强加给婚姻并不能消除矛盾；

相反，这样做会在这两个至关重要的领域本身之间制造矛盾和无法解决的冲突。谁能责令立法者持二元论，持双重的世界观呢？难道一个持宗教观点的有良心的立法者，不应当把在教会世界和宗教形式中他认为是真理本身的东西，他作为唯一力量来崇拜的东西，看作现实世界和世俗形式中的唯一力量吗？

在这一点上，表现了莱茵法学的根本缺陷——它的二重性的世界观。这种世界观由于用肤浅的方式把信仰同法的意识分开，不是解决最麻烦的冲突，而是把它劈成两半；它把法的世界同精神的世界，从而把法同精神割裂开来，这样也就把法学同哲学割裂开来了。而在反对这里所讨论的法律时，旧普鲁士法学的完全站不住脚则以最明白无误的方式更加突出地表现出来了。如果说任何立法都不能颁布法令让人们去做合乎伦理的事情是正确的，那么说任何立法都不能承认不合伦理的事情是合法的就更是正确的了。

邦法是建立在理智的抽象上的，这种理智的抽象本身是无内容的，它把自然的、法的和合乎伦理的内容当作外在的、没有内在规律的质料加以吸收，它试图按照外部的目的来改造、安排、调节这种没有精神、没有规律的质料。邦法不是按照对象世界所固有的规律来对待对象世界，而是按照任意的主观臆想和与事物本身无关的意图来对待对象世界。旧普鲁士法学家表现出他们对邦法的这种本性了解很差。他们所批判的不是邦法的本质，而是它个别的外部表现。因此，他们反对的也就不是新离婚法草案的性质和方式，而是反对它的宗教改革的倾向。他们大概以为可以在坏习俗中找到坏法律存在的理由。我们要求评论首先要批判地对待自己，并且不要忽略评论对象的难点。

选自《马克思恩格斯全集》第1卷，北京：人民出版社1995年版，第315—317页。

马克思

评奥格斯堡《总汇报》第 335 号和第 336 号论普鲁士等级委员会的文章（节选）

正是由于报刊把物质斗争变成思想斗争，把血肉斗争变成精神斗争，把需要、欲望和经验的斗争变成理论、理智和形式的斗争，所以，报刊才成为文化和人民的精神教育的极其强大的杠杆。

……

作者没有研究这样的问题：地产这个一般条件是不是同等级代表制相矛盾，它会不会使等级代表制甚至无法实行！否则他就很难忽略一个事实，即一个只是构成农民等级的本质的条件，在彻底实行等级原则的情况下，不可能成为其他根本不依赖地产而存在的等级的代表制的一般前提。等级代表制只能由等级之间的本质差别，而不能由任何与这种本质无关的东西来决定。因而，如果说地产代表制的原则会被特殊的等级考虑所取消，那么这种等级代表制的原则就会被地产的一般条件所取消，而且这些原则将没有一条能够实现。……

可以回答我们的作者：正如谁也不想去消灭自然界中的元素的差别并返回混沌的统一体一样，谁也不想去**根除**等级的差别；但是同时应当要求我们的作者对自然界作更深入的研究，把自己对各种元素的初步感性知觉提高到对自然界有机生命的理性知觉。在他面前出现的将不是混沌的统一体这个幽灵，而是有生命的统一体这个精灵。甚至元素也不是始终处在静止的分离状态。它们在不断地相互转化，单单这种转化就形成了地球的物理生命的第一阶段，即气象学过程，而在有生命的有机体中，各种元素作为元素本身的任何痕迹全都消失。在这里，差别已经不在于各种元素的彼此分离的存在，而在于受同一生命推动的不同职能的活生生的运动。所以，这些职能的差别本身不是现成地发生在该生命之前，而是相反，不断地从生命本身发生，同样不断地在生命中消失和失去作用。自然界没有在现成的元素上停步不前，而是还在自己生命的低级阶段就已证明，这种差别不过是一种无精神真实性的感性现象，同样，国家这一自然的精神王国，不应也不能在感性现象的事实中去寻找和发现自己的真实本质。因此，我们的作者硬把等级差别视为"神的世界秩序"的最后的、终极的结果而停步不前，只不过表明他对这种世界秩序的研究是肤浅的。

但是，我们的作者说，

"要注意不要把人民当作**原生无机体**来推动"。

因此，

"谈不上**等级**一般应不应当**存在**的问题，能说的只是，确定**现存等级**在多大程度上和按什么样的比例有资格参与政治活动"。

当然，这里问题不在于等级在多大程度上存在，而在于各个等级应当在多大程度上把它们的存在延伸到国家生活的最高领域。如果说把人民当作原生无机体来推动是不合适的，那么，把人民机械地划分成几个固定的、抽象的组成部分，并且要求这些无机的、被强制确定的部分进行独立运动（这只能是抽搐运动），同样也不能实现有机运动。我们的作者所持的出发点是，离开某些被任意划出的等级差别，人民就作为原生无机体存在于现实的**国家**中。因而，他根本不知道国家生活的有机体本身，只知道国家表面地机械地包括着的那些不同部分的共存。但是，让我们开诚布公地说话吧。我们并不要求在人民代表制的问题上撇开现实地存在着的差别。相反，我们要求从由国家内部结构所造成和决定的那些现实差别出发，而不要从国家生活领域倒退到国家生活早就使其丧失意义的某些虚构的领域中去。现在，让我们来看一看众所周知的、有目共睹的普鲁士国家的现实吧！那些真实的领域，对国家进行统治、审判、管理、征税、训练、教育的领域，国家进行其全部活动的领域，就是县、乡镇、地方政府、省政府、军事部门。但是这些领域并不是四个等级，相反，四个等级以纷繁多样的形式在这些更高的统一体中彼此转化，它们之间的差别不在生活本身，而只在官方文件和登记表中。而那些由于自己的本质而时时刻刻正在统一的整体中消失的差别是普鲁士国家精神的自由创造物，而不是盲目的自然必然性和旧时代的瓦解过程强加给现时代的原料！这些差别是环节，不是部分，它们是运动，不是固定状态①，它们是统一体中的差别，不是具有差别的几个统一体。既然我们的作者不愿说，使普鲁士国家每天转化为常备军和后备军的强大运动是一种原生无机体的运动，那么同样，他也没有理由对建立在类似原则基础上的人民代表制说这种话。我们再重复一遍，我们只要求普鲁士国家不要在应当出现国家生活自觉繁荣的领域，中断自己现实的国家生活；我们只要求坚持不懈地、全面地健全普鲁士的基本机构，我们要求人们不要突然离开现实的、有机的国家生活，而重新陷入不现实的、机械的、从属的、非国家的生活领域。我们要求国家不要在应当成为它内部统一的最高行为的行为中解体。……

……

我们现在从我们的作者无疑也会承认的事实出发。我们假定，省等级会议的组成完全符合它的宗旨，即从自己**特殊的等级利益**观点出发代表自己**特殊的省的利益**这个宗旨。省议会的这种性质就会成为它的每个行动的性质，也就是说，会成为**它**进行的委员会**选举的性质**，成为**委员会代表本身**的性质，因为一个符合本身宗旨的省议会，在它**自行选举**代表这一最重要的行动中当然是始终忠于它的宗旨的。但是，有哪种**新**要素能使省的利益的代表突然变成全国利益的代表，并且使他们的**特殊**活动具有**普遍**活动的本质呢？显然，只有集会的**共同地点**这种要素。但是，难道抽象的空间本身能够给具有性格的人以新的性格，并且使他的精神本质发生化学分解吗？如果我们指望空间本

---

① 德文"Stand"既有"等级"的意思，又有"固定状态"的意思。——编者注

身具有这种起组织作用的灵魂,特别是因为各等级现存的**分离状态**在委员会会议上也从**空间**上得到承认和表现,那么,我们就是推崇极端唯物的机械论。

……

等级会议代表一定要具有作为人的共同属性的智力,但是人并不一定具有作为等级的特殊属性的智力;换句话说,智力并不使人成为等级会议代表,它只是使等级会议代表成为人。我们的作者也会承认,智力不会因此在省议会中占有特殊的地位。任何报纸广告都是智力的表现。但是,谁会因此说广告就代表出版物呢?土地不会说话,会说话的只是土地占有者。因此,土地必须以智力的**形式**出现,才能表达自己的要求;愿望、利益本身是不会说话的,会说话的只是人;但是,难道土地、利益、愿望通过人,通过有智力的人表达了自己的要求,就会失去其局限性吗?问题不在于智力的单纯**形式**,而在于智力的**内容**,如果说智力不仅根本不需要——在这一点上我们乐于同意我们作者的观点——等级代表制,而且甚至需要非等级代表制,那么相反,等级代表制倒需要智力,不过是非常有限的智力,——正如每个人需要具有为实现他的意图和利益所需要的那么多的理智一样,然而,这绝不是说,人的意图和利益就成了"理智"的意图和利益。

为自己的家园而奋斗的**讲求功利的**智力,跟不顾自己的家园为正义事业而斗争的**自由的**智力当然是不同的。服务于某个特定目的、某种特定事物的智力同支配一切事物和只为自己服务的智力是有根本区别的。

……

当我们的作者把省议会中"智力"的代表权问题,变成**那些有学问的等级**,即那些**垄断**智力的等级的代表权问题,变成已属于某个**等级**的知识界的代表权问题时,他这样做是完全**合乎逻辑的**,不仅从他的原则来看,而且从**等级代表制**的原则来看都是如此。我们的作者是对的,因为在等级代表制存在的情况下,说得上的也只是已属于某个等级的知识界,但是,他不承认那些有学问的等级的权利,这就不对了,因为在等级原则占支配地位的地方,一切等级都应当有自己的代表。他的错误在于，把教士、教师以及没有正式编制的学者排除在外，甚至根本没有把律师、医生等等作为与此有关的人提出来；同样，他把政府属下的"公务人员"同上述已属于某个等级的学者混为一谈，这就说明他完全不理解等级代表制的实质。在等级制的国家中，政府官员是国家利益本身的代表，因而，是与等级的私人利益的代表敌对的。如果说在人民代表制中有政府官员参加不是一个矛盾，那么在等级代表制中这就是一个矛盾了。

我们所考察的这篇文章继而试图证实，在法国和英国的宪法中地产的代表权，即使不比普鲁士等级制度中规定的多，也决不比它规定的少。如果这是确实的话，那么，一种缺点，因为它在英国和法国也存在，所以在普鲁士就不再是缺点了吗？我们不想详细说明，仅仅由于下述理由，作这种对比就是完全不容许的，即法国和英国的代表不是作为**地产的代表**，而是作为**人民的代表**当选的；至于说到特殊的利益，那么，譬如说，有个富尔德**尽管**在法国某个偏僻地方交纳相当微不足道的土地税，但他仍然是工业的代表。我们不打算重复我们已经在第一篇文章中指出的观点，即等级代表制原则会取消地产代表制原则，反过来，等级代表制原则本身也会被地产代表制原则所取消，因而既没有真正的地产代表制，也没有真正的等级代表制，只有这两种原则的不彻底的混合物。我们不准备继续考察这种对比本身的根本错误：给英国、法国和普鲁士引用了各种各样的**数字**，而不考虑这些数字同这些国家中的各种**情况**的必要联系。我们只强调指出一点，在法国和英国考虑的是，国家从地产中得到了什么东西，地产的占有者负有哪些义务，相反，在普鲁士，例如对大多数骑士领地和降为间接附庸的贵族来说，考虑的是如何**摆脱**国家的义务，如何在其私人收益方面实现自主。在法国和英国，——其实这两个国家的制度我们是决不赞成的，——获得代表权的根据不是某人拥有什么，而是他对国家有什么用处；不是占有权，而似乎是占有权对国家所起的作用。

......

作者做得对，他不是到**国家的必然性**中去寻找省等级会议的根源，他不是把省等级会议看作**国家的需要**，而是把它看作同国家相对立的**特殊利益的需要**。不是国家的有机理性，而是私人利益的切身需要，才是**等级**制度的建筑师；而智力当然不是寻求满足的自私的利益，它是普遍的利益。因此，智力在等级会议中的代表权，是一个矛盾，是一个荒谬的要求。此外，我们要请我们的作者注意由于把**需要**当作人民代表制的原则而造成的后果。这些后果是不可避免的，以致连作者自己也一度对它们感到害怕，他不仅拒绝来自特殊利益的代表权方面的特定要求，而且拒绝这种代表权本身的要求。

或者需要是**现实的**，那样一来国家就是不现实的，因为国家还保留着这样一些特殊要素，这些要素的利益在国家中得不到正当的满足，因此不得不另外把自己组织成为同国家发生契约关系的特殊机体；或者这种需要在国家中实际上得到了满足，因此，同国家相对立的这种需要的代表权是幻想的或危险的。作者一度站到幻想的观点上去了。至于谈到**工业**，他认为，即使工业在省议会中没有足够数量的代表，它仍然还有足够的途径可以使它的利益得到国家和政府的重视。因此，他断言，**等级代表制**，即根据**需要**的原则产生的代表制，是一种**幻想**，因为这种需要本身就是幻想的。的确，关于工业等级所说的话适用于所有等级；而这些话对**地产等级**比对工业更适用，因为这个等级有例如县长、县等级会议等等，因而有完备的国家机关作为自己的代表。

根据上面所述显然可以看出，我们不仅不同意对委员会的**议事规程受限制**不满的意见；相反，我们坚决反对任何扩大这种议事规程的做法，因为这是违背国家利益的。还有那种要求在省议会中有**智力**的代表的自由主义也是错误的。智力不仅不是代表制的**特殊**要素，而且根本不是一个**要素**；智力是一个不能参加任何由各种要素**组成**的机构的原则，它只能从自身进行**划分**。不能把智力作为一个不可缺少的部分，只能把它作为一个起组织作用的灵魂来谈论。这里涉及的不是**补充**，而是**对立**。问题在于：到底是"智力的代表制"，还是"等级的代表制"？到底是特殊利益应当代表政治智力，还是政治智力应当代表特殊利益？例如，政治智力将按照国家的准则来调节地产，而不是按照地产来调节国家的准则；政治智力不是根据地产的私人利己主义来考虑地产，而是根据地产的国家性质来考虑地产；政治智力不是根据这一特殊本质来确定普遍本质，而是根据普遍本质确定这个特殊本质。相反，享有代表权的地产不是去适应智力，而是使智力适应它，正像一个钟表匠，不是根据太阳来校正他的钟表，而是想根据他的钟表来校正太阳一样。问题可以归结为两句话：究竟是地产应当评价并支配政治智力呢，还是政治智力应当评价并支配地产？

对智力来说，没有任何外在的东西，因为它是一切事物的内在的起决定作用的灵魂，相反，对某个特定要素（例如地产）来说，除了它本身以外，一切都是外在的东西。所以，不仅省议会的组成，而且它的行动都是**机械的**，因为它必须把一切普遍利益，甚至跟它不同的特殊利益当作一种与它无关的、异己的东西来对待。一切特殊的事物（例如地产）本身都是受限制的。因此，必须把它当作一种受限制的东西来对待，也就是说，受一种凌驾于它的普遍力量的限制，但是，它不能按照自己的需要来支配这个普遍力量。

省议会由于其特殊组成，无非是各种特殊利益的联合，这些特殊利益享有一种能够用自己的**特殊界限**去对抗国家的特权；所以，省议会无非是国家中一些非国家要素自己组成的合法机构。因而，省议会按其**本质**对国家抱有**敌对**情绪，因为特殊东西在其单独活动中总是整体的敌人，因为正是这个整体使特殊东西感到它自身的界限，因而也就使它感到自己是**微不足道的**。

如果特殊利益在政治上的这种独立化是国家必然性，那么这只是国家内部疾病的表现，正如不健康的机体，按照自然规律，必然会长出肿瘤一样。必须决定在下述两种观点中选择一种：或者承认特殊利益由于妄自尊大并同国家的政治精神相异化，力图限制国家；或者承认国家只是集中体现为**政府**，并且作为一种补偿，只是给受限制的人民精神提供一个疏导其特殊利益的领域。最后，有可能把两种观点统一起来。因此，要使对智力的代表权的要求具有意义，我们就必须把它解释为对人民智力的自觉代表权的要求，这种人民智力不会拿个别需要去同国家相对抗，而它的最高需要就是使国家本身得到实现，而且把国家看作是自己的事业、自己的国家。被人所代表，一般说来是受动的东西；只有物质的、无生气的、不独立的、受到危害的东西才需要代表权；但是，国家的任何要素都不应是物质的、无生气的、不独立的、受到危害的。不应当把代表权理解为某种并非人民本身的事物的代表权，而只应理解为人民**自身的代表权**，理解为一种国务活动，这种国务活动不是人民唯一的、独特的国务活动，它跟人民的国家生活的其他表现不同的只是它的内容的普遍性。不应当把代表权看作是对无保护的软弱、对无能为力所作的让步，而是相反，应当把它看作最高力量的一种自信的生命活动。在真正的国家中，没有任何地产、工业和物质领域会作为这种粗陋的要素同国家达成协议；在这种国家中只有**精神力量**；自然力只有在自己的国家复活中，在自己的政治再生中，才能获得在国家中的发言权。国家用一些精神的神经贯穿整个自然，并在每一点上都必然表现出，占主导地位的不是物质，而是形式，不是没有国家的自然，而是国家的自然，不是**不自由的对象**，而是**自由的人**。

选自《马克思恩格斯全集》第 1 卷，北京：人民出版社 1995 年版，第 329—345 页。

马克思

论离婚法草案

科隆12月18日。《**莱茵报**》对**离婚法草案**采取了**完全独特**的立场,可是直到现在为止,还没有任何方面向我们证明《莱茵报》的立场是没有根据的。《莱茵报》同意这一草案,因为它认为现行的普鲁士婚姻法是不合伦理的,目前离婚理由的繁多和轻率是不能容忍的,现行的诉讼程序是不符合这一命题的尊严的;而旧普鲁士的整个审判程序也是这样的。另一方面,《莱茵报》对新草案提出了下列几点主要的反对意见:(1)草案只是以简单的**修订**代替了**改革**,因而普鲁士邦法就被当作根本法保留了下来,这样便表现出非常显著的不彻底和无把握;(2)立法不是把婚姻看作一种**伦理的**制度,而是看作一种**宗教的**和**教会的**制度,因此,婚姻的**世俗**本质被忽略了;(3)草案所提出的诉讼程序缺点很多,而且是互相矛盾的各种因素的表面缀合;(4)应该承认,草案一方面具有同婚姻概念相抵触的警政一样的严厉性,而另一方面,对所谓合理的理由却又过分迁就;(5)草案的整个行文在逻辑的一贯性、准确性、鲜明性和观点的彻底性方面也有许多不如人意的地方。

因此,如果草案的反对者批评这些缺点的任何一点,我们是会赞同他们的意见的,但是,我们决不赞成他们无条件地为从前的制度辩护。我们再一次重申我们已经发表过的意见:"如果任何立法都不能.颁布法令让人们去做合乎伦理的事情,那么任何立法更不能承认不合伦理的事情是合法的。"① 当我们询问**这些**反对者(他们不是教会见解的反对

---

① 《马克思恩格斯全集》第1卷,北京:人民出版社1995年版,第316页。——编者注

者，也不是上述其他缺点的反对者）他们的论断的根据是什么的时候，他们总是向我们叙述那些违反本人意愿而结合的夫妻的不幸。他们抱着幸福主义的观点，他们仅仅想到两个个人，而忘记了**家庭**。他们忘记了，几乎任何的离婚都是家庭的离散，就是纯粹从法律观点看来，子女及其财产也不能按照随心所欲的意愿和臆想来处理。如果婚姻不是家庭的基础，那么它也就会像友谊一样，不是立法的对象了。可见，他们注意到的**仅仅**是夫妻的个人意志，或者更正确些说，仅仅是夫妻的**任性**，却没有注意到**婚姻的意志**即这种关系的伦理实体。可是，立法者应该把自己看作一个自然科学家。他不是在**创造**法律，不是在发明法律，而仅仅是在表述法律，他用有意识的实在法把精神关系的内在规律表现出来。如果一个立法者用自己的臆想来代替事情的本质，那么人们就应该责备他极端任性。同样，当私人想违反事物的本质恣意妄为时，立法者也有权利把这种情况看作是极端任性。谁也不是被迫结婚的，但是任何人只要结了婚，那他就得服从婚姻法。结婚的人既不是在**创造**，也不是在**发明**婚姻，正如游泳者不是在发明水和重力的本性和规律一样。所以，婚姻不能听从结婚者的任性，相反，结婚者的任性应该服从婚姻。谁任意地使婚姻破裂，那他就是声称，任性、**非法行为就是婚姻法**，因为任何一个有理性的人都不会有一种非分的要求，认为自己的行为是**他一个人才可以做的**享有特权的行为；相反，每个有理性的人都会认为自己的行为是合法的、**一切人都可以做的**行为。可是你们反对什么呢？反对任性的立法。但是，你们在责备立法者任性的同时，可不要把任性变为法律。

黑格尔说：婚姻**本身**，按其概念来说，是不可离异的，但**仅仅就其本身，即仅仅按其概念来说是如此**。① 这句话完全没有表明婚姻所具有的那种**特殊的东西**。一切伦理的关系，**按其概念**来说，都是不可解除的，如果以这些关系的**真实性**作为前提，那就容易使人相信了。**真正的**

---

① 黑格尔《法哲学原理》第 163 节补充，见《黑格尔全集》1833 年柏林版第 8 卷第 227 页。——编者注

国家、**真正的**婚姻、**真正的**友谊都是不可分离的，但是任何国家、任何婚姻、任何友谊都不完全符合自己的概念。正像甚至家庭中现实的友谊和世界史上现实的国家都是可以分离的一样，国家中现实的婚姻也是**可以分离的**。任何伦理关系的**存在**都不符合，或者至少可以说，不**一定**符合自己的**本质**。正像在自然界中，当某种存在物完全不再符合自己的使命时，解体和死亡自然就会到来一样，正像世界历史会决定，一个国家是否已完全同国家观念相矛盾，以致不值得继续存在一样，一个国家也要决定，在什么样的条件下**现存的**婚姻不再成其为婚姻。离婚无非是宣布某一婚姻是已经**死亡的**婚姻，它的存在仅仅是一种假象和骗局。不言而喻，既不是立法者的任性，也不是私人的任性，而是只有**事物的本质**才能决定，某一婚姻是否已经死亡；因为大家知道，**宣告死亡**取决于事实，而不取决于当事人的**愿望**。既然你们要求在确定**肉体**死亡时要有确凿的、无可辩驳的证据，那么，难道立法者不应该只是根据最无可怀疑的征象来确定**伦理的死亡**吗？因为维护伦理关系的生命不仅是立法者的权利，也是他的**义务**，是他的自我保存的义务！

当然，只有当法律是人民意志的自觉表现，因而是同人民的意志一起产生并由人民的意志所创立的时候，才会有**确实的把握**，正确而毫无成见地确定某种伦理关系的**存在**已不再符合其**本质**的那些**条件**，做到既符合科学所达到的水平，又符合社会上已形成的观点。对于是使离婚变得容易些还是困难些，我们还要补充几句话。如果每一种外部的动因，每一种伤害都将摧毁自然界中的某一机体，那么你们认为这种机体是健康、结实而组织健全的吗？如果有人说，你们的友谊不能抵御最小的偶然事件，遇到任何一点不痛快都**必定**会瓦解，而且把这说成是一种公理，难道你们不觉得这是一种侮辱吗？对于婚姻，立法者只能规定，在什么样的条件下婚姻是**允许**离异的，也就是说，在什么样的条件下婚姻按其实质来说是**已经离异**了。法院判决的离婚只能是婚姻内部瓦解的记录。立法者的观点是必然性的观点。因此，如果立法者认为婚姻是牢固的，足以承受种种冲突而不致受到损害，那他就是**尊重**婚姻，承认它的深刻的合乎伦理的本质。对个人愿望的宽容会变成对个人本质的严酷，变成对体现为伦理关系的个人伦理理性的严酷。

最后，当有些方面责难实施**严格的离婚法**的地区（莱茵省也为属于这样的地区而**自豪**）是**伪善**的时候，我们只能称之为冒失行为。只有那些眼界没有超越自己周围的道德沦丧现象的人们，才敢于作出这样的指摘。例如，在莱茵省，人们就认为这种指摘是可笑的，或者最多把这些指摘看作是伦理关系的**观念**本身也可能消失，任何合乎伦理的事实都可能被理解为**胡说**和谎言的证明。这是那些并非为了尊重人而制定的法律的直接结果，这是一个缺点，这个缺点并不会由于人们从轻视人的物质本性转而轻视人的观念本性，要求盲目地服从超伦理的和超自然的权威而不是自觉地服从伦理的自然的力量而消除。

选自《马克思恩格斯全集》第 1 卷，北京：人民出版社 1995 年版，第 346—350 页。

马克思

摩泽尔记者的辩护

1月**寄自摩泽尔河畔**。《莱茵报》第 346 和 348 号登载了我的两篇文章①，一篇是谈摩泽尔河沿岸地区的柴荒问题，另一篇是谈摩泽尔河沿岸地区的居民**特别**关注 1841 年 12 月 24 日的王室内阁指令以及报刊在该指令的推动下所采取的比较自由的行动。第二篇文章的语调是**粗俗的**，甚至可以说是**粗鲁的**。谁要是经常亲自听到周围居民在贫困中发出的**毫无顾忌**的呼声，他就容易失去那种善于用最优美、最谦恭的方式来表述思想的美学技巧，他也许还会认为自己**在政治上**有义务暂时公开地使用那种在贫困中产生的民众语言，因为他在自己的故乡每时每刻都无法忘记这种语言。但是，如果要证明这些话说的是事实，那恐怕就不能主张**逐字逐句地**去加以证明了，因为那样一来，任何概括性的说法都会被认为是不真实的，而且任何人说的话，如果不是将原话加以重复，就根本不可能转述它的意思了。因此，例如有人说了这么一句话："葡萄种植者求助的呼声被看作**无理取闹**"，按理说，人们只能要求这句话表示一个大致不差的**相等关系**，也就是说，人们只能要求证明存在着某种大体上等于"无理取闹"这种概括性说法的东西，而这种东西表明上述说法并不是不恰当的。如果这样的例证已被提供出来，那么问题就不在于是否**实有**其事，而只在于**语言的准确**程度如何了；而对于语言表达中的那些极其细微的差别，即使要作出毫无把握的判断，恐怕也是不可能的。

---

① 即彼·科布伦茨的《摩泽尔河沿岸地区居民关注新闻界的下一步行动》和《关于乡镇财产必须退还》。——编者注

上面的几点说明，是我有感于《莱茵报》第 352 号上刊登的总督冯·沙培尔先生的两个指示而作的。在这两个标有"科布伦茨 12 月 15 日"字样的指示里，总督先生针对上述的两篇文章向我提出了一系列问题。我的答复之所以**推迟**发表，首先是由于这些问题本身的内容，因为一个报纸记者在**极其忠实地**报道他所听到的人民呼声时，根本就不必准备详尽无遗地叙述和论证有关这种呼声的一切细节、原因和根源。撇开时间的损失和进行这项工作所需要的大量资金不说，一个报纸记者也只能把他自己视为一个复杂机体的一个小小的器官，他在这个机体里可以自由地为自己挑选一种职能。例如，一个人可以侧重于描写他从民众意见中获得的有关贫困状况的直接印象，另一个人作为历史学家则可以谈论这种状况产生的历史，沉着冷静的人可以谈论贫困状况本身，经济学家则可以谈论消除贫困的办法，而且这样**一个**问题还可以从各方面来解决：有时较多地着眼于地方范围，有时较多地着眼于同整个国家的关系等等。

这样，只要报刊生气勃勃地采取行动，**全部事实**就会被揭示出来。这是因为，虽然事情的整体最初只是以有时有意、有时无意地同时分别强调各种单个观点的形式显现出来的，但是归根到底，报刊的这种工作本身还是为它的工作人员准备了材料，让他把材料组成**一个**整体。这样，报刊就通过分工一步一步地掌握全部的事实，这里所采用的方式不是让某一个人去做全部的工作，而是由许多人分头去做一小部分工作。

我推迟答复的第二个原因是：《莱茵报》编辑部在接到我寄出的第一篇通讯稿后，还希望我作出若干补充说明；它在接到我的第二篇和第三篇通讯稿后，也同样希望得到补充材料和现在这一篇最后的报道；最后，编辑部一方面要我自己指出消息的来源，另一方面它又保留这样的权利，即在它自己通过其他途径证实我所提供的材料之前不发表我的报道文章①。

---

① 《莱茵报》编辑部在这里加了一个注："我们证明记者所引的材料是真实的，同时还要指出，由于我们收到了各种可以互相印证的来信，我们有必要把这些信件加以汇总整理"。——编者注

其次，我的答复是**不署名的**。我之所以这样做，是因为我确信**不署名**是由新闻业的实质所决定的，因为不署名可以使报纸由许多个人意见的集合点**转变为**表达**一种思想**的喉舌。正如身体可以使一个人同另一个人截然区分开来一样，作者的**名字**也可以使一篇文章同另一篇文章截然区分开来，而这样一来，他的名字也就彻底勾销了那篇文章所赋有的仅仅作为构成整体的一部分的使命。最后，不署名不仅可以使作者自己，而且还可以使读者更加公正、更加自由，因为这样读者就不是着眼于说话的人，而是着眼于这个人所说的**事**，读者就摆脱了作为经验的人而存在的作者的影响，而仅以作者的精神人格作为自己判断的尺度。

既然我不说出自己的姓名，我也就不打算在我所提供的一切详细的材料中指出官员的姓名和乡镇的名称了，只有当我引证已经印行并在书店出售的文献或者提及姓名而丝毫无损于人时，才是例外。报刊必须对**情况**进行揭露，但我认为它不应该对**个人**采取告密行动，除非一种社会弊端只有通过这种方式才能消除，或者除非公开性已经在整个政治生活中普遍实现，因而德文中的告密一词已经不复存在了。

在我结束正文前面的这几点说明时，我认为我有权表示一点希望：但愿总督先生在看完我的**全部**叙述后，会相信我的意图是纯洁的，甚至会把我可能犯的错误归因于我的某种不正确的看法，而不至于认为是出于恶意。我的叙述本身必定会证明，即使是在我目前实际上仍未署名的情况下，我是否应该受到这样的严厉指控：说我**进行诽谤**，并**企图激起不满和怨恨**；因为这些指控是出自一位在莱茵省极受尊敬和爱戴的人物之口，那当然就更令人感到痛心了。

为了使人易于了解我的答复的全部内容，我把它分为以下几个部分：

A.关于分配木材的问题。

B.摩泽尔河沿岸地区居民对1841年12月24日的内阁指令和报刊在该指令的推动下所采取的比较自由的行动的态度。

C.摩泽尔河沿岸地区的种种主要弊端。

D.摩泽尔河沿岸地区的吸血鬼。

E.关于消除弊端的若干建议。

A 关于分配木材的问题

我在《莱茵报》第 348 号发表的那篇注明"12 月 12 日寄自摩泽尔河畔"的文章中指出下面这样一种情况：

"我所属的那个由数千人组成的乡镇拥有极好的林区，然而**我记不起乡镇的居民曾因分配木材而直接从自己的财产中得到利益**。"

总督先生就这一点发表了意见：

"即使有这种不符合法律规定的做法，那也只能用十分特殊的情况来加以解释。"

同时他为了查明事情真相，要我说出乡镇的**名称**。

我坦白地承认：一方面，我认为不符合法律的、**也就是**同法律相矛盾的做法未必能用任何情况来加以解释，实际上这种做法始终是违法的；另一方面，我**不**能认为我谈到的那种做法是违法的。

关于管理科布伦茨和特里尔这两个行政区内的乡镇和机关所有的林区的训令（标有"科布伦茨 1839 年 8 月 31 日"字样），是根据 1816 年 12 月 24 日的法令和 1835 年 8 月 18 日的王室内阁指令颁布的。该训令载于《王国科布伦茨行政区政府公报》第 62 号的附页上。训令第 37 条作出的规定原文如下：

"关于使用林区所产木材的问题，按规定必须根据偿付林区开支（赋税及管理费用）的需要，出售一定数量的木材。"

"至于为了满足乡镇的其他需要，余下的木材是标卖，还是全部或部分、无偿或按一定价格分配给乡镇的居民，则由乡镇自己决定，但应遵守如下规定：燃料用材和家具用材应以实物形式进行分配，而建筑用材，如不用来修建乡镇的房屋或用来救济个别遭受火灾的居民等等，则应予标卖。"

依我看来,这个由莱茵省总督先生的一位前任①颁布的训令证明,乡镇的居民分配燃料用材一事,在法律上既未明文规定,也未加以禁止,这仅仅是一个妥当与否的问题。因此,我在那篇引起讨论的文章中也**仅仅**就这种做法是否妥当的问题发表了意见。这样一来,总督先生大概也就没有理由要求指出乡镇的**名称**了,因为问题已经不在于追究某个乡镇管理机构的做法,而仅仅在于修改训令。但是,如果总督先生坚决要求的话,我也不反对责成《莱茵报》编辑部说出那个就我**记忆所及**从未分配过木材的乡镇的名称,因为这样做并不是对乡镇领导机构进行告密,而只会对乡镇有利。

B 摩泽尔河沿岸地区居民对1841年12月24日的内阁指令和报刊在该指令的推动下所采取的比较自由的行动的态度

我在《莱茵报》第346号上发表的那篇注明"12月10日寄自贝恩卡斯特尔"的文章中明确地指出,摩泽尔河沿岸地区的居民由于处境特别困苦,因而比其他任何地区的居民都更加热烈地欢迎去年12月24日的王室内阁指令给报刊带来的较大的自由。总督先生就我这篇文章发表了下面的意见:

"如果说这篇文章有道理的话,那就必须承认,摩泽尔河沿岸地区居民在这以前没有被允许公开而坦率地讨论自己的贫困处境和造成这种处境的原因,以及改变这种处境的办法。我怀疑曾有过这种事情,因为在当局想竭力帮助种植葡萄的农民改变那种公认的困苦处境的情况下,尽量真诚而坦率地讨论这个地区的情况是当局最乐意不过的事情。""因此,如果上述文章的作者先生能慨然应允专门指出当局在去年12月24日的王室内阁指令公布前,曾阻挠坦率而公开地讨论摩泽尔河沿岸地区居民的贫困处境的事例,我将对他表示万分的感激。"

总督先生在下文接着写道:

---

① 恩斯特·冯·博德尔施文格。——编者注

"此外，上述文章还声称。葡萄种植者求助的呼声长期被上级机关看作无理取闹；我认为我可以直截了当地指出，这说法是不真实的。"

我将按下列次序来答复这些问题，我要证明：

（1）首先，摩泽尔河沿岸地区对自由报刊的需要，是这里的贫困状况的特殊性质所**必然**产生的，这和报刊在1841年12月24日王室内阁指令颁布前的权限完全**无关**；

（2）即使在上述内阁指令颁布前"坦率而公开地讨论"**没有受到特别**阻挠，我的论断也不会丧失其正确性，而摩泽尔河沿岸地区居民对王室内阁指令和报刊在该指令的推动下所采取的比较自由的行动表示特别的关注，也同样是可以理解的；

（3）**实际上**存在着阻挠这种"坦率而公开地"讨论的**特殊**条件。

从我的全部叙述中可以看出，我所提出的有关"葡萄种植者的悲惨状况长期受上级机关怀疑，他们求助的呼声被看作无理取闹"的论断，究竟真实或虚假到什么程度。

关于第一点：

人们在研究**国家**状况时很容易走入歧途，即忽视**各种关系的客观本性**，而用当事人的**意志**来解释一切。但是存在着这样**一些关系**，这些关系既决定私人的行动，也决定个别行政当局的行动，而且就像呼吸的方式一样不以他们为转移。只要人们一开始就站在这种客观立场上，人们就不会违反常规地以这一方或那一方的善意或恶意为前提，而会在初看起来似乎只有人在起作用的地方看到这些关系在起作用。一旦证明这些关系**必然**会产生某个事物，那就不难确定，这一事物在何种**外在**条件下必定会**现实地**产生，在何种**外在**条件下即使已经有了需要，它也不可能产生。人们在确定这种情况时，几乎可以像化学家确定某些具有亲和力的物质在何种外在条件下必定会合成化合物那样，做到准确无误。因此我们认为，只要我们证明了自由报刊的**必要性**是从摩泽尔河沿岸地区的贫困状况**特性**中产生的，我们就为我们的叙述打下了超出任何人的因素范围的基础。

摩泽尔河沿岸地区的**贫困状况**不能看作是一种**简单**的状况。我们至少必须始终分清**两个**方面,即私人状况和国家状况,因为不能认为摩泽尔河沿岸地区的贫困状况和国家管理机构无关,正如不能认为摩泽尔河沿岸地区位于国境之外一样。只有这两个方面的**相互关系**才构成摩泽尔河沿岸地区的**现实**状况。为了说明这种关系的存在方式,我们要介绍一下双方的相应**机构**所进行的一次确有其事的、有文件为证的商谈情况。

《**特里尔**摩泽尔河和萨尔河两岸葡萄种植业促进**协会**公报》第4号报道了有关财政部、特里尔行政区政府和该协会理事会之间进行的一次磋商的情况。协会在送呈财政部的一份报告书中,也统计了葡萄园的收入情况。特里尔行政区政府也收到了该报告书,它责成特里尔地政局局长、税务稽查官**冯·楚卡尔马里奥**对该报告书进行审核。正如行政区政府自己在一份公文中所说的,冯·楚卡尔马里奥看来尤其适合于担任这一工作,因为"在对地籍簿中关于摩泽尔河沿岸地区葡萄园的收入进行评定期间",他曾"积极参与其事"。这里我们只把冯·楚卡尔马里奥先生的**官方**审核意见和葡萄种植业促进协会理事会的**答复**中最能说明问题的地方拿来对照一下。

官方发言人:

报告书在统计属于第三类**葡萄酒税纳税者的**乡镇的葡萄园每摩尔根①最近十年(1829—1838年)的总收入时,是以下面的材料为依据的:

(1)每摩尔根的葡萄收获量;

(2)每富特尔②葡萄酒的**秋季**售价。但是这种统计缺少各种经过查证核实的依据,因为

"没有当局的参与和监督,无论个人或协会都不可能通过私人关系,在为数众多的乡镇中收集到有关所有单个的葡萄园主在某个时期所酿造的葡萄酒数量的可靠材料,因为许多葡萄园主可能正是为了维护自己的利益,而千方百计地在这方面隐瞒真情实况。"

---

① 欧洲各地早先使用的土地面积单位,1摩尔根约等于0.25—0.34公顷。——编者注

② 德国的容量单位,用于计量葡萄酒,各地标准不一:在摩泽尔河沿岸地区,1富特尔等于1000升。——编者注

协会理事会的答复:"地政局竭力为其编制地籍簿的方法辩护,我们对此并不感到惊奇;但是我们很难理解下面这种推论……"

"地政局局长企图用数字来证明,地籍簿中关于葡萄园收入的数据是完全正确的;他同时断言,我们所引证的这十年中的情况,在目前这种场合下是不能说明任何问题的……""我们不准备争论数字的问题,因为正如地政局局长在他的评语一开头就预先极其明达地指出的那样,我们没有掌握必要的官方材料;而且我们认为,我们也没有必要来争论这个问题,因为他依据官方材料所做的全部计算和推论丝毫也不能推翻我们所举的事实。""即使我们承认地籍簿中关于收入的数据在进行评定时是完全正确的,承认这些数据在当时甚至是偏低的,这还是驳不倒我们的论断:在目前这种悲惨的变化不定情况下,这些数据已不能用来作为根据了。"

官方发言人:"这样一来,就找不出任何一件事实,使我们有理由说地籍簿中关于最近评定的葡萄园收入的数据是偏高的;相反倒很容易证明,从前评定的特里尔乡区和城区以及萨尔堡区的葡萄园收入数据,无论是就绝对数字而言,或者是同其他农作物相比,都是偏低的。"

协会理事会的答复:"如果人们在答复求助者的合情合理的申诉时说,在评定收入时,对地籍簿中的数据宁可定得偏高,也不可定得偏低,那么求助者就会深感痛心了。"

协会理事会在答复中继续说道:"此外,尽管发言人先生竭力否定我们的材料,他还是几乎一点也不能否定或修改我们所提出的收入数字;因此,他在审查我们所提出的支出数字时,就力图用其他数字来代替。"

现在我们就来指出发言人先生和协会理事会之间在**计算支出**的问题上存在的几点最明显的分歧。

官方发言人:"关于第8项必须特别指出,近年来仅有少数葡萄园主实行修剪侧枝(或所谓打杈)这一作业,而在任何地方,不论在摩泽尔河沿岸或在萨尔河沿岸,经营葡萄园的一般方法是不包括这一作业的。"

协会理事会的答复:"地政局局长先生说,只是近年来才有少数葡萄园主实行修剪侧枝和松土这些作业……然而这是不符合事实的。"葡萄种植者明白,为了使自己不致彻底破产,他就必须试用一切办法来提高葡萄的质量,哪怕能稍许提高一点也好。为了这个地区的繁荣,人们应当以关心的态度去鼓励这种精神,而不应当对它加以压制。"

"谁又会因为看到某些农民在种植马铃薯时采取听天由命的态度,就想到要降低马铃薯的种植费用呢?"

官方发言人:"第14项内所列的酒桶成本,在这里根本不能计算在内,因为前面已经指出,容器或酒桶的成本是不包括在上面所列的葡萄酒的价格之内的。但是,如果在出售葡萄酒时像通常所做的那样连桶一起出售,那么酒桶的成本也会加到葡萄酒的价格上去,而这样一来就可能收回酒桶的成本。"

协会理事会的答复:"在出售葡萄酒时,总是连桶一起交付的。在这种情况下,根本就谈不上、甚至也不可能提起收回酒桶成本的问题。在谈到整个情况时,不能把我们城里的小店主购买散装葡萄酒的少数事例考虑进去。" "其他的商品在出售前是放在货栈里的,以后在出售时才进行包装和发运,而且这些费用是由顾客负担的,可是葡萄酒就不是这样。因为顾客在购买葡萄酒时,不消说也要连桶一起带走,所以酒桶的成本显然应该一并计入生产费用。"

官方发言人:"如果我们根据官方查证的有关材料,把附录内列举的葡萄收获量的数字加以订正,各项支出的计算姑且承认全部都是正确的,只略去土地税、酒税和酒桶成本三项支出,即第13、14和16各项中所列举的支出不计,那么我们就得到如下的结果:

收入总额 ·················· 53塔勒21银格罗申6分尼支出总额
(不包括第13、14和16各项) ············ 39塔勒5银格罗申0分尼
纯收入 ···················· 14塔勒16银格罗申6分尼。"

协会理事会的答复:"计算本身没有错误,但是结果却不正确。我们所计算的不是假定的数字,而是表明实际款项的数字,我们得出的结果是:实际支出53塔勒减去唯一的实际收入48塔勒,亏损5塔勒。"

官方发言人:"虽然我们不能否认摩泽尔河沿岸地区的贫困状况同关税同盟成立以前那个时期相比是显著地加剧了,我们甚至担心部分地区会真正地贫困下去。但是造成这种情况的原因只应当到这个地区从前那种过高的收入中去寻找。"

"由于前几年摩泽尔河沿岸地区在葡萄酒贸易中几乎占据了垄断的地位,由于在1819、1822、1825、1826、1827和1828年,葡萄一年紧跟一年地获得丰收,这个地区滋长了前所未有的挥霍风气,葡萄种植者手里积累了大量的钱财,这就驱使他们以闻所未闻的价格去购买葡萄园,驱使他们花费过多的金钱在不适宜种植葡萄的地方开辟新的葡萄园,每一个人都想成为葡萄园主,于是人人都负了债,这种债款在以前用一个丰年的收入就很容易地偿清了,而现在因市面不景气,这种债款就必然会把落入高利贷者手中的葡萄种植者压得根本喘不过气来。"

"其结果必将是:葡萄种植业将只在那些条件较好的地方经营,而且和先前一样,这种种植业大部分又将操在富有的土地占有者手中,这些土地占有者由于事先在种植葡萄上已经花了很大一笔钱,因而最有能力经营这种事业;他们能够比较容易地度过不景气的年头,因为即使在这种年头,他们也有足够的资金来改进栽培方法,以便生产出一种可同目前已经开放的关税同盟其他各邦竞争的产品。当然,在最初几年,如果没有穷苦的葡萄种植者阶层大遭其殃,所有这一切都是办不到的,而这些穷苦的葡萄种植者在以前收成较好的年头多半都已经成了葡萄园的主人了。但是,就是在这种情况下也仍应考虑到,先前那种状况是不正常的,因而那些轻率从事之辈现在就得自食其果了。国家……只能采取适当措施来减轻当地居民在这种转变中所遇到的困难。"

协会理事会的答复:"说实话,直到现在才对摩泽尔河沿岸地区的贫困表示担心的人,还没有看到那种骇人听闻的贫困状况,这种状况在这个地区的敦厚淳朴、勤劳不倦的居民中已深深地扎下了根,而且还在日甚一日地恶化下去,但愿人们不要像地政局局长先生那样对我们说,这只能归咎于贫困者自己,事实并不是这样,所有的葡萄种植者,无论是谨慎的还是轻率的,勤勉的还是懒散的,殷实的还是贫寒的,都或多或少地遭到了这种灾难。既然事情到了这种地步,连殷实的、勤劳而节俭的葡萄种植者也不得不声言,他们已经无力养活自己,那么显然就不应当到他们中间去寻找原因了。"

"的确,葡萄种植者在繁荣的年头以高于一般的价格购买了许多葡萄园,他们原指望按当时的收入水平能够逐步付清全部债款,所以负了债。但是这只证明这些人勤勉而富于进取精神,至于为什么把这种现象叫作**挥霍**,为什么断定葡萄种植者目前的处境是他们先前那种不正常的状况所引起的后果,而轻率从事之辈现在就得自食其果,这却令人大惑不解了。"

"地政局局长先生断言,那些据他说过去还不是葡萄园主(!!)的人在异常繁荣的年头受到了诱惑,过分地增加了大批的葡萄园,而目前只有减少葡萄园才是出路。"

"可是,那些宜于种植果树和蔬菜的葡萄园同大批除了葡萄就只能生长荆棘和灌木的葡萄园比起来,在数量上是多么微不足道!这些由于经营葡萄种植业而困于面积较小的土地上的居民,曾经多么英勇地同他们的不幸遭遇进行搏斗。这些理应深受敬重的居民难道不值得别人想点办法来减轻他们的负担,帮助他们熬过艰苦的年头,等到比较顺利的时光来临,使他们有可能恢复元气,重新对国家发挥过去起过的那种作用,即成为国家收入的源泉,像这样一种收入源泉,除了城市以外,在同样大小的土地上是很难找到第二个的。"

官方发言人："十分明显,比较富有的土地占有者现在也来利用穷苦的葡萄种植者这种困苦的处境,夸大其词地描述从前那种顺利的境况,并把它同现在这种不太顺利的,然而终究会带来益处的境况加以对比,借此为自己求得种种照顾和优待。"

协会理事会的答复:"我们的荣誉感和内心的信念促使我们抗议这样一种指控:说什么我们利用比较穷苦的葡萄种植者这种困苦的处境,通过夸大其词的描述,来为自己求得种种优待和照顾。"

"没有这回事!我们担保,我们根本没有任何自私自利的意图,我们的全部行动都只为了一个目的,即坦率而真实地描述穷苦的葡萄种植者的状况,以促使国家注意:这种情况如果任其发展下去,必将危及国家本身!我们希望这些话足以作为我们的辩护之词。谁要是明白葡萄种植者目前的悲惨境况在他们的家庭生活和业务活动方面、甚至在道德观念方面迄今为止所引起的越来越大的变化,那么他在想到这种贫困状况将持续下去,甚至还会变得更加严重时,就一定会为前景而感到惴惴不安。"

首先,大家应该承认,政府肯定没有采取明确的立场,而只是动摇于自己的发言人的看法和葡萄种植业经营者所持的相反的看法之间。其次,如果我们注意一下,冯·楚卡尔马里奥先生的发言注明的日期是"1839年12月12日",而协会的答复注明的日期是"1840年7月15日",那么,我们就会得出结论:在协会答复之前,发言人先生的看法即使不是政府官员们的**唯一的看法**,也必定是他们的**主要的看法**。至少在1839年,发言人的看法还是同协会的报告书相反的,那时候,这种看法是政府的意见,因而也可以说是对政府的看法的一种概括,因为对于一个始终如一的政府来说,它最后形成的看法可以被看作它以前的各种看法和经验的总和。政府在发言中不但没有承认贫困状况是**普遍的**,而且也没有表示要消除它**所承认的**贫困状况,因为发言中这样说道:"国家只能采取适当措施来尽量**减轻**当地的居民在**这种转变**中所遇到的困难。"可是在目前情况下,转变一词应该理解为逐渐**灭亡**①。政府似

---

① 德文"Ubergang"的意思是"转变","Untergang"的意思是"灭亡"。——编者注

乎把比较穷苦的葡萄种植者的灭亡看作一种自然现象,认为人在这种现象面前只好听天由命,只能设法减轻这种现象所引起的必然后果。发言中说:"当然,如果没有穷苦的葡萄种植者阶层大遭其殃,所有这一切都是办不到的。"因此,协会就质问道:难道摩泽尔河沿岸的葡萄种植者不值得别人"**想点办法**"来挽救吗?如果政府当初坚持截然相反的看法,那么,它一开始就会修改这个发言,因为这个发言对于国家在这方面的**任务和决策**这样一个十分重要的问题明确地表示了态度。由此可见,政府可以**承认**葡萄种植者的**贫困状况**,但是它并没有打算**消除**这种状况。

我们再举一个例子来说明人们是怎样向当局报告摩泽尔河沿岸地区的状况的。1838年,一位高级行政官员巡视了摩泽尔河沿岸地区。他在皮斯波特同两个县长举行了会议,在会上他向其中一个询问了葡萄种植者的财产状况,结果得到了如下的答复:

"葡萄种植者过着挥霍无度的生活。仅就这一点来看,他们的情况也不可能是坏的。"

然而,在此以前挥霍一事就早已成了过去的传说。我们在这里只顺便指出,就是目前也远远不是所有的人都抛弃了这种同政府的发言完全一致的看法。我们提醒大家注意一下《法兰克福报》第349号附刊第1号(1842年)上登载的一篇发自科布伦茨的评论,那篇评论就声称摩泽尔河沿岸地区种植葡萄的农民的贫困状况是**虚构的**。

上级机关也同样反映出了它刚刚获悉的这种官方的看法,其表现就是对于"那些悲惨的"状况、对于贫困所造成的**普遍**后果以及产生这种贫困的**普遍原因**持怀疑态度。上文援引的《协会公报》还载有**财政部**对各种申请所作的如下答复:

"虽然正如葡萄酒的市价所表明的那样,在摩泽尔河和萨尔河沿岸地区,属于第一类和第二类纳税者的葡萄园主没有理由表示不满,但是我们并不否认,那些生产质量较差的葡萄酒的农民处境并不是同样有利。"

财政部对请求免交 1838 年税款的申请书作了如下的答复:

"兹对你们去年 10 月 10 日送来的呈文答复如下:关于你们申请普遍豁免 1838 年全部税款一事实难照准,因为你们本身绝不属于最需要照顾的那一类人,何况那一类人的贫困状况……也并非由于税收的原因,而是完全由于其他的原因造成的。"

因为我们想把我们的全部叙述都建立在**事实**的基础上,并且竭力做到只是概括地说明这些事实,所以我们首先就来揭示特里尔葡萄种植业促进协会和政府发言人之间的对话所包含的带有普遍性的基本思想。

政府必然要任命一个官员来审查上述报告书,它所任命的当然是一位十分内行的、最好是亲自参加过协调摩泽尔河沿岸地区关系的官员。这位官员存心要在有关的申诉书中发现对他所持的官方见解和他以前从事的官方活动进行的**攻击**。他自以为忠于职守,并了解自己所掌握的官方材料的详情细节;突然,他发现了一种相反的看法,于是他就对请愿者抱**敌对**的态度,而由于这些请愿者的意图总可能同**私人利益**有联系,他便觉得这些人的**意图**值得怀疑,并由此而怀疑这些请愿者本人,这岂不是很自然的事情吗?他不是去利用他们提供的材料,而是力图否定这些材料。况且,那些显然穷苦的葡萄种植者既没有时间、又没有文化素养来描述自己的状况,因此,穷苦的葡萄种植者没有能力进行表述,而有能力进行表述的葡萄种植业经营者又不是那么显著地贫困,因而他们的表述就被认为是没有什么根据的了。如果说连受过教育的葡萄种植业经营者都被认为缺乏官方的见解,那么,没有受过教育的葡萄种植者又怎能经得住这种官方见解的指摘呢!

既然私人看到其他的人确实贫困到了极点,看到这种贫困正在悄悄地向自己逼近,而且还意识到自己所维护的私人利益也同样是国家的利益,意识到自己是把私人利益当作国家利益来捍卫的,他们、就不能不感到自己的荣誉受到了损害,而且他们还会认为,在一种片面而又任意确立的观点影响下,**现实**被歪曲了。因此,他们就起来反对狂妄自大的官僚,他们揭露世界的现实景象和官僚在办公室里所设想的世界景象之间的矛盾,他们用实际的证据同官方摆出的证据进行对照,最后,他们不得不作出这样的估计：人们之所以完全错误地评价他们所作的信念坚定、事实清晰的情况说明，是因为怀有自私自利的意图，大致说来，这种意图就是想用官员的理智去对抗市民的理性。由此，私人也得出了这样的结论：一方面，内行的、同他们的生活条件有过接触的官员之所以不会毫无偏见地评述这些生活条件，正是因为这些条件有一部分是他造成的；另一方面，没有偏见的官员虽然能够十分公正地判断情况，但是他在这方面又不内行。官员指摘私人把自己的私事夸大成国家利益，私人则指摘官员把国家利益缩小成自己的私事，即缩小成一种把所有其他的老百姓都排斥在外的利益，其结果就是：在官员看来，同在文件中得到确认的、也就是得到官方即国家确认的现实以及基于这种现实的理性相比，即使是昭然若揭的现实也是虚构的；在官员看来，只有当局的活动范围才是国家，而处于当局的活动范围以外的世界则是国家所支配的对象，它丝毫也不具备国家的**思想和判断能力**。最后，当一种弊端已经尽人皆知的时候，官员就把大部分的过错推给私人，认为这些人的境况是他们**自己**造成的，而另一方面，他既不允许对官僚一手创造出来的管理原则和制度的完善性表示怀疑，又不肯放弃这些原则和制度中的任何一项。在这种情况下，那些深知自己具有勤劳、节俭的精神，深知自己正在同自然界和社会关系进行着艰苦斗争的私人，便反过来要求独揽创造国家生活的大权的官员消除他们的贫困状况，而且，既然官员宣称自己能改善一切状况，私人就要求官员证明自己确实能通过一些措施来改善那些恶劣的状况，或者至少也得承认适用于一定时期的制度在情况完全变化了的时期就不适用了。

在官僚界内部，这种认为官方的认识**更加高明**的观点，以及管理机构和它的管理对象之间的这种互相对立的现象是屡见不鲜的。我们看到，地政局在评定摩泽尔河沿岸地区的情况时，就首先强调地籍簿的记载是准确无误的；财政部则断言灾难不是由于"税收的"原因，而是"完全由于其他的"原因造成的，同样，管理机构也根本不在**自身范围以内**，而是在**自身范围之外**寻找贫困的原因。同葡萄种植者接触最多的个别官员把他们的处境想象得比实际情况要好，或者与实际情况不同，这并**不是**他**有**意为之，而是**事在必然**。这种官员认为，他的辖区内的情况是否良好的问题，也就是他是否把这个地区管理得很好的问题。而管理原则和制度到底是好还是不好，这个问题他是无权过问的，对此只有**上级**才能作出判断，因为上级对各种事情的官方性质，即对各种事情和整个国家的联系有比较全面的和比较深刻的**认识**。他可以理直气壮地相信**他自己**管理得很好。由于这一切，一方面，他就会发现情况并不是那样悲惨，另一方面，即使他发现情况确实很悲惨，他也只会**在管理机构之外**寻找原因，他把这种原因或者归于不以人们的意志为转移的自然现象，或者归于同管理机构毫无关系的私人生活，或者归于同任何人都毫无关系的偶然事件。

显然，高级行政当局对**自己的**官员的信任肯定超过对被管理者的信任，因为不能想象后者也持有同样的官方见解。况且，行政当局还有自己的传统。它对待摩泽尔河沿岸地区也有自己的一成不变的原则；它掌握着官方在地籍簿中提供的有关这个地区的情况；它拥有官方审定的关于收入和支出的材料；它在各处看到的并不是真正的现实，而是那种不管时代怎样变化都要保持自己的权威的**官僚**的现实。此外，还有两个方面的情况是互相补充的，这两个方面就是：官僚等级制度的成规和那种把公民分为两类，即分为管理机构中的积极的、自觉的公民和作为被管理者的消极的、不自觉的公民的原则。依据国家的自觉的、积极的存在体现于管理机构这一原则，每届政府都会把某个地区的涉及国家方面的状况看作自己的前任活动的结果。根据等级制度的成规，这个前任多半会升官，而且往往会成为他的继任者的顶头上司。最后，一方面，每个政府都具有真正的国家意识，即认为国家有不顾一切私人利益而必须实施的法律，另一方面，每个政府作为个别的行政当局又不能制定，而只能执行制度和法律。因此，政府不可能设法对管理工作本身进行改革，而只能设法对管理的对象进行改革。它不可能修改自己的法律以适应摩泽尔河沿岸地区的情况，它只能**在**既定的管理法律**范围内**设法增进摩泽尔河沿岸地区的福利。所以，当一个政府在已经确定的、对它自身也起支配作用的管理原则和制度的范围内，**越是勤勤恳恳地**努力去消除**引人**

注目的、遍及整个**地区**的**贫困状况**，而这种贫困现象却越是**顽强地**持续存在下去，而且尽管有**好的**管理仍然越来越严重的时候，**这个政府就会越发强烈地、真诚地、坚决地深信**这种贫困状况是不治之症，深信它根本无法由管理机构即国家加以改变，相反，必须由被管理者一方来改变。

如果下级行政当局相信上司所持的官方见解，即认为各项管理原则都是好的，并且负责在每个场合都恪尽职守地贯彻这些原则，那么，上级行政当局就会坚信总的原则是正确的，并且相信自己的下级机关对每件事都会作出正确的官方的判断，而且上级行政当局有官方的正式凭据可以证明这一点。

这样，政府**即使怀有最善良的意图**，也会采取特里尔的政府发言人针对摩泽尔河沿岸地区的情况所申明的原则："国家只能采取适当措施来减轻当地居民在这种转变中所遇到的困难。"

政府为了减轻摩泽尔河沿岸地区的贫困状况，已经采取了一些为大家所熟知的措施。如果我们考察一下其中的几项措施，那么，至少那些已经公开的管理情况可以证实我们的判断；至于那些秘密的情况，我们当然不能用作我们判断的依据。在这些措施中我们举出下面几种：**在葡萄歉收年份豁免捐税；劝告农民转而从事其他经营活动，譬如从事养蚕业；最后是建议限制地产析分。第一种**措施显然只能减轻，而不能消除贫困，这是国家**破例**采取的一种花费不大的**临时**措施。而且这种减轻所触及的并不是**经常性的**贫困状况，而只是它的特殊表现形式，并不是人们已经习以为常的慢性病，而只是突如其来的急性病。

管理机构采取的其他两种措施，越出了它自己的职权范围。它所采取的实际行动，就在于一面指点摩泽尔河沿岸地区的居民如何**自己拯救自己**，一面建议他们**限制**和放弃一种历来就有的权利。这样就证实了我们在前面阐述的论断。因为管理机构认为摩泽尔河沿岸地区的贫困状况是不治之症，认为这种贫困状况的原因同它的原则和行动无关，所以它就劝告摩泽尔河沿岸地区的居民把自己的生活安排得适合于目前的管理制度，说在这种制度下他们是可以勉强度日的。葡萄种植者虽然只是通过传闻才了解到这些建议，但这些建议已经使他们深感痛心了。如果政府自己花钱来进行这些试验，那么他们就会怀着感激的心情表示赞同；但是他们感觉到，政府指示他们在自己身上进行试验，就是拒绝通过自己的行动来帮助他们。他们渴求的是帮助，而不是劝告。无论他们在属于自己的活动范围内是多么相信**官方的**认识，无论他们是多么深信不疑地向官方的认识求教，他们在自己的活动范围内都同样充分地相信自己能作出必要的判断。限制地产析分是同他们的传统的法的意识相矛盾的；他们认为，这种建议是企图使他们除了忍受物质上的贫困之外，还要忍受法律上的贫困，因为他们把法律平等受到的任何一种侵害都看作是法的困境。他们有时是比较自觉地，有时是比较不自觉地感到，管理工作是为这个地区而存在，而不是这个地区为管理工作而存在；他们感到，人们一旦要求这个地区改变它的习俗、权利、劳动形式和财产形式以适应管理工作，这种关系就被颠倒了。因此，摩泽尔河沿岸地区的居民就提出了这样的要求：既然他们是在自然和习俗所决定的条件下进行劳动，国家就应当为他们创造一个使他们能够发展、繁荣和生存的环境。因此，前面那些毫无裨益的、凭空杜撰的建议，一接触现实——不仅是现实的状况，而且是现实的市民意识——就根本行不通了。

那么，管理机构同摩泽尔河沿岸地区的贫困状况有什么关系呢？**摩泽尔河沿岸地区的贫困状况**同时也就是**管理工作的贫困状况**。国家中某一地区的**经常性的**贫困状况（如果一种贫困状况十多年前就已经在几乎不为人所觉察的情况下出现，起初是逐渐地，后来则不可阻挡地向登峰造极的地步发展，而且正在以日益扩大之势不断加剧，那么，这种贫困状况确实可说是**经常性的**）体现了**现实和管理原则之间的矛盾**，正如不仅人民而且政府也都把某一地区的**富裕状况**视为管理得当的实际证明一样。但是管理机构由于自己的**官僚**本质，**不可**能在**管理工作**范围内，而只能在处于管理工作范围之外的**自然的**和**市民私人的**范围内发现造成贫困的各种原因。即使行政当局怀有**最善良的意图**、最热忱的博爱精神和最高超的智力，它也不**可**能解决那些并不是转眼之间就会消逝的冲突，即存在于现实和管理原则之间的那种经常性的冲突，因为这并不是行政当局职责范围内的任务，而且，即使行政当局怀有最善良的意图，也不可能消除一种**本质的关系**，或者也可以说，消除一种**厄运**①。这种**本质的关系**就是既存在于管理机体自身内部、又存在于管理机体同**被管理机体的联系中的官僚关系**。

另一方面，种植葡萄的私人也同样无法否认，**他们在下判断时可能有意或无意地受到**私人利益**的影响，因而也就不能无条件地认为他们的判断具有真实性。他们也会认识到，在国内有许多私人利益正在受到损害，而人们不可能为了维护这些私人利益就放弃或修改总的管理原则。其次，如果被管理者断言某种贫困状况带有**普遍的**性质，断言富裕状况正以这样一种方式并在这样一种范围内受到威胁，以至私人的苦难正在变成国家的苦难，而消除这种苦难又正在变成国家对**它自身**所负的一种责任，那么这种论断在管理机构面前就显得不适当了，因为管理机构能够比谁都正确地判断国家的福利在多大程度上受到了威胁，因而必须承认，管理机构对整体和整体中的各个部分之间的关系的认识，要比这些部分本身对这种关系的认识更加深刻。此外还必须补充一点，个人，甚至数量很多的个人，都不能把自己的呼声说成人民的呼声，相反，他们的陈述总是带有**私人**申诉书的性质。最后，即使进行申诉的私人的信念表达了整个摩泽尔河沿岸地区的信念，作为管理机构属下的个别部分和国家的个别部分的摩泽尔河沿岸地区本身，对于自己所属的省和国家说来也只占有一个私人的地位，而私人的信念和愿望首先应该用普遍的信念和普遍的愿望来加以衡量。

这样，为了解决这种困难，管理机构和被管理者都同样需要有**第三个因素**，这个因素是**政治的**因素，但同时又不是官方的因素，这就是说，它不是以官僚的前提为出发点；这个因素也是**市民的**因素，但同时又不直接同私人利益及其迫切需要纠缠在一起。这个具有**公民头脑**和**市民胸怀**的补充因素就是**自由报刊**。在报刊这个领域内，管理机构和被管理者同样可以批评对方的原则和要求，然而不再是在从属关系的范围

---

① 德文"Verhaltnis"的意思是"关系"，"Verhangnis"的意思是"厄运"。——编者注

内,而是在平等的**公民**权利范围内进行这种批评。"自由报刊"是社会舆论的产物,同样,它也制造社会舆论,唯有它才能使一种特殊利益成为普遍利益,唯有它才能使摩泽尔河沿岸地区的**贫困状况**成为祖国普遍关注和普遍同情的对象,唯有它才能使大家都感觉到这种贫困,从而减轻这种贫困。

报刊是带着**理智**,但同样也是带着**情感**来对待人民生活状况的;因此,报刊的语言不仅是超脱各种关系的明智的评论性语言,而且也是反映这些关系本身的充满热情的语言,是**官方的发言**中所不可能有而且也不允许有的语言。最后,自由报刊不通过任何官僚中介,原原本本地把人民的贫困状况反映到御座之前,反映给这样一个当权者,在这个当权者面前,没有管理机构和被管理者的差别,而只有不分亲疏的**公民**。

这样一来,既然自由报刊由于摩泽尔河沿岸地区的**特殊**的贫困状况而成为**必要**,既然对自由报刊的需要是**实际的**需要,因而在这里特别迫切,那么,看来并不是由于对报刊进行了特殊限制,才产生这种需要;恰恰相反,本来就应当实行特殊的新闻出版自由,以便满足已经出现的需要。

关于第二点:

讨论摩泽尔河沿岸地区的问题的报刊,无论如何只是**普鲁士政治报刊的一部分**。因此,为了弄清楚它在常常提到的那个内阁指令颁布前的状况,就必须把1841年前普鲁士全部报刊的状况大致考察一下。我们现在就让一个公认为思想忠顺的人来说几句话。

大卫·汉泽曼在《普鲁士和法兰西》一书1834年莱比锡第2版第272页上写道:"普鲁士的一般思想和事态是安安静静、平平稳稳地发展的。这种发展很不容易为人所觉察,因为书报检查机关不允许在普鲁士报刊上认真讨论与国家有关的政治问题,甚至经济问题,不管人们写出的东西是多么有礼貌,有分寸。所谓认真的讨论,只能理解为在讨论中既可以陈述各种理由,也可以陈述各种反对的理由,如果不同时探讨经济问题同对内对外政策的联系,那就几乎不可能认真讨论任何一个经济问题,因为只有很少的经济问题、也许没有任何一个经济问题不具有这种联系,至于这样实行书报检查是否适当,在普鲁士政府目前的状况下是否可以采取别的方式实行书报检查,这不是本文所要论述的问题;我们只要说明情况是这样就够了。"

其次,如果我们考虑到,1788年12月19日的书报检查法令第2条就已经这样说道:

"书报检查的目的决不是要阻挠人们有礼貌地、严肃和谦逊地探讨真理,或在其他方面使作者受到某种既无意义而又令人不快的约束。"

如果我们注意到,1819年10月18日的书报检查法令第2条中也有这样的语句:

"书报检查不得阻挠人们对真理作严肃和谦逊的探讨,不得使作者受到无理的约束。"

如果我们把这一条同1841年12月24日书报检查令序言中的话比较一下:

"为了使新闻出版现在就能摆脱那些未经许可的、违背陛下旨意的限制,国王陛下下诏王室内阁,明确反对使写作活动受到各种无理的约束……并授权我们再度责成书报检查官切实遵守1819年10月18日书报检查法令第2条的规定。"

最后,如果我们再回忆一下下面这样一些话:

"当然,书报检查官也可以允许人们坦率地讨论国内事务。要正确地确定这个问题的界限无疑是困难的。但是不应当因此而畏缩不前,不敢努力贯彻法律的真正旨意,也不应当因此而变得谨小慎微,这种谨小慎微的态度经常成为曲解政府旨意的原因。"

那么,根据所有这些官方的声明,问题就不应当是:既然当局希望听到人们尽量坦率而公开地讨论摩泽尔河沿岸地区的状况,为什么还出现书报检查的限制呢?相反,这个问题看来应当改成下面这样一个**更带普遍性的问题:既然有"法律的旨意"、"政府旨意",最后还有"陛下旨意"**,为什么却正如人们所承认的那样,还需要在1841年使报刊摆脱

"那些未经许可的限制",为什么还需要在 1841 年让书报检查机关再回忆 1819 年的法令第 2 条呢?特别是就摩泽尔河沿岸地区而言,这个问题的提法就不应当是:人们对报刊进行过哪些特殊的限制?相反,问题的提法应当是:人们破例地对报刊实行过哪些特殊的优待,以鼓励这种对国内情况的局部讨论,使它变为一种尽量坦率而公开的讨论呢?

关于政治性著作和报刊在上述内阁指令颁布前的内容和性质的问题,书报检查令中下面一段话给我们提供了最清楚的说明:

"如果这样办,那就能指望:政治性著作和报刊也将更清楚地了解自己的使命,学会使用比较适当的语调,今后将不屑于转载外国报纸上发表的那些内容贫乏的新闻等等,以投合读者的好奇心……并能期望,这将引起人们对祖国利益的更大关注,从而增强他们的民族感情。"

看来,由此可以得出这样一个结论:即使根本没有采取任何特殊的措施去阻碍人们坦率而公开地讨论摩泽尔河沿岸地区的状况,普鲁士报刊本身的普遍状况也势必构成一种无论对坦率而言或对公开而言都是不可克服的障碍。我们只要把摘自书报检查令的各段引文归纳一下,就可以看出书报检查令的意思是:书报检查机关过分谨小慎微,成了自由报刊的外部的桎梏;与此同时,报刊内部也存在着局限性,它已经丧失了勇气,甚至不再努力使自己超出报道新闻这样一种水平;最后,人民本身已不再关注祖国的利益,而且丧失了民族意识,也就是说,他们恰恰失去了这样一些要素,这些要素不仅构成一种坦率而公开地发表意见的报刊的创造力,而且还构成一种坦率而公开地发表意见的报刊赖以发挥作用、从而能得到民众承认的唯一条件。而民众的承认是报刊赖以生存的条件,没有这种条件,报刊就会无可挽救地陷入绝境。

因此,如果说当局的措施能造成不自由的报刊,那么与此相反,在报刊普遍没有自由的情况下,当局却无力保证尽量坦率而公开地讨论一些专门的问题,因为即使报纸的各个栏目中充满了讨论某些个别事情的坦率的言论,这些言论也不可能引起普遍的关注,因而也就不可能具有真正的公开性。

这里还得补充一点：正如**汉泽曼**正确地指出的，**也许没有任何一个经济问题不同对内对外政策相联系**。因此，要能够坦率而公开地讨论摩泽尔河沿岸地区的状况，就先要**能够**坦率而公开地讨论一切"对内对外政策"。个别行政当局是无力创造这种可能性的，**只有国王自己**直接而果断地表明的意志才能在这里起决定性的、持久的作用。

过去，公开的讨论没有做到坦率，而坦率的讨论也没有做到公开。这种坦率的讨论局限于一些**默默无闻的**地方报纸的范围，而这些报纸的眼界当然没有越出它们的传播范围，而且从前面所说的情况来看，它们的眼界也不可能越出这个范围。为了说明这种地方性讨论的特征，我们从贝恩卡斯特尔出版《公益周刊》各年卷中引证几段话。在该刊1835年卷中有这样的报道：

"1833年秋，在埃尔登有个外地人酿造了5奥姆①葡萄酒。他为了把酒桶装满，又花了30塔勒买了2奥姆葡萄酒。酒桶值9塔勒，酒税为7塔勒5银格罗申，采摘葡萄花了4塔勒，租地窖花了1塔勒3银格罗申，榨葡萄汁花了16银格罗申。因此，如果不计算种植费用，实际支出共计为51塔勒24银格罗申，这桶葡萄酒于5月10日售出，售价为41塔勒。同时还应指出，酒的质量是很好的，出售的原因并非主人极度拮据，而且这桶酒也没有落入高利贷者之手。"（第87页）"11月21日在贝恩卡斯特尔市场上，1835年酿造的葡萄酒3/4奥姆的售价为14银格罗申（**十四个银格罗申**）；同月27日，4奥姆葡萄酒连桶共售得11塔勒，但是应该指出，酒桶是在圣米迦勒节那天花了11塔勒买来的。"（同上，第267页）

在1836年4月12日出版的一期中也有类似的报道。

我们再从该刊1837年卷中引证几段话。

"本月1日，在**金海姆**有一个只经营了4年的新葡萄园在公证人的参与下公开拍卖。园内约有葡萄藤200株，都用木桩牢牢地支撑着，买主以每株1.5分尼的价格把葡萄园买到了手，并且照例还延期付款。而在1828年，当地这样的葡萄藤每

---

① 德国的容量单位，主要用于计量葡萄酒，各地标准不一，1奥姆约等于130—150升。——编者注

株值5银格罗申。"(第47页)"**格拉赫**的一个寡妇按全部收成的一半的价格出卖了自己的尚未收获的葡萄,得到1奥姆葡萄酒。她用这一奥姆葡萄酒换得了两磅黄油,两磅面包和半磅洋葱。"(同一周刊,第47期)"本月20日在这里被迫拍卖的有:1836年酿造的格拉赫和贝恩卡斯特尔葡萄酒8富特尔,其中有一部分是上等酒;1835年酿造的格拉赫葡萄酒1富特尔。这些酒(包括酒桶在内)共售得135塔勒15银格罗申。因此,买主买进1富特尔葡萄酒约花15塔勒。但是,单是酒桶就大约值10—12塔勒。这样,穷苦的葡萄种植者还有什么可以拿来补偿他们的种植费用呢?难道就不可能采取措施来消除这种骇人听闻的贫困吗?!!(读者来信)"(第4期第30页)

这样,我们在这里看到的只是对某些事实的**质朴无华**的叙述,有时在后面也附有感伤的简短的结束语。这种叙述正因为不加粉饰、质朴无华,所以能够打动人心,但是很难说它表明了对摩泽尔河沿岸地区的状况所作的讨论已具有坦率而公开的性质。

要是某一个人,或者是人数很多的一部分居民遭到了某种异常的、可怕的不幸,而又没有人来谈论这种不幸,没有人把这种不幸看作一种**值得考虑和议论的**现象,那么,遭到不幸的人就势必会作出这样的推断:要不是别人无**权**议论这个问题,那就是别人认为这个问题具有重大意义的说法是无稽之谈,因而不**愿意**议论这个问题。可是,就连最缺少教育的葡萄种植者也需要别人承认他们的不幸,需要别人对他们的不幸表示这种精神上的同情,尽管他们可能只是作出这样一种推断;在一切人都在考虑而且许多人都在发表议论的地方,很快就会有一些人行动起来。即使假定当局确实曾经准许自由而公开地讨论摩泽尔河沿岸地区的状况,这种讨论也并没有**进行过**;不言而喻,人民相信的只是**实际存在的东西**,他们相信的不是那种可能存在的坦率发表意见的报刊,而是那种实际存在的坦率发表意见的报刊。因此,**在王室内阁指令颁布之前**,摩泽尔河沿岸地区的居民虽然已经觉察到自己的贫困,虽然也听到别人对此表示怀疑,但是从来没有听说还有一种公开而坦率地发表意见的报刊,而**在**这个内阁指令颁布**之后**,他们看到这种报刊仿佛自天而降,所以,他们就推断王室内阁指令是促使报刊采取这种行动的**唯一**原因,看来，这至少曾是一种很有普遍性的推断。摩泽尔河沿岸地区的居民出于前面所说的种种原因，对报刊的这种行动特别关注。因为这种关注正是直接由**实际**需要而引起的。最后，我们认为，姑且不谈这种意见的普遍性，通过一番细致的考察也会得出同样的结论。1841年12月24日的书报检查令序言中就有这样几句话：

"国王陛下明确反对使写作活动受到各种无理的约束，承认公正的、合乎礼貌的公众言论是重要的而且必需的……"

序言中的这几句话保证报刊获得了**国王**的特殊承认，即保证报刊获得了**在国家中的重要地位**。国王的**一句话**就能产生如此巨大的影响，摩泽尔河沿岸地区的居民甚至把这句话当作具有魔力的咒语，当作能医治他们的一切病痛的万应灵丹，这种情况看来只能证明摩泽尔河沿岸地区的居民具有真正忠于国王的思想，证明他们所怀的不是平和适度的、而是无法抑制的感激之情。

关于第三点：

我们已经竭力说明，由于摩泽尔河沿岸地区状况的**特殊性**，**必然**产生对自由报刊的**需要**。其次，我们说明了，在王室内阁指令颁布之前，即使报刊没有受到**特殊**限制，单单是**普鲁士报刊的普遍状况**也会使这种需要无法得到满足。最后，我们就要来说明，**实际**上存在着以敌对方式来阻挠坦率而公开地讨论摩泽尔河沿岸地区状况的**特殊**条件。在这里，我们也应该首先强调指出我们在论述中所遵循的观点，重新认识一般**关系**对当事人**意志**的巨大影响。我们应当把这些阻碍坦率而公开地讨论摩泽尔河沿岸地区状况的**特殊**条件，仅仅看作上述一般关系的**实际的体现和鲜明的表现**，这些关系就是管理机构对待摩泽尔河沿岸地区的**特殊**态度，报刊和社会舆论的普遍状况，以及占统治地位的政治精神及其体系。既然这些关系看来在当时是**普遍的**、**隐蔽的**和**强制的**力量，那么几乎不言而喻，这些关系也必定会**作为这种力量**而产生影响，必定会在某些事实中得到体现，并在个别的、从**表面**看来是任意的行动中**显示出来**。谁要是抛弃这个客观观点，他就会带着片面性沉浸在怨恨的情绪之中,去对待那些曾经代表现存关系的严酷性来反对他的个人。

人们不仅应当把**书报检查机关造成的**某些**困难**视为报刊面临的**特殊障碍**,而且同样也应当把一切**特殊条件**视为这种障碍,这些条件使书报检查的对象连企图露一下面都不可能,结果使得书报检查机关成为多余的东西。在书报检查机关引人注目地、持续而尖锐地同报刊发生冲突的地方,人们可以相当有把握地推断,报刊已经获得了活力,具有了坚强的性格和自信心,因为只有能觉察到的作用才会引起能觉察到的反作用。而在虽然存在着对自由的、也就是**能够成为书报检查的对象的**报刊的需要,但并没有报刊,因而也没有书报检查机关的地方,人们则应当注意发现某些条件所起的**预先书报检查的**作用,在思想还处于比较质朴的形态时,这些条件就已经使它退缩了。

我们的目标不可能是对这些**特殊条件**进行哪怕只是接近于全面的描述;如果这样做,那就意味着试图描述自 1830 年以来与摩泽尔河沿岸地区有关的当代史。我们认为,只要证明**一切形式的**坦率而公开的言论都受到**特别的**阻挠,我们的任务就算完成了,不管发表这种言论的形式是**口头的**,还是**书面的**,是**没有经过书报检查而刊行的**,还是**经过书报检查而刊行的**。

贫困居民情绪低落、精神沮丧,这本来就挫伤了他们公开而坦率地发表意见所必需的精神力量;而形形色色的**告密行为**又必然促使法院以"**在官吏执行公务时或因其执行公务而侮辱官吏**"的罪名对许多人判刑,这种情况就更加使他们情绪低落、精神沮丧。

有一个属于这种类型的案件对摩泽尔河沿岸地区的许多葡萄种植者说来还记忆犹新。一位**县长**①**在欢庆国王**②寿辰的晚会上开怀畅饮,第二天,一个因慈善而特别受人爱戴的市民③以开玩笑的口吻向这位县长的女仆说:"贵主人昨晚有点醉了。"由于说了这样一句毫无恶意的话,他受到特里尔违警法庭的**公开**审讯,不过,他后来理所当然地被**宣告**

---

① 康·弗·冯·盖尔特讷。——编者注
② 弗里德里希-威廉三世。——编者注
③ 约翰·奥伯霍文。——编者注

无罪。

我们之所以恰恰举出这样一个例子，是因为由此必然会引起一番简单的反思。**县长们**就是他们管辖的各个县城的**书报检查官**。但是，县长主持的管理机构及其所属的各种官方机构都是**地方报刊**最容易接触到的、因而也是它们反映的最主要的对象。如果说人们对自己的事情总是很难下判断，那么，像前面提到的那样一类表现了人们以病态的敏感态度来坚持官方尊严不容触犯这一观念的事件，就确凿无疑地证明，单单是**县长主持的书报检查机关**的存在就足以构成坦率地发表意见的地方报刊不存在的原因了。

这样，既然**口头**讲了一句毫无成见的、平平常常的话就得到违警法庭去受审，那么，作为发表自由意见的**书面**形式的**请愿书**虽然还远不像报刊那样具有公开性，但结果也同样会受到违警法庭的追究。在前一种情况下，是**官方尊严**不容触犯的性质阻碍人们发表坦率的言论，在后一种情况下，则是**国家法律**不容触犯的性质阻碍人们发表坦率的言论。

由于1836年7月3日的"内阁指令"中提到国王①派遣王子②到莱茵省**了解该省情况**，特里尔行政区的一些农民就感到有必要请求他们的"省议会议员"③为他们写一份请愿书给太子。同时，他们还提出了需要申诉的几点。为了增加请愿者的人数，从而使请愿书具有更大的影响，这位省议会议员派了一个使者到周围的地区去，结果他征集了160个农民的签名。请愿书原文如下：

"我们这些在下面签了名的、特里尔行政区所属……县的居民，得悉我们仁慈的国王派遣太子殿下前来视察我们的情况。为使殿下免去听取众人逐一申诉之劳顿，特委托我们的省议会议员……先生极其恭谨地向殿下，无比仁慈的国王的儿子、普鲁士的太子禀告：

（1）由于我们多余的产品，特别是牲畜和**葡萄酒**没有销路，我们无力交纳在

---

① 弗里德里希-威廉三世。——编者注
② 弗里德里希-威廉四世。——编者注
③ 尼·瓦尔德奈尔。——编者注

任何条件下都是太重的税款；因此，我们恳请大大减轻税负，否则我们就只有把全部财产交给税务官了。对此，有附录足以证明（附录内有一位税务官发布的关于每收入1塔勒应交纳25银格罗申5分尼税的命令①）；

（2）但愿殿下不要根据那些不可胜数的高薪职员、领取养老金的退休人员、政府临时雇员、文职和军职人员、食利者和实业家的生活水平来判断我们的情况。因为我们产品的价格大大下降，所以他们在城市里不必花费很多钱就能过非常阔绰的生活。这样的生活条件在负债累累的农民的可怜的小屋子里是不可能看到的，因此相形之下就使得农民非常愤慨。以前这个地方有27个官员，其薪金共为29000塔勒，现在则有63个官员，其薪金共为105000塔勒，其中还不包括领取养老金的退休官员；

（3）但愿我们乡镇机关的官员能像以前那样直接由普通居民选举产生；

（4）税务局的大门在白天不应该一连几个钟头关着，而应该随时开着，使那些并非由于自己的过错而迟到几分钟的农民不致被迫在街头挨冻五六个钟头甚至整整一夜，或者在白天受烈日熏烤，因为官员应当而且必须随时准备为人民效劳；

（5）依据1828年4月28日的法令第12条，水沟边沿两英尺以内的土地禁止耕种。违禁者将受到惩罚。最近，《王国行政区政府公报》又于8月22日重申了这一规定。我们希望，在穿过境内的大道两侧不再执行上述规定，准许土地所有者耕种他们的全部土地，直到路旁水沟为止，以免他们的土地遭到道路管理人员的侵夺。"

殿下最忠诚的臣民谨上（签名）

这位省议会议员想呈送给太子的这份请愿书，被另一个人收下了，这个人满口答应将请愿书转交太子殿下。后来，这份请愿书一直没有得到任何答复，而司法机关倒对这位省议会议员提起了公诉，说他是请愿书的起草人，说请愿书含有"**对国家法律的无理的、有失恭敬的指责**"。根据这个指控，这位省议会议员在特里尔被**判处六个月徒刑**并罚交诉讼费。但是后来上诉法院修改了这一处罚，只将上述判决中罚交诉讼费这一条保留下来，理由是被告的行为有些轻率，因而引起了这场诉讼。**而请愿书的内容本身**则被认为是完全**无罪的**。

---

① 塔勒和银格罗申是德国的旧银币，根据普鲁士当时的币制，1塔勒等于30银格罗申，1银格罗申等于12分尼。——编者注

如果我们考虑到，这次请愿一方面由于太子出巡所抱的目的，另一方面由于被告具有省议会议员的身份，必然会在周围整个地区发展成极其重大的、具有决定意义的事件，必然会引起公众十分密切的关注，那么我们就会明白，这次请愿的结果既不可能激励人们公开而坦率地讨论摩泽尔河沿岸地区的状况，也不可能使人相信当局或许还怀有这方面的愿望。

现在，我们来谈一谈对报刊进行的实际限制，即**书报检查机关实行查禁的情况**，从上文的叙述中可以看出，这样的事情当然是很少发生的，因为很少有人尝试对摩泽尔河沿岸地区的状况进行一场能够成为书报检查对象的讨论。

某乡镇委员会的会议记录没有被**县长主持的**书报检查机关准许发表；在这份记录里除了有一些古怪的言论外，还有一些坦率的言论。这次会议是在**乡镇委员会**里举行的，而**委员会的会议记录**则是由乡镇长①整理的。这份记录一开头就说道：

"各位先生！摩泽尔河沿岸地区，从特里尔到科布伦茨，从艾费尔高原到洪斯吕克山，在物质上都非常贫困，因为这个地区的居民专靠种植葡萄为生，而由于同德意志签定了通商条约，这个行业已遭到了**致命的打击**；这个地区在**精神上**也是贫困的……"

最后，即使一种公开而坦率的言论突破了上文所说的一切障碍，**一反常规地**被刊登在报纸上，它也会被视为**违反常规的现象**，并在事后遭到取缔。关于这一点，也同样有一件事实可以证明。几年前，波恩的**官房学教授考夫曼**在《莱茵－摩泽尔日报》上发表了一篇"论摩泽尔河沿岸地区葡萄种植者的贫困状况"的文章，在三个月内，各种公开发行的报刊转载了这篇文章，以后该文就被王国行政区政府**查禁**了，而且这个禁令现在实际上仍然有效。

我认为，关于摩泽尔河沿岸地区的居民对12月10日的内阁指令，

---

① 雅·施万。——编者注

对以该指令为依据的 12 月 24 日的**书报检查令**，以及对报刊从那时以来采取的比较自由的行动的态度的问题，已经由这一切提供了十分全面的解答。余下的事情是再论证一下我所提出的下列论断："葡萄种植者的悲惨状况长期受上级机关怀疑，他们求助的呼声被看作无理取闹"。这句引起争议的话可以分为两部分，即"葡萄种植者的悲惨状况长期受上级机关怀疑"和"他们求助的呼声被看作无理取闹"。

依我看来，第一句话用不着再证明了。对于第二句话，即"他们求助的呼声被看作无理取闹"，我们不能像总督先生所做的那样，直接根据第一句话作出这样的解释："他们求助的呼声被**上级机关**看作无理取闹。"不过，如果把"**上级机关**"理解为"**官场**"的同义语，那么添上这几个字也是可行的。

葡萄种植者的"**求助的呼声**"一语不仅可以作为**比喻**，而且还可以在它的**本来**意义上使用，这一点可以从上述的全部报道中看出。一方面，这种求助的呼声被指责为不讲道理，而对贫困本身的描述又被认为过分夸大，并带有图谋私利的恶劣动机，另一方面，处于这种贫困境地的人们提出的申诉和请求则被理解为"对国家法律的**无理的**、有失恭敬的指责"——我们的这些看法已经为**政府的发言**和**刑事诉讼**所证实。其次，一种夸大其词的、曲解实际情况的、因动机恶劣而言过其实的、含有对国家法律的**无理**指责的**叫喊**，就等于"吵闹"，并且等于"无理取闹"，我们的这一论断至少不能认为是无稽之谈或欺人之谈。因此，等式的一方最后可以用它的另一方来代替，看来这就是合乎逻辑的结论。

选自《马克思恩格斯全集》第 1 卷，北京：人民出版社 1995 年版，第 357—390 页。

第五部分　附　录

附录 I　研究文献精选

一　梅林:《莱茵报》①

海尔维格的信给了浪漫派一个很好的机会，重新压制由于发布了比较缓和的检查令而开始恢复生机的报刊，虽然大多数报刊只是微微地吁了几口气。新法令公布之后一星期，暗里发牢骚，明里摇尾巴的庸人的柏林机关报《福斯报》用胜利者的口吻说，现在可以说话了，它要利用这种自由——但是在适当的范围之内——，并且毫不隐晦，但怀着好意发表意见说，向库尔兰②发送信袋时最好派一个随车管理员，因为不久以前有一个信袋被人偷走了。接着邮政管理部门在《施本纳报》上对此作了非常粗野的答复，以致福斯女士十分狼狈地把她大胆伸出的触角又收了回去，只是羞怯地提出问题，邮政当局是不是认为它是没有任何缺点的。

在一些重要的日报当中，只有三家报纸对于普鲁士的居民发生强弱不等的影响。其中之一，是远销普鲁士境外的《莱比锡总汇报》。一些不满意普鲁士官僚政治的人士，暗地里资助这家报纸，可是在它发表了海尔维格的信件以后，马上就被普鲁士政府查封了。在普鲁士国家境内，《科尼斯堡日报》和《莱茵报》的报道正直而大胆。浪漫派的国王

---

①　本文选自梅林：《德国社会民主党史》第 1 卷，青载繁译，北京：生活·读书·新知三联书店 1963 年版，第 137—156 页。
②　现名库尔泽姆，是拉脱维亚苏维埃社会主义共和国的一个行政区，首府为利耶帕雅。——译者

陛下喜欢用他那近卫军少尉的特殊语言,把这两家报纸称为"科尼斯堡的下贱报纸和它的莱茵卖淫姊妹"。《科尼斯堡日报》站在约翰·雅科比的资产阶级思想体系的立场上,由一位高级教师维特主编。维特由于编这份报纸,曾不得不忍受艾希霍恩大臣的卑鄙迫害。年轻的瓦列斯罗德在这份报纸的撰稿人之中博得文名。但是这家报纸却落后于从1842年1月1日开始在科伦出版的《莱茵政治、商业和工业日报》,特别是在眼界的广度方面。

根据《莱茵报》创刊号登载的声明,它是由一伙独立的莱茵省居民创办的;这些人倾向进步,力求莱茵省发达,竭力发展莱茵省的各种设施,要把莱茵省同整个德意志的利益结合起来,并且关心整个人类社会和它的内部繁荣。正如读者所看到的,这项声明并不十分清晰,同样地,后来该报以政纲形式发表的东西,即实行包括一切阶级和代表各方面利益的普遍选举法,公布政府的施政活动,要求出版自由等等,也没有按照已经成熟的政党的惯例,分章分节一目了然地列出。《莱茵报》联合着成分不同的各种人士,他们知道什么东西使他们结合起来,但是还不知道什么东西能使他们分开。在莱茵省资产阶级的两个年长领袖的后面,即在大卫·汉泽曼和科伦商会会长卢道夫·康普豪森这两个敢想敢做的商人的后面,是在黑格尔哲学的精神影响下成长起来的青年一代。《莱茵报》对工商业问题的了解比政治问题清楚得多。它要求精确而详细地公布关于国家财政的报告,减少国家的支出,扩建铁路,降低诉讼费用和邮费,为参加关税同盟的各邦规定共同的国旗和派遣共同的驻外领事。

这种情况使《莱茵报》对易北河以东的反对派报刊占了很大的优势。在思想的大胆和明确方面,它至少不比《德国年鉴》逊色,而在了解推动德国生活前进的工业发展方面,则远远超过它。《莱茵报》支持关税同盟的程度同雪恩反对关税同盟的程度不相上下。这家报纸评论说,普鲁士国家对德意志的领导权是建立在关税同盟的基础上的。如果这个国家继经济进步之后,能为精神进步和政治进步开辟道路,那么,报纸愿意在这个国家的旗帜下进行斗争。梅特涅的御用文人在奥格斯堡

《总汇报》上以憎恨者的尖锐眼光，揭露了《莱茵报》的亲普鲁士倾向，但是普鲁士的政治家们却窃窃私语，说《莱茵报》依靠法国政府的钱维持，柏林政府的眼光过于狭小，没有理解《莱茵报》想把一个锋利的武器交给它掌握。《莱茵报》越坚决地想把它抬到现代资产阶级社会的高度，它就越顽固地死守自己的专制—封建的落后状态。这种冲突一天比一天尖锐化了，而随着这种情况的发展，《莱茵报》的领导权就越来越被激进分子所掌握。

这是一群卓越的人物。在柏林的青年黑格尔派中，有布鲁诺·鲍威尔、科本、瑙威尔克、施蒂纳等人为《莱茵报》写稿；该报德文部的第一编辑鲁滕堡也是柏林人。参加《莱茵报》工作的莱茵省当地人有亨利希·毕尔格尔斯、格奥尔格·荣克、莫泽斯·赫斯、海尔曼·皮羽特曼和卡尔·马克思。《莱茵报》不按期发表社论，还没有被单调的竞争经营的清规戒律所束缚。因此附页里登载的技术论文和科学论文较多，而小品文栏里的材料也比较丰富，其中发表关于美学、文学和哲学问题的研究以及许多优美的诗篇。海尔维格和普鲁茨经常为这一栏写稿。但是不久《莱茵报》的最年轻的撰稿人就成为该报的最优秀的力量。即使今天你把积满灰尘的《莱茵报》合订本打开，也不难在大量的优秀作品当中发现马克思的著作是最好的。他的这些杰作的特点是：构思广阔而深刻；文笔有力而漂亮；辩证的论据具有尖锐的对立性；思想敏锐，在分析问题的时候，总是深入到德国的混乱状态之中，一直把问题彻底搞清为止。1842年秋，马克思担任该报的编辑，整整作了一个冬季，直到报纸停刊的前几天才离开编辑部。

马克思的最初几篇文章是讨论出版自由问题的。他在卢格编辑的《轶文集》里发表了《评普鲁士最近的书报检查令》，文内要求完全废除书报检查制度。他说，检查制度本身是不好的，而检查令却比人还要威风。马克思嘲笑虚伪的自由主义的做法，由于更换了执行这种坏制度的人员，虚伪的自由主义就感到满足了。他逐条分析新检查令，以揭露其中在浪漫主义的暧昧辞藻下隐藏的逻辑荒谬。也同旧书报检查令一样，新检查令中有一条规定：探讨书报中的真理应该严肃而谦逊。马克思对此反驳说:"你们赞美大自然悦人心目的千变万化和无穷无尽的丰富宝藏,你们并不要求玫瑰花和紫罗兰散发出同样的芳香,但你们为什么却要求世界上最丰富的东西——精神只能有**一种**存在形式呢?我是一个幽默家,可是法律却命令我用严肃的笔调。我是一个激情的人,可是法律却指定我用谦逊的风格。**没有色彩**就是这种自由唯一许可的色彩。每一滴露水在太阳的照耀下都闪耀着无穷无尽的色彩。但是精神的太阳,无论它照耀着多少个体,无论它照耀着什么事物,却只准产生一种色彩,就是**官方的色彩**!精神的最主要的表现形式是**欢乐**、**光明**,但你们却要使**阴暗**成为精神的唯一合法的表现形式;精神只准披着黑色的衣服,可是自然界却没有一枝黑色的花朵。"①

但是新检查令毕竟与旧检查令有所不同,那就是新检查令指示检查人员严密地注意书报的倾向是否善良。马克思对此辛辣讽刺地写道:"这样一来,作家就成了**最可怕的恐怖主义**的牺牲品,遭到了**怀疑的制裁**。反对**倾向**的法律,即没有规定客观标准的法律,乃是恐怖主义的法律,在罗伯斯庇尔时期,国家在万不得已时所制定的法律就是这样的法律,在罗马各王朝时期,国家在腐败不堪的情况下所制定的法律也是这样的法律。凡是不以**行为本身**而以当事人的**思想方式**作为主要标准的法律,无非是**对非法行为的公开认可**……追究倾向的法律不仅要惩罚我所做的,而且要惩罚我所想的,**不管**我的行为**如何**。所以,这种法律是对公民名誉的一种侮辱,是威胁着我的生存的一种阴险的陷阱。

我可以任意翻转打滚,事态决不会因此而有丝毫改变。我的生存遭到了怀疑,我的最隐秘的本质,即我的个体性被看成是**一种坏的东西**,而且**由于这种意见我要受到惩罚**,法律惩罚我并不是因为我做了坏事,而是因为我没有做坏事。其实我受罚的原因是我的行为**并不违法**,正是由于这一点,我就迫使好心肠的法官只去审查我那非常慎重、不至于使自己在行动中暴露出来的**恶劣的思想方式**。

惩罚思想方式的法律**不是国家**为**它**的公民颁布的法律,而是**一个党**

---

① 《马克思恩格斯全集》第1卷,北京:人民出版社1956年版,第7页。

派用来对付另一个党派的法律。"①

马克思接着说道，追究倾向的法律是由那些把自己同人民在原则上对立起来，从而认为自己的反国家的思想方式是普遍的和标准的思想方式的政府发明出来的。统治集团的龌龊的良心，捏造出一套追究倾向的法律，把它们作为报复的法律，用来惩办实际上只是政府官员才持有的思想方式。"追究原则的法律是以无原则……为基础的。这些法律就是龌龊的良心的不自觉叫喊。怎样才能使这种法律付诸实施呢？这要通过一种比法律本身更令人痛恨的工具——**侦探**，或者通过认为所有写作倾向都是值得怀疑的这样一种事先协定……在追究倾向的法律中，**立法的形式是和内容相矛盾的**，颁布这一法律的**政府**疯狂地反对它本身所体现的东西，即反对那种反国家的思想方式，同样，在每一种特殊的场合下，政府对自己的法律来说就好像是**一个颠倒过来的世界**，因为它采取了两面的手法。对一方是合法的东西，对另一方就是违法的东西。**政府所颁布的法律本身就是这些法律使之成为法律的那种东西的直接对立面**……"又如，检查令想要保存宗教，同时又破坏了所有宗教的最普通的基本原则——主观思想方式的神圣性和不可侵犯性。检查令宣布，心的法官是检查官而不是神。又如，检查令禁止使用侮辱个别人的词句和进行毁坏其名誉的判断，可是它又使你们每天都遭到检查官的侮辱和毁坏你们名誉的判断。又如，检查令想要消灭来自居心叵测和听信坏话的人物方面的流言蜚语，同时又迫使检查官相信这种流言蜚语，要他们依赖上述这些人所进行的侦探活动……"**新的检查令**也陷入了这种辩证法。当它责成检查官去做那些它在指摘出版物时曾斥为反国家行为的事情时，它就陷入了矛盾。"② 在这篇文章中，狮子首次扬起巨掌痛打没有法制和专横跋扈的行为，它的毁灭性打击今天也像五十年前击中书报检查法一样，击中反对工人阶级的暴行。

---

① 《马克思恩格斯全集》第 1 卷，北京：人民出版社 1956 年版，第 16—17 页。
② 同上书，第 18—19 页。

马克思以对1841年莱茵省议会辩论的有效的批判，开始在《莱茵报》上发表言论。科伦地方向莱茵省议会送去一份由一千多人签名的请愿书，请求省议会把请愿书直接呈给国王。请愿书中要求准许公众自由进入省议会会议厅旁听，每天公布未经删节的辩论记录，报纸也要有权相当自由地讨论这些辩论以及省内一切大事，最后还要求用出版法代替书报检查制度。省议会只是在极有限的范围内同意这些要求，它请求国王准许在省议会的会议记录里注明发言人的姓名，它并没有请求颁布出版法，也没有请求取消书报检查制度，而只请求颁布防止检查官为所欲为的书报检查法规。这两项请求都被国王驳回了。

于是马克思接连写了六篇长文章严厉谴责省议会。有一个发言人声称，等级会议可以根据情况或自己的裁夺公布会议上的发言。马克思用冷冷的轻蔑口气反驳说："我们可以使他相信，省决不会对等级代表这些个别人物的'言论'发生兴趣，然而正是'这些'言论代表们可以公正地叫做'自己的'言论。与此相反，省的要求是把等级代表的言论变为公众的、到处可以听见的全省的声音。"① 马克思在这里已经抨击了后来他称之为议会迷的流弊。"这里谈的是省是否应当**了解自己的代表机关**！还需要在政府这一秘密上面再蒙上一层新的秘密——代表机关这一秘密吗？然而，在政府中人民就是这样被代表的。如果等级会议这一新的人民代表机关的特征不是省本身在这里起作用而是别人代替省起作用，不是省代表它自己而是别人越俎代庖；那么这种代表机关就会丧失一切意义。脱离被代表人的意识的代表机关，就不成其为代表机关。不了解的事情，就不必为它担忧。主要用来表现各省**独立活动**的这一国家职能，甚至完全被排斥于各省**形式上**的协作即**互通声气**的范围之外，——这是一个极其荒谬的矛盾，其矛盾之处在于，我的独立活动包藏在我所不知道的别人的活动中。"②

---

① 《马克思恩格斯全集》第1卷，北京：人民出版社1956年版，第54页。
② 同上书，第54—55页。

马克思同样毫不留情地对待省议会关于出版自由的辩论。诸侯和骑士等级的代表害怕出版自由发生败坏道德的作用。马克思反驳这种意见说，情况恰恰相反，经过检查的出版物才起败坏道德的作用。一个很大的罪恶，即伪善，是同这种出版物分不开的；从它的这一根本罪恶中，又派生出它的其余一切毫无德行可言的缺陷，派生出它的可恶的（就是从美学观点来看也是这样）罪恶，即消极性。"政府只听见**自己的声音**，它也知道它听见的只是自己的声音，但是它却欺骗自己，似乎听见的是人民的声音，而且要求人民拥护这种自我欺骗。至于人民本身，他们不是在政治上有时陷入迷信有时又什么都不信，就是完全离开国家生活〔梅林引文中缺'国家'一词〕，变成**一群只管私人生活的人**。"① 但是马克思也不满意城市等级的人士对于出版自由发表的意见。马克思对于希望出版不被排斥在一般的行业自由之外的要求，讽刺地评论说："这里出现在我们面前的是资产者反对派，而不是市民反对派。"② 当然，他不打算否认这种意见的相对正确性。"无论辩论人的观点乍一看来是多么独特，我们仍然应当无条件地承认，这种观点比德国自由主义派那种内容空洞、含糊其辞、模棱两可的议论来得高明，这些自由主义者以为，把自由从现实的坚实土地上移到幻想的太空就是尊重自由。这些流于幻想的空谈家、这些伤感的热心家把他们的理想同日常的现实的任何接触都看成是亵渎神明。对我们德国人说来，自由之所以直到现在仍然只是一种幻想和伤感的愿望，一部分责任是要由他们来负的。"③ 德国人一般易于感情冲动，过于激奋，他们有一种爱听蓝色天空音乐的癖好。德国人生来就特别忠诚和恭顺。他们由于过分地敬重思想，而就不去实现这些思想。但是，不管上述的出版自由观点怎样相对地正确，它毕竟是虚伪的。"作家当然必须挣钱才能生活、写作，但是他决不应该为了挣钱而生活、写作……**出版的最主要的自由就在于不要成为一种**

---

① 《马克思恩格斯全集》第1卷，北京：人民出版社1956年版，第78页。
② 同上书，第80页。
③ 同上书，第83—84页。

行业。"① 这个论题的巨大真实性,从那时起已为资产阶级出版的六十年的不自由所证实。

除了少数意见,特别是农民等级的意见以外,莱茵省议会关于出版自由和公布省议会会议记录的辩论给马克思留下了一种阴郁不快的印象,这些代表经常动摇在特权阶级的蓄意固执和不彻底的自由主义的天生无能之间。"这些老爷们想给自由吹嘘一番,说它不是理性的普遍阳光所赐的自然礼物,而是吉祥的星星所赋与的超自然礼物。既然他们认为自由仅仅是个别人物和个别等级的**个体属性**,他们就不可避免地要得出结论说,普遍理性和普遍自由是**有害的思想**,是'**逻辑地构成的体系**'的幻想。为了拯救特权的特殊自由,他们就斥责人类本性的普遍自由。"② 马克思不承认那种只想以多数形式存在的自由,他同伏尔泰一样,把"多数的自由"叫做一般的奴隶状态的例外。特别种类的自由是自由的一般原则产生的必然结果。在行业自由中,行业的本性采取符合于它的内在的生命原则的形式;在审判自由中,法院要遵循它自己固有的法规。"在宇宙系统中每一个单独的行星一面自转,同时又围绕太阳运转,同样,在自由的系统中各界也是一面自转,同时又围绕自由这一太阳中心运转。"③

在这几篇论文中,马克思还完全站在黑格尔主义者的立场上。诚然,他已经是一个极想从虚幻世界走向现实世界的激进黑格尔主义者,但毕竟还是一个从纯粹唯心主义的前提引出结论的黑格尔主义者。《科伦日报》的编辑海尔梅斯被政府收买,向警察当局和书报检查机关告密说,青年黑格尔分子是些好管闲事的空想家,他们的政论活动是幼稚的自负的令人讨厌的表现。马克思对《科伦日报》进行了歼灭性的论战,并用下面的话作为结束语:"从前的国家法的哲学家是根据本能,例如功名心、善交际,或者甚至是根据理性,但并不是公共的而是个人的理性来看国家的。最新哲学持有更加理想和更加深刻的观点,它是根据整

---

① 《马克思恩格斯全集》第 1 卷,北京:人民出版社 1956 年版,第 87 页。
② 同上书,第 58 页。
③ 同上书,第 86 页。

体的思想而构成自己对国家的看法。它认为国家是一个庞大的机构，在这个机构里，必须实现法律的、伦理的、政治的自由，同时，个别公民服从国家的法律也就是服从自己本身理性的即人类理性的自然规律。"①从这个立场出发，马克思对于法的历史学派挥动了闪亮而锋利的宝剑。他在谈到胡果的自然法教科书时指出法的历史学派的方法，即证明现存事物不合乎理性，而不是证明它合乎理性。法的历史学派曲解自己的先生康德，认为我们不能认识真实的事物，所以我们就应当承认不真实的事物（只要它是存在的）是完全有价值的。法的历史学派自鸣得意地从各方面搬出论据，以证明下面的事实是显而易见的，即理性的必然性并不能鼓舞各种实证的制度，比如所有制、国家制度、婚姻；这些制度甚至是同理性矛盾的，至多也不过容许在拥护自己或者反对自己的问题上空发议论。在马克思的关于把出版法同书报检查法对立起来的言论中，也相当明显地反映着他的唯心主义观点。"在出版法中，自由是惩罚者。在检查法中，自由却是被惩罚者。检查法是对自由表示怀疑的法律。出版法却是自由对自己投的信任票。出版法惩罚的是滥用自由。检查法却把自由看成一种滥用而加以惩罚……检查法只具有法律的**形式**……出版法是**真正的法律**，因为它反映自由的肯定存在……应当认为**没有关于出版的立法**就是从法律自由领域中取消出版自由，因为法律上所承认的自由在一个国家中是以**法律**形式存在的。"②现实的法令汇编中的出版立法同年轻的马克思从哲学上给它算过命的出版立法是多么不同啊！

但是不久以后，他就来到了"平地"（用他自己的话说）上，在同经济事实的严重冲突中，认识了唯心主义的社会观和国家观的缺陷。他在另一组由五篇长文构成的评述中，批判了莱茵省议会关于林木盗窃法的辩论。他在这里也要求从政治上，即同整个国家理性和国家伦理联系起来解决每一项实际任务。他把在讨论关于林木盗窃法时只考虑薪材和

---

① 《马克思恩格斯全集》第 1 卷，北京：人民出版社 1956 年版，第 129 页。

② 同上书，第 71 页。

林木的作法，也就是使意识盲目地服从物质的作法，叫作"**下流的唯物主义**"，"违法人民和人类神圣精神的罪恶"，"不道德、不合理和冷酷无情的抽象"。但是，正如他在关于出版自由的辩论中看到了资产者和市民之间的差别一样，他在关于林木盗窃的辩论中发现了资产者和无产者之间的差别。对于他这样明察秋毫的人来说，这也是完全可以理解的。大资产阶级的上升时代，竭尽全力想把公社土地占有制的最后几条根系拔掉，并发动剥夺人民群众的财产的残酷战争。在普鲁士1836年审理的207478件刑事案件中，约有十五万件，即近四分之三的案件，是属于盗窃林木和违反关于森林、狩猎与放牧的立法的。

剥夺财产的方法之一，就是宣布拾捡枯枝为盗窃林木，马克思对此驳斥说，甚至16世纪的刑律也没有敢于这样。"……如果法律把那种未必能叫做违反森林条例的行为称为盗窃林木，那末法律就是**撒谎**，而穷人就会成为法定谎言的牺牲品了。"① 马克思援引了孟德斯鸠的话：有两种坏现象，一种是人民不遵守法律；另一种是法律本身使人民变坏；后一种祸害是无可救药的，因为药物本身就包含着这种祸害。"但是我们这些不实际的人却要为政治上和社会上备受压迫的贫苦群众的利益而揭露那些卑躬屈节唯命是听的所谓历史学家们所捏造出来的东西，他们把这种东西当作真正的哲人之石，以便把一切肮脏的欲求点成法之纯金。我们为穷人要求**习惯权利**，但并不是限于某个地方的习惯权利，而是一切国家的穷人所固有的习惯权利。"马克思又向前迈进一步，提出习惯权利按其本质来说只是没有财产的最低下的群众的权利的论点。

他的证明很简单。特权等级已经发现法律承认它们的合理权利甚至不合理要求。他们奢望非法享有的权利，为自己的怪癖和乐趣寻求活动场所。"然而，贵族的这些习惯权利是和合理的权利概念相抵触的习惯，而贫民的习惯权利则是同现存权利的习惯相抵触的权利。贫民习惯权利的内容并不反对法律形式，它反对的倒是自己本身的不定型。法律形式

---

① 《马克思恩格斯全集》第1卷，北京：人民出版社1956年版，第139页。

并不同这一内容相抵触，而只是这一内容还没有具备这种形式。"① 马克思认为贫民的一切习惯权利的基础都是某种所有权的不固定性。由于这种不固定性，这种所有权既不是绝对私人的，也不是绝对公共的，而是我们在中世纪一切法规中所见到的那种私权和公权的混合物。理智取消了两重的和不稳定的所有权形式，而使用从罗马法中借用来的抽象私权范畴。"由此可见，在贫民阶级的这些习惯〔在梅林的引文中为'习惯权利'〕中存在着本能的权利感，这些习惯的根源是肯定的和合法的，而**习惯权利**的形式在这里更是自然的，因为**贫民阶级的存在本身**至今仍然只**不过是**市民社会的**一种习惯**，而这种习惯还没有在被有意地划分了的国家里找到应有的地位。"②

马克思从莱茵省议会的辩论中引用一个实例，详细地说明了自己的观点。一位城市代表发言反对把采集林中的越橘和浆果也当作盗窃惩办的决定。他指出，穷人家的孩子们采集这些野果，是想帮助可怜的父母挣几个零钱；这是从古至今就为林木的占有者所许可的。所以也就产生了孩童们的习惯权利。另一位代表起来反对说，在他的地区，这些野果已经成为交易品，并被成桶地运往荷兰。马克思用以下几句尖刻的话粉碎这一论据："的确，有**一个地方**已经把穷人的习惯权利变成了富人的**独占权**。你们看，这就充分证明公共财产是可以独占的，从这里自然就得出结论说，公共财产是应该被独占的。事物的本质要求独占，因为私有制的利益想出了这种独占。某些贪婪的现代生意人想出的主意，只要能使枯枝给古代条顿人土地占有者带来利益，就不会引起任何异议。"③ 马克思最后承认说，他以厌恶的心情注视了这些枯燥无味的、卑鄙庸俗的辩论，但是他认为自己有责任引用这个例子来说明，假如召开一个私人利益的等级会议来立法，对它究竟能期待什么。

评论林木盗窃的文章，引起马克思去研究无产阶级在资产阶级社会中的作用问题。但是，《莱茵报》对于经济问题的深切关注受到它的青

---

① 《马克思恩格斯全集》第 1 卷，北京：人民出版社 1956 年版，第 144 页。
② 同上书，第 147 页。
③ 同上书，第 147—148 页。

年黑格尔派撰稿人的思想意识的自满的重大阻碍。既然国家是公共性的，那么它就应该是统一的，不可分割的，在国家的"公共性"的基础上建立国家的企图究竟被什么东西打破了呢？答案是明确的，而且实际上早就有了答案，即自由被贫困破坏，而贫困又使社会上的极大多数人失去自由发挥自己力量的可能性。在《莱茵报》驻瑞士的通讯记者中，有威廉·魏特林的朋友奥古斯特·贝克尔和塞巴斯提安·载勒尔。1842年9月底，《莱茵报》引用了魏特林编的《年轻一代》杂志上的一篇文章。这篇文章对共产主义原则的统治形式发表意见说，应当选入政府的不是人本身，而是人的才能，这是《莱茵报》不想否认其天才和独创精神的一种思想。第二天，《莱茵报》转载了《年轻一代》杂志上一位临时记者的关于评论柏林家庭住宅的通讯，认为这个报道对于了解目前这个重要问题并不是没有意义的。这篇通讯把汉堡门附近的几所工人住宅描写成"半打工厂式的鼠洞，用泥土、木头和桁架拼凑而成，高四十英尺，长约九十英尺，墙上涂着蓝色和白色"，也就是描写成实际上存在的极其悲惨的贫民窟。

差不多在同一时期，《莱茵报》也发出了响应法国社会主义的微弱回声。报纸派遣自己的记者（大概是莫泽斯·赫斯），到斯特拉斯堡的学者会议去采访。有许多德国学者和法国学者出席了这次会议。在像韦尔凯尔这样欢迎法国革命，认为它是自然法的母亲的德国自由主义者的身旁，坐着孔西得朗和勒鲁这样的法国社会主义者。会议的政治经济学小组，讨论了法国社会主义的体系。《莱茵报》的记者就这项讨论发表短评，认为中层等级现在所处的地位同1789年贵族的地位相似，当时第三等级曾经觊觎贵族的特权，并且得到了这种特权，而现在的一无所有的等级，则要求占有目前当权的中等阶级的一部分财产。但是，现在的中层等级比1789年的贵族更有远见，所以问题大概会通过和平方法解决。

发表这则短评和转载关于柏林家庭住宅的文章，使奥格斯堡《总汇报》得到了一个理想的借口，以此攻击《莱茵报》，说它进行共产主义宣传。刚刚担任报纸主编的马克思在1842年10月16日用一篇论文对

《总汇报》的攻击作了有力的反击。奥格斯堡《总汇报》的一位驻巴黎记者，"谈论历史像糖果商谈论植物学一样"，竟然异想天开，认为君主政体应当设法用自己的方式占有社会主义—共产主义思想。马克思嘲笑"奥格斯堡长舌妇"，并且问道："也许她是因为我们既没有及时开出一个验方，也没有悄悄塞给惊愕的读者一个十分清楚然而却毫不解决问题的方案才指摘我们的吧？我们没有本事用**一句**空话来解决那些正由**两个**民族在解决的问题。"① 但是，马克思在反驳不公正的攻击的同时，也以不可否认的尖锐性反对那种不管出于什么善意而在这类问题上所做的拙劣工作。他以自己特有的老实态度承认自己还没有对法国的社会主义作出独立的判断。他用下述一段话阐述了自己的纲领："《莱茵报》甚至**在理论上**都不承认现有形式的共产主义思想的**现实性**，因此，就更不会期望**在实际上**去**实现**它，甚至都不认为这种实现是可能的事情。《莱茵报》彻底批判了这种思想。然而对于像勒鲁、孔西得朗的著作，特别是对于蒲鲁东的智慧的作品，则决不能根据肤浅的、片刻的想象去批判，只有在不断的、深入的研究之后才能加以批判，——关于这一点，如果奥格斯堡长舌妇希望得到比沙龙空话更多的东西，如果她比沙龙空话能有更多的才能的话，那她也会承认的。……我们坚信，真正**危险**的并不是共产主义思想的**实际试验**，而是它的**理论论证**；要知道，如果实际试验会成为**普遍性的**，那末，只要它一成为危险的东西，就会得到**大炮**的回答；至于掌握着我们的意识、支配着我们的信仰的那种**思想**（理性把我们的良心牢附在它的身上），则是一种不撕裂自己的心就不能从其中挣脱出来的枷锁；同时也是一种魔鬼，人们只有先服从它才能战胜它。"②

马克思是注定不能在《莱茵报》上实现自己的计划的。他进入编辑部以后，报纸就采取了鲜明的反对派的立场，同时以自己的灵活战术使检查机关大伤脑筋，以致省长冯·格尔拉赫在11月中旬就向报纸发

---

① 《马克思恩格斯全集》第1卷，北京：人民出版社1956年版，第132页。
② 同上书，第133—134页。

行人表示了"政府对于报纸的方针的最大不满"。当局只希望报纸"回到比较令人满意的道路上来",并没有采取查封的措施,而只是把鲁滕堡赶出科伦。为了使报纸改邪归正,当局将检查官警察顾问多勒沙尔免职。当然,多勒沙尔是愚昧的检查官中的特制品。有一次他从《科伦日报》上删去介绍未来的萨克森国王斐拉雷特翻译的但丁的《神曲》的文章,其理由是任何人都不得把神的东西作成戏曲。陪审官维陶斯接替了他的职位,新检查官的任务是以更巧妙的方法窒息舆论,但是他不能或者不想把刽子手的职务执行得使柏林的当权者满意。

不久就发生了新的冲突。《莱茵报》从别恩堡和摩塞尔的其他地方收到关于摩塞尔地方农民的悲惨处境的可靠报告。在特利尔和科布伦茨之间,艾费耳高原和洪斯吕克山之间的摩塞尔河沿岸地区十分贫困。摩塞尔农民不像莱茵普法尔茨地方的农民那样,用一小块土地种粮食或栽烟草;他们的全部土地都用于栽培葡萄,所以一遇到葡萄歉收,他们就毫无办法,走投无路。然而从19世纪20年代中叶到30年代中叶,葡萄连年歉收,而且后来又成立了关税同盟,它规定的低微税率促使法国的葡萄酒大量进口,从而给摩塞尔葡萄酒造成了销售困难,使它跌价。摩塞尔农民的其他申诉是反对官僚主义的乡镇行政机关的资本主义经营侵害了他们对森林和牧场的公有权;反对葡萄汁的税太重而且课税不均;反对高利贷对他们的残酷盘剥。他们的很少一点土地,一块一块地被强制拍卖出去,因为他们无力继续缴纳税款和利息。这些赤贫的居民的悲惨状况已经明显得连普鲁士的专制政府都不敢否认,虽然它只是在附带一切自作聪明而毫无能力的官僚政府在不得不解决实际问题时惯用的"如果"和"但是"的条件下才承认的。专制制度的最后手段照例是挥动大棒,打倒那些讨厌的人,因为这些人想从它身上得到的东西,比它能够给予的更多。

《莱茵报》的摩塞尔通讯是以冷静的态度,根据事实写出的报告。其中的一篇通讯谴责了这样一个事实:在一个有几千居民的乡里;虽然拥有极其茂盛的森林,然而还没有分配薪材。另一篇通讯以高兴的心情欢迎较大的出版自由,因为从此以后,摩塞尔农民可以公开地抨击折磨着他们的毒疮，而不被指责为无耻叫嚣了。这两篇通讯引起冯·沙培尔总督发布了两个训谕。他在一个训谕里，要求报纸说出那个据说发生了薪材事件的乡镇的名字；在另一个训谕里，他否认任何当局曾有过把种葡萄的农民对他们"公认的贫困状况"的申诉称为无耻叫嚣的这种"不体面行为"。他希望通讯的作者特别指出当局即使在比较宽大的书报检查令公布以前，曾阻挠过公开坦率地谈论摩塞尔农民的贫困状况的事例，并且向通讯的作者保证，如果作者愿意坦率说明损伤种葡萄的农民的元气的是什么毒疮，特别是作者能够提出根治毒疮的有效办法，他将十分感激。这个官僚在客客气气地发泄了一顿怨气以后，就改用粗暴的口吻，宣布作者的论断乃至反面的证明都是恶意诽谤。

《莱茵报》起来应战。它通过自己的记者收集了关于摩塞尔农民状况的大量资料，并报道了这些材料，而且它本身还从其他来源找到一些材料做补充，以对总督的攻击进行彻底的反击。1816年1月16日，报纸上发表了几篇这方面的文章，同时把材料清清楚楚地分排在五个标题下面。报纸提出讨论的问题是：一、关于分配木材的问题。二、摩塞尔河沿岸地区对于较大的出版自由的态度。三、摩塞尔河沿岸地区的毒疮。四、摩塞尔农民的吸血鬼。五、改善这种状况的建议。第一项的材料完全报道出来，因为通讯的作者同意编辑部把那个没有分配过薪材的乡镇的名字告诉总督。关于第二项，报纸用大量的官方材料和文件材料证明政府确实用暴力压制过摩塞尔农民的申诉，证明政府从来没有想认真地改善这里农民的处境，而一直是玩弄空洞的言词，证明官僚制度根本不能为消除社会罪恶做任何事情，因为这个制度的上层机构依靠下层机构，而下层机构又仰仗上层机构。这几发厉害的炮弹打得政府难于招架，政府就急忙在检查官的红铅笔的掩护下仓皇退却。1月20日这些论文突然不见了；既怯懦又强暴的官僚制度不允许报纸讨论最后三项。

但是1月28日，在《莱茵报》最醒目的地方登出一则简讯，内称主管书报检查的王国各部联合下令《莱茵报》从本年4月1日起停刊。同时授权冯·格尔拉赫省长要求该报在每天已经通过检查后把全部内容送到他那里复查,在未经他亲自检查以前绝对不准付印和发行,如果他发现初检时漏过的不妥之处就禁止报纸出版。在 1 月 25 日发布的禁令中说,《莱茵报》从它创刊之日起就遵循着一个应受指责的方针;显然被不良的意图所支配,即想从根本上攻击国家制度,动摇君主政体的原则,挑拨舆论怀疑政府,教唆某些等级反对另一些等级,煽动群众对现行法制不满。报纸的活动以一些空洞的理论为基础,追求任何一个国家也不能容忍的应受指摘的目的。报纸的用语和表达方法都十分放肆。命令承认检查制度软弱无能,命令认为,长期制止这种具有如此顽固恶劣倾向的胡作非为不是检查制度的任务。命令用另一种方式提出了基督教德意志原则(尽管这项原则在道德上对世俗的倾向抱着厌恶的态度,但是它对叮当作响的洋钱却怀着温柔的情感),说什么如果不考虑到股东们的金钱利益,政府早就把报纸查封了。这个考虑目前也还促使政府不立刻而在第一季度结束后才查封报纸。

在检查官维陶斯上面设置了由省长兼任的高级检查官以后,维陶斯就辞退了他的职务;为此科伦合唱团给这位"下野的检查官"举行了一次隆重的小夜曲晚会。由柏林派来的部务秘书圣保尔接替了他的职位。这个圣保尔终于发挥了政府所要求的粗暴和狡猾并用的手法,因而在 2 月 18 日又撤销了高级检查官的职位。唯恐失去财源的股东们 2 月 12 日召开了股东大会,向当局苦苦哀求,这也许促使当局作出撤销高级检查官的决定。虽然《莱茵报》的各栏里今天还可以隐约看到指责检查官的专横跋扈的痕迹,但是促使马克思在 3 月 17 日退出《莱茵报》编辑部的,并不是同检查官进行的斗争,而是股东们的一种想法,他们认为报纸的态度缓和以后,就能使当局收回对报纸所作的死刑判决。马克思立刻得到了从实践中检查他的关于出版的最主要的自由就在于不要成为一种行业的见解的机会。

股东的幻想当然要变成泡影。他们派到柏林去的代表团甚至未被允许谒见国王。科伦、特利尔和莱茵其他城市的请愿,得到了禁止继续生效的答复;而参加请愿的政府官员还额外受到申斥,说他们本应对社会关系持有更为老练的观点。1843 年 3 月 31 日《莱茵报》就停刊了。

但是甚至这面骄傲的旗帜在被迫降下时,也没有能够免遭德国人的卑躬屈节精神的玷辱。在为报纸举行的葬后宴会上,扼杀报纸的检查官同股东们同桌进餐,而在检查官的椅子上还用锁链绑着一份《莱茵报》。圣保尔在威风凛凛地完成了这件文化业绩以后,还没有来得及离开科伦,就因在妓院前同巡夜人员斗殴而被警察法庭判了罪。另一个检查官是他在这次英勇斗争中的同志,即那个弗里茨·欧伦堡伯爵,三十多年以后他以一个腰挎砍刀、手执步枪的虔诚老妇的姿态出现在社会民主党面前。可惜,普鲁士的历史学家们没有向后世报道,浪漫主义的国王在用自己幻想的动听的和形象化的语言胡说什么"莱茵卖淫姊妹"的时候,是怀着什么样的虔信宗教的情感,去看他的勇敢的宗教和道德斗士在世俗的妓院前同秩序的维护者打架斗殴的。

二 列宁:《卡尔·马克思》(节选)[①]

马克思的著作和书信到现在还没有全部收齐出版。马克思著作已经译成俄文的,比译成其他任何文字的都多。下面把这些著作按时间顺序加以排列。1841年,马克思写了论伊壁鸠鲁哲学的学位论文(马克思去世后编入《遗著》。关于《遗著》,下面还要谈到)。在这篇论文中,马克思所持的还完全是黑格尔唯心主义的观点。1842年,马克思在《莱茵报》(科隆)上发表了一些文章,其中特别应当提到的是对第六届莱茵省议会关于出版自由的辩论,关于林木盗窃法的辩论的评论,以及维护政教分离的文章等等(部分编入《遗著》)。从这些文章可以看出马克思开始从唯心主义转向唯物主义,从革命民主主义转向共产主义。1844年在巴黎出版了马克思和阿尔诺德·卢格主编的《德法年鉴》,上述的转变在这里彻底完成。马克思的特别出色的文章有:《黑格尔法哲学批判导言》(除编入《遗著》外,还出版了单行本)和《论犹太人问题》(除编入《遗著》外,还有知识出版社出版的小册子,编

[①] 本文节选自《列宁全集》第26卷,北京:人民出版社1988年版,第83—95页。

为《廉价丛书》第210辑)。1845年马克思和恩格斯共同出版(在美因河畔法兰克福)《神圣家族。驳布鲁诺·鲍威尔及其伙伴》一书(除编入《遗著》外,俄文出了两种单行本:1906年圣彼得堡新声出版社版和1907年圣彼得堡知识公报出版社版)。1845年春马克思写作了关于费尔巴哈的提纲(后作为弗·恩格斯的《路德维希·费尔巴哈》一书的附录发表;有俄译本)。1845—1847年马克思在巴黎出版的《前进报》以及《德意志—布鲁塞尔报》(1847年)、《威斯特伐利亚汽船》杂志(1845—1848年在比勒菲尔德出版)、《社会明镜》杂志(1846年在爱北斐特出版)上发表过许多文章(大部分还没有收集起来,没有重新出版,也没有译成俄文)。1847年在布鲁塞尔和巴黎出版了马克思反对蒲鲁东的基本著作《哲学的贫困。答蒲鲁东先生的〈贫困的哲学〉》(俄译本有新世界出版社的3个版本,以及格·李沃维奇、阿列克谢耶娃、启蒙出版社的版本,均出版于1905—1906年间)。1848年在布鲁塞尔出版了《关于贸易自由的演说》(有俄译本),后来在伦敦又和弗·恩格斯合作出版了著名的《共产党宣言》,它被译成欧洲几乎一切国家的文字及世界上其他一部分国家的文字(俄译本共有大约8种版本,在1905—1906年出版,其中包括铁锤出版社、钟声出版社和阿列克谢耶娃等的版本。大部分被没收。曾用过《共产主义宣言》、《论共产主义》、《社会各阶级和共产主义》、《资本主义和共产主义》和《历史哲学》等各种名称;该书及马克思其他著作的完整的和最确切的译本,大部分见"劳动解放社"在国外出版的版本)。1848年6月1日至1849年5月19日在科隆出版了《新莱茵报》,马克思是该报事实上的主编。马克思在这个到现在还是革命无产阶级最好最卓越的机关报上发表的许多文章,没有收集起来,也没有全部重新出版。其中一些最重要的文章已编入《遗著》。马克思在该报发表的一组以《雇佣劳动与资本》为题的文章曾多次出版单行本(俄译本有1905—1906年出版的科兹曼、铁锤出版社、米雅科夫和李沃维奇的4种版本)。在该报发表的文章还有一些以《执政的自由派》为题出版了单行本(1906年圣彼得堡知识出版社出版,编为《廉价丛书》第272辑)。1849年马克思在科隆出版了《两个政治审判案》（这是马克思的两篇辩护词，他被控在报刊发表的文章中违法和号召武装反抗政府，后来陪审法庭宣告马克思无罪；俄译本有1905—1906年阿列克谢耶娃、铁锤出版社、米雅科夫、知识出版社、新世界出版社的共5种版本）。1850年马克思在汉堡出版了6期《新莱茵报》杂志，在其中发表的一些最重要的文章已编入《遗著》。马克思的几篇特别出色的文章后来由恩格斯在1895年以单行本形式重新出版，其标题是《1848年至1850年的法兰西阶级斗争》（俄译本有玛·马蕾赫出版的《丛书》第59—60辑合订本；也编入1906年圣彼得堡斯基尔蒙特出版的、巴扎罗夫和斯捷潘诺夫翻译的文集《历史著作集》，以及1912年圣彼得堡出版的《关于20世纪生活的思想和观点》）。1852年在纽约出版了马克思的小册子《路易·波拿巴的雾月十八日》（俄译文收入上述的文集）。同年在伦敦出版了《科隆共产党人审判案真相》（俄译本有1906年10月28日圣彼得堡出版的《大众科学丛书》第43辑《科隆共产党人审判案》）。1851年8月至1862年①马克思是纽约《论坛报》（*The New York Tribune*）的经常撰稿人，他在该报发表的文章，许多都没有署名，而以编辑部的名义发表。其中特别出色的是《德国的革命和反革命》这一组文章，这些文章在马克思和恩格斯去世后译成德文重新出版（俄译文收入由巴扎罗夫和斯捷潘诺夫翻译的两个文集，后来又有1905—1906年阿列克谢耶娃的以及公益、新世界、普及丛书和铁锤等出版社出版的共5种单行本）。马克思在《论坛报》上发表的有些文章后来曾在伦敦出版过单行本，如1856年出版的论帕麦斯顿的小册子、《18世纪外交史内幕》（论英国自由党大臣们为一己的私利而经常依附俄国）等等。马克思去世后，他的女儿爱琳娜·艾威林出版了他在《论坛报》上发表的关于东方问题的一系列文章，标题为《东方问题》（*The Eastern Question*），1897年在伦敦出版。其中一部分已译成俄文，收入《战争与革命》一书，其第一

---

① 恩格斯在《政治学词典》第6卷第603页关于马克思的条目中，伯恩施坦在1911年《不列颠百科全书》第11版关于马克思的条目中，都把年代误为1853—1860年。见1913年出版的马克思和恩格斯通信集。

编为《马克思恩格斯未发表的文章（1852年、1853年、1854年）》1919年哈尔科夫版（《我们的思想》丛书）。1854年年底和1855年期间，马克思是《新奥得报》的撰稿人，1861—1862年又为维也纳《新闻报》撰稿。马克思的这些文章也像他的许多书信一样，还没有收集起来，只有一部分发表在《新时代》杂志上。马克思在《人民报》（1859年在伦敦出版）上发表的有关1859年意大利战争的外交史的一些文章，情况也是这样。1859年在柏林出版了马克思的《政治经济学批判》一书（俄译本有1896年莫斯科出版的、由曼努伊洛夫校订的和1907年圣彼得堡出版的、鲁勉采夫翻译的两种）。1860年在伦敦出版了马克思的小册子《福格特先生》（Herr Vogt）。

1864年在伦敦出版了马克思写的《国际工人协会成立宣言》（有俄译本）。马克思为国际总委员会起草了许多宣言、公告和决议。所有这些材料还远未加以分析研究，甚至还没有收集起来。首先做这项工作的是古·耶克，他写了《国际》一书（有1906年圣彼得堡知识出版社出版的俄译本），书中也刊载了马克思的几封信和由他起草的几项决定草案。马克思为国际写的文件有总委员会关于巴黎公社的宣言，于1871年在伦敦出版单行本，题为《法兰西内战》（俄译本有经列宁校订的、铁锤出版社出版的版本和其他出版社的版本）。1862—1874年期间马克思和国际会员库格曼有书信往来（通信集俄译本有两种版本，一种由亚·哥伊赫巴尔格翻译，另一种经列宁校订）。1867年马克思的主要著作《资本论。政治经济学批判》第1卷在汉堡问世。第2卷和第3卷在马克思去世后由恩格斯于1885年和1894年出版。俄译本第1卷共有5种版本（有1872年和1898年出版的、丹尼尔逊翻译的两个版本，有由E.A.古尔维奇和A.M.扎克翻译、经司徒卢威校订的1899年第1版和1905年第2版两个版本，还有一种由巴扎罗夫和斯捷潘诺夫校订的版本）。第2卷和第3卷有丹尼尔逊的译本（较差）及巴扎罗夫和斯捷潘诺夫校订的译本（较好）。1876年马克思参加恩格斯《反杜林论》（Herrn Eugen Dührings Umwalzung der Wissenschaft）一书的写作，看过全书的手稿并写了论述政治经济学史的整个一章。

马克思去世后，出版了他的下列著作：《哥达纲领批判》（俄译本于1906年在圣彼得堡出版，德文原文刊载于1890—1891年《新时代》杂志第18期）。《工资、价格和利润》（1865年6月26日作的报告，载于《新时代》杂志第16年卷（1897—1898年）；俄译本有1906年铁锤出版社和1905年李沃维奇出版社的版本）。《卡·马克思、弗·恩格斯、斐·拉萨尔的遗著》，共3卷，1902年在斯图加特出版（俄译本有经阿克雪里罗得等人校订的两卷，1908年在圣彼得堡出版。还有E.古尔维奇校订的第1卷，1907年在莫斯科出版。拉萨尔致马克思的信曾单独出版，后编入《遗著》）。《卡·马克思、弗·恩格斯等致左尔格书信集》（俄译本有两种版本：一种由阿克雪里罗得校订，另一种由列宁作序，由达乌盖出版社出版）。《剩余价值理论》，共3卷4册，1905—1910年在斯图加特出版，即考茨基出版的《资本论》第4卷手稿（俄译本只有第1卷，有3种版本：1906年圣彼得堡版，普列汉诺夫校订；1906年基辅版，热列兹诺夫校订；1907年基辅版，图恰普斯基校订）；1913年在斯图加特出版了四大卷《马克思和恩格斯通信集》，收有1844年9月至1883年1月10日期间的1386封信，这些信为研究卡·马克思的传记和观点提供了大量的极其宝贵的材料。1917年出版了两卷《马克思恩格斯1852—1862年论文集》（德文本）。最后，对于这份马克思著作目录，还必须附带说明一点：这里没有编入大部分是在《新时代》杂志、《前进报》及社会民主党的其他德文报刊上发表的某些比较短小的文章和书信；这里所开列的马克思著作俄译本目录，特别是1905—1906年出版的一些小册子的目录，肯定也是不完全的。

论述马克思和马克思主义的著作数量甚多，不胜枚举。这里我们只能择其要者作一介绍。我们把作者分成三大类：在根本上持马克思观点的马克思主义者；本质上敌视马克思主义的资产阶级著作家；似乎承认马克思主义的某些原理而实际上用资产阶级观点代替马克思主义的修正主义者。民粹派对马克思的态度，应看作修正主义的一种特殊的俄国变种。威·桑巴特在他的《马克思主义书目》（《社会科学和社会政治学文库》第20年卷（1905年）第2册第413—480页）中开列了300本书，那还是很不齐全的。作为它的补充，可参看1883—1907年及往后几年的《新时代》杂志上的索引。此外，可以参看约瑟夫·施塔姆哈默尔的《社会主义和共产主义书目》（1893—1909年）耶拿版第1—3卷。要得到有关马克思主义的详细书目，还可以参看《社会科学书目》柏林版第1年卷（1905年）及以后各年卷。也可以参看尼·亚·鲁巴金的《书林概述》（第2版第2卷）。我们在这里举出的只是最重要的。有关马克思的传记，首先应当指出弗·恩格斯在《人民历书》（1878年由白拉克在不伦瑞克出版）和《政治学词典》（第6卷第600—603页）上写的条目。此外还有：威·李卜克内西的《纪念卡尔·马克思》1896年纽伦堡版。拉法格的《回忆马克思》（德文版）。威·李卜克内西的《卡尔·马克思》（1906年圣彼得堡俄文第2版）。保·拉法格的《回忆马克思》（1905年敖德萨俄文版，原文见《新时代》杂志第9年卷第1册）。《卡·马克思纪念集》（1908年圣彼得堡版，共410页，文集所收的文章的作者为：尤·涅夫佐罗夫、尼·罗日柯夫、弗·巴扎罗夫、尤·斯切克洛夫、亚·芬-叶诺塔耶夫斯基、彼·鲁勉采夫、卡·伦纳、罕·罗兰-霍尔斯特、弗·伊林、罗·卢森堡、格·季诺维也夫、尤·加米涅夫、普·奥尔洛夫斯基和米·塔甘斯基）。弗·梅林的《卡尔·马克思》。美国社会党人斯帕戈用英文编写的大本马克思传记（斯帕戈《卡·马克思的生平和事业》1911年伦敦版），是不能令人满意的。关于马克思事业的概述，见卡·考茨基的《卡·马克思的历史功绩。纪念大师逝世二十五周年》（1908年柏林版）。俄译本：《卡·马克思和他的历史作用》（1908年圣彼得堡版）。还可参看克拉拉·蔡特金的通俗小册子《卡·马·及其毕生事业》（1913年）。回忆马克思的文章有：安年科夫在1880年《欧洲通报》杂志第4期发表的文章（及其《回忆录》第3卷，1882年圣彼得堡出版的《光辉的十年》），卡尔·舒尔茨在1906年《俄国财富》杂志第12期、马·柯瓦列夫斯基在1909年《欧洲通报》杂志第6期及以后几期上发表的文章。

关于马克思主义哲学及历史唯物主义问题，格·瓦·普列汉诺夫的下列著作作了最好的论述：《二十年来》（1909年圣彼得堡第3版）、

《由防御到进攻》（1910年圣彼得堡版）、《马克思主义基本问题》（1908年圣彼得堡版）、《对我们的批判者的批判》（1906年圣彼得堡版）、《论一元论历史观之发展》（1908年圣彼得堡版）等等。还有：安东尼奥·拉布里奥拉的《关于唯物主义历史观问题》（1898年圣彼得堡版）和他的《历史唯物主义和哲学》（1906年圣彼得堡版）。弗·梅林的《论历史唯物主义》（1906年圣彼得堡版，有启蒙出版社和铁锤出版社出版的两种版本）和他的《莱辛传奇》（1908年圣彼得堡知识出版社版）。还可参看沙·安德列尔（非马克思主义者）的《共产主义宣言。历史、序言和注释》（1906年圣彼得堡版）。也可以参看《历史唯物主义》（1908年圣彼得堡版，收入恩格斯、考茨基、拉法格等许多人的文章的论文集）。柳·阿克雪里罗得的《哲学概论。答历史唯物主义的哲学批评家》（1906年圣彼得堡版）。专门为狄慈根背离马克思主义的失败尝试辩护的有恩·温特尔曼的《狭隘马克思主义的逻辑缺陷》（1910年慕尼黑版，共753页，是一部篇幅很大但不严肃的著作）。胡戈·里克斯的《马克思主义的哲学根源》，载于《一般政治学杂志》第62年卷（1906年）第3册第407—432页，这是一个反对马克思观点的人的一部值得注意的著作，他表明了这些观点从唯物主义角度来看的哲学严整性。本诺·埃尔德曼的《唯物主义历史观的哲学前提》，载于《立法、行政和国民经济年鉴》（施穆勒年鉴）1907年第3册第1—56页，对马克思哲学唯物主义的一些基本原理作了很有用的表述，并综述了从流行的康德主义以及整个不可知论观点出发的各种反对意见。鲁·施塔姆勒（康德主义者）的《从唯物主义历史观点看经济和法》（1906年莱比锡第2版）。伏尔特曼（也是康德主义者）的《历史唯物主义》（俄译本，1901年出版）。福伦德（也是康德主义者）的《康德和马克思》（1909年圣彼得堡版）。还可参看亚·波格丹诺夫、弗·巴扎罗夫等（《马克思主义哲学概论》1908年圣彼得堡版。亚·波格丹诺夫的《伟大拜物教的没落》1909年莫斯科版以及其他著作）同弗·伊林（《唯物主义和经验批判主义》1909年莫斯科版）之间的论战。关于历史唯物主义和伦理学问题的著作有：卡·考茨基的《伦理学和唯物史观》（1906年圣彼得堡版）和考茨基的其他许多著作。再参看布丁的《卡·马克思的理论体系》（1909年斯图加特版。俄译本：路·布丁《以现代批评眼光看卡·马克思的理论体系》，译自英文，维·查苏利奇校订，1908年圣彼得堡版）。赫尔曼·哥尔特的《历史唯物主义》（1909年版）。马克思主义的反对者的著述有：杜冈—巴拉诺夫斯基的《马克思主义的理论基础》（1907年圣彼得堡版）。谢·普罗柯波维奇的《马克思批判》（1901年圣彼得堡版）。哈马赫尔的《马克思主义的哲学经济学体系》（1901年莱比锡版，共730页，是引文的汇编）。威·桑巴特的《19世纪的社会主义和社会运动》（圣彼得堡版）。麦克斯·阿德勒（康德主义者）的《因果性和目的论》（收入1909年维也纳出版的《马克思研究》）和《思想家马克思》。

黑格尔派唯心主义者卓·詹梯利的《马克思的哲学》（1899年比萨版）是值得注意的一本书。作者指出了通常被康德主义者和实证论者等等所忽视的、马克思唯物主义辩证法的几个主要方面。莱维的《费尔巴哈》也值得注意，此书论述了马克思的最主要的哲学先辈之一。切尔内绍夫的《马克思主义者备忘手册》（1908年圣彼得堡事业出版社版），是把马克思许多著作中的话摘编在一起的一部有益的书。关于马克思的经济学说问题，见卡·考茨基的《马克思的经济学说》（有许多俄译本）和他的《土地问题》、《爱尔福特纲领解说》和许多小册子。还可参看伯恩施坦的《马克思的经济学说。〈资本论〉第3卷》（俄译本，1905年出版）。加布里埃尔·杰维尔的《资本论》（《资本论》第1卷的阐述，俄译本，1907年出版）。马克思主义者中在土地问题上的所谓修正主义的代表人物是爱·大卫，他写了《社会主义和农业》（俄译本，1902年圣彼得堡出版）。对修正主义的批判，见弗·伊林《土地问题》（1908年圣彼得堡版第1册）以及他的《俄国资本主义的发展》（1908年圣彼得堡第2版）、《经济评论集》（1899年圣彼得堡版）、《关于农业中资本主义发展规律的新材料》（1917年第1编）。孔佩尔-莫雷尔的《法兰西的土地问题和社会主义》（1912年巴黎版，共455页），是运用马克思的观点（某些地方有所背离）来分析法国土地关系的最新材料。进一步发展马克思的经济观点，将它运用于经济生活中的最新现象的书，见希法亭的《金融资本》）1911年圣彼得堡版；纠正该作者在价值理论上根本错误观点的文章，见考茨基在《新时代》杂志上发表的《黄金、纸币和商品》(*Gold，Papier und Ware*) 第30年卷（1912年）第1册第837、886页）、弗·伊林的《帝国主义是资本主义的最新阶级》（1917年）。彼·马斯洛夫的《土地问题》（两卷本）及《国民经济发展理论》（1910年圣彼得堡版）在一些重要问题上背离了马克思主义。对其中某些错误的批判，见考茨基在《新时代》杂志第29年卷（1911年）第1册上的文章《马尔萨斯主义和社会主义》。

以资产阶级教授中间广泛流行的"边际效用"论的观点批判马克思的经济学说的有：柏姆-巴维克的《马克思体系的终结》（1896年柏林版，载于《政治学著作》，敬献给卡·克尼斯）（俄译本：《马克思的理论及对它的批判》1897年圣彼得堡版）和他的《资本和利润》(1900—1902年因斯布鲁克第2版，两卷本)（《资本和利润》1909年圣彼得堡版）。并见里克斯的《价值和交换价值》（1899年）；冯·博尔特克维奇的《马克思主义体系中的价值核算和价格核算》（1906—1907年出版的《社会科学文库》）；莱奥·冯·布赫的《政治经济学基本要素。第1集。劳动强度、价值和价格》（也有俄译本）。以马克思的观点分析柏姆-巴维克的批评的有：希法亭的《柏姆-巴维克对马克思的批评》（《马克思研究》，1904年维也纳版第1卷）及在《新时代》杂志上发表的一些比较短小的文章。

关于在解释和阐发马克思主义方面的两大派别——"修正派"和激进派（"正统派"）的问题，见爱·伯恩施坦的《社会主义的前提和社会民主党的任务》（德文原本1899年斯图加特版；俄译本有1901年圣彼得堡出版的《历史唯物主义》和1901年莫斯科出版的《社会问题》），并参看他的《社会主义的历史和理论概述》（1902年圣彼得堡版）。反驳伯恩施坦的著作有卡·考茨基的《伯恩施坦与社会民主党的纲领》（德文原本1899年斯图加特版；俄译本有1905—1906年出版的

4种版本)。法文的马克思主义著作有:茹尔·盖得的《阶级斗争的四年》、《警惕!》、《昨天和今天的问题》(1911年巴黎版);保·拉法格的《卡·马克思的经济决定论》(1909年巴黎版)。安·潘涅库克的《工人运动中的两种趋向》。

阐述马克思的资本积累理论问题的新著作有罗莎·卢森堡的《资本的积累》(1913年柏林版)。对该书中曲解马克思理论的部分进行分析的著作有:奥托·鲍威尔的《资本的积累》(《新时代》杂志第31年卷(1913年)第1册第831页和第862页)。埃克施泰因在《前进报》(1913年)上发表的和潘涅库克在《不来梅市民报》(1913年)上发表的文章。

俄国较早评述马克思的著作有:波·契切林的《德国的社会主义者》(载于1888年圣彼得堡出版的别佐布拉佐失的《国务知识汇编》)及《政治学说史》(1902年莫斯科版第5册第156页)。季别尔的《契切林先生透过有色眼镜所看到的德国经济学家》(载于《季别尔文集》1900年圣彼得堡版第2卷),该书是对上述的契切林著作的反驳。路·斯洛尼姆斯基的《卡·马克思的经济学说》(1898年圣彼得堡版)。尼·季别尔的《大卫·李嘉图和卡·马克思的社会经济研究》(1885年圣彼得堡版)和《季别尔文集》两卷集(1900年圣彼得堡版)。还有伊·考夫曼(伊·考—曼)的一篇对《资本论》的评论文章(载于1872年《欧洲通报》杂志第5号),这篇文章颇为有名,因为马克思后来在《资本论》第2版跋中引用了伊·考—曼的话,认为这篇文章正确地论述了他的唯物主义辩证方法。

俄国民粹派论述马克思主义的文章有:尼·康·米海洛夫斯基针对彼·司徒卢威《评述》一书(载于1894年圣彼得堡版)所发表的文章(载于《俄国财富》杂志1894年第10期和1895年第1期和第2期,后收入他的《文集》,对这本《评述》,克·土林(即弗·伊林)在《说明我国经济发展状况的资料》(1895年圣彼得堡版,已被书报检查机关销毁)中曾根据马克思主义观点进行过分析,该文收入弗·伊林的《十二年来》(1908年圣彼得堡版)。其次,民粹派的著作还有:瓦·

沃·的《我们的方针》（1892年圣彼得堡版）和他的《从70年代到1900年》（1907年圣彼得堡版）。尼古拉—逊的《我国改革后的社会经济论文集》（1893年圣彼得堡版）。维·切尔诺夫的《马克思主义和土地问题》（1906年圣彼得堡版）和他的《哲学和社会学论文集》（1907年圣彼得堡版）。

除民粹派的著作外，还有：尼·卡列耶夫的《关于历史唯物主义的新旧评论文集》（1896年圣彼得堡版，1913年第2版书名改为《经济唯物主义批判》）。马萨里克的《马克思主义的哲学和社会学基础》（1900年莫斯科版）。柯罗齐的《历史唯物主义和马克思主义经济学》（1902年圣彼得堡版）。

要正确评价马克思的观点，无疑必须熟悉他最亲密的同志和合作者弗里德里希·恩格斯的著作。不研读恩格斯的全部著作，就不可能理解马克思主义，也不可能完整地阐述马克思主义。

以无政府主义的观点批评马克思的著作的有：瓦·切尔克佐夫的《马克思主义学说》（1905年圣彼得堡版，共两册）；韦·捷凯尔的《代替一本书》（1907年莫斯科版）。工团主义者索列尔的《现代经济学的社会研究》（1908年莫斯科版）。

三　阿尔都塞：《论青年马克思（理论问题）》[①]

"德国的批判，直至它的最后挣扎，都没有离开过哲学的基地。这个批判虽然没有研究过它的一般哲学前提，但是它谈到的全部问题终究是在一定的哲学体系，即黑格尔体系的基地上产生的。不仅是它的回答，而且连它所提出的问题本身，都包含着神秘主义。"

卡·马克思：《德意志意识形态》

---

① 本文选自阿尔都塞：《保卫马克思》，顾良译，北京：商务印书馆1984年版，第30—57页。

《国际研究》杂志向我们介绍了外国马克思主义者研究"青年马克思"的十一篇论文。其中有陶蒂亚蒂的一篇（业已在 1954 年发表过的旧作），苏联的五篇（其中三篇是由二十七八岁的青年研究人员发表的旧作），民主德国的四篇和波兰的一篇。人们曾经认为，关于青年马克思的研究是西方马克思主义者的禁脔，这部论文集及其引言表明，在研究青年马克思这个任务面前，西方马克思主义者从此不再是单枪匹马了。

在阅读这部饶有兴味但水平不一的集子的时候，我想借此机会探讨几个问题，消除某些混乱，并澄清几个观点。

为叙述方便起见，请允许我从政治、理论和历史这三个根本方面来研究马克思青年时期著作的问题。

（一）政治问题

关于马克思青年时期著作的辩论，首先是一场政治辩论。总的说来，梅林已经相当透彻地阐明了这些著作的历史和意义；后来，社会民主党人把这些著作重新翻了出来，利用它们来反对马克思主义的理论立场。关于这些，我就无需再多啰嗦了。最早发难的两个人名叫兰茨胡特和迈耶尔（1931 年）。我们不妨谈一谈他们出版的《马克思哲学著作集》的序言（莫里多尔译，科斯特出版社出版，第四卷，第 13—51 页）。他们的观点在其中说得清清楚楚。他们认为，《资本论》是一种伦理学的理论，在《资本论》里保持沉默的哲学只是在马克思青年时期的著作里才大声讲话。我已做了简略说明的这个论点交上了非凡的好运。它不仅如我们早已知道的那样，在法国和意大利取得了成功，而且我们通过这些论文可以看到，它在德国和当今的波兰也风行了起来。哲学家、思想家和宗教家们纷纷投入到了一场大规模的批判运动中去，他们要马克思回到马克思的本原，要他承认成年马克思不过是化装了的青年马克思。或者，如果马克思在年龄问题上坚持不肯让步，他就应该承认成年时期的罪过，承认他为了经济学而牺牲哲学，为了科学而牺牲伦理学，为了历史而牺牲人。马克思的真理，他能传诸后代的全部东西，他能帮助我们今天的人生活和思想的全部东西，不论他自己同意与否，都包括在这几部青年时期的著作中。

这些善良的批评家只给我们留下一种选择，即承认《资本论》（以及"成熟的马克思主义"）或者是青年马克思哲学思想的表现，或者是对这一哲学的背叛。在两种情况下，都必须全部修正既定的解释，必须回到体现着真理的青年马克思去。

由此可见，辩论的起因是青年马克思，辩论的结果关系到马克思主义的生死存亡。辩论的题目则是青年马克思是否已经是马克思的全部。

辩论就这样开始了，在这场辩论中，从策略方面考虑，马克思主义者似乎只有两个办法来迎接挑战。

马克思主义者如果要使他们的论敌不能用马克思的青年时期来诋毁马克思，那么，笼统地讲，他们就能够提出两个论点：或者承认青年马克思不是马克思，或者断言青年马克思就是马克思。这两个论点在表述上可以千差万别，但各种表述都离不开这个精神。

也许有人认为，摆出这些可能性似乎没有多大用处。假如是对历史提出异议，那就不应该有任何策略考虑，而只能对事实和材料进行科学研究，并据此作出结论。可是，以往的经验以及眼下这部论文集都证明，马克思主义者所面对的是一场政治攻击，在这种情况下，他们不能没有明智的策略考虑，不能不做出自卫的反应。W.雅恩正确地指出，关于马克思青年时期著作的辩论不是由马克思主义者挑起的。马克思主义者对梅林的经典论著和对科尔纽细致的学术研究显然没有给予正确的估价，他们因而没有能预见到这场战斗的发生，毫无准备就仓促上阵。他们做了力所能及的抵抗。在目前的防御中，他们的临时应付、笨拙、混乱乃至缺乏自信心，也都说明他们还措手不及。这是马克思主义者在自己的战场上，即在马克思这一战场上，受到的一次突然袭击。问题涉及的不只是一个普通的概念，而是直接关系到马克思的历史和马克思本人：他们对此感到富有特殊的责任。继自卫这一本能反应以后，他们的第二个本能反应开始出现：他们担心尽不到自己的责任，担心因保不住马克思主义的遗产而对不起自己和对不起历史。这里必须明确指出，如果不去思考、批判和克服这种本能反应，它会使马克思主义哲学家做出一个笼统的也是最糟糕的回答，因为这种回答实际上是为了图省事而把问题取消。

为了使那些把马克思和他的青年时期对立起来的人无话可说，有人坚决地采取了相反的立场：他们把马克思同他的青年时期调和起来。他们不再通过《论犹太人问题》来阅读《资本论》，而是通过《资本论》去阅读《论犹太人问题》；他们不再在马克思的身上找到马克思的影子；他们臆造出一种"未来完成式"的所谓哲学史理论作为辩解的论据，却没有看到这种假理论完全是黑格尔的理论。由于对马克思的完整性可能受到损害感到神圣的恐惧，他们的本能反应是要坚决保卫整个马克思。他们宣传：马克思是一个整体，"青年马克思就属于马克思主义"，似乎像马克思那样去历史地考察马克思的青年时期会使我们失去整个马克思，似乎把马克思的青年时期交给历史做彻底的批判会使我们失去整个马克思；这里所说的历史不是马克思将要经历的历史，而是马克思实际经历的历史，不是直接的历史，而是经过思考的历史。关于这种历史，马克思在其成熟时期曾告诉我们，它不是黑格尔含义上的"真理"，而是科学思考的原则。即使是处于防守的地位，没有正确的理论也就没有正确的政策。

（二）理论问题

我们现在来谈研究马克思青年时期著作所提出的第二个问题：理论问题。我想特别强调一下这个问题，因为我认为这个问题始终没有得到解决，或者说，涉及这个问题的大多数论著没有能够正确地提出问题。

在阅读青年马克思的文章时，人们往往满足于把各种观念随意地联结起来，或者对各种术语做简单的比较，而对文章本身却缺少历史的分析。我们无疑可以承认，这种阅读方法虽然能得出一些理论成果，但这些成果仅仅是真正理解原著的先导。例如，在阅读马克思的博士论文时，人们可以把其中的术语同黑格尔的思想进行比较；在阅读《黑格尔法哲学批判》时，可以把其中的原则或者同费尔巴哈相比较，或者同成熟时期的马克思相比较；在阅读《1844年手稿》时，可以把它的原理同《资本论》的原理相比较。这种比较既可以是肤浅的，也可以是深刻的。它可能造成一些误解，而误解本身毕竟是错误的。另一方面，它也能够打开一些有益的新境界。但是，这种比较并不始终是正确的。

因为，如果人们满足于理论成分的拼凑，即使拼凑得十分得体，人们还是脱不出在大学里颇为流行的那一套老观点；这套观点主张对理论成分作对照和比较，其最高表现就是所谓源泉论或提前论，其实二者是一码事。就是说，熟悉黑格尔的读者在读1841年的博士论文时，甚至在读《1844年手稿》时，"将会想到黑格尔"。熟悉马克思的读者在读《法哲学批判》时，"将会想到马克思"。

但是，人们也许没有充分注意到，无论叫源泉论或叫提前论，这套老观点就其朴素的直接含义而言，都是以始终在这套观点中悄悄地起作用的三个理论前提为基础的。第一个前提是分析性前提：根据这个前提，任何理论体系，任何思想结构都能够还原为各自的组成部分；在这个条件下，人们就可以对理论体系中的某一个成分单独进行研究，也可以把它与属于另一个体系的另一个类似成分相比较。第二个前提是目的论前提：这个前提建立了一个历史的秘密法庭，对交给它审理的观念作出判决，它甚至还可以把（其他）体系分解为组成部分，确认它们作出成分的资格，然后根据自己的真理性标准去衡量它们。最后，第三个前提是前两个前提的基础，它把观念的历史看作自己的组成部分；它认为，历史上发生的一切归根结蒂无不是观念历史的产物，观念世界本身就是观念自己的认识原则。

我认为，必须对这三个前提追根究底，才能懂得这种方法最显著的特征就在于它是一种折衷主义的方法。如果我们在折衷主义的表层下深入挖掘，除了找到一些毫无思想性可言的形式外，我们所接触到的就始终是这种理论目的论以及观念的自我认识。在阅读论文集的某些文章时，我们不禁感觉到，这些文章依然受到折衷主义内在逻辑的感染，即使当他们力图去摆脱折衷主义时也是如此。在他们看来，似乎青年马克思的理论发展史要求把青年马克思的思想还原为"成分",这些成分大致可以分为两类:唯物主义成分和唯心主义成分。在他们看来,似乎这些成分的单个比较和集体比较将能决定有关文章的意义。例如,马克思为《莱茵报》撰写的文章虽然还具有黑格尔思想的外在形式,人们显然可以指出这些文章包括了一些唯物主义的成分(书报检查制度的政治本质,林木盗窃法的社会本质和阶级本质,等等);又如,1843年的手稿(《黑格尔法哲学批判》)虽然在阐述中使用了带有费尔巴哈色彩的或依旧是黑格尔的表述,它显然也包括了一些唯物主义成分(社会阶级的现实存在,私有制及其与国家的关系的存在,甚至唯物辩证法的存在,等等)。十分明显,除非在阅读这些文章时带有倾向性,即根据目的论的需要去阅读,否则是不能割裂思想的内在联系而把思想分成互不相关的成分,并把这些成分当作本身有意义的实体去思考。论文集中最有头脑的作者之一 N.拉宾直率地承认:"这种做法……实际上是非常折衷主义的,因为它不回答以下的问题,即不同的成分如何结合成为马克思的世界观。"他正确地看到,把一篇论文肢解为已经是唯物主义的成分和还是唯心主义的成分,不能保持论文的整体性,而这种肢解恰恰是通过成熟时期著作的内容来阅读青年时期著作所造成的。由此可见,成熟时期马克思主义的法庭,目的论的法庭,对马克思的早期著作做出判决,决定把这些著作肢解为成分,只能破坏它们的整体性。"如果从马克思当时具有的哲学观点出发,1843年手稿(《黑格尔法哲学批判》)是一部十分连贯和完整的著作",但是,"如果从发展了的马克思主义的观点出发,这部著作就不是一个有机的整体,就方法论价值而言,它的每个成分不一定都能得到严格的证明。有些问题被过于强调了,另一些带有根本性的问题却只是一笔带过,这显然是由于思想不够成熟的缘故……"拉宾承认,正是这种从结束向开始的回溯,造成了把整体肢解为成分,又把这些成分确立为独立成分;我觉得拉宾的这一承认是十分诚实的。此外,我还补充一点:我们经常可以看到成熟的马克思主义者请费尔巴哈等中间作家起一种"例证"的作用。由于费尔巴哈被认为是"唯物主义者"(尽管严格地说,费尔巴哈的"唯物主义"基本上只是徒具形式而不能兑现的唯物主义宣言），他本人就成为一个"例证"，人们根据费尔巴哈作出的判决和得出的"真理"，从青年马克思的著作中得出一种被称为"唯物主义"成分的副产品。因此，主谓颠倒、费尔巴哈对思辨哲学的批判、对宗教的批判、人的本质在生产中的客体化等，统统被宣布是"唯物主义"的成分。这种通过费尔巴哈制造出唯物主义成分的方法，同通过成熟的马克思制造出唯物主义成分的方法结合在一切，只能造成废话连篇和谬误百出，使人无从分辨由费尔巴哈证实的唯物主义成分和由马克思本人证实的唯物主义成分到底有什么区别。根据这个方法，我们在马克思青年时期的所有作品里，包括他给父亲写的那封声称不愿把理想和现实分开的信内，到处都可以找出一些唯物主义成分来。这样，我们就很难断定，究竟在什么时候马克思可以被认为是唯物主义者，或者就在什么时候他还不是唯物主义者！例如，在W.雅恩看来，《1844年手稿》虽然还包括"一系列抽象的成分"，却已标志着"科学社会主义的诞生"。巴季特诺夫则认为，《1844年手稿》"是马克思在社会科学中实现转折的一个焦点，由此奠定了马克思主义的理论基础"。拉宾认为，"在《莱茵报》的文章里，只是自发地出现的一些唯物主义的成分，而1843年手稿则不同，它证明了马克思自觉地在向唯物主义转变"，而且确实"马克思对黑格尔的批判是从唯物主义立场出发的"（虽然在同一篇文章里，这种"自觉的转变"又被说成是"含糊的"和"不自觉的"）。至于沙夫，他干脆写道："我们知道（根据恩格斯后来的叙述）马克思于1841年成了唯物主义者。"

我不想利用各种说法之间的矛盾而得出过于简单的结论（这表明问题还有待研究）。但我们有权发问，马克思转向唯物主义的日期之所以不能确定等等，是否正由于人们不知不觉地使用了分析目的论的缘故。我们不得不指出，分析目的论既然把一种思想肢解为各种成分，也就是说，它已经破坏了这种思想的真实整体性，它就没有资格再对这个思想说三道四。而它被剥夺这种资格，恰恰是因为，既然它肢解了马克思的思想，它就不能作为衡量这个思想的有效标准。唯心主义成分就是唯心主义成分，唯物主义成分就是唯物主义成分，把两种成分在一篇文章里结合成一个生动和现实的整体,谁能够去断定它们究竟具有什么意义?肢解势必导致这样的荒唐结果:《论犹太人问题》或《1844年手稿》这类文章究竟具有什么整体意义的问题就不成立了,就不能提出了,因为没有办法提出这个问题。可是,这是一个最重要的问题,是现实生活和有生命力的批判永远不能避开的问题!假如今天哪位读者天然想认真研究并讲解《论犹太人问题》或《1844年手稿》的哲学(这种事情是确实发生过的!我甚至要说,我们大家都曾有过这种经历!可惜有这种经历的人并不全都称为马克思主义者!),我真不知道该如何实事求是地来评价马克思的思想,也就是说,不知道该如何把它作为一个整体来评价。我们将认为它是唯心主义的还是唯物主义的呢?把它看作是马克思主义的还是非马克思主义的呢?或者我们是否应该认为,马克思的思想还没有告一段落,对它的意义还不能下个定论?人们往往就这样去看待青年马克思的著作:似乎这些著作属于一个可以把"根本问题"避开不谈的领域,而其唯一的理由就是它们必定会发展成为马克思主义……似乎只有在这些著作所包含的成分被吸收到马克思主义的整体中去的时候,才能对这些著作的意义下定论,而在作总结以前,由于整体性已被破坏,关于这些著作的整体意义的问题也就根本不能成立。这个结论是荒谬透顶的,它充分暴露了分析目的论的秘密:这个不停在做出判决的方法,却对不同于自己的整体不能做出任何判决。这岂不等于承认:分析目的论只是在自我判决,只有通过它所研究的对象重新认识自己;它永远不能离开自己,它所要研究的发展,归根结蒂是自己在自己内部的发展。对于以上极而言之地用逻辑推理所叙述的方法,如果有人说它恰恰是辩证法的话,我将回答说:是的,这可算是辩证法,但这是黑格尔的辩证法。

确实,对于这个被还原为成分的实现思想,每当我们需要具体地考虑它的前途的时候,每当我们需要回答拉宾提出的"这些不同的成分如何在马克思最终的世界观中结合了起来"这个天真而诚实的问题的时候,每当我们思索各成分间相互关系的时候,我们就会看到黑格尔的辩证法或者以肤浅的形式或者以深刻的形式作为论据出现了。肤浅的形式，例如求助于内容和形式的矛盾，即内容和概念表述的矛盾。"唯物主义的内容"同"唯心主义的形式"发生了冲突，而唯心主义的形式又往往被归结为一个简单的术语问题（术语问题总归是要消失的，因为这只是用词不当的问题）。马克思已经是唯物主义者，不过他还运用费尔巴哈的一些概念，借用费尔巴哈的术语，尽管他已经不是，或者从来也不是纯粹的费尔巴哈主义者；马克思在《1844年手稿》和成熟时期著作之间的那段时间里终于确定了自己的术语。总之，这完全是个用词问题，后来的全部变化就是用词变了。我们知道，以上的推论是极而言之，但这是为了更好地说明分析目的论方法的奥秘含义。有时，分析目的论方法以更加完善的形式而出现，例如在拉宾的理论里，不仅把形式（术语）与内容相对立，而且把意识与趋向相对立。拉宾并不把马克思在不同时期的思想差异单纯归结为术语不同。他承认马克思的用语都有其意义，这种意义就是马克思在特定发展阶段中（自我）意识的意义，这种意义就是马克思在特定发展阶段中（自我）意识的意义。因此，在1843年手稿（《黑格尔法哲学批判》）中，马克思的自我意识是费尔巴哈式的意识。马克思使用了费尔巴哈的语言，因为他自以为是费尔巴哈者。但是，这种语言和意识当时在客观上是同他的"唯物主义趋向"相矛盾的。这种矛盾正是马克思思想发展的动力。拉宾的这种观点表面上虽然很像是马克思主义的观点（人们会想到所谓的"意识的落后"），但它毕竟只是外表相像而已，因为它虽然可以确定意识（文章的总的意义和语意），但却无从具体地确定"趋向"。拉宾认为，唯物主义趋向与（自我）意识的区别完全相当于"成熟马克思主义对1843年手稿客观内容的认识与马克思当时的认识之间的不同"；如果我们注意到这一点，我们就可以清楚地看到拉宾是如何去确定"趋向"了。严格地说，拉宾这句话的意思无非是认为"趋向"是结果向本原的抽象回溯，这也就是黑格尔的自在论，不过把终点当作起点来思考而已。由此，意识和趋向的矛盾就成了自在和自为的矛盾。拉宾还直截了当地宣布，这种趋向是"含糊的"和"无意识的"。这是把对问题本身的抽象拿来当作问题的答案。当然，我并不否认，拉宾的论文中有一些论述是朝另一种观点的方向发展的（或许有人也会指责我陷入了成分理论的泥坑！如果真要研究成分，"趋向"这个概念就应该放弃不用），但应该指出，拉宾的体系是黑格尔的体系。

因此，不同分析目的论的方法（这种方法，无论是自发的还是深思熟虑的，总是或多或少地受到黑格尔原则的影响）一刀两断，就不能对青年马克思的著作（以及由此产生的各种问题）进行马克思主义的研究。为此，必须彻底同这一方法的前提相决裂，并运用马克思关于思想发展的理论原则去研究我们的课题。

这些原则完全不同于前面阐述过的那些原则。他们认为：

1. 每种思想都是一个真实的整体并由其自己的总问题从内部统一起来，因而只要从中抽出一个成分，整体就不能不改变其意义。

2. 每个独特的思想整体（这里指的是某个具体个人的思想）的意义并不取决于该思想同某个外界真理的关系，而取决于它同现有意识形态环境，以及同作为意识形态环境的基地并在这一环境中得到反映的社会问题和社会结构的关系；每个独特思想整体的发展，其意义不取决于这一发展同被当作其真理的起点或终点的关系，而取决于在这一发展过程中该思想的变化同整个意识形态环境的变化以及同构成意识形态环境基地的社会问题和社会关系的变化的关系。

3. 推动独特思想发展的主要动力不在该思想的内部，而在它的外部，在这种思想的此岸，即作为具体个人出现的思想家，以及在这一个人发展中根据个人同历史的复杂联系而得到反映的真实历史。

还必须指出，以上三项原则不是严格意义上的意识形态原则，而是科学的原则。换句话说，它们不是所需研究的那个过程的"真理"（以"未来完成式"撰写的历史，其所有的原则都自称是过程的"真理"）。它们不是绝对真理，而是相对真理。它们只是作为某一问题的合理立场的条件才成为真理，也就是说，作为通过这个问题产生出真正的答案的条件才成为真理。它们所以是"成熟马克思主义"的先决条件，这并非因为它们是马克思主义成长过程的真理，而是因为它们是能够解释马克思主义的成长过程以及其他一切历史过程的理论。正是在这一条件下，马克思主义才认识自身以外的它物：不仅能认识作为它物而存在的自身成长过程，而且能认识历史上产生的所有其他变革，包括马克思主义的出现在历史实践中导致的种种其他变革。既然马克思主义不是黑格尔意义上的和费尔巴哈意义上的绝对真理，而是一门从事科学探索的学说，马克思主义就不必再为解释其自身的成长过程或为解释它所推动的历史发展过程而陷入窘境；无论为了了解马克思从何产生，或是为了了解马克思有何创造，都必须运用马克思主义的研究原则。

为了正确地提出马克思青年时期著作的问题，第一个必备的条件是要承认，即使哲学家也有自己的青年时代。哲学家总是要先在某天某地诞生，然后才开始思考和写作。有人认为，绝不应该发表自己青年时期的著作，甚至根本不应该写这种著作（但至少那些想要报考博士的青年人总得发表这种著作吧），这种聪明人肯定不是黑格尔派，因为从黑格尔的观点看，青年时期著作就像雅利所说的"伏尔泰儿童时代的脑壳"这个古怪东西一样，既是不可避免地存在的，又是不能由人自己决定的。其所以不可避免，因为任何事物都有自己的开端。其所以不能由人自己决定的，因为人们不能选择自己的开端。马克思既没有生下来就要当思想家，也没有选择要在德国的历史都集中于大学教育这样的意识形态世界中进行思考。他在这个世界中成长起来，在这个世界中解放出来。关于这一开端的必然性和偶然性，我在下面再谈。事实是确实有一个开端，为了叙述马克思个人的思想发展史，必须从青年马克思这个具体个人在他所处时代的思想世界中出现，在其中开始思考，并同当时的思想进行交流和辩论的那一刻起，立即抓住马克思的思想运动。这些交流和辩论构成了马克思青年时期著作的素材，而在这些著作中我们又看到马克思的活生生的思想。可是，种种事实表明，思想的主人在交流和辩论中却似乎并不出现。不仅通过其思想和著作表现自己的具体个人不出现，而且在现有的意识形态环境中表现自己的真实历史也不出现。思想家被他的著作所掩盖，人们通过著作只能看到思想家的严谨思想；具体的历史也被当时的意识形态论题所掩盖，人们所能看到的只是意识形态的体系。关于具体个人和真实历史何以不出现的问题，这也是应该加以研究的。但暂且，关键还在于了解，独特思想的严谨逻辑同意识形态环境的一系列题材究竟有什么关系。这种关系正是上面所说的开端，而且这一开端是没有结束的。我们需要研究这个关系，即独特思想（在其各发展阶段上的）内在统一性与现有意识形态环境（在其各发展阶段上的）关系。可是，为了研究它们的关系，必须同时研究它们使用的术语。

这项方法论上的要求首先意味着，必须对这一意识形态环境的本质和结构具有真正的认识，而不是虚假的认识。它还意味着，人们不能满足于把意识形态世界想象成一个不偏不倚的舞台，听任一些根本不存在的名人由于偶然机会想象成一个不偏不倚的舞台，听任一些根本不存在的名人由于偶然机会而在这里同台表演。马克思在1840至1845年间的命运不由黑格尔、费尔巴哈、施蒂纳、赫斯等人之间的假想辩论所决定，也不由马克思在他当时著作中或由恩格斯和列宁在他们后来的泛泛回顾中所反映的同一些人之间的辩论所决定。马克思的命运是由一些具体的思想家之间的辩论所决定的，当时的意识形态环境赋予这些思想家一个特定的形象，这个形象不一定同他们作品的历史身份相一致（例如黑格尔），而是大大超出了马克思在其著作中加以论证和批判时所描述的明确形象（例如费尔巴哈），当然也超出了恩格斯在四十年代以后为他们概括的一般特征。举个具体的例子来说明以上的看法，我可以说，青年马克思在写博士论文时与之辩论的黑格尔，不是我们在1960年安静地在图书馆里所想象的那个黑格尔，而是新黑格尔主义运动的黑格尔，是被请来为四十年代的知识分子研究自身的历史和希望提供思想武器的黑格尔；这是已经被弄得同自己发生了矛盾的黑格尔，是被别人违背他的意志、引证他的话来反对他自己的黑格尔。马克思主张使哲学成为意志，使哲学走出精神世界去改造政治世界，他的这个观点可以说是他对他的老师的第一次反叛，但这个观点同新黑格尔主义的基本解释却是完全一致的。我并不否认，马克思和他的博士论文中已经表现出来他对概念的明锐感觉、他论述的严谨和他思考的才能，这一切都使马克思的朋友深为赞叹。但是，上面这个观点的确不是马克思所发明的。同样，如果把费尔巴哈在马克思著作（1841年至1844年）中的存在仅仅归结为马克思明确地提出了费尔巴哈的名字，那也是很轻率的。因为在这些著作中，许多段落是马克思重复或转述了费尔巴哈的论述，但却没有提到他的名字。陶里亚蒂从《1844年手稿》中摘出来的那段话正是直接从费尔巴哈那里得来的。我还可以举出许多其他例子，说明人们往往轻率地把费尔巴哈的话说成马克思的话。费尔巴哈是人所共知的名人，马克思又已经把费尔巴哈的思想当作了自己的思想，并且用费尔巴哈的思想进行思想，就像用自己的思想进行思想一样，在这种情况下，马克思有什么必要非得提到费尔巴哈的名字呢？对马克思说来，重要的是说出费尔巴哈还没有说过但可能说的那些思想，是要深入到费尔巴哈的总问题中去，也就是要深入到费尔巴哈的真实思想的整体中去；这个思想整体既是现有意识形态环境的领域，又是马克思赖以进行独立思考的领域。由此可见，不研究意识形态环境，就无从研究某个独特的思想整体；而为了研究意识形态环境，又必须研究独特的思想整体。

思想整体究竟是什么呢？为了用一个例子来回答问题，我们回过头来再谈费尔巴哈，但这里为了提出马克思开始同费尔巴哈发生关系时马克思思想的内在整体这个问题。关于这一关系的性质，由于众说纷纭，论文集的大多数作者在评论时显然感到为难。为难的原因并非由于大家对费尔巴哈的著作恰好不太熟悉（不熟悉也不要紧，可以去读费尔巴哈的著作）。问题是人们往往不去深究文章的内在整体性和思想的内在本质，也就是说，不去深究费尔巴哈的总问题。马克思虽然没有直接应用过这个术语，但它在马克思成熟时期对意识形态的分析中（尤其在《德意志意识形态》中），却是一个十分活跃的思想。我建议采用这个概念，因为它最能把握住事实，而不致陷入黑格尔关于总体的含糊其辞中去。因为，说一种思想是一个（有机的）总体，这仅仅就叙述而言是正确的，而就理论而言则不然，因为这种叙述一旦被改变为理论，就有可能使我们只想到毫无内容的空洞整体，而想不到整体的特定结构。

想反，如果用总问题的概念去思考某个特定思想整体（这个思想直接以一个整体而出现，它明确地或不明确地被人们作为一个整体或一个"总体化"动机而"体验"），我们就能够说出联结思想各成分的典型的系统结构，并进一步发现该思想整体具有的特定内容，我们就能通过这特定内容去领会该思想各"成分"的含义，并把该思想同当时历史环境留给思想家或向思想家提出的问题联系起来。

我们再用1843年手稿（《黑格尔法哲学批判》）这个具体例子来说明问题。按照论文集作者们的解释，我们在手稿中可以找到一系列费尔巴哈的论题（关于主谓的颠倒、对思辨哲学的批判、类存在的理论，等等），但也有一些在费尔巴哈著作中所找不到的分析（政治、国家与私有制三者之间的关系，社会各阶级的现实，等等）。如果我们的评论停留于组成部分，我们就会走进前面谈到过的分析目的论的死胡同，并陷入术语与含义、趋向与意识那一套虚假的答案中去……必须把我们的研究更加深入一步，我们要考虑，手稿虽然包括了某些费尔巴哈所没有（或几乎没有）分析过和谈到过的问题，但这是否足以成为根据，从而把马克思划分为费尔巴哈的成分和非费尔巴哈的成分（即已经是马克思主义的成分）。可是，人们不能指望从成分本身取得问题的答案。因为一个人所谈到的问题并不直接就等于是他的思想。我不能相信，马克思以前的著作家，只要他们曾经谈到过社会阶级和阶级斗争，即只要他们曾经研究过马克思后来才考虑的问题，人们单凭这一条理由就可以把他们看作是马克思主义者。确定思想的特征和本质不是思想的素材，而是思想的方式，是思想同它的对象所保持的真实关系，也就是作为这一真实关系出发点的总问题。我并不是说，思想的素材在某种条件下不能改变思想的方式，但这是另一个问题。总之，思想方式的这种改变，思想总问题的这种重新组合，可以通过许多其他途径，而不一定要通过对象同思考直接关系！假如真的要朝这个方向进一步提出组成成分的问题，人们就要承认，一切都取决于总问题的性质，因为总问题是组成成分的前提，只有从总问题出发，组成成分才能在特定的文章里被思考。在我们的例子里，问题将以下面的形式而出现：马克思对社会阶级、对私有制与国家的关系等新对象进行的思考是否在《黑格尔法哲学批判》中使费尔巴哈的理论前提发生了动摇,使它们变成了毫无意义的空话?或者这些新对象也是从费尔巴哈的理论前提出发而被思考的?这个问题之所以成立,恰恰因为一个思想的总问题并不限于作者所考察的对象的范围,因为总问题并不是作为总体的思想的抽象,而是一个思想以及这一思想所可能包括的各种思想的特定的具体结构。例如费尔巴哈的人本学不仅能成为宗教的总问题(《基督教的本质》),而且能成为政治的总问题(《论犹太人问题》),甚至能成为历史和经济的总问题(《1844年手稿》),而在本质上它依旧是人本学的总问题,即使费尔巴哈的"词句"已经被抛弃和扬弃。人们可以认为,从宗教人本学过渡到政治人本学,最后过渡到经济人本学,这是政治上的一件大事,而且在1843年的德国,人本学代表着一种先进的意识形态形式;对此,我们也完全同意。但是,这种判断本身意味着,人们首先已经了解到所考察的思想的本质,也就是说,已经确定了该思想的真实总问题。

我要补充的是,一种思想的最后意识形态本质与其说取决于思想对象的直接内容,还不如说取决于提出问题的方式。这个总问题并不是轻而易举地就能被历史学家所抓住,其理由十分简单:哲学家的"推理顺序"同他的哲学的"推理顺序"不相吻合。人们可以认为,意识形态(这里就严格的马克思主义含义而言,根据这种含义,马克思主义不是意识形态)特征恰恰在于以下的事实,即它自己的总问题不是自我意识。马克思反复告诉我们,不要把思想的自我意识当作思想的本质,他这句话的意思是,在思想没有意识到它所回答的(或避免回答的)现实问题以前,思想首先没有意识到"理论前提",也就是说,没有意识到业已存在但未被承认的总问题,而这个总问题却在思想的内部确定着各具体问题的意义和形式,确定着这些问题的答案。因此,一般说来,总问题并不是一目了然的,它隐藏在思想的深处,在思想的深处起作用,往往需要不顾思想的否认和反抗,才能把总问题从思想深处挖掘出来。我想,如果人们真正愿意这样做,那就必须不再把某些唯物主义者(首先是费尔巴哈)的唯物主义宣言同唯物主义本身混为一谈。人们有充分的理由可以相信，这将使某些问题得到澄清，某些虚假的问题被撇开。只有这样做，马克思主义本身将通过自己的历史著作，更加正确地认识自己的总问题，也就是说，将获得更加正确的自我意识；总而言之，这是马克思主义应该做到的事，这是它应尽的义务。

我想把以上的看法概括一下。为了认识一种思想的发展，必须在思想上同时了解这一思想产生和发展时所处的意识形态环境，必须揭示出这一思想的内在整体，即思想的总问题。要把所考察的思想的总问题同属于意识形态环境的各思想的总问题联系起来，从而断定所考察的思想有什么特殊的差异性，也就是说，是否有新意义产生。当然，真实的历史也在这一复杂过程中经常起作用。不过，在一篇文章里，是不能说得面面俱到的。

由此可见，这种方法不仅与折衷主义的第一个理论前提分道扬镳，并且也已经同第二个前提各分东西。第二个前提幻想建立起意识形态历史的沉默法庭，这个法庭不等研究开始，就事先确定了意识形态历史的的价值和效果。意识形态历史的真理性既不是它的本原（起源），也不是它的终点（结束），而是事实本身，是以意识形态总问题为背景而建立的各思想对象、思想论点和思想价值的中心结构，而总问题本身又随着与之相联系的、变化着的、受真实历史制约的意识形态世界而演变。当然，我们知道青年马克思必将成为马克思，但我们不打算代替马克思去生活，代替他去抛弃旧事物和发现新事物，从而加速马克思的成长过程。我们将不像迎接一名赛跑运动员那样，事先在跑道终点等他，以便他一到终点就给他披上斗篷。因为事情已经过去，马克思也早已达到了终点。卢梭说过，对儿童和少年，教育的全部艺术就在于懂得消磨时间。历史评论的艺术也在于要消磨足够的时间，以等待青年作家成长为大作家。所消磨的这段时间无非是我们给予他们生活的时间。这是他们生命的必然，而我们则通过理解他们生活中的转折、反复和演变而划分出他们生活的阶段。一旦把起源和结束的神从它们的宝座上推了下来，人们就能看到必然的成长壮大过程；从这个角度讲，也许再没有别的事能令人感到更大的愉快了。

(三) 历史问题

以上的论述显然还没有谈到折衷主义方法的第三个前提，即全部意识形态历史都在意识形态内部进行。我们现在就来谈这个问题。

我感到遗憾的是，除了陶里亚蒂和拉宾的论文，以及特别是霍普纳的那篇杰出的论文外，论文集的大多数作者几乎都一笔带过，甚至根本没有谈到这个问题。

然而，任何一个马克思主义者最终都免不了要提出几年前被人们称之为"马克思的道路"这个问题，也就是马克思思想的各重大事件同真实历史之间的关系问题；这一真实历史既是单一的，又是双重的，它是思想的真正主体。因此，必须打破这种双重的缺席状态，使具体的人和真实历史出场，它们是这些至今缺少主体的思想的真正创造者。因为，如果没有这些真正的创造者，又怎么能解释思想的产生和演变呢？

我这里不准备探讨马克思的个性问题；马克思具有强烈的批判热情、一丝不苟的求实精神和无与伦比的现实感，关于他的非凡的理论气质的根源和结构，这个问题我也暂且不谈。如果从心理学的观点研究马克思个性的结构、起源和历史，我们在马克思青年时期著作中肯定能够清楚地看到他的十分鲜明的作风：善于提问、勤于思考和勇于探索。即使我们不一定能够抓住马克思从事其事业的根本性原因（即萨特尔所说的著作家的"根本计划"），至少也能抓住马克思何以坚持不懈地要求把握住现实的原因，这种要求可以初步说明马克思思想发展的真实连续性，以及拉宾部分地试图用"趋向"这个词所思考的内容。但是，如果不从事这项研究，我们就可能弄不清为什么马克思和他同时代的许多人，即青年黑格尔派的成员，虽然出身于相同的社会环境，面对相同的意识形态论题和历史问题，却经历了不同的命运。梅林和奥古斯特·科尔纽为我们提供了从事这项研究的素材，我们应该完成这项研究，以便懂得莱茵河畔的一名资产阶级子弟怎样变成了铁路时代的欧洲工人运动的理论家和领袖。

这项研究将不仅使我们懂得马克思的心理，而且使我们了解真实的历史，了解马克思本人对真实历史的直接认识。这里，我想简单谈谈关于马克思思想演变的意义和"动力"的问题。关于马克思如何成长和发展的问题，折衷主义的评论家们力图并乐于从意识形态历史内部去寻找答案。例如，有人说，马克思把黑格尔的方法同黑格尔的内容作了区别，并运用了黑格尔的方法去研究历史。也有人说，马克思把头足倒置的黑格尔体系颠倒了过来（大家知道，黑格尔体系是一种"范畴的范畴"，因而这种说法在某种程度上确实有点幽默感）。有人说，马克思把费尔巴哈的唯物主义运用到了历史中去；这种说法似乎忘记了，局部性的唯物主义也许很难就算是唯物主义。有人说，马克思把异化理论（黑格尔的或费尔巴哈的）运用于社会关系的领域，似乎这一"运用"，就改变了异化理论的根本意义。最后，用一句话来概括，以往的唯物主义者是"不彻底的"，而马克思则相反，他是彻底的唯物主义者。在马克思主义思想史研究中经常出现的这种所谓彻底和不彻底的理论是启蒙哲学家们为了他们个人的需要而玩弄的一个小小的意识形态花招。费尔巴哈把这个花招继承了下来，而且玩得十分出色，关于这个花招，值得写篇短文作专门的论述，因为它是历史唯心主义的精华：大家知道，观念是相互产生的，任何历史的（和理论的）荒谬无非是一种逻辑的错误。

　　以上的种种说法虽然包含一定的真理性，但严格地说，它们依旧没有摆脱幻想的束缚，即认为青年马克思的思想演变过程是在思想的范畴内进行和决定的，而这种演变的根据就是马克思对黑格尔、费尔巴哈等人提出的思想进行了思考。照以上的说法，人们似乎可以承认，1840年德国青年知识分子从黑格尔那里继承来的思想，同它们的外表相反，包含着一部分含蓄的、被掩盖的、经过伪装的和改变了方向的真理，而马克思在经过多年的理论努力后，终于用批判的威力把这一真理挖掘了出来，使它重见了天日和得到了公认。所谓把黑格尔的哲学（或辩证法）"颠倒过来"、使之"重新用脚立地"这个著名论题实际上就贯穿着这种逻辑；因为，说到底，如果问题的确仅仅是把颠倒了的东西颠倒过来，那么事物的颠倒显然并不会因简单的位置移动而改变本质和内容，用头着地的人，转过来用脚走路，总是同一个人！在这个意义上，哲学的颠倒无非是位置的颠倒，是一种理论比喻：事实上，哲学的结构、问题，问题的意义，始终由同一个总问题贯穿着。在青年马克思的著作中，似乎主要是这条逻辑在起作用，至少人们就是这样认为的。

可是我觉得，无论以什么名目出现，这种观点并不符合实际。马克思为了对他接触到的各种思想进行理论批判曾付出了巨大的劳动，读过马克思青年时期著作的读者对此都深有感触。很少有别的著作家能像马克思那样，在对待思想的问题上，表现出了尖锐性、不妥协性、严谨性等许多美好的品德。马克思把思想当作他所要研究的具体对象，如同物理学家对待自己的试验对象一样，以便从这些思想中抽出一点真理，即思想的真理。请看他在评述普鲁士的书报检查令那篇文章中怎样论述了关于书报检查的观念，在关于林木盗窃法的文章中怎样指出了活树枝与枯树枝之间的那些似乎微不足道的差别，请看他还怎样论述了关于新闻自由、私有制、异化等等观念。读者显然可以看到青年马克思的著作中的严密思考和有力逻辑，他们自然而然就会相信，马克思的发现和思考在逻辑上是完全吻合的，马克思确实从他研究的思想世界中抽出了其中包括的真理。而且，马克思的努力和热情暴露了他确信并意识到自己找到了真理，这种信念又加强了读者的信念。

因此，我甚至要说，我们不仅要防止上唯心主义思想史观的自发幻想的当，并且更要防止受到马克思青年时期著作给我们的印象的影响，防止接受青年马克思的自我意识。为了说明这一点，我们就要回过头来再谈真实历史，也就是探究"马克思的道路"问题。

我这里再谈开端。的确，任何思想家都必须在某日某地诞生，然后在一定的世界中开始思想和写作。对思想家说来，这个世界就是当时他生活的意识形态世界，即刚诞生的思想家开始思想时的意识形态世界。就马克思而言，这个世界是三十年代至四十年代的德意志意识形态世界，当时支配着这个世界的是德国的唯心主义，或用抽象的术语来说，是所谓"黑格尔的解体"。当然，这不是随随便便的一个世界，但这样泛泛而谈不能说明问题。因为在当时，严格地说，德意志意识形态的世界无可比拟地是最受意识形态压迫的世界，也就是离历史实际最远的世界，是欧洲各意识形态世界中受神秘主义和异化影响最深的世界。马克思就在这一世界中诞生，并开始思想。马克思的开端的偶然性在于，他诞生时被包裹在一块巨大的意识形态的襁褓之中，而他成功地从这块沉重的襁褓中解脱了出来。正因为马克思已经从意识形态襁褓中解脱了出来，我们往往容易以为，马克思经过惊人的努力和决定性的较量后才取得的自由，似乎是他在这个世界里生下时注定能够得到的，却看不到这一意识从一开始就受到这一襁褓的奴役和影响。我们很容易将马克思后来的意识投射到这个时代，并把这段历史写成人们所说的"未来完成式的"。可是，重要的不是把一种自我意识投射到另一种自我意识上去，重要的是要把获得了解放的意识所得出的科学原则（这不是另一种自我意识的内容）用来历史地解释受奴役的意识的内容。

马克思在其后来的著作中，曾指出了为什么这块意识形态襁褓是德国所特有的，而在法国和英国却没有。原因有两方面：德国的历史落后（经济落后和政治落后），以及反映这种落后的社会阶级状况。十九世纪初期的德国由于刚刚经历过由法国大革命和拿破仑战争所造成的巨大动乱，被打上了不能实现民族统一和资产阶级革命的深刻烙印。这一"命运"支配着十九世纪德国的全部历史，而其深远的后果则远远超出这个范围。这种状况的根源要追溯到农民战争，而其结果却使德国只是被动地观望国外发生的种种历史事件。德国的这种无所作为的情形决定了在十八世纪和十九世纪形成的德意志意识形态，给它深深地打上了软弱的印记。这种软弱无力的状态迫使德国知识分子"思考别人已经做过的事情"，并且是在他们软弱的条件下去思考。他们的思考方式反映了职员、教授、作家等小资产阶级社会阶层的愿望，如希望、怀旧和理想化。他们最先思考的问题是使他们受奴役的直接原因，特别是宗教。所有这些历史条件和历史要求恰恰造成了"德国唯心主义哲学"的飞速发展，德国的知识分子正是用这一哲学思考了他们的条件、问题、希望，乃至于"活动"。

马克思说过：法国人有政治头脑，英国人有经济头脑，而德国人则有理论头脑，马克思的这句话不是他一时的戏言。同德国的历史不发达相对应，德国在意识形态和理论方面表现为过分发达，这是其他欧洲国家不能和它相比的。不过，这种理论的发达是一种异化的意识形态的发达，它同它反映的真实问题和真实对象没有具体的联系，而这一点却非常重要。从我们讨论的问题的角度看，这是黑格尔的悲剧所在。黑格尔的哲学确实是十八世纪的百科全书，是已经获得的全部知识的总结，也是历史的总结。但是，在这个哲学里，他所思考的所有对象都被他的思考所"消化"，也就是说，被控制着整个德国知识界的意识形态思考这一特殊形式所"消化"。我们从这里可以想象到，对于在德国三十年代至四十年代期间开始思想的一个青年知识分子说来，他为获得解放所需要的根本条件可能是什么和应该是什么。这个条件就是突破沉重的意识形态襁褓（它把真实历史和真实对象包围了起来，不仅把它们化作影子，而且加以歪曲），重新发现真实的历史和真实的对象。由此产生了一个似乎荒唐的结果：为了从这一意识形态中解放出来，马克思不可避免地要认识到，德意志意识形态的过分发达实际上同时也是德国历史不发达的表现，因而必须从意识形态的大踏步倒退中重新退回到起点，以便接触事物本身和真实历史，并正视在德意志意识形态的浓雾中若隐若现的那些存在。没有这一重新退回，马克思思想解放的历史就不能被理解；没有这一重新退回，马克思同德意志意识形态的关系，特别同黑格尔的关系，就不能被理解；没有向真实历史的这一退回（这在某种程度上也是一种倒退），青年马克思同工人运动的关系依然是个谜。

我强调"重新退回"这个词是经过考虑的。因为人们往往用马克思"超过"黑格尔和费尔巴哈这类说法，来暗示发展的某种连续性，暗示有某种发展的存在，而发展的不连续性则要放到由历史时段（马克思的历史和当时的历史）所证实的同一个连续性成分内部去思考（恰恰是按黑格尔辩证法的"扬弃"模式去思考）。为了批判这个意识形态成分，在很大程度上就要退回到真实对象去，而从逻辑上和历史上看，真实对象却先于思考了和包围了真实对象的意识形态而存在。

四　吴晓明：《"理性的法"和"私人利益"——马克思〈莱茵报〉时期所面临的物质利益难题》[①]

近年来，随着我国改革开放事业的发展，随着"社会主义市场经济体制"这一实践要求的提出，先前似乎被全然排除的"私人利益"（或"物质利益"）问题变得愈益重要起来；不仅如此，我们甚至还开始接触到了私人利益与社会公正、与社会整体发展、与精神文明建设的关系等一系列重要的问题。毫无疑问，这些问题的合理解决对于未来发展是关系重大的。

鉴于物质利益问题本身不仅是相当广泛的，而且是错综复杂的，所以我们在这里仅只就马克思思想发展过程中的一个有意义的题材——《莱茵报》时期马克思所面临的物质利益难题——加以初步的讨论。而这个题材之所以有讨论的价值，是因为：（1）在《莱茵报》时期，物质利益问题可以说是第一次进入马克思的视野；（2）这一问题在当时的提法（还很难说是"解决"）还采取着一种矛盾的形式，一种以"理性的法"和"私人利益"相对立的形式；（3）在这种矛盾的或对立的形式中，形成着并且发展起马克思后来对这一问题真正具有原则高度的解决方案。虽然我们的讨论在这里更多地局限于马克思思想发展史的一个片断，但是只要善于理解，它就会是具有现实意义的。

（一）

接触到物质利益问题并对这样的问题感到困惑，乃是马克思在《莱茵报》时期所遭遇的一个重大理论事件。时隔多年，马克思后来在《政治经济学批判序言》中回顾说，"1842—1843 年间，我作为《莱茵报》的主编，第一次遇到要对所谓物质利益发表意见的难事。"这些难

[①] 本文选自吴晓明：《"理性的法"和"私人利益"——马克思〈莱茵报〉时期所面临的物质利益难题》，载《复旦学报》1994 年第 5 期。

事大致说来有三：（1）莱茵省议会关于林木盗窃和地产析分的讨论；（2）官方同《莱茵报》就摩塞尔农民状况展开的论战；（3）关于自由贸易和保护关税的辩论。虽然马克思关于这些问题的讨论文字已多有散佚，但这些作为"难事"的问题肯定是很使马克思困惑了一阵子的。

关于存留下来的诸论文的性质，梅林和科尔纽都指出，马克思当时的批判"不是从经济方面，而是从法律方面加以论证的"。或者，马克思当时"还不能从经济的和社会的观点来解决经济问题和社会问题，因此他只能从法学的和伦理的角度来论述这些问题。"尽管这样的评论一般说来是正确的，并且在认识的深度方面要超出一些流行的肤浅见解（按照这种见解，马克思在当时已经很好地理解了"物质利益"问题，从而坚定地走上了唯物主义历史理论的道路），但是，无论是梅林还是科尔纽，都没有能够进一步说明，究竟是什么真正使马克思感到"为难"或"困惑"。如果说在这里使马克思感到为难或困惑的东西是某种更加深入的、内在的理论矛盾，那么，就应当揭示并展开这一矛盾，并依据这一矛盾的性质去把握马克思的理论发展取向。

按照梅林的看法，马克思之所以感到为难是"由于必须谈到黑格尔思想体系中所没有考虑过的物质利益问题"。因此，马克思当时对于林木盗窃法所提出的问题，"还不像晚年时处理得那样明快"；进而就历史观方面而言，马克思关于林木盗窃法的这篇论文还具有"某种不稳定的性质"。诚然，对于"仍然遵循着黑格尔的法哲学和国家学说"的马克思来说，要谈到老师没有考虑过的问题确实可能会有些许"为难"，但是仅仅在这个意义上去理解马克思的困惑就过于肤浅了。对于像马克思（或鲍威尔）那样的思想家来说，要用某种确定的精神来处理老师所没有考虑过的问题决不是一件值得渲染的"难事"，除非这里的问题是涉及真正哲学世界观方面的原则性变动。由此可以假定，物质利益问题之所以使马克思感到为难或困惑，并不仅仅是由于黑格尔思想体系中（例如法哲学体系）没有考虑过它，而且是由于这一问题对于构成马克思《莱茵报》政论之基本倚靠的世界观（其主要依据是黑格尔的法哲学和国家哲学）提出了尖锐的挑战。

如果事情是这样的话,那么在马克思《莱茵报》时期谈到物质利益问题的那些论文中,必定包含着某种内在的理论矛盾,而且这种矛盾的性质必定是非常紧张不安的。梅林以为马克思关于林木盗窃法的论文在处理物质利益的问题上只是"不够明快",或在历史理论方面只是带有某种"不稳定的性质"等等说法,也许恰恰表现了他对于这种内在矛盾的某种"温情主义态度"(真正说来,这是与他的不完善的哲学史方法论、与他的有缺陷的哲学立场有关的)。因为事情从根本上来说绝不仅仅是如此:马克思后来对问题的处理不只是更加"明快"或更加"稳定"一些,而毋宁说是以一种相当不同的原则来解决问题的。

如果说梅林的解释是使这种内在矛盾的紧张程度大大降低的话,那么,科尔纽的说法则似乎把这种矛盾移到了理论的外部。他一方面说,《摩塞尔记者的辩护》还只能从法学的和伦理的角度来论述经济问题和社会问题;另一方面又说,马克思甚至在《第179号"科伦日报"社论》中就"已经开始从社会的、甚至是经济的观点来考察精神和周围世界之间的关系了。譬如,他已经把哲学的发展和经济的发展(如铁路的修筑)相提并论了"。但是,科尔纽并没有充分注意到,即使撇开占主导地位的哲学原则不谈,马克思在这里的"相提并论"也仅只具有比拟的意义,因而丝毫不能以此说明马克思已经从"经济的观点来考察精神和周围世界的关系"了;就像马克思在这里虽然说到"人脑在人体之内",但却丝毫不能用以说明他已经是一个哲学唯物主义者一样。

因此,在这里试图通过马克思所用的某种比拟来暗示其理论的性质或理论进程的必然性,实际上是不可取的,而且,就说明这种理论性质或理论必然性而言,也是无济于事的。这里的问题恰好在于:马克思作为《莱茵报》主编所面临的问题——以物质利益为中心的经济问题和社会问题,其解决方案何以从"法学的和伦理的角度"向"经济的和社会的观点"转变?这种转变的现实可能性何在?此外,更加重要的是,马克思所逐渐达成的"经济的和社会的观点"性质如何?(由于最后一个问题较多地超出了本文所要讨论的范围,所以在这里可以顺便提一下的是:姑且暂时撇开"社会的观点"这个在当时还比较模糊的提法，我们并不认为"经济的观点"必定一般地高于"法学的和伦理的角度"，这一点可以从马克思后来对于政治经济学的批判立场中明显地见到。若就经济的和社会的观点而言，马克思并不是一般地成为一个国民经济学家，而是特殊地成为一个国民经济学的批判家。归根到底，在所谓"世界历史"的意义上，国民经济学是和德国的国家哲学和法哲学同一水准的东西。）

（二）

我们认为，对于上述理论转变来说的真正重要之点在于："物质利益"问题实际地、本质重要地介入到马克思先前的单纯理性的世界观之中，而且该问题的介入第一次以超出这种世界观体系的方式向单纯理性的观念提出了尖锐的挑战。因此，如果说这一问题之介入的可能性来自于马克思同鲍威尔的区别（注意：《莱茵报》时期的又一重大理论事件是马克思同"自由人"的决裂），来自于理性的思维与存在的世界之一致性的要求，那么反过来说，"物质利益"问题的实际介入立即就在很大的程度上破坏了那种关于一致性的理性要求本身。因为马克思当时所面临的物质利益问题，不仅是与思有同一的纯思辨概念相矛盾的，而且就其自身而言是内部分裂和对立的。

这就是马克思在《莱茵报》后期所遭遇的巨大矛盾。鲍威尔的自我意识立场之所以不会面临这样的矛盾，是由于这一立场本身排除诸如"物质利益"或"物质因素"等等，或者换句话说，这一立场只有在排除这些问题时才能成立。另一方面，黑格尔的绝对精神立场同样不会面临这样的矛盾，因为这一立场把物质利益的对立、市民社会的分裂等等直接归入"理念的自身的同一"。但是这样一来，不仅理性的观念将导回到"上帝"，而且马克思的社会政治批判也就立即成为不可能了。由此可见，马克思当时的理性世界观所面临的挑战就在于：为了使批判能够成立，他必须借助于某种理性；为了使这种理性避开"神"或"上帝"的终局，他又不得不使理性在某种可能性上容纳物质利益问题；而这个问题就像"欺诈的海妖"一样，把理性引向反对它自身的"敌人的怀抱"。

这样的矛盾在马克思关于林木盗窃法的论文中表现得最紧张。一方面是法（理性的法），另一方面是利益（私人利益）。这二者之间尖锐的、紧张的对立关系，可以说十分明白地表现着由于"物质利益"问题的介入而在马克思思想中激动起来的内在不安和冲突。因此，在马克思第一次探讨社会问题的这篇论文中，理性的法和私人利益被尖锐地对立起来；而且，作为这种对立的当时的——也是暂时的——解决，马克思把法理解为理性和正义的代表，而把私人利益归结为"不法"，归结为对法的本质的违犯。

马克思问道：省议会关于林木盗窃法的辩论说明了什么呢？它说明了省议会以袒护特定的私人利益为自己的最终目的。由于这种目的，所以省议会"不仅打断了法的手脚，而且还刺穿了它的心"。省议会的立场不仅把立法权变成了保护私人利益的工具，而且把国家的一切、法的一切统统"降低到私人利益的物质手段的水平"。然而，这种立场是全然与法的概念相悖的，因为"利益就其本性说是盲目的、无止境的、片面的，一句话，它具有不法的本能；难道不法可以颁布法律吗？"如果说，私人利益及其物质手段乃是在"不法"的意义上与理性的法形成对立，那么很显然，私人利益决不会因为有人把它抬上了立法者的王位就能真正立法。

因此，在马克思当时看来，私人利益是和真正的法相对立的："事物的法的本质"就是理性，而法律只有在它是这一本质的普遍和真正的表达者时，才是合理的；与此相反，私人利益却诱使法律离开事物的法的本质，从而在法律的假象后面制造出法的反面，即"不法"。于是，法和利益的对立就在于：法是"事物的本身"，是"独立的对象"，亦即客观的理性（作为事物的法的本质之理性）；而利益则是"离开法，把我们的注意力或者引到外部世界去，或者引到自己的理性中去，从而在法的背后大耍花招"。这里所谓"外部世界"，是指利益所始终针对或追逐的"某种非人的、外在的物质"；而所谓"自己的理性"，则是指"狭隘、实际而卑鄙的自私心理"以及由这种心理而产生的独断和妄见。然而无论在哪一种场合，为利益所驱使和支配的"立法者"都不可能是法的普遍的和真正的代表，他们所宣布和论证的法律都是不法的——既不是"人道的"，也不是"合理的"（此处的合理正等于合法）。

确实，马克思的这篇论文，看起来就像是一篇以理性的法的名义声讨私人利益之"不法本能"的檄文。法的敌人正是倚靠着隐蔽的私人利益向理性宣布了无情的战争，从而捍卫理性的权利也就成为论证私人利益的无权；因为法正就是"肆无忌惮的私人利益的障碍物"。在这一对立中，理性的法，作为事物之客观的普遍的本质，便从私人利益的外在性和主观性中，见到自己"永世的仇敌"。因此，当马克思以理性的法的名义谴责私人利益的时候，利益乃被规定为"共同的精神"的反面，正是在这样的反面，私人利益的代表"把某种物质对象和屈从于它的某种意识加以不道德、不合理和冷酷无情的抽象"。这是一种"下流的唯物主义"，是"违反人民和人类神圣精神的罪恶"；这样一种拜物教性质的理论在谈论林木法的时候，认为"不应该从政治上，也就是说，不应该同整个国家理性和国家伦理联系起来解决每一个实际任务"。

显而易见，马克思当时对"物质利益"或"私人利益"问题的整个提法，仍一般地立足于单纯理性的立场，立足于所谓国家理性和国家伦理的立场。就事物的法的本质之为普遍的、客观的理性而言，马克思的前提接近于黑格尔；就理性的法与私人利益的不法构成无限的对立而言，马克思的批判的结论似乎趋向于康德。于是，对立的解决方案乃成为理性的绝对命令（即"应然"）：省议会的等级代表虽然执行了自己的使命，但他们的做法并不因此就是正确的；"莱茵省的居民应该战胜这些代表的等级，人应该战胜林木占有者"；而且，无论私人利益和全省的利益发生怎样的冲突，"私人利益的代表应该毫不犹豫地为全省的代表牺牲"，如此等等。

现在的理论家当然能够并不困难地指证这种解决方式的缺陷，但真正紧要的问题还不在这里。我们在前面说马克思对问题的这一解决方式是"当时的而且是暂时的"，不只是因为这篇论文一般地处于某种思想史的"上下文"之中，而且是因为该论文的观点就其本身来说包含着一种使其解决方式迅速瓦解的矛盾。而重要之点就是理解这种矛盾。这里的问题在于：如何解决"利益"与"法"的无限对立呢？如何克服"应有"与"现有"的分裂呢？在当时的情况下，明确地揭示这种分裂和对立是非常必要的，而且揭示了这种分裂和对立的观点乃是批判的；但同时马克思是已经知晓这种观点（保持"应有"与"现有"之无限对立的观点）的局限性的。另一方面，如果直接将这种分裂和对立归入"理念的自身中的同一"，如果把"私人利益"的本质性导回到理念从而使之分有理性的神性，那么显然，虽则这种观点有可能达到某种意义上"具体的、现实的内容"，然而无论在宗教方面还是在政治方面，这种观点在当时的情况下便会立即成为保守的和非批判的。

因此，在揭露和批判的任务是首要的、高于一切的时候，马克思之特别强调理性的法与私人利益的对立就是有理由的；但是另一方面，在单纯理性的批判所能容纳的范围内，要想真正地克服这种对立实际上却是不可能的；最后，就马克思来说，关于林木盗窃法的这篇论文并未表明他对于物质利益或私人利益问题已经有了成熟的研究，但是无可否认，对于这一问题进行探究的真实意图或可能性已经坚定地出现了。

这种真实意图或可能性不仅源自马克思和鲍威尔在批判原则上的区别——马克思已不能长久地满足于使批判停留在应有与现有的无限对立中；而且特别地源自马克思和黑格尔在理性概念上的差别——马克思在《莱茵报》时期所采用的"人民理性"的概念在原则上是世俗的，而黑格尔"绝对理性"的概念在原则上却是属神的。因此，对于黑格尔来说，"物质利益"就其本身而言不应该成为问题，易言之，它是一种为思辨哲学所溶解、所羽化的东西。然而，当马克思以其特有的方式把这通往绝对者上帝的"向上一路"割断的时候，"物质利益"便重立地落了下来，并且以它作为世俗事物本身的形象与分量矗立在"理性"的对面，从而对世俗原则的理性构成为真正的问题。换句话说，当"理性"不再可能无限地吞并或彻底地消化"物质利益"时，二者便开始形成为一种对立；而当这种对立有可能促使理性去估量其对方时，"物质利益"便成为必须去重新思考和解决的问题了。

（三）

《莱茵报》时期的论文正处于这样的理论关头。在世俗原则的理性直面"物质利益"时，它必定为"利益"的强大权力着实吃了一惊。尽管马克思在当时仍按"法之为理性而利益之为不法"的方式使问题得到暂时的安置，但他必定是第一次真正感受到了作为"恶"的私人利益或物质利益的巨大分量。就理性的立场而言，利益具有"不法的本能"，而且就其本性来说是盲目的、无止境的、片面的；因此，不法当然不应该而且也无权颁布法律。但是实际的情况却恰恰相反，不法确实在颁布法律，省议会凡是在法曾给私人利益制定法的地方，它都让私人利益给法制定法律。

这种情况表明，法和利益的实际关系在一定的意义上具有某种与单纯理性的立场相反的性质，而这种性质已为马克思见到了："法的利益只有当它是利益的法时才能说话，一旦法的利益和这位神圣的高尚人物发生抵触，它就得闭上嘴巴。"虽然这段话是在否定的意义上说出的，然而它却是切中要害的——不仅是切中省议会辩论的要害，而且在某种程度上击中了"利益"问题在理论上的要害。正是在这样一种关系（无疑，在马克思看来是一种背理的关系）中，"省议会对下述问题进行了表决：应该为了保护林木的利益而牺牲法的原则呢，还是应该为了法的原则而牺牲林木的利益，——结果利益占了法的上风"。

无论如何，实际上"利益占了法的上风"这一点必定给马克思留下了一个十分深刻的印象，这一事实就像是在其单纯理性的世界观上划出了一个创口。为什么应该是有权的、合理的、合法的却成为无权的、不合理和不法的；而应该是无权的、不合理的、不法的却成为有权的、合理的和合法的了问题归结为一点：不法的利益何以能在实际上颁布法律？如果说这种情况在理论上是不应该的或无权的，那么它在实际上是如何成为可能的？它所由颁布"不法的法律"的力量——即便这一点是令"理性"厌恶的——是从何处发源的？

现在，马克思直接面对的正是这样一些问题。而"物质利益"或"私人利益"之所以成为真正的问题，乃是因为对于马克思来说，这样的问题既不可能在应有与现有的对立中长久保持，也不可能由"理念在自身中的同一"获得思辨的解决。这里的情形就像《博士论文》的最后一章讲到"自我意识在天体现象中看到了它的死敌"一样。单纯理性批判的观念在"利益"的领域内面对着它的"具有了物质形式的否定"；而当"理性"在马克思那里特殊地变性，从而既不能将上述否定彻底排除又不能把这个否定真正消化时，它就只有直接面对"物质利益"这个领域本身了。

在某种意义上，政治经济学（或"国民经济学"）乃是当时唯一发展成熟的、关于"物质利益"本身的科学，而且就其对象的性质来说也是如此。所以，转向或进入政治经济学，也就意味着转向或进入"物质利益"本身的领域。——这一点可以部分地说明马克思后来理论转向（转向作为市民社会之科学、作为物质利益之科学的政治经济学）的某种可能性。然而必须注意到，马克思在《莱茵报》时期的论文仅只是针对着这一领域或问题，还不是真正进入这一领域，更不用说问题的实际解决了。"实际解决"以"真正进入"为前提，而对于马克思来说，"真正进入"还需有一个条件——即哲学世界观方面的原则变动。因为除非这一原则变动能够发生，否则真正进入"物质利益"领域的壁垒就不可能完全拆除；就像"物质利益"的问题如不开始瓦解先行的原则，则此种原则变动也不可能真正发生一样。这一点可以部分地说明为什么接踵而至的《德法年鉴》时期马克思的注意力集中于哲学原则的变动方面。

"物质利益"问题使先行的理性原则动摇和瓦解的迹象已经十分明显了。这不仅表现在关于林木法的论文中（"利益"与"法"的对峙状态），而且还特别地表现在《摩塞尔记者的辩护》关于地产析分的问题上。如果说马克思对于国家和法的单纯理性观点还能使他对林木盗窃法和禁猎法等等作出某种激烈的批判，那么，这种观点在解决分割地产的问题上就表现得相当无能为力了。关于这个问题，马克思在《摩塞尔记者的辩护》中只是十分简要地提到，限制农民把土地分为小块是同他们的权利方面的传统意识相矛盾的；并且他在批判方面仅限于指出这样一点，即：政府所提出的"那种不切实际的计划，一接触现实——不仅是现实的条件，而且是现实的市民意识——就全部破产了"。不少马克思主义哲学史家都正确地指证了马克思当时的理论立场在处理地产析分问题上的薄弱方面，而这种薄弱方面的明显暴露，特别是这种薄弱方面所固有的理论矛盾，则为马克思在理论立场上的改弦更张做好了准备。

由此可见，就当时的情况而言，使马克思感到"为难"的东西真正说来还不是物质利益问题本身，因为马克思当时尚未真正进入这样的问题领域；使马克思痛感"苦恼"的是："物质利益"问题向他的单纯理性的世界观提出了尖锐的挑战，而这种理性世界观却很少能够直接对物质利益问题作出有内容的判断，在问题的解决方面甚至是完全无能为力的。《莱茵报》的论文继续以特殊的形式维护了这种世界观，虽然它的内部已经开始发生了激烈的动摇。在这种动摇中，马克思确实天才地、敏锐地提出了一些卓越的见解——例如，他不仅把"自由的法"同世界史的进程联系起来，而且见到了"利益"的自身分裂与对立；但是毫无疑问，这些零散洞见的生长取决于某种世界观原则所能容纳的范围。

因此，正像"物质利益"问题在马克思的世界观方面引发了危机一样，这种危机的克服同时是"物质利益"问题的新的解决方案。费尔巴哈哲学对于马克思的意义首先在这里凸现出来，因为它在这场危机中，促使马克思世界观内部的激烈动摇变成了一次严重的颠覆。马克思并没有急于去研究地产析分问题；他首先是一个哲学家，因而他首先需要的是在哲学上使这种研究成为可能的东西。马克思写道："为了解决使我苦恼的问题，我写的第一部著作是黑格尔法哲学的批判性分析……"这一说法本身就是意味深长的，它至少可以表明两点：第一，对于马克思来说，真正进入并且解决他所面临的难题，首先成为一个哲学原则的变革问题；第二，"物质利益"问题所引发的世界观危机已经严重到这种程度，除非马克思能够同他先前倚靠的黑格尔哲学（或这种哲学的变体）实现彻底的决裂，否则这两问题就是他所不能解决的。

在我们前面的讨论中，可以说并未直接涉及"物质利益"问题本身的解决方案；这不仅是因为问题本身的广泛性和复杂程度不易于给出简单的答案，而且还因为这个问题的明确提出和解答在实践上需要一个过程，在理论上需要一系列的条件。而我们的讨论实际上只是试图通过思想史上的一个题材对上述过程和理论条件予以提示，这一提示所具有的实际意义或可概括如下：

首先，在我国近年来的社会实践过程中，"物质利益"或"私人利益"的问题可说是本质重要地出现了，而这个问题的解决也日益变得迫切起来。虽说我们一直宣称以历史唯物主义为指导，然而在理解方面却存在着严重缺陷。这种缺陷特别地表现为：物质利益或私人利益问题过去实际上是被完全排除的（而且是以未消化的形式被排除的），而排除这一问题的原则又十分类似于单纯理性的（或乌托邦式理想主义的）世界观。因此，尽管这种哲学观念可以是"革命的、批判的"，但它却明显地倾向于一种浪漫主义。当我们今天直接面对这一问题并要求给予解答时，不仅必须对问题本身予以特别地关注，而且还必须在哲学原则方面有一种新的认识和新的提高——易言之，要求改变那种无能消化该问题或对该问题予以简单排除的单纯理性的哲学观念；就像我们在前面的讨论中所见到的那样，只有伴随着哲学原则的变动，"物质利益"的难题才是马克思能够真正进入和实际解决的问题领域。

其次，马克思在《德法年鉴》时期的研究已得出这样一个结果，即"法的关系正像国家的形式一样，既不能从它们本身来理解，也不能从所谓人类精神的一般发展来理解，相反，它们根源于物质的生活关系，这种物质的生活关系的总和，黑格尔按照十八世纪的英国人和法国人的先例，称之为'市民社会'，而对市民社会的解剖应该到政治经济学中去寻求。"虽说这段话已变得耳熟能详，但它在理论研究中也并没有得到充分的贯彻（当然，问题还取决于"物质的生活关系"在实践中的发展程度）。我们的政治经济学较少地关注这种现实的生活关系（特别是其实际内容和发展变化），而我们的社会科学其他部门也与马克思的理解要求相去甚远。如果这种状态不加改变，如果比较具体的社会科学不能真正深入到现实的物质生活关系之中并对之进行深入的分析（所谓"解剖"），那么"私人利益"或"物质利益"问题就不可能被真正涉及，就不可能得到具体的解决；至多只是停留为一个缺乏理解的、抽象的问题。

最后，对于马克思来说，尽管"市民社会"这一理解要求是如此地重要，以至于其学说在科学上的实证内容是全赖此点而得以成立的，但马克思从来不是一个无批判的实证主义者；正像他始终把自己的政治经济学主题上的学说表述为"政治经济学批判"一样。因此，马克思早年理性批判的原则并不是被简单地弃置的，而毋宁说是被扬弃的——亦即使科学上实证肯定的内容与社会目的方面的批判否定的精神结合起来。也许我们可以在这里简要地说：这一社会批判的方向乃以"人类社会或社会化了的人类"为基本点；正是有赖于此点，马克思才可能超出对"物质生活关系"之单纯实证的肯定，超出"国民经济学家"的狭隘眼界，而提供一种有可能对"私人利益"或"物质利益"进行历史判断的基准，提供一种指向未来的价值评价的社会尺度。虽然关于这一点的讨论也许该由另一篇论文来完成，但是我们相信，随着物质利益或私人利益问题研究的不断深入，那种与社会目的相联系的价值评判问题会愈益变得重要起来，因为像私人利益与社会利益的关系问题、私人利益与社会公正的关系问题、物质利益与人的异化、解放及全面发展的关系问题等等，是不可能全然摆脱一定的价值评判而单纯实证地得到讨论和解决的。

五　段忠桥：《〈莱茵报〉时期使马克思苦恼的"疑问"是什么》[①]

马克思在《〈政治经济学批判〉序言》中阐述其创立的历史唯物主义之前曾有这样一段回顾："为了解决使我苦恼的疑问，我写的第一部著作是对黑格尔法哲学的批判性分析，这部著作的导言曾发表在1844年巴黎出版的《德法年鉴》上。"[②] 马克思这里说的使他苦恼的"疑问"指的是什么？国内学者通常认为，它指的是马克思在《莱茵报》时期遇到的物质利益问题使他对其当时信奉的黑格尔的国家和法的学说产生了怀疑。在我看来，这种理解很大程度上不符合马克思的原意。故此，我提出以下理解就教于学术界同仁。

（一）

我们知道，马克思在《〈政治经济学批判〉序言》中谈到使他苦恼的"疑问"之前，先讲了他在《莱茵报》做编辑时遇到了要他对所谓物质利益发表意见的"难事"。由于"疑问"与"难事"有直接的关系，因此，让我们先来看看他所说的"难事"指的是什么：

"我学的专业本来是法律，但我只是把它排在哲学和历史之次当作辅助学科来研究。1842—1843年间，我作为《莱茵报》的编辑，第一次遇到要对所谓物质利益发表意见的难事。莱茵省议会关于林木盗窃和地产析分的辩论，当时的莱茵省总督冯·沙培尔先生就摩塞尔农民状况同《莱茵报》展开的官方论战，最后，关于自由贸易和保护关税的辩论，是促使我去研究经济问题的最初动因。另一方面，在善良的'前进'愿望大大超过实际知识的当时，在《莱茵报》上可以听到法国社会主义和共产主义的带着微弱哲学色彩的回声。我曾表示

[①] 本文选自段忠桥：《〈莱茵报〉时期使马克思苦恼的"疑问"是什么》，载《学术研究》2008年第6期。

[②] 《马克思恩格斯选集》第2卷，北京：人民出版社1995年版，第32页。

反对这种肤浅的言论,但是同时在和《奥格斯堡总汇报》的一次争论中坦率承认,我以往的研究还不容许对法兰西思潮的内容本身妄加评判。我倒非常乐意利用《莱茵报》发行人以为把报纸的态度放温和些就可以使那已经落在该报头上的死刑判决撤销的幻想,以便从社会舞台退回书房。"①

马克思的叙述表明,他是在1842—1843年间作为《莱茵报》的编辑时,第一次遇到了要对所谓物质利益发表意见的"难事"。说得具体一点就是,在此期间他遇到了三次都要他对所谓物质利益问题发表意见的辩论和争论:莱茵省议会关于林木盗窃和地产分析的辩论,莱茵省总督冯·沙培尔先生就摩泽尔农民状况同《莱茵报》展开的官方论战和关于自由贸易和保护关税的辩论。从马克思在《莱茵报》时期发表的相关论文来看,他第一次遇到的辩论要他对莱茵省贫苦群众的物质利益问题表态。他第二次遇到的争论要他对摩泽尔地区农民的物质利益问题表态。②他第三次遇到的辩论要他对自由贸易和保护关税所涉及某些社会集团的物质利益问题表态。马克思为什么把这三次辩论和争论要他对所谓物质利益发表意见视为"难事"?对此,他本人没有直接讲明。不过,从上下文中我们可以看出,他认为"难"就难在对物质利益发表意见要基于对经济问题的研究,而他当时还缺少这方面的研究。因为他在讲完这三场辩论和争论后紧接着说,它们是促使他"去研究经济问题的最初动因"。此外,在谈到第一次遇到要他对所谓物质利益发表意见的"难事"之前,他还告诉人们,"我学的专业本来是法律,但我只是把它排在哲学和历史之次当作辅助学科来研究。"他讲这些话显然是要表明他当时还缺少经济学方面的知识,即缺少研究经济问题的理论基础。

在讲完第一次遇到要他对所谓物质利益发表意见的"难事"之后,马克思接着又说,"另一方面,在善良的'前进'愿望大大超过实际知

---

① 《马克思恩格斯选集》第2卷,北京:人民出版社1995年版,第31—32页。
② 《马克思恩格斯全集》第1卷,北京:人民出版社1995年版,第357—390页。

识的当时,在《莱茵报》上可以听到法国社会主义和共产主义的带着微弱哲学色彩的回声。我曾表示反对这种肤浅的言论,但是同时在和《奥格斯堡总汇报》的一次争论中坦率承认,我以往的研究还不容许对法兰西思潮的内容本身妄加评判。"这段话的意思是什么?马克思为什么要讲这段话?从相关材料来看,马克思这里所说的"和《奥格斯堡总汇报》的一次争论",指的是他在1842年10月15日写的《共产主义和奥格斯堡〈总汇报〉》一文。他在这篇文章中指出,"今天一无所有的等级要求占有中等阶级的一部分财产,这是事实,即使没有斯特拉斯堡的演说,尽管奥格斯堡保持沉默,它仍旧是曼彻斯特、巴黎和里昂大街上有目共睹的事实"。但他接下来说道,"《莱茵报》甚至不承认现有形式的共产主义思想具有理论上的现实性,因此,更不会期望在实际上去实现它,甚至根本不认为这种实现是可能的事情。《莱茵报》将对这种思想进行认真的批判。但是,对于像勒鲁、孔西得朗的著作,特别是对于蒲鲁东的机智的著作,决不能根据肤浅的、片面的想象去批判,只有在长期持续的、深入的研究之后才能加以批判……"。① 如果把马克思的这些话同他在前边那段话所说的"我以往的研究还不容许对法兰西思潮的内容本身妄加评判"联系起来理解,那他前边那段话的意思是说,他还遇到了另一类与缺少对经济问题的研究相关而难以对物质利益发表意见的"难事",这也是他转向经济问题研究的动因。

以上分析表明,马克思所说的他遇到的要对所谓物质利益发表意见的"难事",指的是他因缺少对经济问题的研究而难以对涉及物质利益的争论和讨论发表意见。我的这种理解还可从恩格斯的一段话得到佐证:"我曾不止一次地听到马克思说,正是他对林木盗窃法和摩塞尔河地区农民处境的研究,推动他由纯政治转向研究经济关系,并从而走向社会主义。"②

---

① 《马克思恩格斯全集》第1卷,北京:人民出版社1995年版,第293—295页。
② 《马克思恩格斯全集》第39卷,北京:人民出版社1974年版,第446页。

（二）

如果"难事"指的是他因缺少对经济问题的研究而难以对涉及物质利益的争论和讨论发表意见，那他所说的使他苦恼的"疑问"指的又是什么？让我们也来看看马克思本人的相关论述。在讲完前边引用过的那段话之后，马克思又接着做了下述回顾：

"为了解决使我苦恼的疑问，我写的第一部著作是对黑格尔法哲学的批判性分析，这部著作的导言曾发表在1844年巴黎出版的《德法年鉴》上。我的研究得出这样一个结果：法的关系正像国家的形式一样，既不能从它们本身来理解，也不能从所谓人类精神的一般发展来理解，相反，它们根源于物质的生活关系，这种物质的生活关系的总和，黑格尔按照18世纪的英国人和法国人的先例，概括为'市民社会'，而对市民社会的解剖应该到政治经济学中去寻求。我在巴黎开始研究政治经济学，后来因基佐先生下令驱逐移居布鲁塞尔，在那里继续进行研究。我所得到的、并且一经得到就用于指导我的研究工作的总的结果，可以简要地表述如下：人们在自己生活的社会生产中发生一定的、必然的、不以他们的意志为转移的关系……"①

马克思在回顾中不是先讲使他苦恼的"疑问"是什么，再讲如何解决它，而是径直就讲"为了解决使我苦恼的疑问"，而且在后面的内容中也没有明确告诉人们使他苦恼的"疑问"是什么。这样一来，要弄清他所说的使他苦恼的"疑问"是什么，就只能通过对他的上述两段回顾做逻辑推论。

第一，马克思后面讲的使他苦恼的"疑问"指的不是他前边讲的他所遇到的"难事"。因为"疑问"与"难事"是两个不同的概念，"难事"的含义是使人为难之事，"疑问"的含义是使人疑惑的问题，它们不是可以互换使用的同义词。此外，马克思是在讲完"难事"是什么之后再讲"疑问"的，因而"疑问"指的就不是已讲过的"难

---

① 《马克思恩格斯选集》第2卷，北京：人民出版社1995年版，第32页。

事",而是与"难事"不同的另一个问题。

第二,"疑问"来自对经济问题的研究。前边表明,马克思第一次遇到的要对所谓物质利益发表意见的"难事",是促使他去研究经济问题的最初动因,这就意味着,他是在遇到"难事"之后开始研究经济问题的。马克思是在讲完他遇到的"难事"那段话之后紧接着讲使他苦恼的"疑问"的。他说,"为了解决使我苦恼的疑问,我写的第一部著作是对黑格尔法哲学的批判性分析"。对这段话我们可以做这样的推论:由于"对黑格尔法哲学的批判性分析"是为了解决使他苦恼的"疑问",因而使马克思苦恼的"疑问"出现在前,"对黑格尔法哲学的批判性分析"出现在后,这样,"疑问"就不是来自"对黑格尔法哲学的批判性分析"。如果"疑问"不是来自"对黑格尔法哲学的批判性分析",而且马克思又没再讲"疑问"来自哪里,那"疑问"就只能是来自他在遇到"难事"后开始的对经济问题的研究。

第三,"疑问"不是只与黑格尔法哲学相关。马克思说,"为了解决使我苦恼的疑问,我写的第一部著作是对黑格尔法哲学的批判性分析"。这表明,他对黑格尔法哲学所做的批判性分析,即他写的《黑格尔法哲学批判》,只是解决使他苦恼的疑问的第一部著作。由此我们可以推论,为了解决使他苦恼的疑问,他至少还写了第二部(或更多的)著作。马克思在这里虽然没接着讲它(它们)是什么,但我认为至少还包括《1844年经济学哲学手稿》,因为马克思接着说,"我在巴黎开始研究政治经济学",而《1844年经济学哲学手稿》就是他在巴黎期间写的研究政治经济学的著作。如果说《黑格尔法哲学批判》只是马克思为了解决使他苦恼的疑问而写的第一部著作,为了解决使他苦恼的疑问他还写了第二部(或更多的)著作,那马克思的"疑问"涉及的就是一个包括黑格尔法哲学在内的更大的问题。

第四,"疑问"的解决是在获得"总的结果"之后。从马克思的回顾可以看到,他在解决使他苦恼的"疑问"的过程中相继获得两个研究结果。第一个研究结果是"对黑格尔法哲学的批判性分析"所得出的结果:"法的关系正像国家的形式一样,既不能从它们本身来理解,也不能从所谓人类精神的一般发展来理解，相反，它们根源于物质的生活关系，这种物质的生活关系的总和，黑格尔按照18世纪的英国人和法国人的先例，概括为'市民社会'，而对市民社会的解剖应该到政治经济学中去寻找。"第二个研究结果是他先在巴黎，后在布鲁塞尔研究政治经济学所得到的，并且一经得到就用于指导他的研究工作的总的结果："人们在自己生活的社会生产中发生一定的、必然的、不以他们的意志为转移的关系，即同他们的物质生产力的一定发展阶段相适合的生产关系。这些生产关系的总和构成社会的经济结构，即有法律的和政治的上层建筑竖立其上并有一定的社会意识形式与之相适应的现实基础。物质生活的生产方式制约着整个社会生活、政治生活和精神生活的过程。不是人们的意识决定人们的存在，相反，是人们的社会存在决定人们的意识。社会的物质生产力发展到一定阶段，便同它们一直在其中运动的现存生产关系或财产关系（这只是生产关系的法律用语）发生矛盾。于是这些关系便由生产力的发展形式变成生产力的桎梏。那时社会革命的时代就到来了。随着经济基础的变更，全部庞大的上层建筑也或慢或快地发生变革。"① 由于马克思把第二个研究结果称为一经得到就用于指导他的研究工作的"总的结果"，因而我们可以推论，他的第一个研究结果只是他的第二个研究结果的一部分，前者至多只是部分地解决了他的"疑问"，后者才完全解决了他的"疑问"。这种推论也可从恩格斯那里得到佐证："对莱茵省议会辩论的批评，迫使马克思着手研究有关物质利益的问题，在这方面他获得了一些无论法学或哲学都不曾提供的新观点。马克思从黑格尔的法哲学出发，得出这样一种见解：要获得理解人类历史发展过程的钥匙，不应当到被黑格尔描绘成'大厦之顶'的国家中去寻找，而应当到黑格尔所那样蔑视的'市民社会'中去寻找。但关于市民社会的科学，也就是政治经济学，而当时要切实地研究这门科学，在德国是不可能的，只有在英国或法国才有可能。"②

---

① 《马克思恩格斯选集》第2卷，北京：人民出版社1995年版，第32—33页。
② 《马克思恩格斯全集》第16卷，北京：人民出版社1964年版，第409页。

第五,"疑问"指的是物质生活关系在社会历史中的地位和作用。研究结果是对"疑问"的解决,因而从研究结果是什么也可以推论出"疑问"是什么。马克思的第一个研究结果是"法的关系正像国家的形式一样……根源于物质的生活关系",他的第二个研究结果是"物质生活的生产方式制约着整个社会生活、政治生活和精神生活的过程",由此我们可以推论,"疑问"指的是物质生活关系在社会历史中的地位和作用。这一推论不但与马克思的两个研究结果相符,而且与前边的那些推论相吻合。对物质生活关系在社会历史中的地位和作用的"疑问"不同于对所谓物质利益发表意见的"难事",因为后者指的是因缺少对经济问题的研究而难以对涉及物质利益的争论和讨论发表意见;对物质生活关系在社会历史中的地位和作用的"疑问"来自对经济问题的研究,它是研究经济问题首先要面对的问题;对物质生活关系在社会历史中的地位和作用的"疑问"不是只与黑格尔法哲学相关,它还关系到政治经济学;对物质生活关系在社会历史中的地位和作用的"疑问"的完全解决,是马克思获得在《〈政治经济学批判〉序言》对其做了经典阐述的"总的结果"之后。

我认为,《莱茵报》时期使马克思苦恼的"疑问"是什么是一个非常值得弄清的问题,因为它直接关系到我们对马克思创立历史唯物主义的进程的认识。如果我的上述理解能够成立,那么我们至少可以得出这样一种认识:由于历史唯物主义的创立发端于对经济问题的研究,历史唯物主义解决的主要问题是物质生活关系在社会历史中的地位和作用,历史唯物主义的创立是在对政治经济学的研究中完成的,因此,研究马克思创立历史唯物主义的进程不能只限于哲学领域。

附录 II　延伸阅读书目

（一）关于马克思《莱茵报》政论文章的背景研究

《莱茵报》政论文章是马克思步出书斋，初次接触到火热的现实生活的作品。要完整理解《莱茵报》政论文章的价值，需要研究者既要了解十九世纪上半叶西方资本主义的发展以及德国的现实社会状况，同时又要熟悉此阶段还支配着马克思思想的相关理论。对于当时历史的了解，可以借助于历史著作以及部分研究马克思思想史的著作。了解马克思《莱茵报》政论文章的思想渊源，就需要我们回到当时德国的文化传统和思想论争中。

科佩尔·S.平森：《德国近代史》，范德一译，北京：商务印书馆1987年版。

乔治·H.米德：《十九世纪的思想运动》，陈虎平、刘芳念译，北京：中国城市出版社2003年版。

马克斯·布劳巴赫等：《德意志史》第二卷（下册），陈世澄、王昭仁译，北京：商务印书馆1998年版。

弗·梅林：《德国社会民主党史》，青载繁译，北京：生活·读书·新知三联书店1963年版。

弗·梅林：《马克思传》上卷，樊集译，北京：人民出版社1973年版。

康德：《法的形而上学原理——权利的科学》，沈叔平译，北京：商务印书馆2015年版。

康德：《道德形而上学原理》，苗力田译，北京：人民出版社 2002 年版。

康德：《道德形而上学基础》，孙少伟译，北京：中国社会科学出版社 2009 年版。

黑格尔：《精神现象学》，贺麟、王玖兴译，北京：商务印书馆 1979 年版。

黑格尔：《法哲学原理》，范扬、张企泰译，北京：商务印书馆 1961 年版。

黑格尔：《黑格尔政治著作选》，薛华译，北京：中国法制出版社 2008 年版。

莫泽斯·赫斯：《赫斯精粹》，邓习议编译，南京：南京大学出版社 2010 年版。

戴维·麦克莱伦：《青年黑格尔派与马克思》，夏威仪等译，北京：商务印书馆 1982 年版。

戴维·麦克莱伦：《马克思传》，王珍译，北京：中国人民大学出版社 2008 年版。

奥古斯特·科尔纽：《马克思恩格斯传》第 1 卷，刘磊译，北京：生活·读书·新知三联书店 1963 年版。

沃伦·布雷克曼：《废黜自我：马克思、青年黑格尔派及激进社会理论的起源》，李佃来译，北京：北京师范大学出版社 2013 年版。

李和中：《马克思与青年黑格尔派》，武汉：武汉出版社 1993 年版。

黄楠森等：《马克思主义哲学史教学资料选编》上册，北京：北京大学出版社 1984 年版。

费尔巴哈：《费尔巴哈哲学著作选集》上卷，荣震华等译，北京：商务印书馆 1984 年版。

兹维·罗森：《布鲁诺·鲍威尔和卡尔·马克思——鲍威尔对马克思思想的影响》，王谨等译，北京：中国人民大学出版社 1984 年版。

麦卡锡：《马克思与古人》，王文扬译，上海：华东师范大学出版社 2011 年版。

伯尔基:《马克思主义的起源》,伍庆译,上海:华东师范大学出版社 2007 年版。

Lawrence S. Stepelevich, *The Young Hegelians: an Anthology*, Cambridge: Cambridge University Press, 1983.

Harold E.Mah, *The End of Philosophy, the Origin of "Ideology": Karl Marx and the Crisis of the Young Hegelians*, University of California Press, 1999.

William J.Brazil, *The Young Hegelians*, Yale University Press, 1970.

Sidney Hook, *From Hegel to Marx*, New York: Humanities Press, 1950.

Pepperle, *Junghegelianische Geschichtsphilosophie und Kunsttheorie*, Berlin: Akademie-Verlag, 1978.

(二) 对马克思《莱茵报》政论文章的整体研究

《莱茵报》时期被定位为马克思理论不成熟的时期,长期以来没有受到应有的重视,除了极少的几部著作,例如 1994 年马泽民出版的《马克思主义哲学前史》、2012 年邹诗鹏出版的《激进政治的兴起:马克思早期政治与法哲学批判手稿的当代解读》以及 2015 年黄建都出版的《"苦恼的疑问"及其解决——〈莱茵报〉—〈德法年鉴〉时期马克思文献及其思想再研究》外,当前学界对马克思《莱茵报》政论文章系统全面的研究较为薄弱,即使论及《莱茵报》时期,也仅仅只是在其著作的某些章节从哲学、新闻学、政治学、伦理学、法学等角度顺便提及马克思《莱茵报》政论文章。然而这些并不全面和系统的非专门研究,却为进一步开展马克思《莱茵报》政论文章提供了重要的理论参考。

尼·伊·拉宾:《论西方对青年马克思思想的研究》,马哲译,北京:人民出版社 1981 年版。

陈先达、靳辉明:《马克思早期思想研究》,北京:北京出版社 1983 年版。

马泽民:《马克思主义哲学前史》,重庆:重庆出版社 1994 年版。

陈先达:《走向历史的深处》,北京:中国人民大学出版社 2010年版。

孙伯鍨:《探索者道路的探索》,合肥:安徽人民出版社 1985 年版。

城塚登:《青年马克思的思想——社会主义思想的创立》,尚晶、李成鼎等译,北京:求实出版社 1988 年版。

庄福龄:《马克思主义史》第一卷,北京:人民出版社 1996 年版。

邹诗鹏:《激进政治的兴起:马克思早期政治与法哲学批判手稿的当代解读》,上海:复旦大学出版社 2012 年版。

宋希仁:《马克思恩格斯道德哲学研究》,北京:中国社会科学出版社 2012 年版。

安启念:《马克思恩格斯伦理思想研究》,武汉:武汉大学出版社 2010 年版。

张一兵:《马克思哲学的历史原像》,北京:人民出版社 2009 年版。

吴晓明:《形而上学的没落》,北京:人民出版社 2006 年版。

杨晓东:《马克思与欧洲近代政治哲学》,北京:社会科学文献出版社 2008 年版。

郑保卫:《马克思恩格斯报刊活动与新闻思想研究》上,北京:高等教育出版社 2003 年版。

吴廷俊:《马列新闻活动与新闻思想史》,武汉:华中理工大学出版社 1992 年版。

阿尔都塞:《保卫马克思》,顾良译,北京:商务印书馆 2006 年版。

黄建都:《"苦恼的疑问"及其解决——〈莱茵报〉—〈德法年鉴〉时期马克思文献及其思想再研究》,北京:中国人民大学出版社 2015 年版。

吴晓明、刘日明:《近代法哲学与马克思的社会存在理论》,上海:文汇出版社 2004 年版。

Frederick J. Adelmann (ed.), *Demythologizing Marxism*, Boston: Boston College, 1969.

David W. Lovell, *Marx's Proletarariat—The Making of A Myth*, London and New York: Routedge, 1988.

（三）对马克思《莱茵报》政论文章特定主题的专门研究

马克思《莱茵报》政论文章涉及新闻出版、国家和法的本质、自由、贫穷、权利、民主等诸多方面的主题。根据这些主题，国内外学者从马克思此时期的思维框架、研究方法以及具体观点对《莱茵报》展开了研究，形成了一定的成果：

沈真编：《马克思恩格斯早期哲学思想研究》，北京：中国社会科学出版社1982年版。

姚颖编：《马克思主义研究资料》第11卷，北京：中央编译出版社2015年版。

陈力丹：《更深刻地理解马克思的新闻思想》，载《新闻与传播研究》1996年第2期。

沃·比阿拉斯：《东德时期关于马克思早期著作的解释之争》，载《马克思恩格斯列宁斯大林研究》2002年第1期。

俞席文：《正确理解〈莱茵报〉时期马克思的新闻出版自由思想》，载《南昌大学学报》1999年第1期。

陈力丹、冯雪珺：《新发表的马克思〈莱茵报〉活动历史文件考证研究——〈科隆市民关于继续出版《莱茵报》的请愿书〉》，载《新闻与传播研究》2012年第4期。

郑保卫：《论马克思的人民报刊思想与党报思想》，载《中国广播电视学科》1992年第3期。

张文喜：《论马克思对历史学派本质探问的视角》，载《理论探讨》2009年第3期。

石伟：《青年马克思与历史法学派》，见张海燕主编：《山东大学法律评论》，济南：山东大学出版社2012年版。

李淑梅：《马克思〈莱茵报〉时期的政治哲学思想研究》，载《哲学研究》2009年第6期。

陶艳华：《马克思〈莱茵报〉时期的政治伦理思想》，载《河北学刊》2009年第1期。

薛俊达：《试论〈莱茵报〉时期费尔巴哈对马克思的影响》，载《安徽大学学报》1987年第2期。

李健：《青年马克思思想发展"两大转变"论再认识》，载《高校理论战线》2013年第1期。

滕育栋、卜洪晓：《正确理解〈莱茵报〉时期青年马克思的思想发展》，载《理论界》2009年第1期。

张亮：《在转向唯物主义和共产主义的前夜》，载《华中科技大学学报》（社会科学版）2006年第4期。

段忠桥：《〈莱茵报〉时期使马克思苦恼的"疑问"是什么》，载《学术研究》2008年第6期。

李军伟：《〈莱茵报〉时期马克思新闻实践对世界观转变的重要作用》，载《辽宁省社会主义学院学报》2012年第3期。

鲁克俭：《国外学者关于马克思共产主义思想的新观点》，载《科学社会主义》2006年第3期。

李可：《马克思的森林立法观》，载《法商研究》2006年第2期。

宋希仁：《马克思与奥格斯堡〈总汇报〉的论争》，载《首都师范大学学报》2010年第4期。

Alice Tay Erh Soon and Eugene Kamenka, "Karl Marx on the Law of Marriage and Divorce—A Text and a Commentary", *Quadrant*, No.15, Winter, 1960.

Drucilla Cornell, "Should a Marxist Believe in Rights", *Praxis International* 4, No.1, April, 1984.

Hhmberto Schettino, "The Notion of Politics In Marx's Early Writings, Critica", *Revista Hispanoamericana de Filosofia*. Vol. 36, No. 107.

Heinz Lubasz, "Marx's Initial Problematic: The Problem of Poverty", *Political Studies*. Vol.24, 1976.

图书在版编目（CIP）数据

马克思"《莱茵报》政论文章"研究读本/王代月编著. —北京：中央编译出版社，2016.12
（马克思主义经典著作研究读本/杨金海，李惠斌主编）

ISBN 978-7-5117-3179-1

Ⅰ.①马… Ⅱ.①王… Ⅲ.①政论-马克思著作研究
Ⅳ.①A811.64

中国版本图书馆 CIP 数据核字（2016）第 273204 号

马克思"《莱茵报》政论文章"研究读本

出 版 人：	葛海彦
出版统筹：	贾宇琰
责任编辑：	李媛媛
责任印制：	刘 慧
出版发行：	中央编译出版社
地　　址：	北京西城区车公庄大街乙 5 号鸿儒大厦 B 座（100044）
电　　话：	（010）52612345（总编室）　（010）52612335（编辑室） （010）52612316（发行部）　（010）52612317（网络销售） （010）52612346（馆配部）　（010）55626985（读者服务部）
传　　真：	（010）66515838
经　　销：	全国新华书店
印　　刷：	北京文昌阁彩色印刷有限责任公司
开　　本：	710 毫米×1000 毫米　1/16
字　　数：	421 千字
印　　张：	26.75
版　　次：	2016 年 12 月第 1 版
印　　次：	2018 年 6 月第 2 次印刷
定　　价：	93.00 元
网　　址：	www.cctphome.com　邮　箱：cctp@cctphome.com
新浪微博：	@中央编译出版社　微　信：中央编译出版社（ID：cctphome）
淘宝店铺：	中央编译出版社直销店（http：//shop108367160.taobao.com）　（010）52612349

本社常年法律顾问：北京市吴栾赵阎律师事务所律师　闫军　梁勤
凡有印装质量问题，本社负责调换。电话：（010）55626985